잡거와 혼종

유라시아 다중 접경

지은이(수록순)
반기현 潘錡鉉, Ban Kee-hyun ㅣ 육군사관학교 교수
박지훈 朴志薰, Park Ji-hoon ㅣ 중앙대학교 접경인문학연구단 HK연구교수
이근명 李瑾明, Lee Geun-myung ㅣ 한국외국어대학교 교수
차용구 車龍九, Cha Yong-ku ㅣ 중앙대학교 교수
박지배 朴志培, Park Ji-bae ㅣ 한국외국어대학교 교수
손준식 孫準植, Son Jun-sik ㅣ 중앙대학교 교수
전우형 全祐亨, Chon Woo-hyung ㅣ 중앙대학교 접경인문학연구단 HK교수
임경화 林慶花, Lim Kyoung-hwa ㅣ 중앙대학교 접경인문학연구단 HK교수
현명호 玄明昊, Hyun Myung-ho ㅣ 연세대학교 근대한국학연구소 HK연구교수
박노자 朴露子, 블라디미르 티호노프(Vladimir Tikhonov) ㅣ 오슬로대학교 교수
고가영 高嘉英, Ko Ka-young ㅣ 서울대학교 아시아연구소 HK연구교수

잡거와 혼종 – 유라시아 다중 접경 연구

초판 인쇄 2023년 10월 10일 초판 발행 2023년 10월 20일
엮은이 중앙대·한국외대 HK+〈접경인문학〉연구단
펴낸이 박성모 펴낸곳 소명출판 출판등록 제1998-000017호
주소 서울시 서초구 사임당로14길 15 서광빌딩 2층
전화 02-585-7840 팩스 02-585-7848
전자우편 somyungbooks@daum.net 홈페이지 www.somyong.co.kr

값 29,000원 ⓒ 중앙대·한국외대 HK+〈접경인문학〉연구단, 2023
ISBN 979-11-5905-822-6 93900

이 저서는 2017년 대한민국 교육부와 한국연구재단의 지원을 받아 수행된 연구임 (NRF-2017S1A6A3A03079318)

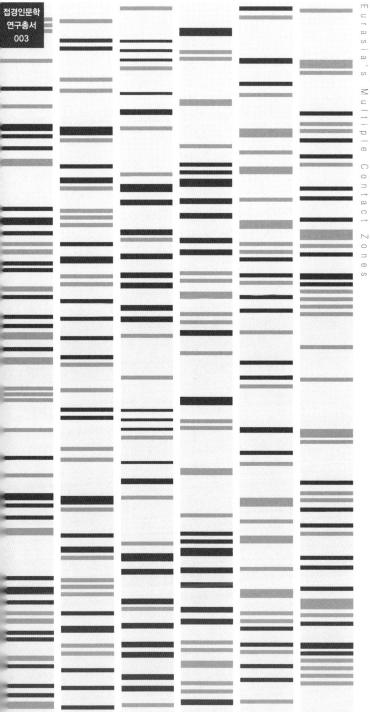

접경인문학
연구총서
003

섞임과 혼종

유라시아 다중 접경

Intermingling and Hybridity
Eurasia's Multiple Contact Zones

중앙대·한국외대 HK+〈접경인문학〉 연구단 편

중앙대·한국외대 HK+ 접경인문학연구단은 2017년 한국연구재단의 인문한국사업HK+에 선정되어 1단계 사업을 3년에 걸쳐 수행한 후, 2020년부터 2단계 사업을 시작했습니다. 접경인문학에서 접경은 타국과 맞닿은 국경이나 변경만을 의미하지 않습니다. 같은 공간 안에서도 인종, 언어, 성, 종교, 이념, 계급 등 다양한 내부 요인에 의해 대립과 갈등이 발생하기 때문입니다. 연구단이 지향하는 접경인문학 연구는 경계선만이 아니라 이 모두를 아우르는 공간을 대상으로 진행됩니다. 다양한 요인들이 접촉 충돌하는 접경 공간Contact Zone 속에서 개인과 집단이 이를 어떻게 인식하고 변화시키려 했는지를 추적하고 분석하는 것이 접경인문학의 목표입니다.

연구단은 2단계의 핵심 과제로 접경 인문학 연구의 심화와 확장, 이론으로서의 접경인문학 정립, 융합 학문의 창출을 선택하였습니다. 1단계 연구에서 우리는 다양한 접경을 발견하고 그곳의 역사와 문화를 '조우와 충돌', '잡거와 혼종', '융합과 공존'의 관점에서 규명하였습니다. 이 성과를 바탕으로 삼아 2단계에서는 접경인문학을 화해와 공존을 위한 학술적이면서 동시에 실천적인 방법론으로 제시하고자 합니다. 연구단은 이 성과물들을 연구 총서와 번역 총서 및 자료 총서로 간행하여 학계에 참고 자원으로 제공하고 문고 총서의 발간으로 사회적 확산에 이바지하고자 합니다.

접경은 국가주의의 허구성, 국가나 민족 단위의 제한성, 그리고 이분법적 사고의 한계성을 여실히 드러내는 대안적인 공간이자 역동적인 생각의 틀이라 생각합니다. 우리 연구단은 유라시아의 접경에서 일어나는 다양한 조우들이 연대와 화해의 역사 문화를 선취하는 여정을 끝까지 기록하고 기억할 수 있기를 희망합니다.

중앙대 · 한국외대 HK⁺ 접경인문학연구단 단장
손준식

서문_공간의 망각을 넘어 새로운 역사적 접경연구를 향하여

20세기 여명기 영국의 역사학자 해리퍼드 브룩 조지Hereford B. George
는 역사연구에 있어서 공간과 지리가 가지는 중요성에 대해 다음과 같
이 기술한 바 있다.

> 지리 없이 역사는 납득가능하지 않다. 이는 역사 전공자들이 국경이 위치
> 한 곳에서, 전쟁이 행해지는 곳에서, 식민단이 어디로 파견되는지로부터 배
> 워야 한다는 의미에서 명백하게 그러하다. 그것은 지리적 사실들이 역사적
> 과정에 상당한 영향을 미친다는 의미에서도 마찬가지로 그러하다.[1]

또한, 자연지리든 건조환경이든 사회공간이든 지리 혹은 공간은 사
전적으로 주어지거나 고정된 상태로만 머물러 있기만 한 게 아니라 끊
임없이 생산 그리고 재생산된다.[2] 요컨대, 역사는 지리를 그리고 지리
는 역사를 배경으로 한다. 이에 심지어 고대 그리스의 헤로도투스나 투
키디데스의 역사기술에서 지리에 대한 묘사와 사유가 발견된다.[3]

그럼에도 불구하고, 다른 한편으로, 그간의 많은 역사연구, 나아가

1　George, Hereford B., *The Relations of Geography and History*, Clarendon Press,
　1901, p.1; Morin, Karen・Mike Heffernan, "Between History and
　Geography", Mona Domosh・Michael Heffernan・Charles W. J. Withers
　eds., *The Sage Handbook of Historical Geography*, Sage, 2020, p.33에서 재인용.
2　Lefebvre, Henry, "Space : Social Product and Use Value", Neil Brenner・
　Stuart Elden eds., *State, Space, World : Selected Essays*, University of Minnesota
　Press, 2009.
3　Darby, Henry Cliford, "On the Relations of Geography and History",
　Transactions and Papers(Institute of British Geographers) 19, 1953, p.1.

역사적 사회과학연구는 공간의 중요성을 간과해왔다. 이러한 연구들은 다음과 같은 특징을 가졌다. 첫째, 이들은 대체로 "영역적 함정"에 빠져 있었을 뿐만 아니라 공간적 분석단위들과 관련하여 내셔널 스케일에만 배타적으로 주목하는 경향을 가졌다.[4] 둘째, 이 맥락에서 이들은 특정 시점의 역사적 산물에 불과한 내셔널 영토국가를 '자연화'―즉, 사전적으로 주어진 그리고 당연한 것으로 간주―해왔다. 셋째, 그것들은 그러한 내셔널 스케일의 사회, 공동체, 혹은 국가들이 서로 명확히 구획되고 상호 괴리되어 있다고 전제하기도 했다. 넷째, 많은 경우 이러한 연구들에서 각각의 공간적 단위들은 마치 모두 동등하게 주권적인 것처럼 가정되기도 했다. 다섯째, 그것들은 그러한 공간적 분석단위 내 모든 구성원들이 서로 동질적인 것처럼 간주하기도 했다. 여섯째, 이런 연구들에서 그러한 동질성은 암묵적으로 형제애, 즉 남성적 우애를 기반하고 있는 것처럼 전제되기도 한다. 요컨대, 과거의 역사학연구 혹은 역사적 사회과학연구들은 많은 경우 방법론적 영역주의 그리고 방법론적 내셔널리즘에 기반하고 있었다.[5]

하지만, 20세기 후반 이후 우리는 인문사회과학분야의 전 영역에서 이른바 '공간적 전회'라 불리는 흐름을 목도하고 있기도 하다. 이런 관

---

4 Agnew, John, "The Territorial Trap : The Geographicalof International Relations Theory", *Review of Political Economy* 1(1), 1994.

5 Beck, Ulrich, "The Cosmopolitan Condition : Why Methodological Nationalism Fails", *Theory, Culture,&Society* 24(7-8), 2007, p.38; Pratt, Mary Louise, "Linguistic Utopias", Nigel Fabb et al. eds., *The Linguistics of Writing : Arguments between Language and Literature*, Manchester University Press, 1987; Wimmer, Andreas · Nina Glick Schiller, "Methodological and Beyond : Nation-State Building, Migration and the Social Sciences", *Global Network* 2(4), 2002, p.302.

점은 보편성을 강조하는 많은 인문사회과학 연구와 달리 존재하는 것들의 기본단위를 상호독립적인 단자들로 환원하지 않는다. 또한, 그것은 방법론적 영역주의와 달리 공간적 스케일들예컨대, '로컬'이나 '내셔널' 같은 공간 단위들을 내외부가 명확히 구분되는 '컨테이너들'로 간주하지 않는다. 나아가, 이러한 연구들은 다양한 스케일들, 장소들, 그리고 영토 / 영역들을 네트워크로 간주할 뿐만 아니라 그러한 공간적 단위들 간 상호작용이나 응축을 통해 새롭게 창출 혹은 변형되는 공간들에도 주목한다. 이에 최근 여러 분과학문들에서는 일종의 "개념적 해방"이 이뤄져 각종 신조어들예컨대, 가장 잘 알려진 것으로는 '글로컬라이제이션' 그리고 상대적으로 덜 알려졌지만 글로벌 스케일에서의 경쟁력 강화를 위한 도시의 변화를 지칭하기 위한 '글어버나이제이션'과 같은 용어들이 제시되고 있기도 하다.[6]

잡거와 혼종이라는 대주제 하에, 특히 유라시아 다중 접경을 새롭게 조망하는 본 총서도 기존 연구들에서 발견되는 공간적 관점의 편협성을 극복하기 위한 시도의 일환이다. 특히, 본 총서는 매리 루이스 프랫의 '콘택트 존'이라는 개념을 활용하여 역사연구의 공간적 전회에 기여하려 한다. 흔히 접경 혹은 접촉지대로 번역되는 콘택트 존은 언어적, 종족적, 인종적, 젠더적으로 서로 다른, 따라서 포괄적으로 말하면 문화적으로 이질적인 주체들이 지속적으로 접촉하면서 새로운 의미생산이 이뤄지는 공간을 지칭한다.[7] 이 맥락에서 그것은 일차적으로 정치적, 행정적, 사법적 경계와 관련이 있지만, 오직 그러한 물리적 경계들만을 지칭하지 않는다. 특히, 스페인과 포르투갈 문학, 그리고 언어이론을 전

---

6   Wimmer · Schiller, 위의 책, 2002, p.302.
7   Pratt, 앞의 책, 1987.

공한 프랫이 주목했던 경계는 언어적 경계였다. 나아가 그것은 어떤 언어를 모국어로 사용하는가의 문제만도 아니다. 같은 모국어를 사용하더라도 어떤 사회적 범주계급 / 계층, 젠더, 인종 / 종족, 학력수준, 출신 지역 등에 속하느냐에 따라 문장구성능력, 어휘활용범주, 발음 등에 현격한 차이가 있기 때문이다. 때문에, 프랫이 콘택트 존이라 부르는 것은 단순히 국경의 문제가 아니다. 또한, 동시에 그것은 사회적 계서제 및 그러한 위계질서 내의 차별, 지배, 그리고 저항과 관련이 있기도 하다.

이 맥락에서 프랫은 단순히 그들을 명확하게 구획하는 경계선이 아니라 이들이 지속적으로 언어를 주고받는 복수의 '지대들'에 주목하게 된다. 나아가 프랫의 최초 문제의식은 그러한 지속적 접촉을 통해 생산되는 의미체계, 특히 엄청나게 불평등한 주체들 간의 지배에 기여하는, 아울러 피지배자들의 저항을 뒷받침하는 의미체계의 생산이었다. 또한, 프랫은 그러한 의미의 생산을 사회적 지배 및 종속 관계의 구조화, 재생산, 그리고 변형과 연결했다. 이러한 이론적 관점을 기반으로 프랫 본인이 주목한 경험적 사례는 유럽중심적 관점에서 세계를 조망하는 의미체계의 생성, 예컨대 문명-야만-미개를 구분하는 범주체계의 형성이었다. 프랫에게 그것은 유럽의 제국주의를 정당화하는 논리로 기능했기 때문이다. 이 맥락에서 프랫의 역사적 연구는 대체로 19세기와 20세기 초 유럽의 제국주의를 대상으로 한 것이었지만, 그는 유사한 관점과 방법이 다른 시대, 특히 오늘날에도 적용될 수 있음을 강조했다Pratt, 2007. 예컨대, 오늘날을 기준으로 보면, 그것은 여전히 민족주의적 관점에 기반한 국가들 간 각종 반목이나 갈등과 같은 사안에도 적용 가능하지만, 초국적 기업들의 해외생산기지나 먼저 산업화된 국가들혹은, 이른바 선진자본주의 국가들의 쓰레기가 버려지는 해외의 장소들, 나아가 이민과 이주의 폭증으로 인해 그러한 국가들 내에서 새롭게 형성되는 각종 문화적 경계들에도 적용가능하다.

중앙대학교·한국외국어대학교 HK+ 〈접경인문학연구단〉이 기획한 본 총서는 전자를 외적 접경으로 그리고 후자를 내적 접경으로 구분한다. 이 맥락에서 우리는 접경 혹은 접촉지대의 메타이론, 개념, 그리고 연구방법(론)을 재검토하고, 이를 과거와 현재의 내외적 접경과 관련된 여러 사안들에 적용한다. 이 글이 전통적 접경연구에서 중시되던 국경만이 아니라 도시, 도시 내의 특정 주거지, 영화제작을 위한 로케이션, 소수민족의 언어, 이주 / 이민, 동포, 인종주의 문제를 포괄적으로 다루고 있는 것은 이 때문이다.

이 책은 총 4부로 구성되어 있다. 1부에서는 접경 연구의 이론적 배경을 다룬다. 특히, 반기현은 접경사 연구의 맥락에서 프랫의 개념을 재조망하고 그것의 연구 방법론 및 적용가능성을 검토한다. 박지훈은 프랫의 콘택트 존이라는 개념이 기반하고 있는 메타이론적 문제, 특히 그것의 언어학적 그리고 사회이론적 문제의식을 검토하고 이에 기반하여 기존 접경연구 및 접촉지대연구를 평가한 후 대안적 연구 프로그램을 제시한다. 2부는 접경의 역사를 다룬다. 이근명은 10세기 말부터 11세기 초에 일어난 동아시아 정세의 변화, 특히 송과 서하 사이의 관계 변천을 고찰한다. 차용구는 12세기 초부터 14세기 중반 사이의 동유럽 개척과 이주를 분석한다. 박지배는 18~19세기 러시아의 대중국 접경도시 카흐타에서의 잡거와 혼종을 접촉지대의 관점에서 조망한다. 3부에서는 내적 접경과 문화의 문제가 다뤄진다. 손준식은 대만의 외성인

집단거주지의 주거형태와 공동체 의식의 문제를 내적 접경의 차원에서 분석한다. 전우형은 국제사회와 북한과의 접촉지대를 다중스케일적 관점에서, 특히 북한의 해외합작영화나 서양 영화인들의 평양 로케이션을 중심으로 검토한다. 임경화는 소비에트시대 사할린 코리언들의 언어문제와 소련 지역 유대인들의 언어현실을 비교하면서 그들이 충돌하고 교섭하며 모색한 언어공간을 드러낸다. 4부는 월경과 정체성의 문제를 다룬다. 현명호는 20세기 초 미국 이민자인 박룡학의 경험에 대한 연구를 통해 국경제도와 인종 담론 간의 관계를 재검토한다. 박노자는 자본주의 세계체제의 맥락에서 상대적으로 덜 주목을 받아왔던 동포 역이민의 문제를 재한 조선족과 고려인들의 중심으로 분석한다. 고가영은 우크라이나와 러시아의 지정학적 갈등 속에서 고려인들의 삶이 어떤 영향을 받았는지에 대해 조망한다.

접경 혹은 접촉지대라는 주제하에 11세기부터 오늘날의 문제까지의 다양한 시공간적 사안들을 다루는 본 편서는 많은 분들의 도움 덕분에 출판될 수 있었다. 먼저 논문의 수락을 허락해주신 선생님들께 감사드린다. 또한, 수집된 논문의 수정과 교정에 도움을 주신 강명주 박사께도 감사드린다. 끝으로 이 편서가 책으로 묶을 수 있도록 물심양면의 지원을 아끼지 않으신 소명출판 관계자분들께도 감사의 마음을 전한다.

2023년 10월
중앙대학교 · 한국외국어대학교 HK+ 〈접경인문학연구단〉

차례

제1장

접경 연구의 이론적 배경

경쟁하는 해석

'접경사'의 정의와 연구 방법론의 적용 가능성*

반기현

1. 들어가며

접경지대contact zones[1]는 여러 문화들이 조우하고 충돌하여 서로 갈등을 빚는 사회적 공간으로, 식민주의나 노예제도처럼 힘 또는 권력이 매우 불평등한 관계에서 자주 나타난다. 그리고 그로 인한 여파가 오늘날 세상 도처에 여전히 살아남아 있다.

M. L. Pratt, "Arts of the contact zone", *Profession* 91, 1991, p.34

19세기 서구 열강의 제국주의가 낳은 배타적 민족주의는 근대 이후 그 어떤 이데올로기보다 지배적인 이념으로 자리 잡았다. 특히, 20세기

---

* 이 글은 필자의 「'접경사'의 정의와 연구 방법론의 적용 가능성」, 『중앙사론』 45, 2017, 195~213쪽을 옮긴 것임을 밝힌다.
1 일반적으로 'contact zone'은 '접촉지대'로 번역된다. 그러나 이 글에서는 새로운 '화해와 공존의 시공간'이라는 의미를 강조하기 위해 의도적으로 '접경지대'로 번역하였다. 기존의 'borderlands'가 포괄하는 다양한 개념들 가운데 일부를 강조한 새로운 개념으로 정의하기 위함이다.

에 들어서면서 민족주의 감정은 아프리카와 아시아 지역으로 대표되는 제3세계 지역에서 더욱 가열하게 휘몰아쳤다. 한편, 거듭된 전쟁의 참화를 겪은 서구 열강은 서둘러 민족국가 개념을 넘어선 평화적인 공존과 화합의 가능성을 모색했고, 이러한 노력은 신자유주의라는 바람을 타고 순항하며 냉전시대를 극복해 나아갔다. 초국가적인 공동체인 국제연합United Nations이 창설됐고, 여러 경제 공동체들EEC, EAEC, AEC이 등장했으며, 유럽에선 유럽연합European Union이 탄생했다. 다인종·다문화·세계화의 기치가 내걸리면서, 에릭 홉스봄Eric Hobsbawm이 진단했던 음울한 '극단의 시대'는 그렇게 막을 내리는 듯 보였다.[2]

그러나 장기적인 경기 침체와 해법이 묘연한 이민자 문제가 도처에서 민족주의를 부활시키고 있다. '영연방 우선주의'의 정서가 짙게 깔려 있는 브렉시트Brexit의 영국, '중화민족의 부흥'을 천명한 시진핑의 중국, '러시아인의 위대한 영혼'을 강조하는 푸틴의 러시아, 그리고 '미국을 다시 위대하게'라는 슬로건으로 당선된 트럼프의 미국은 전 세계적으로 다시 배타적 민족주의가 득세하고 있음을 나타낸다. 보다 심각한 문제는 이 열강들의 민족주의에 근본적으로 제국주의적 성향이 깔려 있다는 점이다. 이들의 국가 이기주의적인 행보가 아프리카·아시아 여러 국가들의 정치와 경제에 심대한 혼란을 야기하고 있다는 사실은 신식민주의neo-colonialism의 민낯이 그대로 드러난 사례이고, 궁극적으로 우리가 여전히 제국주의시대의 한계에서 벗어나지 못하고 있음을 보여준다. 특히, 강대국들의 민족주의는 국경 갈등의 차원을 넘어선다는 점에서 다분히

---

2   E. J. Hobsbawm(1995).

제국주의적으로, 2014년 러시아의 크림반도 합병은 영토 분쟁이 실제 제국주의적인 영토 확장으로 이어질 수도 있다는 위험성을 보여주었다.[3]

한편, 역사가들은 국경 지역을 분쟁국경 지역화하여 자국의 역사에 편입시키는, 소위 말하는 역사전쟁에 동원되고 있다. 그 결과, 민족주의 역사학은 현실의 적대관계를 과거로 역투영하여 영유권 주장이라는 정치적 기획을 합리화할 뿐 아니라, 소통과 공존의 장이기도 했던 접경지대의 삶을 갈등과 분쟁의 시각으로만 바라보려 하고 있다. 이는 현재 관점에서 기획된 민족주의적 역사 해석이 만든 시대착오적인 사유방식으로, 여러 민족과 문화가 공존했던 접경지대의 역사를 역사학의 중심에 바로 세우는 미래지향적 연구가 필요한 시점이다. 이 글은 먼저, '접경지대 이론theory of the contact zone'과 그 효과에 대해 소개한다. 다음으로, 이 접경지대 이론이 어떻게 역사학에 적용되어 '접경사'로 기능할 수 있는지 알아본다. 마지막으로, 유럽 사회에서 진행되고 있는 서양 고대사 공동연구의 사례를 들어, 접경사의 '방법론적 가능성'을 모색해보고자 한다.

2. 접경지대 이론

'접경지대contact zone'란 용어는 뉴욕대학 서어서문학과의 메리 루이스 프랫 교수Prof. Mary Louise Pratt가 1991년 미국 현대언어학회 학술대회에서 발표한 논문인 "Arts of the contact zone"에 처음 등장했으며,

---

3   유엔 총회 결의 68/262호는 크림반도의 독립을 위한 주민투표를 무효화함으로써 실질적으로 러시아의 크림반도 합병을 불법으로 규정했다.

이후 자신의 저서인 *Imperial Eyes : Travel Writing and Transculturation*을 통해 이론화하였다.[4] 접경지대 이론은 언어·문화·사회학 분야의 일반 이론으로, 문화, 민족, 인종적으로 서로 다른 이질적인 집단들이 국제화된 도시, 무역항, 변경 지역 등, 소위 '접경지대'라는 공간에서 어떻게 교류와 소통으로 융화되어 가는지 그 양상에 주목했다.

그간 서로 다른 문화가 처음 접촉할 때 나타나는 충돌의 양상은 매우 논쟁적인 영역임에도 불구하고, 주로 유럽 중심의 제국주의적 관점에서 일방적으로 기록되어 왔다. 덜 문명화된 변경 지역에 대한 유럽 문명의 전파 과정에서 나타나는 잡음 정도로 다뤄졌던 것이다. 이는 '문명화의 사명mission civilisatrice'이나 '백인의 책무white men's burden' 등의 용어에 상징적으로 나타난다. 그러나 접경지대 이론은 단순히 유럽중심주의적인 상위 문화가 하위문화를 계도하거나, 그들의 문화가 서로 만나는 공간이 아니라, 보다 광범위하게 다민족·다문화가 상호간 교류 및 공존한 공간으로, 서로 다른 목적들이 빚어낸 갈등들을 넘어 타협을 통해 합의를 도출해낸 감정적이고 지적인 경험들이 응축된 공간으로 시야를 확장시키기 위한 시도이다.

최근에는 여기에서 한발 더 나아가 일방적인 식민문화의 이식 대신 이를 대체할 수 있는 용어에 대한 논의가 이어지고 있다. 그 결과 '문화접변acculturation', '크레올화creolisation', '세계화globalisation' 등, 다양한 개념들이 제시되었다. 그중에서도 문화인류학 용어인 '문화접변'과 '크레올화'는 문화우위를 배제한 동등한 문화 간의 통섭과 혼용을 골자로 한

---

4   Pratt(1991), p.34; Pratt(1992), pp.6~7. 김남혁(2015)은 'contact zone'을 '접촉지대'로 번역하였다.

개념으로 주목을 받고 있다. 문화접변은 두 개 이상의 문화가 접촉하면서 도출되는 유물, 관습, 신앙 상의 변화과정 또는 그 변화의 결과물을 의미한다. 크게 자연스런 혼합과 기획된 변화로 나뉠 수 있는데, 두 문화 간 접촉과 변화가 일어나는 조건들에 따라 구별될 수 있다.[5] 우리가 일제 강점기에 경험한 문화접변은 기획된 변화의 전형이라고 할 수 있겠다. '크레올화'는 아메리카 대륙, 특히 캐리비안 지역 식민화의 결과 꽃피운 문화혼종 현상유럽+아프리카+토착을 지칭한다.[6] 이렇듯 '크레올화'는 지배문화의 충격에 의한 종속문화의 변화라는 구조 면에서는 다를 것이 없으나, 종속문화와 더불어 지배문화 또한 함께 변화하여 양쪽 어디에도 속하지 않는 새로운 문화로 발전해나가는 것을 그 특징으로 한다.

이러한 새로운 정세에 발맞추어 역사학에서도 기존의 변경이나 국경 대신, 문화혼종과 융합의 공간인 접경지대의 시각으로 다시 보는 관점이 나타나기 시작했다. 넘어가기 전에, 우선 개념 정리를 해둘 필요가 있겠다. 여기서 '변경frontier'이란 행위의 공간으로, 분명하게 한정되지 않고 계속해서 움직이고 확장될 수 있는 정착지의 주변부 지역을 의미하며, 종종 갈등과 충돌로 그 경계선이 바뀌곤 한다. '국경border'은 상대적으로 정적인 영토상의 구분으로, 흔히 경계석, 벽, 울타리 등의 인공물을 통해 물리적으로 표현될 수 있으며, 자연적인 산천경계로 나뉘기도 한다. 근대 국민국가의 정치적인 국경을 나타내는데 사용된다. 한편, '경계boundary'는 보다 정신적인 구조와 담론을 설명하는데 유용하며, 문화적, 사회적, 민족적, 종교

---

5 https://global.britannica.com/topic/acculturation(2017.6.5 접속).
6 https://global.britannica.com/topic/Creole(2017.6.5 접속); Stewart(2007), pp.1~25.

적, 언어적으로 중첩된 영역들을 구분하는데 도움을 주는 개념이다.[7] 이러한 구체적인 의미 차이에도 불구하고, '변경,' '국경', '경계' 모두 '선'과 어울리는 개념으로, '한계'와 '분리'의 뜻을 공유하고 있기에 별 구분 없이 사용되고 있다. 반면, '접경사'는 '공간' 개념의 접경지대에 주목한다.

3. 접경사의 이론과 정의

전통적인 역사학의 패러다임은 다분히 유럽 중심적인 것으로, 그들의 사회, 경제, 정치, 군사, 외교적인 행동과 여타 상호 관계에 대해 서술하는 경향이 지배적이었다. 따라서 제국주의 팽창의 시대에 열강들이 마주했던 다양한 민족과 문화는 애초부터 존재하지 않았던 것이나 왜곡된 모습으로 묘사되었다. 문제는 과거 이러한 제국주의에 종속됐던 아프리카와 아시아의 여러 국가들에서 스스로의 역사학 방법론을 찾지 못한 채, 제국주의적 방법론을 그대로 답습하거나 배타적으로 민족주의적 방법론을 내세우는 양극단적인 면모가 나타난다는 것이다. 양쪽 방법론 모두 문제가 있음은 주지의 사실이다.

따라서 최근에 역사학에서도 느리지만 큰 변화가 나타나고 있다. 오래전부터 제국주의나 민족주의의 흐름 아래 억압되어왔던 여러 흐름을 찾아내 다시 보기를 제안하는 포스트콜로니얼리즘, 포스트모더니즘, 포스트내셔널리즘, 트랜스내셔널리즘, 멀티내셔널리즘 역사학 등, 일일이 열거하기

---

7   Lee · North(2016), p.2.

도 어려울 다양한 타이틀로 탈근대에 대한 시도와 예측을 시도하고 있다. 특히, 근래에 들어 물질적·개념적으로 상호작용이 일어나는 역사적 공간으로서의 '국경 지역borderlands'에 관심이 모이고 있다. 이는 국가나 제국의 주변부에서 벌어지는 군사적인 충돌에서부터, 계층적 의존 패턴, 종교적인 믿음이나 문화적인 관습이 중첩되는 지대, 근대 국민국가의 정치적인 경계를 넘나드는 경제활동이 벌어지는 범위까지 폭넓게 아우른다.[8]

'국경 지역'의 역사에 대한 관심은 특히 서양 중세사 연구자들 사이에서 두드러지게 나타나고 있다. 이들의 관심은 미국이 꾸준한 서부 변경 개척의 역사로 발전을 일궈냈다는 프레데릭 잭슨 터너Frederick Jackson Turner의 '프론티어 테제frontier thesis'와, 이를 무비판적으로 수용해 중세 유럽의 등장을 기독교 국가Christendom들의 변경 확장으로 설명해낸 로버트 바틀렛Robert Bartlett의 이론에 대한 반론으로 해석된다.[9] 확실히 터너와 바틀렛의 주장은 북미 이주민과 원주민 문화 사이를 비롯해, 이슬람 제국과 기독교 국가들 사이, 그리고 봉건 국가들 사이에 존재했던 공간, 즉 '국경 지역'에서 나타난 문화접변의 가능성을 철저하게 무시한 측면이 있다. 때문에 중세사가인 노라 베렌드Nora Berend와 데이빗 아불라피아David Abulafia 등은 서로 다른 관습, 언어, 민족 정체성을 가진 이웃한 사회집단들이 다양한 가치들을 갖고 조우하여 사회적·정치적인 발전을 이뤄내는 공간으로서 '국경 지역'을 강조한다.[10]

한편, 국내에서도 '국경 지역', 또는 '변경 지역'에 대한 연구가 활발

---

8 Ibid., pp.1~2.
9 Turner(1894), pp.119~227; Turner(1920), pp.1~38; Bartlett Mackay(1992).
10 Berend(2002), pp.x~xv; Abulafia(2002), pp.4~5.

히 진행 중이다. 2008년 동북아역사재단에서는 '근대 변경의 형성과 변경민의 삶'이라는 주제로 한·중·일·러 국제학술대회를 개최했고, 이듬해 같은 제목의 연구서를 출판했다.[11] 2004년 한양대 비교역사문화연구소에서 진행된 바 있는 '변경연구'는 『근대의 국경, 역사의 변경』이라는 연구서로 집약되었고, 그 역량으로 2011년 '트랜스내셔널 인문학' 대학원 과정을 개설하고 3년 뒤에는 국제학술대회를 개최하여 괄목할 만 한 성과를 냈다.[12] 최근에는 근 10년간 한양대 트랜스내셔널 인문학을 이끌던 임지현 교수가 서강대로 옮기면서, 트랜스내셔널 인문학 연구소Critical Global Studies Institute를 새로이 열었다. 트랜스내셔널 인문학은 연구소 홈페이지의 '비전'란에 명시하였듯이, '4T'의 키워드로 요약된다.[13] ① 국가의 경계를 뛰어넘는 전지구적 윤리와 인식론의 제시transnational, ② 서구중심주의를 해체하여 학문의 민주화 도모transregional, ③ 탈학제적 연구의 이론적·실천적 기반 구축transdisciplinary, ④ 교육 및 연구 기관의 경계를 넘어서는 탈제도적 네트웍 구축transinstitutional이 그것이다. 앞으로의 연구 성과가 기대된다.

이러한 역사학들은 근대 이후 형성된 국민국가의 틀에서 바라볼 수밖에 없는 현대 역사학의 한계를 극복하고자 한다는 점에서 접경사와

---

11 동북아역사재단(2009).
12 임지현(2004). 트랜스내셔널 인문학은 2008년 한국연구재단 HK 지원사업에 선정되어 2018년까지 연구를 진행하며, 2017년 현재까지 총 11권의 총서를 발간했다. 『고아, 족보 없는 자』, 책과 함께, 2014; 『이중언어 작가』, 책과 함께, 2014; 『어린이 청소년 역사책, 길을 묻다』, 책과 함께, 2014; 『식민주의 역사학과 제국』, 책과 함께, 2016; 『폭력과 소통』, 세창출판사, 2017; 『성스러운 국민』, 서해문집, 2017; 『제국과 변경』, 혜안, 2017; 『제2차 세계대전과 집단기억』, 한울아카데미, 2017 등이 대표적이다.
13 http://cgsi.ac/about_02.htm(2017.6.5 접속).

같은 문제의식을 공유하고 있다. 그렇지만, 이들 역사학은 큰 성과들에도 불구하고, 그 범위가 지나치게 방대하여 근대가 어떻게 탈근대로 이행할 것인가에 대한 치열한 역사적 논의가 결여되어 있다. 또한, 대부분의 연구들이 다룬 시기가 근대 이후로 고착되어 근대 국민국가의 국경선의 개념에서 탈피하지 못한 면을 보이고 있다. 그러나 국경이나 변경이 아닌, 다민족·다문화가 상호 교류하며 공존했던 접경지대 자체의 역사에 보다 주목할 필요가 있다. 특히, 국경선의 개념이 희미했던 고중세 시기에 대한 보완이 필수적이다. 역사적인 의미에서 접경이란, ① 한 국가 내에 존재한 다양한 민족과 문화들 간의 접경내적접경, ② 국가 간의 접경외적접경, 그리고 ③ 하나나 그 이상의 국가들이 그보다 강력한 국가들Super powers 사이에서 접경으로 존재하는 상태까지 모두를 포괄한다. 따라서 인류사의 전 지역과 전 시대를 포괄하는 광범위한 연구로서 접경사의 독창성과 특수성이 요구된다.

접경사는 미래적인 가치 또한 제시할 수 있어야 한다. 가까운 미래에 탈근대나 국경 없는 세계가 도래할 경우, 국경의 붕괴라는 1단계, 잡거와 혼종의 2단계, 융합과 공존의 3단계를 거치거나, 1단계와 2단계가 동시에 진행되는 사태가 발생할 수 있다. 따라서 이후 상당 기간은 국경과 혼종의 혼합시대, 즉, 내적국경과 외적국경의 병진시대가 될 수밖에 없다. 이런 관점에서 내적 접경은 무엇이고, 외적 접경은 무엇이며, 접경 간 충돌은 어떻게 해소해야 하며, 우리에게 닥친 혼종과 잡거의 시대를 어떻게 헤쳐나가야 할지, 역사 속에서 그 해답과 대안을 찾는 과정이 우리에게 매우 중요하다 하겠다. 따라서 접경사는 접경이 일상화된 시대의 현재가치와 미래가치를 모두 아우르는 작업이라 할 수 있겠다.

4. 접경사 방법론의 적용 _서양 고대사 연구의 사례_

'로마사' 분야에서는 1990년대부터 기존의 변경frontier 개념을 대체하는 변경 지역frontier zone에 대한 연구가 진행되고 있다. 벤자민 아이삭 Benjamin Isaac이 쓴 _The Limits of Empire : The Roman Army in the East_와 찰스 휘태커Charles Whittaker가 쓴 _Frontiers of the Roman Empire : A Social and Economic Study_가 효시 격이다. 이들은 아우구스투스 황제가 남긴 유언으로 알려진 "북쪽으로는 라인강과 도나우강, 동쪽으로는 유프라테스강, 남쪽으로는 아프리카와 아라비아 사막 너머로 확장하지 말라"는 말과 limit의 어원이 되는 limes을 혼동해서는 안 되며, 일찍이 로마인들도 '선보다 지역more zonal than linear' 개념으로 변경을 인식하고 있었고, 그곳에 로마의 영향력이 미치는 부족 내지는 민족들이 살아가던 지역area or zone을 곧 '로마의 변경 지역frontier zone of the Roman Empire'으로 이해했다고 주장한다.[14] 한편 2세기 경, 성벽의 형태로 쌓인 선 개념의 _limes_ 일부가 영국, 독일, 리비아 등지에 남아 있으며 2005년과 2008년 '로마 제국의 변경Frontiers of the Roman Empire'이란 이름으로 유네스코 유산으로 등록 리비아의 **limes** 유적은 등록 예정되어 공동으로 연구되고 있다.[15] 이처럼 '로마사'는 역사전쟁의 소재가 아닌, 유럽, 중동, 북아프리카 지역에 속한 모든 국가들의 공통된 역사로 공동 연구되고 있다.

로마 고고학 분야에서도 1990년대부터 영국의 고고학자들을 중심으로 로마 제국의 변경 지역에 나타난 토착 문화의 존속 및 지속 등에 주

---

14 Isaac(1990); Whittaker(1994).
15 http://whc.unesco.org/en/list/430(2017.6.5 접속)

목하기 시작했으며, 더 나아가 '로마화Romanisation'란 용어의 존폐여부
를 두고 가열찬 논의가 진행됐다. 그 결과, 문화우위를 강조하는 '로마
화' 대신, 변경 지역에서 일어난 동등한 문화 간 혼종 현상에 걸맞는 '문
화접변', '크레올화', '어긋난 정체성discrepant identity', '세계화' 등의 대
체 용어들을 사용하기 시작했다.[16] 이러한 시도는 포스트식민주의post-
colonialism의 시각에서 로마 제국 변경의 속주 문제에 접근하여, 그동안
경시되어온 변경 혹은 접경의 역사를 역사라는 무대의 중심에 바로 세
우기 위한 노력의 일환으로 보인다.

　접경사 방법론이 적용될 수 있는 또 하나의 좋은 예로 고대 아르메니
아 왕국을 들 수 있다. 그러나 대표적인 접경 사례임에도 불구하고, 아
르메니아 왕국에 대한 연구는 매우 미진한 상태이다. 아르메니아 왕국
은 왕위 계승 문제를 빌미로 서쪽의 로마와 동쪽의 파르티아가 전쟁을
벌이는 통에, 서기 1세기에서 3세기 중반까지 그 틈바구니에서 끊임없
이 전란에 시달려왔고, 중간에 파르티아계 왕족을 로마가 승인하는 식
으로 평화협정을 맺었다가도, 전쟁은 이내 계속되었다. 그러다 3세기
말에서 4세기 초, 서쪽의 로마는 소위 '3세기의 위기'를 극복해내고 제
국을 재정비하는데 여념이 없고, 동쪽의 파르티아는 페르시아로 교체
된 뒤 내부의 왕위 다툼에 시달리는 와중에, 아르메니아 왕국은 티리다
테스 대왕Tiridates the Great 밑에서 짧은 전성기를 맞기도 했다. 그러나 4
세기 후반에는 결국 동·서로 갈려 동쪽엔 친페르시아 정권이, 서쪽엔

16　Acculturation : Webster(1997), pp.324~338; Creolisation : Webster(2001),
　　pp.209~225; Discrepant Identity : Mattingly(2004), pp.12~22; Globalisation :
　　Gardner(2013), pp.1~25.

친로마 정권이 들어섰고, 428년 동·서 아르메니아가 각각 로마와 페르시아의 속주화되면서 근 450년 간 지도에서 사라진다. 그럼에도, 서기 314년 이교 세계에서 가장 먼저 기독교를 국교로 채택했고(로마 제국의 '기독교 국교화'보다 80년 가까이 앞섰다), 로마와 페르시아 사이에 있었으면 그리스어나 아람어를 썼을 법도 한데 4세기 말에서 5세기 초 사이에 독자적인 글을 창제했으며, 5세기 후반에 아가탄젤로스Agathangelos, 모세스Mosēs Khorenats'i, 파우스토스P'awstos Buzand 등의 아르메니아 역사가가 그 글로 자국사를 썼다.[17]

이러한 일련의 과정들은 보다 면밀한 연구가 요구된다. 메소포타미아 지역에서 아르메니아 왕국이 갖는 전략적인 중요성에도 불구하고, 그 역사는 로마사 연구자들에게 단지 동쪽 변경 민족의 역사로 치부되어왔다.[18] 기본적으로 로마사 연구자들이 전적으로 신뢰하는 로마 측 사료에 아르메니아 왕국에 대한 설명이 전반적으로 부실하므로 채워 넣어야할 빈 공간들이 많고, 심지어 아르메니아 왕들의 순서와 재위 기간이 뒤죽박죽 소개되기도 하기 때문이다. 따라서 고대 아르메니아 역사가들의 서술과, 그것을 연구한 현대 아르메니아 연구자들의 연구 성과에 도움을 받는 것이 매우 중요한데, 여기에는 몇 가지 주의가 필요하다. 첫째, 모세스가 쓴 아르메니아 역사는 서기 3세기 말 이후만을 다루고 있는 아가탄젤로스나 파우스토스의 역사와는 달리, 민족사를 시작

---

17 영어 번역과 해설은 다음 책들을 참고할 것. Agathangelos : Thomson(1976); Mosēs Khorenats'i : Thomson,(1978); Soultanian(2012); P'awstos Buzand : Bedrosian(1985).
18 고대 아르메니아 왕국에 대한 본격적인 연구는 Toumanoff(1969), pp.233~281 와 Chaumont(1976), pp.71~194이며, 여전히 가장 신뢰할 만한 연구이다.

부터 서술하고 있는데, 그런 만큼 초기의 기록이 부정확하고 연대가 뒤죽박죽인 경우가 많다. 따라서 다른 사료들과의 비교가 필수적이다. 둘째, 그간 로마사 연구자들이 아르메니아 연구자들의 연구 성과를 외면해온 건 그만한 이유가 있다. 오랜 피지배의 민족사 때문인지, 이들의 서술엔 다분히 '민족주의'적이라 할 만한 색체가 종종 감지된다. 반드시 감안하고 읽어내야 할 필요가 있다. 한편, 국내에서는 근대 이후 아르메니아인 제노사이드 문제나 디아스포라, 그리고 소비에트 연방에서 이탈한 아르메니아 공화국의 정체성 관련해서 아태지역센터, 중동연구소, 한국슬라브유라시아학회 등에서 단편적으로 다뤄졌을 뿐, 역사학계에서는 아직 본격적으로 다뤄지지 않은 주제이다.[19]

5. 나가며 극단의 시대를 넘어

끝으로 접경사의 필요성을 재차 역설하는 것으로 이 글을 갈음하고자 한다. 오늘날 우리는 대륙세력이라 일컬어지는 러시아와 중국, 그리고 해양세력인 일본과 미국 등 4강의 전략적인 이해관계가 첨예하게 대

---

19 김연규, 「"아르메니아 문제"와 아르메니아 "균형외교"의 한계」, 『중소연구』 32(4), 2009, pp.155~198; 김연규, 로브샨 이브라히모프, 「아르메니아의 국가건설과 대외정체성」, 『중동연구』 28(1), 2009, pp.199~232; 김혜진, 「아르메니아 디아스포라의 형성과 모국과의 관계에 대한 연구」, 『슬라브학보』 24(4), 2009, 343~370쪽; 「러시아 내 아르메니아 디아스포라의 형성과 특징」, 『슬라브학보』 25(2), 2010, 1~27쪽; 김영술, 「아르메니아 제노사이드 인정문제와 국제관계」, 『민주주의와 인권』 10(2), 2010, 417~456쪽; 박태성, 「아르메니아 교회의 정체성 규명」, 『동유럽발칸학』 12(1), 2010, 385~412쪽; 김정훈, 「아르메니아 민족정체성의 중추, 아르메니아 교회문제점과 미래에 대한 모색」, 『한국 시베리아 연구』 20(1), 2016, 199~222쪽.

립하고 있는 접경지대에 살고 있다. 한반도 자체가 대표적인 접경지대로, 남북분단의 현실이 이를 입증한다. 최근 불어 닥친 전 세계적인 자국우선주의와 보수화의 바람은 우리가 발 딛고 살아가는 한반도의 갈등 상황을 극단으로 몰아넣고 있다. 미국과 중국 정상이 플로리다에서 만나 북한 핵문제와 고고도미사일방어체계THAAD 배치 문제를 두고 세싸움을 벌이는 동안, 북한의 미사일 도발과 미 항모 전단 이동이 실시간으로 이뤄지고 있다. 이미 주변국들과의 역사전쟁에 돌입한 지 오래인 간도, 독도, 이어도 등은 제국주의시대가 우리에게 물려준 뼈아픈 유산이다. 이러한 상황을 그저 숙명으로 받아들이고 그 틈바구니에서 고요히 침잠할 것인가, 아니면 능동적으로 대응하기 위한 방안을 모색할 것인가는 전적으로 우리의 선택에 달려 있다고 믿는다. 이처럼 전 세계가 제국주의와 민족주의에 근거한 국가 이기주의로 회귀하고 있는 가운데, 근대 이후에 성립된 개념인 '국경'을 넘어, 다시 한 번 '접경지대'에서의 교류와 소통을 통한 발전 가능성에 주목함으로써, 하나의 의미 있는 돌파구를 마련했으면 한다. 더 이상 역사의 '객체'가 아닌 '주체'로 거듭날 수 있는, 새로운 역사학의 패러다임을 제시하고자 한다. 접경사 연구가, 우리가 살아가는 공간이 더 이상 4강의 '변경'이 아니라, 그들의 문화가 교류와 소통으로 자유롭게 공존하는 주체적인 공간인 '접경지대'로 기능하는 데 일조하길 바란다.

참고문헌

김연규, 「"아르메니아 문제"와 아르메니아 "균형외교"의 한계」, 『중소연구』 32(4), 2009.
_____, 로브샨 이브라히모프, 「아르메니아의 국가건설과 대외정체성」, 『중동연구』 28(1), 2009.
김영술, 「아르메니아인 제노사이드 인정문제와 국제관계」, 『민주주의와 인권』 10(2), 2010.
김정훈, 「아르메니아 민족정체성의 중추, 아르메니아 교회문제점과 미래에 대한 모색」, 『한국 시베리아 연구』 20(1), 2016.
김혜진, 「아르메니아 디아스포라의 형성과 모국과의 관계에 대한 연구」, 『슬라브학보』 24(4), 2009.
_____, 「러시아 내 아르메니아 디아스포라의 형성과 특징」, 『슬라브학보』 25(2), 2010.
동북아역사재단, 『근대 변경의 형성과 변경민의 삶』, 동북아역사재단, 2009.
박태성, 「아르메니아 교회의 정체성 규명」, 『동유럽발칸학』 12(1), 2010.
임지현, 『근대의 국경, 역사의 변경』, 휴머니스트, 2004.

D. Abulafia, "Introduction : seven types of ambiguity, ca. 1100-ca. 1500", *Medieval Frontiers : Concepts and Practices*, Aldershot : Routledge, 2002.
A. Amelina et al., *Beyond Methodological Nationalism : Research Methodologies for Cross-Border Studies*, NY : Routledge, 2012.
R. Bartlett · A. Mackay, *Medieval Frontier Societies*, Oxford : Clarendon, 1992.
R. Bedrosian, *P'awstos Buzand's History of the Armenians*, NY : Sources of the Armenian Tradition, 1985.
N. Berend, "Preface", *Medieval Frontiers : Concepts and Practices*, Aldershot : Routledge, 2002.
M. L. Chaumont, "L'Arménie entre Rome et l'Iran I : de l'avènement d'Auguste à l'avènement de Dioclétian", *ANRW* 2.9.1, 1976.
A. Gardner, "Thinking about Roman imperialism : postcolonialism, globalisation and beyond?", *Britannia* 44, 2013.
E. J. Hobsbawm, *The Age of Extremes : The Short Twentieth Century, 1914~1991*, London : Abacus, 1995.
B. Isaac, *The Limits of Empire : The Roman Army in the East*, Oxford : Clarendon, 1990.
J. W. I. Lee · M. North, "Introduction", *Globalizing Borderlands Studies in Europe and North America*, Lincoln : University of Nebraska Press, 2016.
D. J. Mattingly, "Being Roman : expressing identity in a provincial setting", *JRA* 17, 2004.

M. L. Pratt, "Arts of the contact zone", *Profession* 91, 1991.

_____, *Imperial Eyes : Travel Writing and Transculturation*, NY : Routledge, 1992.

G. Soultanian, *The History of the Armenians and Mosēs Khorensats'i*, London : Desert Hearts, 2012.

C. Stewart, "Creolization : history, ethnography, theory", *Creolization : History, Ethnography, Theory*, London : EDS Publications, 2007.

R. W. Thomson, *Agathangelos : History of the Armenians*, Albany : State University of NY Press, 1976.

_____, *Moses Khorenats'i : History of the Armenians*, Cambridge : Harvard University Press, 1978.

C. Toumanoff, "The third-century Armenian Arsacids : a chronological and ge-nealogical commentary", *Revue des Études Arméniennes* 6, 1969.

F. J. Turner, "The significance of the frontier in American history", *Annual Report of the American Historical Association*, 1894.

_____, *The Frontier in American History*, NY : Henry Holt and Company, 1920.

J. Webster, "Necessary of comparison : a post-colonial approach to religious syncretism in the Roman provinces", *World Archaeology* 28(3), 1997.

_____, "Creolizing the Roman provinces", *American Journal of Archaeology* 105(2), 2001.

C. Whittaker, *Frontiers of the Roman Empire : A Social and Economic Study*, Baltimore : Johns Hopkins University Press, 1994.

매리 루이스 프랫과 접경 혹은 접촉지대 연구*

비판적 평가와 대안적 전망

박지훈

1. 들어가며

이 글의 목적은 국내의 접경 연구와 접촉지대 연구에 대한 비판적 평가와 대안적 전망의 제시이다. 번역상의 혼란이 있기는 하지만, 일단 여기서 '접경'과 '접촉지대'는 언어학, 장르문학, 리터러시, 이데올로기, 여성주의, 그리고 유럽 제국주의 연구자인 매리 루이스 프랫Mary Louise Pratt이 고안한 개념인 '콘택트 존contact zone'의 서로 다른 번역어들로 간주된다. 이 맥락에서 평가의 기준은 프랫의 연구이다. 즉, 여기서 검토되는 국내의 접경 및 접촉지대 연구가 프랫에 의존하고 있는 만큼, 이 글은 그녀의 문제의식, 이론적 기반, 접근법, 그리고 방법을 기준으로 국내의 관련 문헌들을 비판적으로 회고하고 그 대안적 전망을 제시한다. 이를 위해 본론에서는 다음의 작업들이 순차적으로 진행된다. 첫째, 프랫의 주저가 『제국의 시선』이라는 점을 감안하여 먼저 유럽 제국주의에 대한 비판이라는 맥락에서 콘택트 존이 어떤 사회적 공간을 지칭하는 것인지에 대해 설명한다.[1] 둘째, 프랫의 제국주의 비판을 소개하고 그것의 일반적 특징들을 해명한다. 셋째, 이상의 논의들을 바탕으로 관련 국내 문헌들을 평가한다. 그리고 여기서 나는 그중 적지 않은 연구들이 콘택트 존이라는 개념을 자의적으로 활용하고 있을 뿐만 아니라 프랫의 연구와도 상당히 동떨어져 있다고 주장할 것이다. 넷째, 제한적으로나마 이 상황을 개선하기 위해 몇 가지 대안적인 의제들을 제시한다. 그 과정에서 나는 동아시아 제국주의의 특수성과 한국의 고유성을 감안하면서 프랫의 연구 프로젝트를 확장시킬 수 있는 방안도 제시한다. 결론에서는 본론에 대한 요약 대신 앞서 제시된 의제들에 대한 보완적 설명과 그것들을 연구하는 과정에서 고려되어야 하는 이론적 사항들에 대한 언급이 추가된다.

2. 콘택트 존이란 무엇인가

프랫의 연구에 대한 소개는 콘택트 존이라는 개념에 대한 설명에서 시작되어야 한다. 이는 한편으로 바로 그것이 프랫의 연구에서 핵심적인 역할을 하는 개념이기 때문이다. 다른 한편으로 그것은 국내의 많은 문헌들에서 이 개념에 대한 다양한 오해와 오용이 발견되기 때문이기

---

* 이 글은 필자의 「메리 루이스 프랫과 접경 혹은 접촉지대비판적 평가와 대안적 전망」, 『역사비평』, 2020, 155~196쪽을 옮긴 것임을 밝힌다.
1 Mary Louise Pratt(2007). 한편, 아래에서 나는 프랫의 책을 인용함에 있어서 국역본(김남혁(2015))을 활용한다. 다만, 그 과정에서 일부 용어에 대한 번역을 수정하였는데, 이런 경우에는 각주에서 별도의 설명들을 제공할 것이다.

도 하다. 그런데 그 개념은 원래 제국주의가 아니라 기존의 언어학을 비판하는 과정에서 출현했다. 때문에 그에 대한 이해를 위해 우리는 『제국의 시선』보다 앞서 행해졌던 프랫의 언어학적이고 사회이론적인 작업으로까지 거슬러 올라갈 필요가 있다. 나의 설명에서 출발점은 베네딕트 앤더슨Benedict Anderson의 '상상된 공동체imagined community'에 대한 프랫의 비판이다. 가령, 1987년 출판된 「언어적 유토피아」에서 프랫은 앤더슨을 다음과 같이 비판한다.[2] 첫째, 근대 국민-국가들을 상상된 공동체들로 간주하는 앤더슨은 그것들이 마치 서로 별개의 독립물들인 것처럼 취급한다. 둘째, 앤더슨은 모든 공동체들이 마치 주권적인 것처럼 간주한다. 달리 말해 앤더슨은 그것들 간의 지배와 종속 같은 문제들을 간과한다. 셋째, 앤더슨은 그러한 공동체들의 내부가 동질적일 뿐만 아니라 형제애로 충만한 것처럼 다룬다. 이 맥락에서 앤더슨은 공동체들 내부에 존재하는 각종 사회적 갈등들이나 지배와 종속의 문제를 간과하고 있을 뿐만 아니라 남성적 동지애를 전제하고 있다는 점에서 남성중심적이기도 하다.

그러나 공동체에 대한 앤더슨의 논의가 언어학 이론들과 무슨 관련이 있다는 것인가? 프랫이 앤더슨에 주목하는 이유는 기존의 언어학 이론들이 전제하고 있는 언어공동체speech community가 바로 앤더슨의 공동체와 유사하기 때문이다. 하지만 프랫이 볼 때 서로 독자적으로만 존재하고 온전히 자기결정적이며 내부적으로 동질적일 뿐만 아니라 남성적 우애로 충만한 공동체는 그 어디에도 존재하지 않는 유토피아에 불과

---

2   별도의 언급이 없다면, 아래의 두 문단에 등장하는 내용은 Pratt(1987)에 대한 요약과 그에 대한 필자의 설명이다.

하다. 이에 프랫은 소쉬르Ferdinand Saussure와 촘스키Noam Chomsky의 이론들, 그리고 화용론pragmatics과 담론분석discourse analysis의 분야에서는 화행이론speech act theory 등이 언어적 유토피아를 전제하고 있다고 비판한다. 그리고 이러한 언어학 이론들을 '공동체의 언어학linguistics of community'이라고 명명한다. 물론 몇몇 비판적 언어학자들은 하나의 사회, 국가 혹은 공동체 내부에 있는 하위공동체들의 존재에 주목하기도 했다. 하지만 프랫이 볼 때, 이 경우에도 그러한 하위공동체들 간의 관계성은 충분한 관심을 받지 못했다. 이에 프랫은 그러한 (하위)공동체의 언어학에 대한 대안으로서 '접촉의 지대들zones of contact'에 주목하는 '접촉의 언어학linguistics of contact'을 요청하기에 이른다.

이러한 관점변화는 어떤 차이를 만드는가? 이에 대한 답변 과정에서 프랫이 제시하는 사례들 중 하나는 남아프리카공화국의 인종차별이다. 프랫에 의하면 공동체의 언어학은 우리로 하여금 남아프리카공화국 내에서 서로 괴리된 하위공동체들에 주목하게 한다. 가령, 그러한 관점을 취할 경우 우리는 백인과 흑인의 주거지들에 주목하게 된다. 이러한 주거지들은 분리되어 있고 각자의 환경에서 백인과 흑인은 서로 다른 언어를 사용한다. 그러나 프랫에 의하면 그들은 이렇게 괴리되어 있기만 한 것이 아니었다. 가령, 그곳에서 대부분의 백인 가정들은 흑인 보모들을 고용하고 있었는데, 여기서 흑인 보모들은 백인 가정의 아이들을 양육하고 사회화하는 역할을 맡았다. 따라서 이러한 관계는 한편으로 친밀한 것이었지만 동시에 극도로 착취적이었다. 또한 의사소통에 있어서도 그들은 각자의 모국어를 사용한 게 아니라 공동의 — 하지만, 말투, 문법적 구조의 활용능력, 가용한 어휘의 범위와 수준 등에서 차이가 있는 방식으로 — 언어를 사용했다. 때문에 그러한 공간에 주목할 때 우리는 언어적 차이만이 아니라 의사소통 과정에서 발생하는 새로운 의미의 형성 및 언어와 지배 간의 관계에 대해 주목할 수 있게 된다.

언어적 접촉과 불균등한 권력관계에 대한 관심은 1991년의 연설문 「콘택트 존에서의 기법들Arts of the Contact Zone」에서도 발견된다.[3] 그러나 이 연설의 주제는 언어학 이론들에 숨겨진 사회이론적 전제가 아니라 리터러시이다. 때문에 그녀는 자신의 아들과 그의 친구가 어릴 적 야구 선수의 이름을 읽는 법을 배워 나가는 과정에 대한 묘사와 그들의 학교 교육에 대한 이야기에서 출발한다. 이 맥락에서 프랫이 각별히 주목하는 콘택트 존은 서로 다른 계층과 문화적 배경 등을 가진 아이들이 공존하는, 아울러 교사와 학생들 간 의사소통 과정에도 권력관계가 각인되는 교실이다. 같은 맥락에서 이 연설은 결국 교실에서의 리터러시 교육과 관련이 있다. 교실은 상상된 공동체와 다른 특징들을 가지고 있기 때문에 문자와 언어교육도 그것을 전제로 해서는 안 된다는 것이다. 그리고 이 맥락에서 — 이 글에서는 검토의 대상으로 삼지 않지만 — 콘택트 존에 대한 연구는 때로 어문교육학이나 언어정책학 분야에서 활용되기도 한다.

이상을 배경으로 이제 1992년 초판이, 그리고 2007년 개정판이 출판된 그녀의 주저 『제국의 시선』을 살펴보자. 그런데 이 책에서 콘택트 존은 또 다른 사회적 공간이다. 여기서의 콘택트 존은 대체로 '식민지 프론티어colonial frontier'를 지칭하기 때문이다.[4] 그리고 이 지점에서 우리

---

3 Pratt(1991).
4 Ibid., p.35. 한편, 국역본에는 식민지 경계라고 번역되어 있다. 하지만 프론티어에

는 '프론티어'에 주목해야 한다. 이는 그것이 서로 상반되는 함의들을 담고 있는, 그렇기 때문에 혼란을 야기하기도 하는 용어이기 때문이다. 즉, 한편으로 프론티어는 종종 어떤 지역의 변두리에 위치한— 그리하여 낙후되었다는 함의를 지니기도 하는—영토적 경계라는 의미로 쓰인다. 그러나 식민지 프론티어에서 그것은 그러한 변경邊境을 지칭하기 위한 용어가 아니다. 이때의 프론티어는 해당 용어를 사용하는 이의 시각에서 무언가 이미 확보하거나 성취한 영역과 아직 미완의 과제로 남아 있는 영역 사이의 경계라는 의미에 좀 더 가깝다. 가령, 이 경우의 프론티어는 이미 개척되어 사람들의 정착지로 활용되고 있는 지역과 그 외부에 있는 야생지 사이의 경계를 말할 때의 프론티어, 더 나아가 '지식의 프론티어'나 '연구의 프론티어'라고 말할 때처럼 현재까지 우리의 최신 연구가 도달한 지점과 그렇지 않은 미지의 영역을 구분시켜주는 경계를 말한다. 이런 의미의 프론티어는 종종 그 경계 자체가 확장된다는 특징을 갖는다. 또한 그것은 낙후되어 개발이 필요한 변두리가 아니라 최첨단이라는 함의를 갖기도 한다. 때문에 그러한 프론티어에서 일어나는 활동들은 공간적으로 외곽에 위치하고 있지만 중심이나 출발지점의 사람들로부터, 심지어는 그러한 활동과 직접적으로 관련이 없는 사람들로부터도 지대한 관심을 받을 수 있다.

이 맥락에서 식민지 프론티어는 제국의 시각에서 그 영향력이 이미 도달한 지역과 그렇지 않은 지역 사이의 경계에 가깝다. 그것은 제국의 영토적 확장이 지속됨에 따라 그 자신을 계속해서 극복하는 경계이다.

대한 논의를 추가하기 위해 여기서 나는 번역을 수정했다.

따라서 그것은 제국주의적 영토팽창이 이뤄지는 최첨단 지역을 말하는 것인 동시에, 바로 그렇기 때문에 식민지 모국 사람들의 지대한 관심을 받게 된다. 이런 유형의 프론티어에 먼저 도달한 이들 가운데 프랫이 특히 주목하는 이들은 대체로 유럽의 백인 남성 탐험가들, 그리고 소수의 여성 탐험가들이다. 프랫에 의하면 이 비확정적이고 사회적인 경계에서는 최초 "예상치 못한 제국의 만남이 이루어"진다.[5] 즉, 제국의 시선이 미점령지로 뻗어 나가는 과정에서 제국의 탐험가들은 현지인들과 "우연히 서로 접촉"하게 되는데, 이런 만남이 갖는 특징들 중 하나는 그들 간 언어적 소통 과정에서 발견된다. 따라서 일반적인 수준에서 콘택트 존은 "극도로 비대칭적인 관계가 초래한 결과 속에서 이종문화들이 만나고 부딪히고 서로 맞붙어 싸우는 사회적 공간" 정도로 정의되지만,[6] 그러한 공간에서 프랫이 주목하는 것은 무엇보다도 언어적 접촉이다.

실제로 프랫에 의하면 콘택트 존이라는 개념 자체가 "접촉언어contact language"라는 개념에서 유래한 것이다. 여기서 접촉언어란 "서로 다른 모국어를 지닌 사람들이 (…중략…) 서로 지속적인 대화를 나누어야 하는 상황에서 임시변통으로 사용하는 언어를 뜻한다". 즉, 그것은 서로 다른 언어를 가진 사람들 간 상호작용의 과정에서 창출된, 하지만 여전히 "무질서하고 생경하고 체계 없는 것으로 간주"되는 언어이다. 더 나아가 프랫의 접촉은 로만 야곱슨Roman Jakobson이 말하는 접촉, 즉 발화사건을 형성하는 여섯 가지의 구성요소들 가운데 하나로서의 접촉, 달리 말해 '언어를 주고받는phatic' 과정으로서의 접촉을 말하는 것이기

---

5   Ibid., p.34.
6   Ibid., p.32.

도 하다. 한편, 이렇게 주고받는 과정에 주목한다는 것은 왜 그녀가 식민지 프론티어라는 기존의 용어를 두고 콘택트 존이라는 신조어를 제시했는지도 설명한다. 그리고 위에서 나는 프론티어라는 용어가 그것을 사용하는 이의 시각을 담고 있다는 점을 이미 지적한 바 있다. 이 맥락에서 식민지 프론티어는 무엇보다도 "침략자의 시각에서 정복과 지배를 설명"하는 개념이다. 즉, 그것은 제국의 입장에서 이미 도달한 지역과 그렇지 못한 지역을 구분해주는 용어이다. 때문에 이러한 용어를 사용할 경우 그러한 공간에서 이뤄지는 "상호적이고 즉흥적인 만남의 차원"이 "손쉽게 무시되거나 억압"된다. 여기서 이러한 "상호적이고 즉흥적인 만남의 차원", 혹은 다시 언어의 경우로 돌아가면, 서로 다른 모국어에 기초한 사람들이 언어를 주고받는 접촉의 과정에서 "임시변통으로 사용하는 언어"가 창출되는 과정이 바로 "문화횡단transcultration"이라는 개념으로 설명된다. 이렇게 볼 때 콘택트 존은 한편으로 "지배와 복종, 식민주의와 노예제도 등과 같이 극도로 비대칭적 관계"와 관련이 있다. 하지만 그렇다고 할지라도 그 관계가 일방적이기만 한 것은 아니다.[7] 이 맥락에서 우리는 '식민지 프론티어로서의 콘택트 존'이라는 사회적 공간에서 프랫이 일차적으로 주목하는 사안이 무엇인지에 대해 파악할 수 있다. 그것은 언어적 상호작용의 과정에서 새롭게 형성되는 의미이다. 다음 절에서 나는 이 사안을 유럽중심주의적이고 인종주의적이며 남성중심주의적일 뿐만 아니라 문자중심적인 의미체계의 형성에 대한 프랫의 분석과 연결할 것이다. 나아가 그러한 의미형성을 정치

---

7   Ibid., pp.34~35. 한편, 야곱슨에 대해서는 Pratt(1987), p.60.

경제적 구조화와 연결할 것이다.

하지만 그러한 논의로 이동하기 전에 콘택트 존이라는 개념과 관련하여 한 가지가 추가되어야 한다. 이는 제국주의와 관련하여 프랫이 실제로 수행한 분석과 그에 대한 그녀의 비판적 문제의식 자체 사이의 간극과 관련이 있다. 즉 『제국의 시선』에서 프랫이 직접 분석한 대상은 18세기 초중반부터 20세기 전반기까지의 유럽 제국주의이다. 특히 그녀는 이 시기 유럽의 제국주의 국가들과 아프리카, 그리고 라틴아메리카 사이의 관계에 주목한다. 그러나 제국주의에 대한 그녀의 문제의식 자체는 이러한 시공간적 범위를 넘어선다. 그녀에 의하면 제국주의는 "식민지적" 형태form가 종식된 이후에도 "신식민지적", 그리고 심지어는 "비식민지적" 형태를 취하면서 지속되고 있다. 달리 말해 그녀에게 제국주의적 관계라는 내용content은 식민지적 제국주의시대 이후에도 서로 다른 형태들—서로 다른 양식들modes들로의 조직화organisation—을 취하면서 존속하고 있다. 이 맥락에서—그리고 그녀 스스로가 자신의 과거 작업들을 평가하는 맥락에서—프랫은 제국주의에 대한 비판이 "지식인으로 살아가는 나에게 중요한 의미"를 가졌지만 "오늘날 세계는 이 같은 (…중략…) 노력이 성공했다고 단언하지 못하게 한다"고 고백한다.[8]

이에 프랫은 제국주의와 관련된 콘택트 존 역시 "오늘날 전 세계를 가로질러 계속해서 유지되고 있"다고 주장한다. 특히 "1980년대와 1990년대 제국은 지구를 가로질러 새로운 단계에 진입했다". 가령, 그녀에게

---

8   Ibid., p.13. 한편, 국역본에는 '형식'이라고 번역되어 있다. 하지만, '내용'과 '형태'의 관계를 말하기 위해 여기서 나는 그것을 형태라는 표현으로 수정했다.

미국의 이라크 침공은 제국주의적 행태이다. 더군다나 담론들은 "수정되지 않은 채 반복된다". 실제로 부시는 "누군가를 점령하기 위해서가 아니라 모든 사람들을 해방시키기 위해" 이라크 파병을 결정했다고 주장했다. 이뿐만 아니라 "오늘날 제국의 시선은 '덜 발전된' 공간들을 향하고 있기도 하다. 그것은 유해물질을 내버릴 지대와 유전자 조작식물을 재배할 농장과 산업 생산물을 하청할 장소들을 지켜보고 있다". 즉, 프랫에게 오늘날의 콘택트 존은 선진국들이 공해배출 산업을 이전하거나 초국적 자본이 해외생산기지를 구축하기 위해 모색하고 있는 '덜 발전된' 국가 내의 지역과 같은 것이다. 유사한 맥락에서 프랫은 "제국주의적으로 고안된 신자유주의" 시대에 일어나고 있는 "반전된 형식의 디아스포라", 즉 "오늘날 유럽과 북아메리카의 모든 도시"들에 위치한, "지구의 다양한 지역, 특히 구식민지의 지역들로부터 이동한 디아스포라적 공동체들"에 주목하기도 한다.[9] 그리고 이렇게 볼 때 우리는 콘택트 존이라는 개념이 제국주의라는 사안과 관련하여 그리고 프랫의 문제의식 속에서 어떻게 확대 적용될 수 있는지에 대해서도 추론할 수 있다. 즉, 『제국의 시선』에서 프랫은 주로 식민지 프론티어를 지칭하기 위해 콘택트 존이라는 개념을 활용했지만, 그 개념은 프랫이 직접 분석하지는 않은 시공간 내의 '신식민지 프론티어'나 '비식민지 프론티어'를 지칭하는 용어로 확대 적용될 수 있다. 이러한 암시는 1992년의 초판이 아니라 2007년의 개정판에서 등장하는데, 이 맥락에서 프랫은 그 수정판을 다음의 문장으로 끝맺는다. "새로운 지리학자들은 또다시 기술과

---

9   Ibid., pp.13~14 · 536 ff.

호기심과 필요와 제국의 광대한 권력에 의해 구조가 변경된 지구를 지도로 나타내도록 요구받을 것이다."[10]

3. 유럽 제국주의에 대한 프랫의 문화정치경제학적 비판

이상의 설명을 기반으로 여기서는 유럽의 제국주의에 대한 프랫의 역사적 분석에 대해 추가적인 설명을 제공한 후, 그러한 분석이 가진 고유한 특징들을 일반적 수준에서 정리한다. 이를 위해 나는 먼저 프랫의 실제 서술 순서와 관계없이 역사적 시간의 순서에 따라 그녀의 분석을 재구성한다. 이렇게 볼 때 프랫의 출발점은 대항해시대의 해상탐험이다. 그에 의하면 이 시기의 해상탐험을 통한 신대륙의 발견도 새로운 지식체계의 창출에 기여하였는데 이는 특히 지도 제작술과 관련이 있다. 말할 필요도 없이 이 시기의 지도는 오늘날의 그것들과 상당히 달랐다. 이 시기의 지도 제작에서 무엇보다도 중요했던 것은 해안선이나 항로를 선으로 재현해내는 것, 그리고 항해와 상륙의 과정에서 마주할 수 있는 진기한 것들이나 위험요소들을 지도 내 공백에 소박하게나마 그려 넣는 것이었기 때문이다.[11] 하지만 해상탐험에 이어 육상탐험이 시작된 이후 사정이 달라진다. 육상탐험은 탐험가들로 하여금 탐험 과정에서 접하게 되는 모든 자연적 요소들을 입체적으로 재현해야 하는 필요성을 부과했기 때문이다. 말할 필요도 없이 이는 지도 제작술의 변화를 야

---

10   Ibid., p.549.
11   Ibid., pp.75~76.

기했다. 동시에 그것은 또 다른 학문의 부상을 유발하기도 했다. 이 지점에서 프랫은 계속해서 새로운 학명들을 추가함으로써 유럽어의 말뭉치에 지대한 변화를 가져왔던, 그리고 그 과정에서 무질서하게만 보이는 세계의 여러 요소들을 분류하는 동시에 전체적으로 체계화하려 했던 박물학의 부상에 주목한다. 그것은 세계에 인식적 질서를 부여하려는 시도였는데 그러한 시도는 대체로 유럽 남성들의 응시와 경험을 기반으로 구축된 의미체계의 창출로 이어졌다. 한편, 지도가 시각과 이미지 중심인 데 반해 박물학은—『말과 사물』에서 푸코가 지적했던 것처럼—문자중심적인 것이기도 하다. 여기서 프랫은 그렇게 자연을 문자중심적으로 체계화하려는 시도에 마침내 인간, 즉 호모 사피엔스가 포함된 것을 강조하기도 한다. 그 시기 호모 사피엔스는 다시 여섯 가지의 하위종들로 나뉘었는데 바로 여기서 '야만인', '라틴아메리카 원주민', '유럽인', '아시아인', '아프리카인', 그리고 '괴물' 간의 계서제적 구분이 제시된다.[12]

프랫은 바로 이러한 유럽중심주의적이고 남성중심적이며 문자중심적인 박물학의 부상이 유럽인들여기서 프랫이 말하는 유럽인들은 문자를 읽을 수 있는, 그리고 넓은 의미에서 게르만족이라고 간주되기도 하는 북부 유럽 지역의 귀족들과 신흥 부르주아지 남성들을 말한다로 하여금 바로 그러한 이데올로기들이 내재된 '지구적 차원의 의식'을 갖게 하였으며, 나아가 이러한 의식이 18세기 이래 식민지적 제국주의를 이전의 식민주의와 구분시켜주는 주요한 특징들 가운데 하나일 뿐만 아니라, 당대 유럽인들의 이해관계를 반영하는, 그리고 그 시기

---

12   Ibid., pp.76~82.

유럽 제국주의의 정치경제적 팽창을 뒷받침하는 이데올로기적 장치이 기도 했다고 주장한다.[13] 하지만 잘 알려진 것처럼, 18세기 후반은 유럽 내에서 자유와 평등, 그리고 박애와 같은 가치의 중요성이 부상한 시기 이기도 하다. 그리고 이는 유럽 내부에서 지향되었던 가치와 비유럽 지 역에서의 지배 사이의 괴리를 부각시키는 것이기도 했다. 이 맥락에서 그녀는 '반정복적 서사anti-conquest narrative'를 담은 여행기에 주목한다. 가령, 유럽 여행가들에 대한 원주민들의 환대를 강조하거나 유럽 남성 들과 현지 여성들의 로맨스를 보고하는 문서들, 그리고 그 과정에서 "파괴적이고 격렬한 접촉지대의 성격은 그러한 것들이 다 지나가고 나 서야 흔적이나 일화처럼 스치듯 제시"하는 보고서들이 이에 해당하는 데, 이러한 여행기들은 유럽 내부에서 칭송받는 가치와 유럽 외부에서 자행되는 만행 사이의 간극을 해소시켜주는 동시에, 당대의 제국주의 적 팽창이 유럽 내부에서 소수의 물질적 이해에만 복무했음에도 불구 하고 다수의 유럽인들로 하여금 그러한 팽창에 관심을 갖고 동의하게 하게 하는 이데올로기적 장치이기도 했다.[14]

또한 프랫은 비유럽 세계에 대한 유럽의 우위를 담은 이데올로기적 의식이 유럽 내부를 재편하는 데도 기여했다고 주장한다. 그것은 시골, 즉 "비도시 세계에 대한 도시의 담론, 그리고 무지렁이들과 농부들의 세계에 대한 교양인과 부르주아의 담론"에서도 재현되었다. 요컨대 자 연을 체계화하려는 시도는 "유럽의 경계 너머로 투사되는 것 못지않게

---

13 Ibid., pp.23~24 · 77.
14 프랑스혁명 이후 유럽에서 부상한 가치와 반정복적 서사의 관계에 대해서는 Ibid., pp.35~36 · 168~169. 또한, 환대와 로맨스를 중심으로 하는 반정복적 서사의 사 례에 대해서는 Ibid., pp.125~126 · p.219 ff.

안쪽으로도 투사"되었는데, 이는 "도시 중심부와 지방의 관계가 급격히 변화하고 있는 시기에 시작됐다". 말할 필요도 없이 당시 비도시 세계에 대한 도시의 우위를 강조하는 담론은, 제국주의적 팽창이 그러했던 것처럼 부르주아적 이해관계와 관련이 있다. "도시 부르주아들은 농촌의 생산을 합리화하고 잉여농산물을 늘리고 농부들의 노동 착취를 강화하고 도시 중심부가 전적으로 의존하는 식품 생산을 관리하기 위해 이전과 다른 규모로 농산물 생산에 개입하기 시작했다." 프랫에 의하면, "가축과 작물을 과학적으로 개량하기 위한 시도들"도 "바로 이 무렵에 시작됐다". 비도시 세계의 집단들은 "퇴보하고 있는 것처럼 보였고, 그렇기에 '개선'이 필요해 보였다". 프랫은 이러한 견해가 오늘날에도 "아무렇지도 않게 반복"되고 있다고 지적하기도 한다.[15] 한편, 프랫은 콘택트 존에서 의미가 형성되어 유통되는 과정에 대해서도 해명한다. 여기서는 앞서 언급한 문화횡단이라는 개념이 중요한 역할을 한다. 프랫에 의하면 콘택트 존 내에서의 의미형성은 지배자들에 의해 일방적으로 이뤄지는 게 아니다. 즉, 유럽 여행가들의 의미형성은 오직 유럽적 시선에서만 이뤄지는 게 아니라 현지의 조건들이나 현지인들의 도움에 힘입어, 혹은 그들과의 상호작용 속에서만 가능하다. 또한 그녀는 그렇게 생산된 의미들이 식민지 모국을 경유하여 다시 식민지에 미치게 되는 영향에 대해서도 주목한다. 그리고 이 경우에도 그러한 방향은 일방적이지 않다. 식민지 사람들은 오직 그것을 선택적으로만 수용한 후 변용하기까지 했기 때문이다.

---

15 Ibid., pp.87~88 · 91.

그리고 지금까지의 논의에 기반하여 우리는 프랫의 제국주의 비판이 갖는 특징들을 일반적인 수준에서 정리할 수 있다. 앞 절에서 지적한 것과 같이, 식민지 프론티어로서의 콘택트 존과 관련하여 그녀가 일차적으로 주목하는 사안은 의미형성meaning-making이다. 좀 더 세부적으로 말하면, 프랫은 ① 콘택트 존 내에서 주로는 문자를 통해, 때로는 시각적 이미지를 통해 의미체계나 지식체계가 형성되는 과정, ② 그렇게 역사적으로 생산된 의미와 지식에 담긴 이데올로기들, ③ 그러한 이데올로기적 의미와 권력으로서의 지식이 갖는 물질적 효과, 특히 이 경우에는 정치경제적 효과, ④ 그러한 정치경제적 효과가 다시 새로운 콘택트 존에서의 의미형성에 미치는 영향 등을 다룬다. 이 맥락에서 ⑤ 콘택트 존에서 그녀가 일차적으로 주목하는 사안은 의미형성이지만, 동시에 그녀는 그러한 의미형성을 정치경제적 구조화structuration ─ 가령, 유럽 내 도농관계의 재편 그리고 보다 중요하게는, 유럽 외부에서 제국주의적 관계의 형성과 확장 그리고 유지 ─ 와 연결하려 한다. 따라서, 한편으로 그녀의 제국주의 비판은 문화정치적 분석이라는 성격을 갖지만, 동시에 그녀는 그러한 비판적 문화연구를 정치경제학 비판 혹은 비판적 정치경제학과 결합하려 한다. 실제로 그녀의 연구는 푸코와 에드워드 사이드에 의존한다. 동시에 그녀는 산발적으로나마 마르크스나 풀란차스와 같은 마르크스주의적 국가론자들을 중요하게 인용한다.

여기서 다시 「언어적 유토피아」로 돌아가자. 그 시절 '접촉의 지대들'이라는 표현을 제시하면서 그녀가 강조했던 사안은 언어와 지배 간의 관계였다. 마찬가지의 관심이 제국주의 비판에서도 반복되는 것이다. 실제로 그녀는 박물학 문헌들을 분석하는 데 많은 공을 들인다. 하지만 여기서 프랫의 "주요 관심사는" 그러한 문헌의 해석에 그치는 게 아니라 "박물학과 유럽의 정치경제적 확장이 서로 어떠한 영향을 주고받았는지 살펴보는 것이다".[16] 또한 "유럽인들의 여행기와 답사기"도 그녀의 "주된 연구 대상"이다. 그리고 여기서도 프랫은 "그것들을 1750년 이래로 진행된 유럽의 정치경제적 확장과 관련해 분석"한다.[17] 이 맥락에서 좀 더 추상적 수준에서 말하면, 제국주의와 관련된 그녀의 문제의식은 의미형성과 구조화 간의 상호작용이라는 맥락 내에 있는 것이다. 이의 연장선상에서 ⑥ 유럽 제국주의를 분석하는 과정에서 프랫이 활용한 접근법이 무엇인지에 대해서도 말할 수 있다. 그것은 '역사화'와 '변증법'이다.[18] 말할 필요도 없이 역사화historicizing란 자연화된 것naturalized, 즉 사전에 주어진 혹은 당연한 것으로 간주되어 별반 문제시되지 않는 것의 역사적 생성 과정을 드러냄으로써 그것의 전복 가능성을 폭로하는 효과를 갖기도 하는 계보학적 접근을 말한다. 한편 변증법은 여러 사안들에 적용될 수 있는 것으로 보인다. 일단 그녀가 강조하는 것은 의미의 생산 및 유통 과정에서 지배자들과 피지배자들 간 상호작용이 발생한다는 점이다. 하지만 그러한 접근법의 활용은 좀 더 넓은 맥락에서도 발견된다. 상기한 것처럼, 일반적인 수준에서 그녀의 관심은 의미형성과 구조화 간에 발생하는 상호작용에 대한 분석이기 때문이다. 끝으로 ⑦ 여기에 프랫이 중용하는 분석방법을 추가할 수 있다. 『제국의 시선』에서 그녀가 활용하는 분석법은 대체로 비판적 담론 및 기호분석이다.

---

16 Ibid., p.94.
17 Ibid., p.23.
18 Ibid., p.34.

4. 국내의 접경 연구와 접촉지대 연구

이 절에서는 앞의 논의를 바탕으로 국내의 접경 연구와 접촉지대 연구를 평가한다. 이 과정에서 가장 먼저 고려되어야 하는 사항은 번역상의 혼란이다. 그리고 바로 이 때문에 지금까지 이 글에서는 접경이나 접촉지대라는 번역어들 대신 콘택트 존이라는 음차를 사용할 수밖에 없었다. 이 문제를 다루기 위해 일단 콘택트 존이라는 개념을 활용하는 거의 모든 국내 문헌들이 그것을 접경이나 접경공간 혹은 접촉지대라고 번역한다는 점에서 시작하자. 여기서 특히 문제가 되는 번역어는 접경공간이다. 이는 무엇보다도 '접촉지대 = 콘택트 존'의 관계는 성립하지만, '접경=콘택트 존'의 관계는 성립하지 않는다는 데서 기인한다. 즉, 최근 일군의 접경 연구자들은 콘택트 존을 접경이나 접경공간으로 번역한다. 따라서 이 경우의 접경 연구는 사실상 콘택트 존에 대한 연구이다. 그러나 좀 더 전통적인 접경 연구들에서 접경은 콘택트 존이 아니다. 이러한 문헌들은 심지어 콘택트 존과 전혀 관련이 없다. 그리고 이런 혼란 때문에 최근의 몇몇 문헌들은 접경을 콘택트 존인 동시에 그것이 아닌 다른 무엇으로 정의하기도 한다. 가령, 접경 연구를 미술사 연구에 접목하려는 미술사가 손수연에 의하면 "접경 연구에서 접경border"은 "변경frontier, 경계boundary를 의미"한다.[19] 즉, 그에게 접경은 '보더'이고 보더는 다시 '프론티어'이자 '바운더리'이다. 그런데 그녀는 동시에 콘택트 존도 일종의 접경으로 간주한다.

---

19   손수연(2021), 8쪽.

문화학자 매리 루이스 플랫Mary Louis Pratt, 1948~의 경우, 선이나 경계로 정의되어왔던 정치적, 물리적 공간이었던 접경을 컨택트 존contact zone 으로 의미를 확장시켜 접경을 국경이 아닌, 각양각색의 문화와 가치가 만나고, 교류하며 경쟁하는 사회적 무대로 제시하였다. 따라서 최근의 접경 연구는 한 사회 내에 존재하는 다양한 정체성인 인종, 종족, 종교, 언어, 생활양식 간의 교차지대인 '내적 접경'에 주목하고 있다.[20]

이렇게 보면 손수연이 접경과 콘택트 존, 그리고 프랫의 연구를 어떻게 오해하고 있는지 좀 더 명확히 드러난다. 일단 그녀에게 접경은 일차적으로 "정치적, 물리적 공간"으로서의 "국경"을 지칭하는 용어이다. 그에 반해 콘택트 존은 사회문화적 무대이다. 이에 손수연은 콘택트 존이 마치 국경의 내부, 즉 "한 사회 내에 존재하는" 사회문화적 경계지대에 대한 연구를 촉진하는 것인 양 기술하고 있기도 하다. 그러나 위에서 설명한 것처럼, 프랫은 국경 연구를 발전시키기 위해 콘택트 존이라는 개념을 제시한 게 아니다. 또한 콘택트 존이 근대사회 혹은 근대 국민-국가 내부에 있는 문화적 경계들에 한정되는 개념인 것도 아니다. 그렇다면 이런 오해는 어떻게 발생하게 된 것인가? 우리는 다음의 두 사례를 통해 이에 대한 답을 유추할 수 있다.

하나는 전통적인 접경 연구이다. 앞서 언급한 것처럼, 이 연구들은 콘택트 존과 전혀 관련이 없다. 접경이라는 개념과 관련하여 이 연구들은 프랫이 아니라 주로 독일의 정치지리학자들에 의존한다. 그 맥락에서 접경은 독일어의 경계Grenz, 즉 영어로는 '보더'이다. 접경은 "두 지

---

20 위의 책, 11쪽.

역의 경계와 맞닿음, 또는 그 맞닿는 경계"로 해석된다.[21] 전통적 접경 연구들은 특히 "접경 지역"과 같은 용어를 통해 "두 지역의 경계가 맞닿는 지역으로 국가 간에 있어서 국경선에 인접한 지역"을 지칭한다. 때문에 이런 연구들이 말하는 접경은 사실상 국가의 경계, 즉 국경 Staatsgrenze이다. 같은 맥락에서 이런 연구들은 접경 지역을 "타 지역보다 개발이 미흡한 변경 지역 및 변방 지역과 같은 의미", 즉 낙후되었다는 함의를 갖는 프론티어의 의미로 사용하기도 한다.[22] 따라서 여기서 말하는 프론티어는 식민지 프론티어와 완전히 다른 함의를 갖는다. 나아가 이런 연구의 연장선상에서 일부 연구들은 접경이라는 용어를 국경만이 아니라 국가 내부의 행정적 관할지들 간 경계에 적용하기도 한다. 가령, 북한과 중국 간의 국경이나 남북한 간의 DMZ에 대한 연구들이 전자의 접경 연구에 속한다면, 서울과 경기도 간 접경 지역의 그린벨트 개발과 같은 문제를 다루는 문헌들은 후자의 접경 연구에 속한다. 말할 필요도 없이, 여기서도 접경은 낙후되어 개발이 필요한 변두리라는 의미에서의 프론티어로 간주된다. 이렇게 보면 손수연이 왜 접경을 '보더', '프론티어', '바운더리'로 규정하였는지, 나아가 그러한 용어들로 왜 국경을 지칭하고자 했는지 알 수 있다. 하지만 그것은 콘택트 존이 아니다. 그렇다면 접경으로서의 콘택트 존은 어디에서 유래했는가? 이 질문에 답하기 위해 우리는 최근 국내의 몇몇 역사학자들의 문헌을 검토해야 하는데, 이는 바로 이들이 국경으로서의 접경 연구에 콘택트 존

---

21 나승학(2017), 150쪽. 또한 다음의 문헌도 유사한 견해를 보인다. 김영봉(2017), 40쪽.
22 나승학(2017), 150~151쪽.

이라는 개념을 접목한 연구자들이기 때문이다. 가령, 서양사학자 라영순은 동일한 문제의식을 가진 일군의 역사학자들이 수행한 연구논문들을 모은 편저『접경 공간의 형성』머리말에서 접경을 매우 독특한 방식으로 정의한다. 라영순에 의하면, 해당 편저의 저자들은 "경계가 가진 접촉의 성격을 강조하기 위해 이를 접경이라 명명하며 접경을 중심으로 구성되는 연구대상으로서의 공간을 '접경 공간contact zones'"으로 규정한다. 이러한 공간은 "다양한 문화와 가치가 조우하고 교류하며 서로 융합하고 공존하는 장이다".[23] 그런데 연구대상으로서의 공간이라는 것은 무엇인가?

이렇게 접경이 아닌 접경 공간을 강조하며, 접경 공간을 Border Area가 아니라 Contact Zones로 해석하는 개념의 전환은 단순한 선에서 면, 혹은 공간으로 물리적 차원을 확장·전환했음을 의미하는 것만은 아니다. 접경 공간은 외부와의 접촉면을 통해 유입 혹은 유출되는 각양각색의 문화와 가치체계들이 인간의 행위 속에서 조우하고 경쟁하지만 동시에 공명하는 무대와도 같은 공간을 의미한다. 그러므로 접경 공간은 국경이나 변경, 또는 경계로 표현되는 외부와의 접촉이 강조되는 외향적인 공간을 의미하는 것은 물론, 동시에 언어나 종교, 문화와 생활양식은 물론 노동과 계급에 이르는 내적 정체성을 형성하는 요인들이 인간의 행위에 영향력을 행사하는 사회 내부, 집단 내부, 그리고 개인 내부의 영역을 아우르는 공간으로 파악되어야 한다.[24]

즉, 이러한 이해에 있어서도 접경은 원래 국경, 혹은 보다 넓게 말하

---

23   라영순(2019), 7쪽.
24   위의 책, 7~8쪽.

면 "서로 맞닿은 지역들의 경계" 정도를 의미했다.[25] 이 상황에서 몇몇 역사학자들이 그러한 경계를 중심으로 하는 지역을 콘택트 존으로 해석하자고 제안한 것이다. 요컨대 이는 동일한 대상에 대한 "개념적 전환"이며, 그렇기 때문에 콘택트 존은 연구 대상으로서의 공간이다. 나아가 그러한 개념적 전환의 과정에서 이들은 사회문화적 경계도 접경으로 간주하자고 제안한다. 그리고 바로 이 맥락에서 외적 접경과 내적 접경 간의 구분이 출현하기 시작했다. 그런데 이들은 어떤 문제의식에 기초하여 전통적인 접경 연구, 즉 국경 연구에 콘택트 존이라는 개념을 접목하게 되었는가? 그에 대한 답은 역시 서양사학자인 차용구가 제공한다. 일단 그는 독일학계의 영향을 받았음에도 불구하고 국경과 접경을 구분한다. 그는 "국경Grenz에서 접경Kontaktzone으로" 이동해야 하는 이유,[26] 즉 국경을 접경으로 "재정의"할 뿐 아니라 접경의 의미확장을 통해 내적 접경까지 동시에 아울러야 하는 이유에 대해 다음과 같이 설명한다.[27]

지금까지의 국경 관련 연구는 침략과 저항, 문명과 야만, 가해자와 피해자라는 해묵은 담론을 반복적으로 재생산했는데, 이런 고정된 해석의 저변에는 '우리'와 '타자'의 경계에 장벽을 구축해온 근대 민족주의 이데올로기가 깔려 있다. 즉 민족주의의 렌즈로 바라보는 국경이란 곧 반목의 경계선이요, 대립의 골짜기였다.

그러나 이러한 해석은 이제 단순히 낡았을 뿐 아니라 역사적 사실을

---

25 중앙대·한국외대 HK+ 〈접경인문학〉 연구단 총서팀(2020), 3쪽.
26 차용구(2019a).
27 차용구(2019b), 4쪽.

외면한 일종의 오류에 가깝다. 분단과 상호배제의 정치적 국경선은 근대 이후의 특수한 시공간에서 국한될 뿐이며 민족주의가 지배한 기존의 국경 연구는 근대에 매몰된 착시에 불과하다. 역사를 광각으로 조망할 때 드러나는 국경의 실체는 다양한 문화와 가치가 공존하는 역동적 장소이자 화해와 공존의 빛깔이 짙은 공간이기 때문이다.[28]

요컨대 이들은 전통적 국경 연구의 저변에 깔려 있던 민족주의 이데올로기의 극복을 위해 콘택트 존이라는 개념을 도입한 것이다. 그리고 이렇게 볼 때 이들의 연구는 프랫의 연구와 그 문제의식에서부터 상당한 차이가 있다. 일단 프랫은 국경 문제를 역사적으로 연구하던 학자가 아니었다. 또한 프랫은 근대 민족주의가 아니라 인종주의, 남성중심주의, 유럽중심주의가 저변에 깔린 제국주의적 관계를 극복하기 위해 콘택트 존이라는 개념을 고안하였다. 나아가 프랫에게 접촉이란 일차적으로 언어적 접촉이다. 그에 반해 역사학자들의 접촉은 국경에서의 조우처럼 다소 모호한 혹은 훨씬 폭넓은 의미의 만남이다. 때문에 프랫에게는 그러한 접촉 과정에서 생산되는 역사적 의미체계와 그러한 의미체계에 담긴 이데올로기에 대한 담론 및 기호분석이 중요한 반면, 역사학자들에게는 그러한 작업이 중시되지 않는다. 아울러 바로 이 때문에 이들은 의미형성과 정치경제적 구조화의 상호작용에 대해서도 관심을 두지 않는다. 뿐만 아니라, 이들은 콘택트 존을 민족주의적 반목과 대립을 극복할 가능성을 담지한 희망의 공간으로 간주한다. 하지만 프랫에게 콘택트 존은 엄청나게 비대칭적인 권력관계들이 관통하면서 언어와

---

28 위의 책, 3쪽.

지배가 상호작용하는, 그럼에도 불구하고 지배적 의미체계를 변용하거나 저항의 가능성이 존재하는 공간이다. 즉 역사학자들은 프랫의 개념을 자의적으로 사용하고 있다.

이렇게 보면 우리는 손수연과 같은 미술사가가 왜 그토록 혼란스럽게 접경을 이해하는지에 대해 추론할 수 있다. 손수연은 접경이라는 말을 사용하면서 전통적 접경 연구자들의 정의와 역사학자들의 정의를 혼용하고 있다. 하지만, 어찌되었든 이러한 연구들은 프랫의 연구와 상당한 괴리가 있다. 이 연구들은 프랫의 문제의식, 문화연구와 관련해서는 포스트구조주의적이고 정치경제적 분석과 관련해서는 일정하게 마르크스주에 의존하는 프랫의 이론적 성향, 언어적 혹은 기호적 의미형성과 정치경제적 구조화의 상호작용에 대한 프랫의 관심, 변증법과 계보학이라는 프랫의 접근법, 그리고 담론 및 기호분석이라는 프랫의 분석방법 모두와 상당히 동떨어져 있을 뿐만 아니라 콘택트 존이라는 개념도 상당히 독특하게 사용한다. 따라서 이 연구들은 이론의 빈곤이라는 상황 속에서 '패셔너블'한 어떤 개념만 자의적으로 활용하고 있다는 비판을 면하기 어려워 보인다. 물론 그렇다고 해서 나는 이들의 연구가 의미없다고 주장하는 게 아니다. 하지만, 내가 볼 때 이들의 연구는 콘택트 존이라는 개념을 필요로 하지 않는다. 이는 상대적으로 최근의 경우 인문지리학자들이나 정치철학자들 역시 지구화, 이주의 문제, 세계시장, 그리고 국가 및 도시공간 등의 변화와 관련하여 '보더로서의 경계'라는 개념을 새롭게 제시하고 있기 때문이다. 가령, 이들은 역사학자들이 내적 접경이라 부르는 문화적 경계도 '보더'로 간주한다.[29] 이 맥락에서 접경 문제에 주목하는 역사학자들에게 필요한 것은 국경에서

콘택트 존으로의 이동이 아니라 경계에 대한 전통적 이해에서 최근의
이론적 혁신으로 이동하는 것으로 보인다.

이제 접촉지대 연구를 검토하자. 접촉지대는 『제국의 시선』 국내 번
역본 및 프랫의 연구에 대한 개설서 등에서 제시된 번역어이다. 때문에
접경과 달리 이 번역어는 콘택트 존이 언어적 접촉을 감안하고 있을 뿐
아니라 접촉언어라는 언어학적 개념에서 유래했다는 점이 반영되어 있
다. 따라서 접촉지대라는 번역어가 일차적으로는 국경을 함의하는 접
경보다 적절한 번역어라고 할 수 있다. 이에 국내의 여러 연구자들도 이
번역어를 활용하여 관련 연구를 수행해왔는데, 이들을 나는 접촉지대
연구라고 간주한다. 이 연구에는 상당히 다양한 흐름들이 존재하는데,
그중 대표적인 것들은 다음과 같다. 첫째는 프랫의 연구에 대한 소개 및
해설들이다.[30] 둘째는 주로 식민-피식민의 관계에 주목하면서 접촉지
대라는 개념을 식민지 조선이나 여타 동아시아 지역, 가령 홍콩 같은 곳
에 적용하는 연구들이다. 이러한 연구들은 주로 일본, 서구 열강, 조선
혹은 식민지 조선의 관계에 주목한다. 특히 이런 유형의 연구들은 거문
도나 경성의 일본의 거주지였던 남촌현재 중구 예장동, 해항도시 부산처럼
특정 지역에 주목하기도 하고, 식민지 조선시대의 민요교육이나 무속
신앙 정책 혹은 그 시절 문학과 예술이 무성영화와 발성영화를 통해 재
현되는 양식처럼 문화적 요소들에 대한 분석을 시도하기도 한다.[31] 셋

---

29 가령, Brenner(2004); Mezzadra · Neilson(2013)을 보라.
30 김남혁(2015); 김남혁(2016).
31 예를 들어 다음의 문헌들이 이 범주에 속한다. 구모룡(2016); 구모룡(2018); 송민
    호(2018); 이영진(2016); 임경화(2016); 전우형(2019); 조현범(2003); 한승
    훈(2017).

째, 일군의 문헌들은 접촉지대라는 개념을 남북관계 분석에 적용하기도 한다.[32] 이런 문헌들은 개성공단, 적십자회담, 런던의 한인 거주 지역에서 남한 주민들과 탈북난민들의 만남, 혹은 씨름처럼 남북한이 공유하는 민속문화가 교류되는 장을 접촉지대로 간주한다. 넷째는 기타 범주에 속할 수 있는 다양한 연구들이다. 이 범주에는 파독 간호사와 서독인들의 만남, 한국 내 이주민 교육의 장이나 탈북자들의 거주지, 다양한 사람들이 오가는 서울의 박물관 등을 접촉지대로 분석하는 연구들이 포함될 수 있다.[33]

그리고 이렇게 볼 때 접촉지대 연구들의 관심 분야는 접경 연구의 그것과 일정한 차이를 보인다고 할 수 있다. 또한 개별 연구에 따라 정도의 차이는 있지만 접촉지대 연구들은 프랫의 프로젝트와 좀 더 가깝기도 하다. 아울러 접경 연구가 그 나름의 동질성을 지니고 있는 데 반해 접촉지대 연구가 다루는 주제들은 좀 더 다양하다. 나아가 이러한 다양성 때문에 접촉지대 연구를 일반적 수준에서 평가하는 것은 쉬운 일이 아니다. 하지만, 그럼에도 불구하고 접촉지대 연구에 대해 두 가지 주목할 만한 사항들을 지적할 수 있는데 그것들은 다음과 같다. 첫째는 남북한 접촉지대에 주목하는 연구들에 대한 평가이다. 주로 북한을 연구하는 정치학자들에 의해 수행된 이 연구들은 남북한 주민 간 만남과 교류의 장을 접촉지대라고 간주하는 경향이 있다. 때문에 이 연구들에서도 프랫이 강조하는 몇몇 접촉지대의 성격들, 즉 극도로 비대칭적인 지배

---

32 가령, 다음의 문헌들을 참조하라. 양문수·이우영·윤철기(2013); 윤철기·양문수(2013); 이수정(2014); 이수정, 이우영(2014); 이우영·구갑우(2016); 이우영·남보라(2019).
33 예를 들어 다음의 문헌들을 보라. 강정원(2015); 고가영(2019); 김영신(2018).

와 종속의 관계나 언어적 차이에 기반하는 새로운 의미생산과 불평등한 정치경제적 관계의 생산 및 재생산, 그리고 지배 세력이 창출한 의미의 변용을 통한 저항의 가능성 등은 대체로 간과된다. 그리고 다시 이 때문에 이 연구들에서도 프랫이 규명하고자 하는 양방향적 인과관계나 그가 활용하는 접근법 및 방법이 자동적으로 누락된다.

둘째는 남북한 관계에 대한 연구를 제외한 여타 연구들에서 종종 발견되는 문제점들이다. 위에서 지적한 것처럼 접촉지대 연구들은 접경 연구들에 비해 대체로 프랫의 프로젝트에 좀 더 잘 부합한다. 그러나 이 연구들에서는 프랫의 제국주의 비판의 어떤 단면에만 주목하거나 상대적으로 지엽적인 문제들에 주목하는 경향이 발견된다. 가령, 프랫의 연구에는 제국주의에 대한 문제의식, 포스트구조주의와 마르크스주의라는 이론적 기반, 계보학적이고 변증법적인 접근법, 비판적 담론분석과 기호분석이 서로 연결되어 하나의 전체를 형성한다. 이를 기반으로 하여 그녀는 유럽 제국주의와 관련된 의미형성과 정치경제적 구조화의 상호관계를 분석했으며, 그 과정에서 '접촉지대', '문화횡단', '반정복적 서사', '여행하는 사람'과 '여행되는 사람', '자가 기술 민족지' 혹은 '자가 기술 민족지적인 표현', '지구적 차원의 의식, 그리고 여성들의 자치와 권한이 실현되는 이상적 혹은 상상된 세계로서의 '페미노토피아feminotopias'와 같은 독창적 용어들을 제시했다. 하지만 그에 반해 국내의 접촉지대 연구들은 전체를 형성하는 그 부분들 가운데 어떤 단면만을, 심지어는 그 전체성에 대한 고려 없이 활용한다. 이런 연구의 전형은 프랫이 제시한 몇몇 개념들을 해석학적 문헌독해와 결합한 후 그 개념이 유용하다는 결론을 내리게 된다. 이에 이런 연구들은 해당 연구자가 연구하는 분야에도 접촉지대가 있었으며 문화횡단이나 오리엔탈리즘이 발견된다는 식의 주장 이상으로 나아가지 못하는 경향을 보인다. 그리고 바로 이런 이유 때문에 우리는 많은 접촉지대 연구들 역시 ―접경 연구들과 정도가 차이는 있지만― 프랫의 연구 프로젝트와 일정하게 괴리되어 있다는 평가를 내릴 수 있다.

5. 대안적 의제들과 연구방향

이에 이 절에서는 한국의 콘택트 존 연구의 발전을 위한 몇 가지의 대안적 의제들과 연구의 방향성을 제시한다. 그 과정의 고려사항들은 다음과 같다. 첫째, 여기서 나는 프랫의 연구 프로젝트와 좀 더 전체적으로 부합하는 의제들을 제안한다. 이를 통해 국내 접촉 및 접촉지대 연구들을 개선할 수 있는 방안을 제시한다. 둘째, 여기서 나는 프랫이 다루지 않은 동아시아 지역과 관련된 콘택트 존들, 특히 그와 관련된 식민지 콘택트 존들만이 아니라 신식민지 및 비식민지 콘택트 존들에 대한 의제들까지도 다룸으로써 프랫의 연구 자체를 확장할 수 있는 방향을 제시한다.

1) 식민지적 제국주의

이를 위해 우리는 먼저 프랫이 실제로 분석한 시기인 식민주의적 제국주의시대의 동아시아에 주목할 필요가 있다. 그리고 이렇게 시야를 옮기게 되면 우리는 당시 동아시아를 둘러싼 제국주의 관계의 상대적 복잡성을 발견하게 된다. 말할 필요도 없이 이는 바로 일본 제국주의 때문이다. 일본도 최초에는 서구 열강인 미국에 의해 강제로 개항된 국가에 불과했다. 이후 일본은 서구에 비해 상대적으로 뒤늦게, 하지만 동아시아에서는 최초로 부상한 제국주의 국가가 되었다. 또한 일본은 그 자신이 비서구 세계에 위치한 국가이기도 하다. 이에 당대 서구 제국주의 국가들이 비서구사회로의 영토 팽창을 시도한 데 반해 일본은 주변국들로의 영토 팽창을 통해 제국주의 세력으로서의 부상을 도모하였다. 따라서 동아시아의 제국주의 관계는 지배자로서의 유럽 제국주의 국가들과 피지배자로서의 동아시아 국가들로 간단하게 양분되지 않는다. 여기에는 유럽과 일본, 그리고 여타 아시아 국가들이 복잡하게 얽혀 있다. 그리고 한국의 경우 일차적으로 일본 제국주의와 좀 더 관련이 있다. 이 지점에서 프랫의 주요 관심사 중 하나가 지구적 차원의 의식이 형성되었던 과정이라는 점을 상기하자. 이렇게 보면 특히 일본 제국주의와 관련하여 우리가 일차적으로 관심을 가질 수 있는 사안은 근대 일본의 국가 엘리트들이 어떤 과정을 경유하여 어떤 세계인식을 획득하고 그 독특한 계서제적 이미지 속에 아시아라는 지역과 일본이라는 국가를 어떻게 위치시켰는가다.

특히 우리는 근대 일본 제국주의의 발전에 대한 시기구분을 통해 이들이 가지고 있었던 지구적 차원의 의식들을 구분하여 분석할 수도 있다. 가령, 우리는 메이지 유신과 다이쇼 민주주의, 그리고 만주사변이나 쇼와 유신과 같은 군사 쿠데타들이 발생하고 그 일련의 과정을 통해 '통제파'라고 불리는 일본 육군 내 특정 세력의 영향력이 극대화된 1930~1940년대, 즉 쇼와시대의 엘리트들이 각각 일본과 주변국들, 그리고 세계에 대해 어떠한 상을 어떻게 가지게 되었는지를 접촉지대의 관점에서 검토할 수 있다. 지면의 제약 때문에 단 하나의 사례에 대해서만 추가적으로 설명하면, 우리는 1910년대 후반, 특히 제1차 세계대전의 종전 이후 그리고 1920년대를 거치면서, 일본 육군 내 젊은 장교들, 가령 만주사변의 주모자인 이시와라 간지石原莞爾와 같은 인물이 일본, 동아시아, 그리고 세계에 대한 어떤 인식을 바탕으로 울트라민족주의적 정치질서와 자립주의적 정치경제체제, 그리고 대동아공영권을 기반으로 한 '세계최종전쟁'을 수행하겠다는 국가전략을 수립하게 되었는지에 대해 파악할 필요가 있다. 물론 쇼와시대의 일본 육군 내 젊은 장교들의 의미체계에는 일본 불교의 한 종파인 일련종日蓮宗 사상가 다나카 지가쿠田中智學나 파시즘적이고 전체주의적인 사상가인 깃타 잇키北一輝 등이 지대한 영향을 미쳤다. 하지만, 동시에 일본은 제1차 세계대전 이후 총력전의 전략과 전술을 배우기 위해, 그리고 프로이센-프랑스전쟁 이후 일본 육군이 모델로 삼았던 독일 육군이 그 새로운 유형의 전쟁에서 패전하게 된 원인 등을 파악하기 위해 자국의 젊은 엘리트 장교들을 유럽의 여러 지역에 파견했다. 그리고 바로 이들이 귀국 후 일본의 사관학교 등에서 신임 장교들의 교육을 맡았을 뿐만 아니라 이후에는— 현대 동북아시아 역사의 많은 부분들을 해독할 수 있는 단초들을 담은 블랙박스로 묘사되기도 하는— 만주에 파병되어 만주국이라는 괴뢰국을 건설했고, 다시 그 이후에는 일본제국의 중심으로 역류해 들어와 제국의 권력을 장악하는 세력이 된다.[34] 이렇게 볼 때 우리는 당시 몇몇 유럽 국가들이나 만주 등에서

---

34 만주국을 한국사 연구의 터부이자 현대 동아시아를 해독할 블랙박스로 간주하는 연구로는 한석정(2009)를 보라. 일본 제국과 만주국의 관계를 팽창과 역류의 관점에서

일본 육군 내 젊은 엘리트 장교들이 새로운 의미체계를 획득한, 보다 상세히 말하면 지배적인 서구의 의미체계를 수용하고 변용하는 동시에 그것을 동아시아 내에서 새롭게 적용함으로써 그들로 하여금 스스로 지배세력으로 군림할 수 있게 했던 접촉지대들을 발견할 수 있는 여지를 갖게 된다. 나아가 바로 이렇게 할 때 우리는 그러한 의미체계를 일본 내부의 정치경제적 변화만이 아니라 식민지 조선이나 만주와 같은 지역의 정치경제적 재편과도 연결할 수 있게 된다.

따라서 일본 제국의 국가 엘리트들이 수용하고 변용한, 혹은 자체적으로 생산한 의미체계들과 정치경제적 실천 간의 관계를 접촉지대의 관점에서 분석하는 것은 식민지 조선과도 밀접한 관련이 있는 사안이 된다. 가령, 일제시대 초기의 헌병통치나 이후의 문화통치, 그리고 전체주의적이고 파시즘적 지배로의 전환만이 아니라 식민지 조선인들의 만주이주와 같은 사안들이 모두 그러한 문화적 의미형성과 정치경제적 구조화의 맥락 내에 있는 것이기 때문이다. 그 과정에서 우리는 식민지 조선이나 만주와 관련하여 독특한 방식으로 활용되었던 반정복적 서사나 문화횡단 등에 대해서도 연구할 수 있을 것이다. 가령, 프랫의 연구에서는 프랑스혁명 이후 유럽에서 부상한 새로운 가치와 비유럽 세계에서의 지배 간 간극을 해소하기 위한 맥락에서 반정복적 서사가 활용되었다. 같은 맥락에서 우리는 다이쇼 민주주의시대에 식민지 조선이 어떻게 재현되었는지 재검토할 수 있을 것이다. 아울러 동북아시아 내에서 민족적 화합의 이상사회로 제시된 만주국 등이 당대의 일본인들이나 식민지 조

다루는 문헌으로는 임성모(2001)을 보라.

선인들에게 어떤 기호적 영향을 미쳤는지에 대해서도 재해석할 수 있다. 이런 맥락에서 우리는 식민지 조선의 지식인들 혹은 최소한 문자를 읽을 수 있고 고등교육이나 군사교육을 받을 기회가 있었던 사람들이 서구 열강이나 일본이 생산한 의미체계를 어떻게 수용하거나 변형했는지도 분석할 수 있다. 가령, 서구 열강의 침략에 맞서 일각에서 제기된 인종중심적 사유, 즉 동북아시아 국가들을 하나의 인종으로 간주하는 사고방식이나 조선에 대한 민족주의적 사유, 1920년대 이래, 즉 다이쇼 민주주의시대에 유입된 계급중심적 사유, 그리고 그 이후의 파시즘적 사유도 당대의 접촉지대들에서 식민지 조선인들이 식민지 모국을 거쳐 수용하고 변용하게 된 의미체계들로 다시 조망될 수 있다.

2) 냉전과 발전의 시대

그리고 이렇게 보면 일본제국의 국가 엘리트들이 생산한 의미체계들은 해방 이후의 한국에도 중요한 의미를 갖는다. 왜냐면 바로 그것들이 일제의 잔재 혹은 탈식민주의적 유산이라는 형태로 퇴적되어 넓게는 해방 이후의 한국 사회, 그리고 좁게는 정치경제에도 지대한 영향을 미치고 있기 때문이다. 역시 지면의 제약으로 하나의 사례만 제공하면, 우리는 이러한 관점에서 박정희시대의 국가재건이나 국민 재형성, 그리고 경제성장 전략에 대해 새롭게 분석할 수 있다. 그리고 지금까지 일부 연구들은 박정희 본인의 교육경력이나 만주 및 일본에서의 여타 경험들에만 주목하는 데 반해 우리는 오직 그 한 개인만이 그러한 의미체계를 변용한 것이 아니라는 점에 주목해야 한다.[35] 예를 들어 국가재건회의 초기 경제 전략을 수립하는 데 주도적인 역할을 했던 유원식 역시 유사한 성향을 가지고 있었다. 그리고 당시 자문교수 역할을 했던 서울대학교 경제학과의 박희범 교수는 만주에서 장교로 복무한 경험을 가지고 있었던 박정희나 유원식과 달리 학자 출신이었음에도 당대의 수정자본주의보다 나치의 경제가 효율적이라는 주장을 자신의 논문에서 노골적으로 제시하기도 했던 인물이었다.[36] 1960년대 초반 이들은 대체로 수출지향적인 경제 전략이 아니라 자립주의적 국가 자본주의를 지향했는데, 여기서 이런 식의 자립주의는 바로 1930~1940년대 일본 육군의 엘리트들이 주창한, 나아가 실제로 일본 본토와 식민지들 그리고 만주국을 통해 실현하고자 했던 경제 전략이기도 했다. 말할 필요도 없이 이러한 경제 전략은 제1차 세계대전 이후의 세계에 대한 그들의 새로운 인식을 기반으로 하는 것이기도 했다. 이 맥락에서 우리는 해방 후 한국의 국가 엘리트들이 식민지시대 어떤 접촉지대들에서 지배적 의미 체계를 내면화하고 그것을 새로운 맥락에서 변용하려 했는지에 대해 분석할 수 있다.

동시에 우리는 이 과정에서 해방 후 새로운 상황 전개에 대해서도 고려해야 한다. 이는 특히 미국이라는 패권국의 존재 때문이다. 잘 알려진 것처럼, 전후 미국은 식민지시대의 종식과 발전의 시대를 선포하고 공산주의 진영을 야만으로 규정하였다. 이는 '문명-미개-야만'이라는 지구적 차원의 의식을 새로운 것으로 대체하려는 시도였다. 나아가 미국은 제3세계의 신생 독립국가들을 자본주의 세계시장에 편입시키고 미

---

35 가령, 박태균에 의하면 이들과 유사한 견해는 1950년대부터 경제발전의 지형 속에서 하나의 그룹에 의해 공유되었다. Tae-Gyun Park(2005)를 보라.
36 박희범(1968), 268쪽; 유원식(1987).

국 패권에 대한 동의를 확보하는 동시에 비서구 심지어는 유럽 사람들로 하여금 미국적 삶을 열망하게 하기 위해 다양한 세부적 담론 및 기호 전략들도 활용하게 된다. 그리고 그러한 의미체계에서는 여성, 특히 가정주부의 중요성이 부각된다. 가령, 1959년 7월 모스크바에 열린 미국 무역박람회에서 닉슨Richard Nixon과 흐루쇼프Nikita Khrushchev 간에 발생한 '부엌논쟁Kitchen Debate'을 상기하라.[37] 한 달 전 뉴욕에서 열린 소련무역 박람회에서 소련이 주로 자국의 과학기술과 관련된 물품들을 선보인 데 반해 미국은 이 박람회에서 미국 가정 내부의 부엌들을 보여주는 선택을 했는데 이는 우연이 아니라 의도된 전략에 의한 것이었다. 그것은 1950년대부터 미 중앙정보국 등과 협력하던 사회심리학자들의 제안에 따른 것이었기 때문이다. 사회학자들은 냉전에서의 승리와 패권국으로서의 지위 안정화를 위해 소련을 폭격할 것을 주장했다. 하지만, 그들이 주장한 타점은 특정한 지리적 장소가 아니라 소련 여성들의 마음이었으며, 공격 무기는 포드주의시대의 물질적 풍요를 드러낼 수 있는 미국의 내구소비재였다. 이를 통해 그들은 소련 여성들로 하여금 미국식 삶에 대한 갈망을 유도할 수 있을 것이라 생각했으며, 그로써 다시 당시의 성별 분업 내에서 여성들의 마음을 얻기 위해 남성들이 추구해야 하는 것도 변화시키기를 원했던 것으로 보인다.[38] 이 맥락에서 닉슨은 캘리포니아의 표준적 부엌을 재현한 장소에서 흐루쇼프를 만난 직후부터 다음의 사항을 강조했다. "미국에서 우리는 여성들의 삶을 더 편리하게

---

37 CIA Homepage, "The Kitchen Debate : Transcripit"(https://www.cia.gov/readingroom/docs/1959-07-24.pdf, 2022.1.18).
38 예를 들어, David Riesman(1951); 한편, 부엌논쟁에 대한 국내 문헌으로는 김남섭(2015)를 보라.

하는 것을 원한다." 여성에 대한 자본주의적 태도를 거부하는 흐루쇼프에게 그는 다음과 같이 반박했다. "내가 생각할 때 여성에 대한 이 같은 태도는 보편적인 것이다." 그리고 반복했다. "우리가 원하는 것은 가정주부들의 삶을 보다 편리하게 하는 것이다." 이어서 닉슨은 다음의 사항을 강조했다. "당신도 알다시피 우리의 철강노동자들은 현재 파업 중이다. 그러나 어떤 철강노동자든 이러한 집을 구매할 수 있다." 이 맥락에서 우리는 포드주의시대 '아메리칸 드림'이 어떻게 재현되었는지 대략적으로나마 파악할 수 있다. 당시 아메리칸 드림의 핵심은 노동자계급이 중산층의 삶을 살 수 있다는 것이었다. 그리고 그러한 중산층의 삶이란 상대적으로 광범위한 규모의 인구가 표준화된 가정용 내구소비재를 구매할 수 있다는 것이었다. 그러한 내구소비재를 선택할 수 있는 권한은 대체로 가정주부에게 있다. 이 맥락에서 미국 자본주의를 압축적으로 재현하는 기호 전략의 주체는 자본가도 노동자도 아닌 가정주부였다. 그러한 기호체계 내에서 미국 자본주의의 핵심 부문은 생산이 아니라 소비, 특히 자본재의 소비가 아니라 내구소비재에 대한 소비였다. 그리고 이 맥락에서 미국 자본주의를 재현하는 핵심 공간도 생산 현장이 아니라 중산층의 주거지, 특히 그중에서도 당시를 기준으로 새로운 가전제품들로 채워진 부엌이었다.

이러한 미국의 기호전략은 소련만이 아니라 한국에 있어서도 상당히 중요한 의미를 갖는다. 왜냐면 미국은 늦어도 1950년대 초부터 한국에서도 유사한 기호 전략을 사용했기 때문이다. 특히 미국은 공보원 등의 홍보물을 중심으로 미국 가정의 삶을 보여주는 문서들과 영상들, 특히 여성들의 풍요로운 삶이나 정치참여 가능성을 보여주는 것들을 살포하다시피 하였다. 또한 미국은 해방 후 각계각층의 사람들에게 미국 연수의 기회를 제공하였는데 그 연수 프로그램의 핵심은 평범한 미국 가정 방문이었다. 이는 미국에 우호적인 이들이든 그렇지 않은 이들이든 연수자들로 하여금 처음 접한 수준의 물질적 풍요와 미국의 지배적 위상에 압도당하게 했다. 이후 연수에 참여한 이들은 미국 방문 기록을 여성지 기사나 서적의 형태로 출판하게 되었다. 말할 필요도 없이 이는 적지 않은 한국인들로 하여금 새로운 지구적 차원의 의식과 그 계서제 속에서 미국의 위상을, 그리고 따라잡기의 대상이 누구이고 무엇인지를 새롭게 구성하게 되는 계기로 작용했던 것으로 보인다. 이뿐만 아니라 이 과정을 통해 1960년대 여성지들에서 발견되는 새로운 상상들, 미국 주택에 대한 열망이나 미국식 에티켓에 대한 동경들, 나아가 커피, 파티에 참여할 때의 의복, 실내의 휴지통, 오렌지주스 등이 어떻게 새로운 의미를 갖게 되는지도 이해할 수 있게 된다.[39] 그리고 이 맥락에서 우리는 전후 한미 간 중심으로 구축된 새로운 접촉지대들을 조망할 수 있다. 가령, 한국 내에서든 아니면 연수 과정에 참여한 이들이 방문한 미국의 가정들이든, 이러한 접촉지대들은 엄청나게 비대칭적 관계 속에서 새로운 의미가 창출된 공간으로 재해석될 수 있다. 따라서 그러한 연수나 유학 경험들에 대한 문헌들도 제국주의와 접촉지대에 대한 관점에서 새롭게 해명할 수 있다.

말할 필요도 없이 제국주의적 관계에 대한 프랫의 연구를 전체적으로 수용하기 위해 우리는 이러한 의미체계의 형성 및 변용과 정치경제

---

[39] 김예림(2007); 허은(2014).

적 분석을 결합시켜야 한다. 여기서는 다시 박정희 집권 초기의 경제 전
략으로 돌아갈 필요가 있다. 그리고 이 지점에서 우리는 국내 일각에서
주장되는 것과 달리 박정희 정부의 경제모델이 만주국의 복사판으로
환원되지 않는다는 것에 주목해야 한다. 물론 초기 유원식이나 박희범,
그리고 박정희 본인은 자립주의적이고 중화학공업 지향적인 산업화를
지향했다. 하지만 이것은 케네디 행정부나 존슨 행정부가 허용하는 것
이 아니었다. 또한, 사실 미국은 당시 박정희가 한국에서 교육받았던 대
구고등사범학교가 국가신토의 강한 영향을 받았다거나 박희범과 유원
식 같은 이들이 전체주의적일 뿐만 아니라 사회주의적 성향을 가지고
있었다는 점에 대해 알고 있었다.[40] 때문에 미국은 이들이 수립한 초기
전략을 수정하기 위해 노력했다. 특히, 그것을 대체하기 위한 정책적 자
원으로 케네디 행정부와 존슨 행정부에 자문하던 러스토우의 무역지향
적 발전주의가 활용되었다.[41] 이러한 과정들을 거치면서 국가재건위원
회에서 중요한 역할들을 하였던 유원식과 박희범 등이 모두 권력의 중
심부에서 밀려나는 동시에, 1962년 최초 발표되었던 제1차 경제개발
계획, 즉 상대적으로 자립주의적 지향을 가지고 있었던 최초의 계획이
1963년의 재검토를 거쳐 1964년의 수정계획으로 발표된다. 그리고 이
과정을 거치면서 미국은 한국 내 주요 의사결정기구에 미국인들을 배
치하게 되었다. 물론 박정희 집권기의 경제 전략, —그리고 보다 넓게
는—국가 전략에 대해서는 훨씬 더 추가적인 분석이 필요하다. 하지만

---

40 Tae-Gyun Park, op.cit., p.678을 보라.
41 박정희 정부 시절 미친 러스토우의 영향에 대해서는 박태균, 「로스토우의 제3세계
    근대화론과 한국」, 『역사비평』 66, 2004; 박태균, 「박정희 정부 시기를 통해 본 발전
    국가 담론에 대한 비판적 시론」, 『역사와 진실』 74, 한국역사연구회, 2009를 보라.

여기서 내가 강조하고자 하는 것 중 하나는, 해방 후에도 문화적 의미생산의 상호작용과 정치경제적 구조화의 상호작용이 접촉지대의 관점에서 분석될 수 있다는 것이다. 아울러 그 과정에서 우리는 일본 제국주의의 탈식민주의적 유산만이 아니라 미국과의 복잡한 관계를 복합적으로 고려해야 한다는 점이다. 그리고 그렇게 할 때, 프랫의 연구 프로그램과 전체적으로 더 부합하는 방식으로 한국의 콘택트 존을 연구할 수 있을 뿐만 아니라 프랫의 연구 자체를 확장시킬 수 있다는 것이다.

3) 신자유주의적 지구화의 시대

끝으로 여기서는 신자유주의적 지구화시대, 특히 현재의 한국과 관련된 사안들을 지적한다. 일단, 오늘날 한국의 정치경제나 제국주의적 관계와 관련하여 주목해야 하는 사항들 중 하나는 지구적 계서제 내에서 한국의 위상 변화이다. 이제 한국은 더 이상 식민지가 아니다. 나아가, 한국은 국내에서든 해외에서든 더 이상 신식민지, 개발도상국, 혹은 중진국으로 분류되지 않는다. 이 맥락에서 오늘날 우리는 한국이 일본이나 미국, 그리고 중국과 같은 국가들과 맺는 관계만이 아니라 동남아시아나 포스트공산주의 국가들과 새롭게 맺게 된 관계 속에서 형성된 접촉지대들에 주목할 수 있다. 가령, 이러한 국가들의 몇몇 장소들은 한국 경제의 새로운 생산기지로 간주되고 있으며, 그중 캄보디아 같은 경우에서는 한국의 고용주들에 대한 파업과 시위를 막기 위해 해당 국가의 공수부대가 활용되는 일까지 발생했다. 나아가 동남아시아 일부 국가들은 한국인들에게 한우를 좀 더 저렴한 가격에 공급할 수 있도록 하는 식량기지로 모색되고 있으며, 필리핀 등지에는 한국의 플라스틱 쓰레기들이 불법적으로 '수출'되기도 한다. 이 모든 공간들이 한국과 관련된 새로운 접촉지대들이다. 과거와 다른 점이 있다면 이 비식민지적 프론티어들에서 한국은 피지배자가 아니라 지배자의 위상을 점하고 있다는 것이다. 이는 오늘날 한국이 최소한 아류 제국주의 혹은—여전히 한국은 세계에서 촌스러운 행태를 보이지만, 이제 한국 경제 자체는 제국주의적으로 도약할 필요가 있는 단계에 진입했다는 의미에서 사용된 용어인—'촌놈들의 제국주의'에 해당한다고 할 수 있다.[42]

그리고 이러한 한국의 정치경제적 위상 변화, 아울러 한국 대중문화의 해외 영향력 확대와 맞물려 등장한 새로운 서사에 대한 주목도 필요하다. 여기에는 한국인들이 해외에서 받는 환대나 한국 남성들과 해외의 여성들, 특히 과거 식민지 모국이었던 일본 여성들이나 한국 기업들이 진출하여 영향력을 행사하고 있는 구 동구권의 백인 여성들과의 결혼, 로맨스 혹은 그러한 가능성에 대한 다양한 서사들이 포함될 수 있다. 이른바 '국뽕'으로 간주되기도 하는 이런 서사들을 오늘날 유튜브 영상에서 찾아보는 것은, 아울러 그러한 영상들이 엄청난 조회수를 자랑하고 있음을 확인하는 것은 어려운 일이 아니다. 이러한 서사들은 한국이 동남아시아나 포스트공산주의 국가에서 행하는 비식민지적이지만 제국주의적 실천들을 은폐하는 반정복적 서사들로 해석될 여지가 있다. 한편, 그렇기 때문에 우리는 분석방법이나 대상과 관련해서도 새로운 변화를 고려해야 한다. 프랫의 경우 주로 18세기 초반 이후의 박물학 문헌이나 여행기들을 분석하였다. 그에 반해 오늘날의 반정복적

---

42 우석훈(2008).

서사들은 문자만이 아니라 시각적 이미지가 전면에 드러나는 영상매체들을 통해 재현되고 유포된다. 이는 한국의 접촉지대에 대한 연구가 장르문학에 대한 분석을 통해서만 아니라 각종 미디어 연구를 통해서도 수행될 수 있음을 말해주는 것이기도 하다.

6. 나가며

이 글의 목적과 내용에 대한 요약은 서두에서 이미 제시된 바 있다. 여기서는 본론의 요약 대신 앞서 제시된 의제들 및 연구방향과 관련하여 몇 가지 추가적 고려사항들을 제기한다. 첫째, 나는 오직 내가 제안한 주제들만이 한국의 접촉지대 연구에 부합하는 것들이라고 생각지 않는다. 앞 절에서 나는 다만 몇 가지 가능한 사례들만을 제시하려 했고, 그 과정에는 나 자신의 관심사가 반영되었다. 아울러 그 과정에서 나는 동아시아와 한국을 둘러싼 제국주의적 관계의 상대적 복잡성, 그리고 오늘날 서사를 구성하고 유통하는 매체가 점점 다양해지고 있기 때문에 장르문학에 대한 분석 이상의 검토가 필요하다는 점을 지적하고자 했다. 끝으로 이런 연구들은 프랫의 연구 자체의 개선을 필요로 한다는 점도 지적되어야 한다. 본문에서 나는 프랫의 연구를 소개한 후 그것을 기준으로 국내의 관련 연구들을 평가하고 그에 대한 대안적 전망을 제시하는 데 몰두하기 위해 프랫의 연구 자체에 대해서는 그 어떤 비판도 제공하지 않았다. 나는 다만 그것이 비판적 문화연구에서 출발하였지만 정치경제학 비판이나 비판적 정치경제학과의 결합을 추구하기도 한다는 점을 각

별히 드러내려 했을 뿐이다. 이는 프랫의 연구가 2010년대 들어 문화정
치경제학이라는 이름으로 출현한 학문적 경향의 전조로 해석될 수 있음
을 암시하기 위해서였다.[43] 그리고 이는 프랫의 연구에서 명백하게 발견
되는 사항임에도 불구하고 거의 지적된 적이 없다.

이렇게 볼 때 새로운 학문 혹은 새로운 연구 프로그램의 맹아적 형태
로도 간주될 수 있는 프랫의 연구에는 아직까지 여러 이론적 사안들이
해결되지 않은 채로, 심지어는 언급조차 되지 않은 채로 남아 있다. 가
령, 프랫은 푸코, 사이드, 마르크스의 영향을 받았지만 메타이론의 수준
에서 포스트구조주의와 비판적이고 과학적인 실재론 간의 충돌을 어떻
게 극복할 수 있는지에 대해 침묵한다. 또한 그녀는 문화연구와 정치경
제학적 분석의 연결을 추구하지만 그녀의 실제 분석은 여전히 문화연
구에 치중되어 있다. 그녀는 담론 및 기호분석에서 활용되는 각종 기법
들을 활용하여 문자와 이미지를 해석하지만, 같은 수준의 분석을 정치
경제적 사안과 관련해서는 보여주지 못한다. 존 홉슨이나 슘페터, 베블
런 그리고 레닌처럼 제국주의를 정치경제적으로 분석하는 이들이 제국
주의와 자본주의에 대해 자신만의 개념 규정들을 제시하고 있는 데 반
해, 프랫은 그러한 작업에 상대적으로 관심을 덜 보인다. 물론 프랫이
놀라울 정도로 풍부한 문헌분석을 제공하고 있다는 점 그리고 식민지
모국과 식민지 간의 관계만이 아니라 유럽 제국 내 도농관계나 젠더관

---

43 문화정치경제학 내에서도 서로 다른 분파들이 존재한다. 그러한 분파들에 대한 구분
   없이 관련 국내 문헌들 중 일부를 소개하면 다음과 같다. 강내희, 『신자유주의 금융화
   와 문화정치경제』, 문화과학사, 2014; 박지훈, 「얼룩덜룩한 자본주의에 대한 문화정
   치경제학 – 밥 제숍과 나일링 섬의 초학과적 이론기획」, 『경제와사회』 126, 비판사회
   학회, 2020.

계 등에 대해서도 상당한 통찰력을 제공하고 있다는 점을 부인할 수는 없다. 또한 모든 것을 다 해내지 못했다는 이유로 어떤 연구자를 비판하는 것은 부당하기까지 하다. 하지만 프랫에 대한 평가와 무관하게 그녀의 역사적 분석은 여전히 새로운, 그리고 더 발전된 이론을 기다리고 있다는 점을 염두에 두어야 한다. 바로 그러한 결여들을 보완하는 이론적 작업이 위에서 내가 제시한 의제들을 다루는 데 있어서도 성패를 좌우할 열쇠 중 하나이기 때문이다.

참고문헌

강내희, 『신자유주의 금융화와 문화정치경제』, 문화과학사, 2014.

강정원, 「다민속문화 접촉지대로서 서울민속박물관 – 서울시의 박물관 정책 비판과 서울민속박물관의 건립 필요성」, 『서울민속학』 2, 서울민속학회, 2015.

고가영, 「접촉지대로서의 러시아 현대사 박물관 전시에 나타는 푸틴 정부의 새로운 국가 이미지와 국민 만들기」, 『러시아연구』 29(1), 서울대 러시아연구소, 2019.

구모룡, 「접촉지대와 선박의 크로노토프 – 해항도시 부산과 항로들」, 『동북아 문화연구』 49, 동북아시아문화학회, 2016.

_____, 「접촉지대 부산을 향한 제국의 시선 – 외국인의 여행기에 재현된 19세기 말의 부산」, 『해항도시문화교섭학』 18, 한국해양대 국제해양문제연구소, 2018.

김영신, 「여행기와 접촉지대 관점에서 살펴본 파독 여성 간호사 연구」, 『통번역교육연구』 16(3), 한국통번역교육학회, 2018.

김남섭, 「모스크바 미국국립박람회와 소비에트 부엌 – 흐루쇼프 하의 소비주의와 소련사회」, 『역사문화연구』 55, 한국외국어대 역사문화연구소, 2015.

김남혁, 「제국주의와 여행서사 – 메리 루이스 프랫의 연구를 중심으로」, 『현대문학이론연구』 60, 현대문학이론학회, 2015.

_____, 『메리 루이스 프랫, 제국의 시선』, 커뮤니케이션북스, 2016.

김영봉, 「한국 접경지역의 공간적 특성과 남북한 평화적 이용방안」, 『접경지역통일연구』 1(1), 접경지역통일학회, 2017.

김예림, 「1960년대 중후반 개발 내셔널리즘과 중산층 가정 판타지 문화정치학」, 『현대문학의 연구』 32, 한국문학연구학회, 2007.

나승학, 「한중 접경지역의 경계 형성과 상인의 활동 – 조선의 만상과 중국의 진상을 중심으로」, 『접경지역통일연구』 1(1), 한국접경지역통일학회, 2017.

라영순, 「『접경 공간의 형성』을 내며」, 중앙대·한국외대 HK+〈접경인문학〉 연구단 편, 『접경 공간의 형성 – 조우와 충돌』, 소명출판, 2019.

박지훈, 「얼룩덜룩한 자본주의에 대한 문화정치경제학 – 밥 제솝과 나일링 섬의 초학과적 이론 기획」, 『경제와사회』 126, 비판사회학회, 2020.

박태균, 「로스토우의 제3세계 근대화론과 한국」, 『역사비평』 66, 2004.

_____, 「박정희 정부 시기를 통해 본 발전국가 담론에 대한 비판적 시론」, 『역사와 진실』 74, 한국역사연구회, 2009.

박희범, 『한국경제성장론』, 고려대 출판부, 1968.

손수연, 「접경연구와 미술사 – 17세기 네덜란드의 시각문화 사례연구」, 『서양미술사학회논문집』 54, 서양미술사학회, 2021.

송민호, 「제국의 시선 바깥, 새로운 조선의 인상 – 매일신보 삽화가 쓰루타 고로의 눈에 담긴 조선」, 『근대서지』 18, 근대서지학회, 2018.

양문수 외,「개성공간에서의 남북한 접촉이 북한 근로자에게 미친 영향 연구 – 남한 주민에 대한 북한 근로자의 태도 변화를 중심으로」,『통일연구』17(2), 연세대 통일연구원, 2013.

유원식,『혁명은 어디로 갔나』, 인물연구소, 1987.

우석훈,『촌놈들의 제국주의 – 한중일을 위한 평화경제학』, 개마고원, 2008.

윤철기·양문수,「북한 연구의 미시적 접근과 남북 접촉지대 연구 – 마음체계 통합 연구를 위한 시론」,『현대북한연구』16(2), 북한대학원, 2013.

이수정·이우영,「영국 뉴몰든 코리아 타운 내 남한이주민과 북한난민 간의 관계와 상호인식」,『북한연구학회보』18(1), 북한연구학회, 2014.

_____,「접촉지대와 경계의 (재)구성 – 임대아파트 단지 남북한 출신 주민들의 갈등과 협상」,『현대북한연구』17(2), 북한대학교대학원, 2014.

이우영·남보라,「새로운 접촉지대의 모색, 무형문화유산 – 인류무형문화유산 '씨름'을 중심으로」,『현대북한연구』22(3), 북한대학교대학원, 2019.

_____·구갑우,「남북한 접촉지대와 마음의 통합이론 – '마음의 지질학' 시론」,『현대북한연구』19(1), 북한대학교대학원, 2016.

이영진,「제국의 시선들 사이에서 – 19세기 말 조선 문명 담론과 근대성 문제에 대한 일고찰」,『비교문화연구』22(1), 서울대 비교문화연구소, 2016.

임경화,「식민지기 '조선문학' 제도화를 둘러싼 접촉지대로서의 '민요' 연구 – 고정욱 졸업논문을 통해 본 경성제대 조선문학 강좌의 성격」,『동방학지』177, 국학연구원, 2016.

임성모,「'국방국가'의 실험 – 만주국과 일본파시즘」,『중국사연구』16, 중국사학회, 2001.

전우형,「소리의 접촉지대로서『영화시대』와 재현의 정치」,『문학과 영상』20(3), 문학과영상학회, 2019.

조현범,「선교사와 오리엔탈리즘 – 일제시대 어느 천주교 선교사의 조선 스케치」,『정신문화연구』26(3), 한국학중앙연구원, 2003.

중앙대·한국외대 HK+〈접경인문학〉연구단 총서팀,「머리말」, 차용구 외,『접경의 기억 – 초국가적 기억의 장소를 찾아서』, 소명출판, 2020.

차용구,「국경(Grenz)에서 접경(Kontaktzone)으로」, 중앙대·한국외대 HK+〈접경인문학〉연구단 편,『접경 공간의 형성 – 조우와 충돌』, 소명출판, 2019a.

_____,「발간사」, 중앙대·한국외대 HK+〈접경인문학〉연구단 편,『접경 공간의 형성 – 조우와 충돌』, 소명출판, 2019b.

한석정,『만주국 건국의 재해석 – 괴뢰국의 국가효과 1932~1936』, 동아대 출판부, 2009.

한승훈,「변경의 접촉지대 삼도(三島), 그리고 거문도의 탄생」,『조선시대사학보』83, 조선시대사학회, 2017.

한홍구,「만주국의 그림자」,『한겨레21』, 2021.3.27.

허 은,「'전후'(1954~1965) 한국 사회의 현대성 인식과 생활양식의 재구성」,『한국사학보』54, 고려사학회, 2014.

CIA Homepage, "The Kitchen Debate : Transcripit"(https://www.cia.gov/read-ingroom/docs/1959-07-24.pdf).

David Riesman, "The Nylon War", *ETC : A Revew of General Semantics* 8(3), 1951.

Mary Louise Pratt, "Linguistic Utopia", Nigel Fabb, Derek Attridge, Alan Durant · Colin MacCabe eds., *The Linguistics of Writing : Arguments between Language and Literature*, Manchester University Press, 1987.

_____, "Arts of the Contact Zone", Profession, 1991.

_____, *Imperial Eyes : Travel Writing and Tranculturation*, 2nd Eition, Routledge, 2007(김남혁 역, 『제국의 시선 - 여행기와 문화횡단』, 현실문화, 2015).

Neil Brenner, *New State Spaces : the Urban Governance and the Rescaling of Statehood*, Oxford University Press, 2004.

Sandro Mezzadra · Brett Neilson, *Boder as Method, Or, the Multiplication of Labor*, Duke University Press, 2013.

Tae-Gyun Park, "Different Roads, Common Destination : Econmic Discourses in South Korea During the 1950s", *Modern Asian Studies* 39(3), 2005.

제2장

시간

접경의 역사

11세기 중반 송宋-서하西夏의 대립과 화약和約 체결*

이근명

1. 들어가며

　10세기 말로부터 11세기 초에 걸쳐 동아시아의 정세에 중대한 변화가 발생하였다. 우선 안사安史의 난 이래 혼란을 계속하던 중국의 한족 지배 지역이 송에 의해 통일되었다. 송의 중국 통일은 960년 태조 조광윤趙匡胤의 건국으로부터 시작하여 태종 시기인 979년태평흥국4 북한北漢의 통합으로 완성되었다. 이어 송 진종 시기인 1004년경덕원년 거란과 송 사이에 전연澶淵의 맹약이 체결되었다. 전연의 맹약은 북방의 패자로 군림하던 거란이 송을 압박하여 세폐의 지급을 강요한 것이었다. 양국 사이의 관계는 대등한 것으로 규정되었다. 전연의 맹약은 송과 거란을 주축으로 한 동아시아 내 새로운 국제질서의 탄생을 의미하였다. 거란이 무력으로 송을 압도하자 한반도의 고려 역시 송이 아닌 거란에 대해 신사臣事하였다.

---

* 이 글은 필자의 「11세기 중반 송(宋) - 서하(西夏)의 대립과 화약(和約) 체결」, 『역사문화연구』 74, 2020, 55~80쪽을 옮긴 것임을 밝힌다.

11세기 중반 송-서하의 대립과 화약 체결　77

이렇듯 10세기 후반 이래 동아시아의 정세가 급박하게 전개되어 갈즈음 중원의 서북방에 새로운 세력이 대두하기 시작한다. 바로 당항족党項族의 탁발拓跋 정권이었다. 당항족은 오랜 세월 오늘날의 간쑤甘肅, 칭하이青海, 쓰촨四川의 교계交界 지역에 거주하다가 동쪽으로 이주한 존재였다. 그리고 10세기 말부터 11세기 초에 걸쳐 대세력을 구축하고 중원의 송과 각축하는 모습을 보이게 된다. 송대의 역사에 등장하는 11세기 중엽의 체제 위기를 초래한 장본인도 바로 당항족이 세운 서하西夏였다.

통상 당항족의 이주는 두 차례에 걸쳐 이루어졌다고 칭해진다. 첫 번째는 7세기 후반 토번이 강대해져서 주변 민족을 압박하던 시기였다. 이때 당항족도 토번의 침탈을 피하여 경주慶州, 즉 오늘날의 간쑤성 동부 지역으로 이주하였다. 두 번째는 안사의 난 직후였다. 당조는 안사의 난을 진압하기 위해 서북 변경의 군대를 중원에 동원하였고, 이로 말미암아 변방邊防이 소홀해지자 토번이 이 틈을 나고 하서河西와 농우隴右 일대를 점령하였다. 이러한 사태에 당조는 곽자의郭子儀의 건의를 수용하여 당항족을 경주로부터 은주銀州와 하주夏州 인근의 이른바 평하平夏 지구로 이주시켰던 것이다. 이후 당항족은 평하부平夏部와 동산부東山部로 분화되어 갔고 이중에서도 점차 평하부가 중심 세력으로 발전하였다.

9세기 후반에 발생한 황소黃巢의 난은 당항족의 발전에 또 다른 중대한 전기를 이루었다. 당시 평하부의 지도자는 탁발사공拓跋思恭이란 인물이었다. 그는 당의 요청에 따라 반란의 진압을 원조하고 그 공로로 정난절도사定難節度使 직위에 올랐다. 그리고 당조의 황실 성씨인 이씨李氏를 하사받았으며 하국공夏國公에 봉해져 은주와 하주, 수주綏州, 유주宥州의 4개주를 통할하게 되었다. 후일 당항족의 수장들이 이씨를 칭하는 것이라든가 그 영역을 '하'라 일컬었던 것도 여기서 연유한다.

　이러한 변천을 거쳐 11세기에 이르면 송의 서북방에 위치한 당항족은 송의 정치사에 주요 변수로 등장하게 된다. 수시로 서북 변경지대를 위협하였을 뿐만 아니라 신속과 이반을 거듭하며 송의 변방邊防과 외교에 혼란을 초래하였다. 11세기 중엽에는 당항족에 이원호李元昊가 등장하여 마침내 칭제건국稱帝建國하고 '대하국大夏國'을 건립하였다. 이로 말미암아 송과 대하, 즉 서하 사이에 한동안 치열한 전쟁이 전개되기에 이른다. 그리고 서하에 대한 대처 과정에서 송은 막대한 군비 부담을 지게 되고, 이것이 11세기 중엽에 단행되는 왕안석 신법의 주요한 배경으로 작용하였다. 11세기 초반과 중반에 걸쳐 당항족과 서하는 송조의 역사를 규정하는 핵심 요소였다.

　이 글에서는 11세기 초반 이래 중반에 걸친 송과 서하 사이의 관계 변천을 고찰하고자 한다. 11세기 초 당항족 내부에 어떠한 굴곡이 있었으며 그것이 송과의 관계에 어떠한 영향을 주었는지, 그리고 송은 당항족의 동태를 어떻게 바라보고 있었고 그 변화에 대해 어떠한 대응 자세를 취했는지 추적하고자 한다. 이어 이원호가 칭제건국한 이후 송과 서하 사이의 전쟁 양상은 어떠하였는지를 살피고, 마지막으로 송과 서하 사이 화약和約이 체결되는 과정에 대해 서술해 갈 예정이다.

2. 11세기 초 송 당항족 관계의 추이

980년송 태종 태평흥국 5 하주를 중심으로 세력을 구축하고 있던 당항족 평하부의 수장, 즉 정난절도사 이계균李繼筠이 사망하고 그 뒤를 아우인 이계봉李繼捧이 계승하였다. 그런데 내부에 분쟁이 발생하여 2년 후인 982년태평흥국7 이계봉이 송조에 투항하였다. 그리고 휘하 4주의 헌상을 청원하였다. 하지만 이계봉에 반대하던 세력은 송조 투항을 거부하고 멀리 북방으로 도망하여 송에 대한 저항의 자세를 취하였다. 그 반대 세력의 지도자는 이계봉의 족제族弟인 이계천李繼遷, 963~1004이었다. 이계천은 이계봉과 4종四從, 10촌의 친척으로 그 선대가 멀리 탁발사공의 아우였다. 이계봉은 후일 송조로부터 조씨趙氏 성을 하사받았다.

이계천은 송의 압박을 피하기 위해 따르는 무리를 이끌고 사막의 북방에 있는 지근택地斤澤으로 도망하였다. 지근택은 평하부의 중심지인 하주로부터 약 150킬로미터가량 떨어져 있었다. 이계천을 추종하는 무리는 아우 이계충李繼冲과 브레인 장포張浦 등이 중심을 이루었다. 이들은 지근택에서 각고의 노력을 기울여 세력의 확장을 도모하였다. 지근택은 물과 풀이 풍부하여 가축의 방목에 대단히 유리한 조건을 지니고 있었다. 이곳에서 이계천의 무리는 수시로 남방에 남아 있던 유력자들과 연대하며 귀부자歸附者를 모았다. 그리고 북방으로 도망한지 3년만인 985년태종 옹희2 남하하여 은주를 점령하였다. 은주는 하주로부터 동쪽으로 약 80킬로미터쯤 떨어진 곳에 위치한 지역으로 하주와 더불어 평하부의 중심지 가운데 하나였다. 곧이어 하주도 장악하였다.

이처럼 세력이 신장되자 주위에서 이계천을 부추겨 칭왕稱王하라고 권유하는 자도 생겨났다. 이에 장포는, '이계봉의 투항 이래 우리에게 는 아무 강역도 남아 있지 않았다. 이제 겨우 주 하나를 획득했을 뿐이 다. 이런 상태에서 칭왕하면 무리가 이산하고 만다'[1]고 주장하였다. 이 계천은 장포의 의견을 좇아 먼저 설관수직設官授職과 유력자의 선무에 나 섰다. 칭왕은 잠시 미루고 스스로 도지번락사都知蕃落使 권지정난군유후權 知定難軍留侯를 자칭하고 심복과 일족의 유력자에게 각종 관직을 수여하였 다. 이어 은주와 하주를 기반으로 영주靈州 및 그 서방에 있는 하서회랑河 西回廊 일대의 영유를 도모하였다.

이계천이 세력을 동서로 신장시켜 가던 시기는 동시에 송과 거란 사 이의 대립이 대단히 첨예하게 전개되던 무렵이었다. 이계천은 은주와 하주를 점거한 직후인 986년옹희3 2월 휘하의 무리들에게, '군대 숫자가 적고 힘이 약하니 북방에 있는 거란의 원조를 받아 후일을 도모하겠다' 고 말하였다. 그리고 장포 등을 거란에 보내 귀부歸附를 요청하였다. 이 에 거란의 흥종興宗도 응답하여 즉시 이계천에게 정난군절도사 은하수 유등주관찰처치사銀夏綏宥等州觀察處置使 도독하주제군사都督夏州諸軍事의 직위 를 수여하였다. 아우인 이계충은 부사로 임명하였다.[2]

거란과 이계천 사이의 우호 관계는 혼인을 통해 더욱 공고해졌다. 986년 12월 이계천은 휘하의 무리를 이끌고 거란과의 변경에 도달하 여 거란에 구혼求婚하였다. '대국과 혼인하여 영원히 번보藩輔가 되기를 원한다'는 의사를 표명하였다. 거란의 흥종 역시, '이계천을 이용하여 송을 견제하고 싶다'는 생각에서 공주의 강가降嫁를 허락하였다. 거란은

---

1 『西夏書事』 권4.
2 위의 책.

3년 후인 1003년송 진종 함평6 종실인 야율양耶律襄의 딸을 의성공주義成公主로 봉하여 이계천에게 보냈다.[3]

이와 같이 이계천이 세력을 신장시켜 가자 993년태종 순화4 송은 경제적 봉쇄 정책을 들고 나왔다. 송 태종은 섬서전운부사陝西轉運副使 정문보鄭文寶의 건의에 따라 당항족의 부원富源인 청백염靑白鹽의 판매를 금지하였던 것이다. 이에 앞서 정문보는, '은하銀夏 이북은 불모지로서 오로지 청백염이 당항족의 명맥이니 그 유입을 차단하고 곡식의 매입을 금지하자'[4]고 주청하였다. 태종은 그가 주장한 방책대로 청백염을 금수하였다. 하지만 이러한 경제 봉쇄는 오히려 역효과를 초래하였다. 이계천 세력을 자극하여 그 침략을 자극하였을 뿐더러, 변경 지대의 주민들이 소금 부족으로 소요하는 사태가 빈발하였다. 결국 송조는 전약수錢若水를 파견하여 청백염에 대한 금령을 철폐하고 만다.

하서회랑의 점유를 도모하던 이계천은 996년지도2 영주의 공략에 나섰다. 영주는 현재의 닝샤평원寧夏平原 남부에 위치한 지역으로 당대 이래 변경 방어의 거점 역할을 하던 지역이었다. 안사의 난 이후 당의 숙종이 이곳에서 즉위하였던 사실은 잘 알려져 있다. 이계천은 996년 봄 송의 장수 백수영白守榮 등이 양초糧草를 영주로 호송한다는 정보를 입수하고 그 도중에 급습하였다. 이로 말미암아 송의 호송 군대는 궤멸하고 양초는 전량 이계천의 수중에 떨어졌다. 이 기세를 타고 이계천은 5월 영주에 대한 직접 포위 공격에 나섰다. 위기에 처한 영주에서는 조정에 상주하여 구원을 요청하였다. 이러한 사태 전개를 보고받은 태종은 이

---

3   위의 책.
4   「鄭文寶傳」, 『宋史』 권227.

계천에 대한 대규모 토벌을 지시하였다. 송은 구원군을 다섯 방향으로 진군시켰다. 이계륭李繼隆은 환주環州로부터, 정한丁罕은 경주慶州로부터, 범정소范廷召는 연주延州로부터, 왕초王超는 하주夏州로부터, 그리고 장수은張守恩은 인주麟州로부터 진공시켜 이계천의 근거지인 평하를 공격토록 하였다. 이계천은 송조의 운량運糧 곤란 및 대오의 보조 불일치를 이용하여 기민한 유격작전으로 맞섰다. 그리고 이 작전이 주효하여 송군은 협공을 해보지도 못한 채 피로에 지쳐 철수하고 말았다.[5] 이계천은 송의 원군을 물리쳤지만 영주의 영유에는 성공하지 못했다. 영주의 점령은 그로부터 약 6년 후인 1002년진종 함평5 3월에야 이루어졌다. 이계천은 영주를 점유하고 나서 그 명칭을 서평부西平府로 바꾸고 이듬 해 봄 이곳으로 천도하였다.

이계천과 거란 사이의 우호 관계는 이러한 송과의 대립 시기를 통해 굴곡 없이 지속되었다. 거란도 당항족의 전략적 가치를 잘 인식하고 있었다. 그리하여 이계천을 후대하여 '신라와 동등하게 처우하였다'[6]고 한다. 여기서 신라는 고려를 의미한다. 1000년진종 함평3 9월 이계천이 경주로부터 영주로 운송되는 송의 군량을 탈취하였다는 소식이 전해지자, 거란의 성종聖宗은 이계천의 아들 이덕명李德明에게 삭방절도사朔方節度使의 직위를 수여하였다. 삭방절도사의 치소는 영주로서 당시 영주는 아직 송에 장악되어 있는 상태였다.

997년 송에서는 태종의 뒤를 이어 진종이 즉위하였다. 이를 이용하여 이계천은 송과의 관계 회복을 도모하였다. 송 측도 이에 응하여 그를

---

5 「夏國傳 上」, 위의 책, 권485.
6 「西夏國貢進物件」, 『契丹國志』 권21.

정난군절도사 겸 하수은유등주관찰처치사夏綏銀宥等州觀察處置使에 임명하였다. 하주 은주 등지에 대한 그의 지배를 용인한 것이다. 이로써 이계봉의 투항 이래 형식상 15년 간 계속되던 송조의 4주 영유가 종식되고, 이들 지역은 당항족 이씨의 수중으로 반환되었다. 하지만 이계천은 이에 만족하지 않고 하서회랑으로의 진출을 지속하여 전술한 대로 1002년 영주의 점유에 성공하였다.

이계천은 1003년함평6 겨울 하서河西 토번과의 전투 도중 유시流矢에 맞았다. 그리고 이듬해 정월 42세의 나이로 사망하고 이어 아들인 이덕명 981~1032이 그 뒤를 계승하였다. 바로 이해, 즉 1004년 송은 거란과 전연의 맹약을 체결하였다. 이덕명 역시 이때 송에 사신을 보내 신복하였다. 송은 1006년경덕3 이덕명을 정난군절도사 서평왕西平王에 봉하고 은 만냥, 비단 만필, 동전 2만관과 차 2만근을 사여하였다. 동시에 변경에 각장榷場을 개설하여 무역을 진행하였으며 당항족의 사신이 카이펑에 왔을 때 각종 물품을 구매할 수 있도록 하였다.

송과의 관계가 회복되자 당항족은 하서회랑으로의 발전에 주력하는 것이 가능해졌다. 1028년인종 천성6 이덕명은 장기에 걸친 공세 끝에 감주甘州, 오늘날의 창예시를 점유하였다.[7] 감주 점령은 아들인 이원호의 활약으로 말미암은 것이었다. 감주는 동으로 황하, 서로 막북漠北으로 흐르는 약수弱水, 남으로 칭하이, 북으로 쥐옌居延을 견제하는 요지였다. 또한 동서 수천리로 이어지며 서역으로 통하는 길목에 해당하는 지점이었다. 그뿐만 아니라 물과 풀이 풍부하여 목축에 적합한 관계로 하서 일대 가운데 당

---

7   「夏國傳 上」, 『宋史』 권485.

시 부요富饒를 자랑하는 요충지였다. 이와 같은 감주의 장악으로 이덕명의 당항족은 실로, '이곳을 얻어 그 형세를 믿고 서번西蕃을 제압하는 것이 가능해졌으며 영주와 하주의 우비右臂를 완성'[8]할 수 있게 되었다.

당항족의 감주 장악으로 말미암아 그 서방의 과주瓜州와 사주沙州는 고립된 형세가 되었다. 결국 이들 지역 역시 1030년천성8 이덕명의 당항에 항복하고 말았다. 이후 하서회랑 가운데 유일하게 당항에 복속되지 않은 채 남은 지역이 서량부西涼府, 오늘날의 우웨이시였다. 서량부는 이덕명의 뒤를 이어 즉위한 이원호 시기에 복속되었다. 1032년명도 원년의 일이다. 이로써 당항 세력은 마침내 염원하던 하서회랑 전부를 장악하게 되었다. 서량부는 옛 지명이 양주涼州로서 하서河西에서 서역으로 통하는 또 다른 요충지였다. 또한 '양주의 목축은 천하의 최고이다'[9]라고 일컬어지던 곳이었다. 과거 전한 시기 이곳 양주를 장악함으로써 '흉노의 우비右臂를 잘랐다'[10]고 일컬어진 바 있다. 이덕명은 즉위 이래 서량西涼을 얻지 못하여 쥬취안酒泉 둔황燉煌으로 통할 수 없음을 한탄하였다고 한다. 그는 그 경영을 필생의 과제로 인식하여 전력을 기울였다. 그 숙원이 이원호 시기에 달성되었던 것이다.

이덕명은 송과 거란 사이에 전연의 맹약이 체결된 이후에도 거란과 우호 관계를 지속하였다. 이러한 자세는 거란과의 연변 지구에 거주하는 당항족 관련 사안의 처리에서 잘 드러난다. 1013년송 진종 대중상부6 5월 거란 서남지구의 당항족이 과중한 부세를 못 이겨 황하 북방의 모학산樸

---

8   『西夏書事』 권11.
9   위의 책.
10 위의 책.

郝山^{으로} 도망하였다. 이때 남은 두 부족^{룡党과 烏迷}이 이덕명에게 사신을 보내 하주에의 귀속을 희망했으나 이덕명은 거란과의 관계를 고려하여 거절하고 있다. 이후에도 당항인의 유입은 끊이지 않았다. 이에 거란의 성종은 이덕명에게 명하여 '당항족이 반란했으니 거란은 서쪽으로 공략하고 그대는 동쪽으로 공격하여 협공하자'[11]고 요구하였다. 이덕명은 이에 충실히 따라 출격하였다. 1026년^{송 인종 천성4} 6월 거란의 성종이 소혜^{蕭惠}를 파견하여 위구르를 공격할 때도, 이덕명은 군대를 파견하여 거란을 원조한 바 있다.

이러한 이덕명 통치시기 당항족과 거란 사이의 기본적인 우호 관계에도 불구하고, 이덕명이 송에 대해 신속하게 되면서 거란과 미묘한 알력이 발생할 수밖에 없었다. 그 단적인 사건이 1018년^{인종 천희2} 7월 토번^{吐蕃}의 거란 조공문제를 둘러싸고 빚어진 양측 간의 전쟁이다. 이때 토번의 병리존^{井里尊}이 거란에게 조공 노선이 멀다고 하소연하자, 거란의 성종은 이덕명의 당항족으로부터 가도^{假道}하라고 지시하였다. 이에 따라 병리존은 이덕명에게 사신을 보냈으나 이덕명은 그 요구를 묵살하였고, 병리존은 이를 이유로 거란에 대한 조공을 단절해 버렸다. 그러자 거란의 성종은 1020년^{천희4} 5월 수렵을 핑계로 친히 50만 대군을 이끌고 양전^{凉甸}을 공격했으나 이덕명의 당항 정권에게 패배하고 말았다. 이후 이덕명은 거란에 대한 조공을 정지하였다. 어쩔 수 없이 거란은 변환^{邊患}을 우려하여 먼저 강화를 제의하였고, 이덕명도 이에 응함으로써 양국 관계는 다시 정상화되었다. 하지만 양전의 전투는 양국 관계에 중대한 파

---

11 「聖宗紀」, 『遼史』 권15.

장을 남겼다. 거란 측이 당항 정권을 대하는 태도 역시 바꾸어, 더 이상 이전과 같이 철저한 존비 관계를 강요하지 못하게 되었다.

3. 서하의 칭제건국稱帝建國과 송 침공

이덕명의 지배는 1004년송 진종 경덕 원년부터 1031년인종 천성 9까지 28년에 걸쳤다. 1031년 9월 이덕명이 51살의 나이로 사망한 후 그 뒤를 이어 아들인 이원호李元昊, 1003~1048가 즉위하였다. 이원호는 즉위 직후 당과 송 으로부터 하사받은 성인 이씨와 조씨를 버리고 외명씨嵬名氏로 개칭하였 다. 또 양소曩霄라 개명하였다. 나아가 송이 사여한 봉호封號, 즉 특진特進, 검교태사겸시중檢校太師兼侍中 정난군절도定難軍節度, 하은수유정등주관찰처 치압번락사夏銀綏宥靜等州觀察處置押蕃落使, 서평왕西平王을 버리고 올졸兀卒이라 자칭하였다. 올졸은 '청천자靑天子', 혹은 '오조吾祖'란 의미였다. 독발령禿 髮令도 내렸다. 송의 영향에서 벗어나 당항족 전통을 계승한다는 입장을 분명하게 표명한 것이다.

이어 1033년인종 명도 2에는 수도 흥주를 흥경부興慶府로 개칭하고 궁성 과 건물을 확장하였으며 독자적인 관제와 복식도 제정하였다. 1034년 경우 원년에는 연호를 제정하였다. 이처럼 송의 예속으로부터의 탈피를 천 명한 다음 송의 환주環州와 경주慶州에 대해 공격하기 시작하였다.[12]

이원호가 송으로부터 독립하려는 의지를 지니고 있었던 것은 이미 부

---

12 「夏國傳 上」, 『宋史』 권485.

친인 이덕명의 통치 시기에도 드러난 바 있다. 이덕명은 1030년인종천성8 이원호를 파견하여 감주甘州를 점령한 직후 이원호를 황태자로 세웠다. 이후 이원호는 부친에게 송에 대한 신사를 그만두자고 자주 간하였다. 그러자 이덕명은, "우리는 오랜 전쟁으로 지쳤다. 우리 일족이 30년 간 비단 옷을 입을 수 있었던 것은 송의 은혜 때문이다. 그것을 저버려서는 안 된다"고 말하였다. 하지만 이에 대해, "모피 옷을 입고 목축에 종사하는 것이 우리의 본래 습성입니다. 또 영웅이라면 마땅히 패왕霸王을 지향해야 합니다. 비단 옷이 무어란 말입니까?"라고 반문했다고 한다.[13]

이원호는 1038년경우5 10월 수도 흥경부에 단을 쌓아 수책受冊하고 황제에 즉위하였다. 국호는 '대하大夏'라 칭하였으며 개원하여 대경大慶 2년을 천수예법연조天授禮法延祚 원년으로 삼았다. 이어 즉시 송에 사신을 보내 칭제건국稱帝建國을 알렸다. 대하, 즉 서하의 사자는 1039년보원2 정월 송의 수도 카이펑에 당도하였다. 서하의 사신이 송에 전달한 표장表章은 사실상 황제의 조서 형식을 띠고 있었다. 이를 본 송의 군신들은 격노하였다. 서하의 사신을 참하자는 의견까지 대두되었다. 하지만 '전쟁 중에도 사신은 왕래한다. 온전히 돌려보내 대체大體를 보이자'[14]는 참지정사 정림程琳의 주장에 따라 서하의 사자를 그대로 돌려보내기로 하였다. 그런데 서하의 사자는 송 측이 보내는 조서와 하사품을 거절하였다. 서하 사자가 돌아간 후 송조는 이원호에게 하사했던 관작을 삭탈하고 변경에 개설하였던 호시互市를 정지시켰다. 또 연변에 방문을 내걸어, 이원호를 참수하여 헌상하는 자를 정난군절도사로 삼겠다고 천명하였다.

---

13 위의 글.
14 『續資治通鑑長編』(이하 『長編』이라 略稱함) 권123, 仁宗 寶元 2년 正月.

송 조정에는 서하에 대한 강경론이 들끓었다. 일부의 온건론이 없지 않았으나 대다수의 강경한 주장 속에 묻혀버렸다. 이를테면 우정언右正言 오육吳育은, '서하는 다른 풍속을 가진 먼 나라이므로 성교聲敎를 강요할 수 없다. 외신外臣의 의례를 적용해야 한다. 견책해서는 안 된다'[15]고 주장하였다. 이에 대해 재상 장사손張士遜 등은 조소할 따름이었다. 당시의 강경론에는 서하가 소국이므로 쉽게 정벌할 수 있다는 자신감이 깔려 있었다. 보군부도지휘사步軍副都指揮使, 부연로부총관鄜延路副摠管으로 있던 유평劉平의 계책은 그러한 서하에 대한 모멸을 잘 보여준다. 유평은 여기서, '이원호는 도망한 쥐 같은 도적이니 무엇을 할 것인가! 부연鄜延, 환경環慶, 경원涇原, 진롱秦隴, 4로의 병마兵馬는 20만에 달한다. 이원호 무리의 3배나 되니 두 길로 나누어 출격하면 한 달이 못 되어 평정할 수 있을 것이다'[16]라고 말하고 있다.

송과 서하는 전면적인 전쟁 상태로 돌입하였다. 송과 서하 사이의 전쟁은 이후 1044년송 인종 경력4 10월 이른바 '경력화의慶曆和議'가 타결될 때까지 지속되었다. 이 전쟁은 다소의 굴곡이 없는 것은 아니나 기본적으로 서하에 의한 거의 일방적인 승리로 일관되었다. 특히 1040년보원3 정월에 있었던 삼천구三川口의 전투, 1041년경력 원년 2월에 있었던 호수천好水川의 전투, 1042년경력2 윤9월에 있었던 정천채定川砦의 전투는 송 측에 가위 참담한 패배를 안겨주었다. 이 세 차례의 전투와 패배를 거치며 송은 전투 의지를 상실해 버렸다.

1040년보원3 정월 서하는 10만을 동원하여 연주延州, 오늘날의 옌안시의 북

15 위의 책.
16 「劉平傳」, 『宋史』 권325.

방에 위치한 금명채金明寨를 점령하고 연주성까지 공격하였다. 금명채가 공격을 받고 있다는 소식이 전해지자 부연·환경로경략안무사 겸 연주지주로 있던 범옹范雍은 경주慶州의 부연·환경 부부서副部署 유평劉平을 불렀다. 유평은 계책을 제시하며 서하에 대해 넘치는 자신감을 표명하였던 인물이었다. 범옹은 그로 하여금 보안군保安軍으로 가서 보안군의 부연도부서鄜延都部署 석원손石元孫과 연합하여 금명채의 포위를 구원토록 지시하였다. 그런데 곧이어 서하가 금명채를 함락시키고 연주를 포위하자, 범옹은 다시 유평과 석원손으로 하여금 연주를 구원토록 하였다. 유평은 즉시 3,000명의 기병을 이끌고 경주를 출발하여 4일 후 보안군에 도착하였다. 이곳에서 석원손과 합류한 상태에서 금명채 함락 사실을 접하고 바로 범옹의 지시에 따라 연주로 향하였다.

범옹은 유평과 석원손을 연주로 증파함과 동시에 부연도감鄜延都監 황덕화黃德和와 순검 막기정万俟政 및 곽준郭遵으로 하여금 연주를 구원토록 지시하였다. 유평을 위시한 5명의 장수는 도합 만 명의 보병과 기병을 이끌고 5리를 동쪽으로 진군하여 삼천구에 도달하였다. 삼천구는 연천延川과 의천宜川, 낙천洛川이 합류하는 지점이었다. 여기서 송군은 서하의 매복병에 기습을 당하여 양군 사이에 전투가 시작되었다. 정월인지라 눈이 수북이 쌓여 있었다. 양군이 대치하는 상태에서 후미를 담당했던 황덕화가 서남으로 도망하고 말았다. 이를 계기로 송의 군대는 무너지기 시작하였다. 유평은 후퇴하는 군대를 막아섰지만 패전을 되돌릴 수는 없었다. 결국 송은 참패하고 수많은 사상자를 내었다. 장군인 유평과 석원손마저 포로로 잡혔다.[17]

송조에게 삼천구의 전투는 태종의 패전 이후 일찍이 경험한 바 없는 참패였다. 송조는 패배의 단초를 제공하였던 황덕화를 요참腰斬하고, 변경의 방어 태세를 개편하였다. 범옹을 연주의 지주 겸 부연·환경 경략안무사經略安撫使에서 파직하고 대신 호부상서 하송夏竦을 섬서도부서陝西都部署 겸 경략안무사로 파견하였다. 부사로는 당시 조야에 명망이 높던 한기韓琦와 범중엄范仲淹을 임명하였다. 한기는 경주涇州에 주재하며 경원로涇原路를 담당하였고, 범중엄은 연주에 주재하며 부연로를 담당토록 하였다.

그런데 한기와 범중엄 양인 사이에 커다란 이견이 발생하였다. 한기는 병력을 집중하여 깊숙이 진공할 것을 주장하였다. 서하 주력군과 전면적인 결전을 벌여야 한다는 것이었다. 반면 범중엄은 서하 경내로의 진공전에 반대하였다. 지구전 형태의 방어 태세를 취해야 하며 이를 위해 성채 건설에 주력해야 한다고 말하였다. 방어 진지를 구축한 다음 서하 영역으로 잠식해 가자고 주장하였다.

조정에서는 한기의 손을 들어주었다. 전면 진공을 통해 서하 문제를 일거에 해결하고자 한 것이다. 인종은 방어 중심의 지구전을 취해서는 재정적 부담이 너무 크다고 여겼다. 이러한 상황에서 이원호가 제2차 대규모 공격의 준비를 시작하여 그것이 호수천 전투로 이어졌다.

1041년경력원년 2월 이원호는 군대를 점검하여 위주渭州에 대한 공격을 준비하였다. 이러한 정보가 전해지자 연변 순시 중에 있던 한기는 즉시 진융군鎭戎軍으로 가서 군대 18,000명을 소집하였다. 환경부부서環慶副部署 임복任福이 통솔하는 1만에 새로 모집한 용사 8천 명을 더하였던 것이다. 한기는 임복을 행영총관行營總管으로 임명하여 군대를 통솔케 하였다.

---

17 삼천구(三川口) 전투의 전말에 대해서는 「劉平傳」, 『宋史』 권325을 참조.

송군은 2월 12일 장가보張家堡에 도착하였다. 서하의 군대는 이미 도달하여 휴식을 취하고 있는 상태였다. 서하군은 임복이 오고 있다는 사실을 탐지한 후 주력군을 후방에 매복시킨 채 소부대를 파견하여 송군과 교전시켰다. 임복과 검할鈐轄 주관朱觀은 속속 승리를 거두며 진격을 거듭하여 육반산六盤山 인근의 호수천에 도달하였다. 이때 송군 내부에서는 군량과 마초의 부족으로 인마人馬가 곤핍해지기 시작한 상태였다. 임복은 육반산 가까이 다다라 노변에 놓인 상자 몇 개를 발견하였다. 그 안에서 무언가 소리가 들려 이상하다 여기고 열어보았다. 그 순간 안쪽으로부터 비둘기 백여 마리가 솟구쳐 날아올랐다. 비둘기마다 발에 쇠붙이가 매달려 있었다. 그것이 부딪히며 날카로운 소리를 낸 것이었다. 임복이 묘한 두려움에 휩싸여 소리칠 때, 서하의 기병이 산야를 뒤덮으며 출현하였다. 피곤과 두려움에 지친 송군은 좁다란 골짜기로 내몰렸다. 이곳에서 양측 군대는 새벽부터 정오 무렵까지 치열한 전투를 지속하였다. 전황은 송군의 일방적인 패배였다. 장수 임복마저 여기서 전사하였다. 그때 임복 군대로부터 5리가량 떨어진 주관朱觀이 수천의 군대를 지휘하고 있었다. 그 군대도 서하의 주력군에 포위되어 6천 명이 전사하였다. 이 호수천 전투에서 송의 군대는 도합 1만여 명이 전사하였다.[18]

호수천 전투가 있기 직전인 1041년 정월 이원호는 한기와 범중엄에게 사자를 파견하여 정전과 화의를 요구하였다. 한기는 교란 전술임을 간파하고 경주涇州에 온 사자를 곧바로 내쫓았다. 반면 범중엄은 연주에 온 송 항장降將 출신의 사자 고연덕高延德을 후대하고, 자신의 막료인 한주

---

18 호수천(好水川) 전투에 대해서는 「任福傳」, 『宋史』 권325 참조.

韓周를 서하로 파견하여 이원호를 만나게 하였다. 한주에게는 송조의 인자함과 너그러움을 보이는 간절한 내용의 국서를 휴대시켰다. '인종 황제는 범중엄 자신을 변경에 파견하며 무고한 생령生靈의 살상을 피해야 한다고 역설하였다. 그런데 장수들이 작은 공을 바라고 대략大略을 고려하지 않으며 천자의 뜻에 부응하지 못하고 있다'[19]는 내용이었다. 범중엄은 이원호에게 송조가 수여한 관작을 받고 초납에 응하라 권유하였다. 하지만 한주는 이원호를 만나지 못하였다. 그가 서하에 당도하였을 때 이원호는 호수천에서 송군과 전투를 수행하는 중이었다. 40일 후 한주는 야리왕영野利旺榮의 서신을 지니고 연주로 귀환하였다. 그 서신은 극히 오만한 내용이었다. 범중엄은 감히 그대로 조정에 올리지 못하고 전체의 서신 26장 가운데 20장은 소각하고 나머지를 개변시켜 조정에 보고하였다.

호수천의 패배 후 송 조정 내 주전파는 힘을 잃었다. 전면적인 진공책은 파기되고 군비를 강화하여 수비에 주력하는 방향으로 선회하였다. 이와 함께 범중엄에 대한 단죄론이 대두되었다. 조정의 명령을 받들지 않고 멋대로 서하의 경내로 사신을 파견하였다는 것이다. 그리고 이원호와 국서를 주고받았을 뿐만 아니라 이원호의 서신을 태워버리고 개찬했으므로 처벌해야 한다는 주장이었다. 송상宋庠은 참형에 가해야 한다고까지 말하였다. 이에 대해 두연杜衍은, '범중엄의 의도는 서하를 초납하는 데 있었으니 조정에 충정을 바치는 행위였다'[20]고 반박하였다. 재상 여이간呂夷簡도 두연의 의견에 동조하였다. 결국 인종은 한기와 범

---

19 『長編』 권130, 慶曆 元年 正月.
20 위의 책, 권131, 慶曆 元年 4월 癸未.

중엄을 동시에 강등시키는 선에서 호수천 패배에 대한 문죄를 일단락 짓기로 결정하였다.

이원호는 호수천 전투 이후 일시 공략의 방향을 바꾸어 하동로河東路로 진격하려는 듯한 태세를 취했다. 1041년경력 원년 7월 서하군은 하동로의 린주麟州를 공략하였으며 8월에는 그 동쪽의 부주府州를 공격하였고, 곧이어 북방의 풍주豐州로 진격하여 함락시켰다. 풍주 전투에서는 송 측의 지주와 병마감압兵馬監押이 패사하였다.

이로부터 1년여를 휴식으로 보낸 다음 서하군은 다시 진봉秦鳳 지구로 쇄도하였다. 1042년경력 2 윤9월 이원호는 천도산天都山에 10만 병력을 집결시켰다. 그리고 동서 양로로 나누어 위주渭州를 향해 진격하기 시작하였다. 위주의 지주인 왕연王沿은 이 소식을 듣고 부도부서副都部署 갈회민葛懷敏을 출전시켰다. 갈회민은 와정채瓦亭寨에 이르러 연변도순검사沿邊都巡檢使 상진向進과 유담劉湛을 선봉으로 삼고, 와정채도감瓦亭寨都監 허사순許思純 및 환경도감環慶都監 유하劉賀로 하여금 5,000 번병蕃兵을 이끌고 좌익을 담당하게 하였으며, 천성채天聖寨 채주寨主 장귀張貴를 전후殿後로 삼았다. 지진융군知鎮戎軍 조영曹英과 경원로도감涇原路都監 조순曹珣, 서로도순검西路都巡檢 이양신李良臣 및 맹연孟淵도 도착하여 본대를 지원하였다. 이원호는 송군을 깊숙이 유인하는 전술을 채택하였다. 갈회민 등은 이에 이끌려 진융군 서북 25리의 정천채定川砦로 진입하였다. 이원호는 판교板橋를 불태워 송군의 퇴로를 차단하고, 아울러 정천수定川水의 상류를 막아 송군으로 하여금 목마름에 빠지게 하였다. 이러한 상태에서 양측 사이에 전투가 벌어졌다. 전황은 송 측의 일방적인 패배로 흘렀다. 조영과 조순, 그리고 갈회민이 전사하고, 병사 9,400명과 군마 600필이 서하에 포로로 잡혔다.[21] 송과 서하 사이에 벌어졌던 사실상 마지막 전면전이었던 정천채의 전투도 이렇게 송의 참패로 끝났다.

4. 송-서하 사이 화약의 체결

서하와의 전투가 지속되면서 송은 커다란 어려움에 직면하게 되었다. 군신들 사이에도 전쟁 기피의 풍조가 확산되어 갔다. 재상 여이간은 정천채 전투 직후, 전쟁을 거듭할수록 패배의 정도가 심해져서 두렵기 그지없다고 말했다.[22] 집현교리集賢校理 여정余靖은, '백만의 군대 육성을 위해 천하의 재력과 물력, 인력을 다하였으되 서하의 진공을 막지 못했다'[23]고 탄식하였다. 송조의 재정 압박은 정천채의 전투 이전에도 명확하였다. 그리하여 구양수歐陽脩는 1042경력2 5월, '천지의 생명을 다 동원하고 만민의 고혈을 다하였으되 재물이 부족하다'[24]고 말한 바 있다. 서하 전쟁으로 말미암은 재정의 궁핍은 민간의 동요도 야기하였다. 이 시기 내외의 신료들은 민란의 양상이 대단히 심각하다는 우려를 보이고 있다.[25]

서하의 사정 역시 크게 다르지 않았다. 비록 서하는 수차의 전투에서

---

21 정천채(定川砦) 전투에 대해서는 『長編』 권137, 慶曆 2년 윤9월 참조.
22 『儒林公議』 권上.
23 『長編』 권139, 慶曆 3년 2월 乙卯.
24 위의 책, 권136, 慶曆 2년 5월 甲寅.
25 仁宗 慶曆 3년(1043) 富弼(1004~1083)이, "然今盜賊已起, 乃是徧滿天下之漸 (…중략…) 若四方各有大盜, 朝廷力不能制, 漸逼都城, 不知何以爲計. 臣每念及此, 不寒而戰(『長編』 권143, 仁宗 慶曆 3年 9月 丁丑)"이라고 말하는 것은 그러한 정황을 단적으로 보여준다.

승리하여 송을 궁지로 몰아넣었지만, 재정과 인력이란 면에서 송에 비하여 분명히 약세였다. 언제까지나 전쟁 상황을 지속할 수는 없었다. 더욱이 송과의 단교로 호시互市가 정지되면서 주민들이 물자 부족에 시달렸다. 전쟁으로 인한 직접적인 타격도 적지 않았다. 전투가 벌어질 때마다 인구가 적은 서하에서는, '남녀노소가 모두 동원되었다'[26]고 일컬어졌다. 또 승전을 거듭했지만 그로 인한 사상자도 크게 늘어났다. 이러한 서하의 정황에 대해 범중엄을 대신하여 연주의 지주가 된 방적龐籍은, '근래 이원호가 여러 문제에 직면해 있다. 야리족野利族이 반란한 데다가 가뭄까지 겹쳤다. 호시도 정지되어 차와 의복의 가격이 등귀하였다. 이러한 곤경으로 신속을 심각히 고민하고 있다'고 상주하였다. 이 가운데 야리족의 반란이란, 지청간성知靑澗城으로 있던 충세형种世衡이 왕숭王嵩이란 인물을 이용하여 이원호와 야리野利 일족을 이간시킴으로써 야기된 동요를 말한다.[27]

인종은 방적의 상주문을 읽고 이원호에 대한 초무의 조서를 내리며, 칭신만 한다면 참호僭號는 그대로 사용해도 무방하다고 지시하였다. 방적은 즉시 청간성에 구류되어 있던 서하의 교련사教練使 이문귀李文貴를 돌려보내며, '칭신한다면 조정에서 전보다 훨씬 예우를 좋게 할 것'이라 언질을 주었다.[28] 이에 이문귀는 '이는 진실로 서인西人이 진심으로 원하는 것'이라는 반응을 보였다.[29]

서하의 이원호는 송 측의 이러한 의사를 접하고 1043년경력3 정월 육

26 위의 책, 권131, 慶曆 元年 2월 丙戌.
27 이에 대해서는 「夏國傳 上」, 『宋史』 권485을 참조.
28 『長編』 권138, 慶曆 2년 12월.
29 위의 책.

택사六宅使 하종훈賀從勳을 파견하여 송에 국서를 전하였다. 이 국서에서 이원호는 송 황제를 부친이라 하고 자신을 아들이라 칭하며 호시의 회복을 요구하였다. 국서를 받아든 방적은 서하 측에, 이전의 칭신 약속과 다르니 조정에 보고할 수 없다고 말하였다. 이에 서하의 사신은, '아들이 부친을 섬기는 것은 신하가 군주를 섬기는 것과 동일하다'고 하며 입경入京의 허락을 요청하였다. 그러면서 만일 천자天子가 윤허하지 않으면 서하로 돌아와 다시 의논하겠다고 약조하였다.[30]

방적은 이러한 사정을 조정에 알리고 서하의 사신을 수도 카이펑으로 향하도록 하였다. 서하의 사자가 도착하자 인종은 화의 여부를 회의에 부쳤다. 범중엄과 한기는 모두 참호僭號의 개칭이 없으면 화의를 할 수 없다고 주장하였다. 집현교리 여정 또한, '개전 이래 5년간 세 차례 참담한 패배를 당했지만 화의를 서둘러 명분을 잃으면 천하가 모두 부끄러워 할 것'이라고 말하였다.[31] 결국 송조는 서하의 제의를 받아들이지 않기로 하였다. 송 조정에서는 서하 사신이 묵고 있는 도정서역都亭西驛에 사람을 파견하여 하종훈에게, '서하의 국서는 명체名體가 명확하지 않다. 아들이라 칭하는 것은 비록 정의가 공순하나 칭신은 아니다'라고 전하였다.[32]

서하는 1043년경력3 7월 재차 카이펑으로 사신을 파견하였다. 이때의 국서에는 이원호 스스로 아들 대신 '올졸兀卒'이라 칭하며 세폐의 지급과 영토의 할양, 그리고 소금 금수의 해제 등을 요구하였다. 올졸은 전술한 바와 같이 서하 말로서 '오조吾祖'라는 의미였다. 송의 대신들은 영

---

30 『長編』 권139, 慶曆 3년 正月 癸巳.
31 위의 책, 권139, 慶曆 3년 2월 乙卯.
32 위의 책.

토 할양의 요구 등은 논하지 않고 오로지 '오조'라 자칭하는 것에만 대노하였다. 간관 채양蔡襄은, '이는 서하의 오만함을 보이는 것이다'라고 말하였다. 또 다른 간관 여정은, '서하가 조정을 모욕하는 언사이다. 이전에는 폐하를 부친이라 하더니 지금은 오히려 폐하로 하여금 오조吾祖라 부르라는 것이다. 조정을 놀리는 것이 아니면 무엇인가?'라고 격앙된 반응을 보였다.[33]

이러한 간관들의 반대에도 불구하고 신임 재상 안수晏殊와 추밀부사 범중엄은 서화와의 화의를 극력 권유하였다. 재상과 부재상 중에서는 추밀부사 한기만 반대론을 견지하였다. 인종은 수차례 대신을 소집하여 논의하였지만, 의견은 좁혀지지 않았다. 이러한 정황에 대해 안수는, '중론은 모두 같지만 한기만 이견을 견지하고 있다'고 말하고 있다. 한기는 다수의 찬성에도 불구하고 화의에 대한 부정적 태도를 굽히지 않았다. 서하 사신은 조정의 결정을 기다리며 도정서역에서 2개월이나 머물다가 빈손으로 귀국하였다.[34]

이 무렵 서하와 거란 관계는 급속히 악화되는 중이었다. 양국 사이 관계 악화는 여러 요인이 중첩된 결과였다. 가장 큰 문제는 송과 서하 사이 전쟁이 계속되고 있을 때, 거란이 이를 이용하여 송으로부터 세폐를 증액시킨 것이었다. 거란의 송에 대한 세폐의 증액 요구는 1042경력2 2월에 시작되었다. 송과 거란은 이 사안을 둘러싸고 절충을 거듭하다가 7개월 만인 1042년 9월 최종적인 합의에 도달하였다. 종래의 세폐 액수인 비단 20만 필과 은 10만 냥을 각각 10만씩 증액한다는 내용이었다.

33　『長編』 권142, 慶曆 3년 7월.
34　위의 책.

서하는 거란 측의 세폐 증액에 대해 커다란 반감을 지녔다. 양국의 우호와 신뢰를 저버린 처사라 여겼던 것이다. 이에 덧붙여 이원호에게 강가降嫁하였던 흥평공주興平公主가 요절하였던 것도 양국 관계에 대단히 큰 파장을 불러일으켰다. 거란의 흥종은 흥평공주의 작고 직후 사신을 보내 서하를 크게 문책하였다.

무엇보다 큰 문제는 거란과 서하의 접경 지역에 거주하던 당항족의 처리였다. 거란 경내에 거주하던 당항족은 빈번하게 서방으로 이주하여 서하 측에 투항하였다. 이전까지 서하는 그럴 때마다 거란의 눈치를 살피며 투항한 당항족을 그대로 되돌려 보낸 바 있다. 하지만 서하와 거란의 관계가 악화되며 서하는 더 이상 거란에 대해 머리를 굽히려 하지 않았다.

송과 서하 사이 화의가 긴밀히 진행되던 시기인 1044년경력4 4월, 거란의 산서오부절도사山西五部節度使 굴렬屈烈이 휘하 무리를 이끌고 서하로 귀순하는 사건이 발생하였다. 거란은 사신을 파견하여 서하 측에 반군의 송환을 요구했으나 서하는 응하지 않았다. 이에 거란은 반란 평정의 군대를 발동시켰다. 이러한 사태 전개에 이원호는 오히려 은밀히 반군을 지원하고 나섰다. 거란의 흥종은 대노하여 서하의 사신을 억류하고 서하로의 진군을 결정하였다. 거란은 이 사실을 송에 통고하였다.

서하는 송과 거란 사이의 연대를 대단히 두려워하였다. 이원호는 이를 차단하기 위해 송과 타진 중에 있던 화의를 조속히 진행시키기로 하였다. 그리고 1044년경력4 4월 황망히 송으로 사신을 파견하여 칭신하는 서표誓表를 올렸다. '지난 7년 간 서로 포로로 한 장수와 주민은 송환하지 않되, 앞으로 변방 거주민이 도망하면 모두 귀환시킬 것, 중앙선으로 경계를 확정하는 것, 사여품인 은과 비단, 차 등의 수량을 25만 5천으로 하는 것, 서조誓詔를 반포하여 영원히 준수할 것'을 내용을 담고 있었다. 서하 측의 칭신과 서표誓表 상주로 인해 1년여에 걸쳤던 송과 서하 사이의 화약이 최종 타결되었다. 이를 당시의 송 연호를 따서 경력화의라 부른다. 화의의 내용은, 송이 이원호를 서하의 군주로 책봉하고, 매년 비단 13만 필, 은 5만 냥, 차 2만 근을 제공하며, 이밖에 세시歲時에 은 2만 냥, 은기銀器 2천 냥, 비단 2만 필, 세의細衣 1천 필, 잡견雜絹 2천 필, 차 1만 근을 사여한다는 것이었다. 전쟁 개시와 더불어 정지되었던 호시도 재개하기로 하였다.

이러한 화의의 체결에 따라 1044년경력4 12월 책례사冊禮使인 상서사부원외랑尙書祠部員外郞 장자석張子奭에게 '하국주인夏國主印'이라 새겨진 방이촌方二寸의 도금은인涂金銀印을 휴대시켜 서하에 전달하였다. 장자석은 인장 이외에 은 2만냥 비단 2만필 차 3만근을 지니고 서하로 파견되었다. 또 얼마 후 보안군保安軍과 진융군鎭戎軍 두 곳에 각장榷場이 개장되었다. 서하 역시 화의를 준수하기 위해 1045년경력5 5월, 삼천구 전투 당시 사로잡혀 구금되어 있던 송의 장수 석원손石遠孫을 송환하였다, 이렇게 하여 송과 서하 사이에는 전쟁이 멎고 국교가 다시 정상화되었다.

5. 나가며

10세기 말 중원의 서북방에 거주하고 있던 당항족 평하부에 내분이 발생하였다. 새로이 정난절도사의 직위를 계승하였던 이계봉이 송조에 투항하자, 이계천을 중심으로 한 무리가 이를 거부하고 북방으로 도망하여 송조에 대한 저항의 자세를 취하였다. 이계천은 막북漢北의 지근택이란 곳에 자리 잡고 점차 세력을 신장시켜 갔다. 아울러 거란의 원조를 구하기 위해 거란에 신속하였다. 이계천 세력은 남하하여 은주와 하주를 점유하고 이어 서북의 요충인 영주까지 장악하였다. 송에 진종이 즉위하자 이계천은 형식상 송에 복속하고 송으로부터 평하부 일대의 지배를 인정받았다.

이계천의 뒤를 이은 인물은 이덕명이었다. 그는 송과 평화적 관계를 유지하며 서방으로의 진출을 도모하였다. 그의 통치기를 통해 평하부는 하서회랑의 거의 전역을 지배하에 두었다. 이덕명은 거란과의 우호 관계도 지속하였다. 하지만 송에 대한 신속 관계가 유지되면서 거란과의 관계는 조금씩 변형되었다. 1020년에는 토번 세력의 조공 문제를 둘러싸고 거란과 평하부 사이에 전쟁이 벌어지기도 하였다.

이덕명의 아들 이원호의 시대가 되면 다시 송으로부터 독립을 적극적으로 모색하게 된다. 이원호는 1038년 마침내 칭제하고 대하라는 국호를 선포하였다. 이를 송조에서는 서하라 칭하였다. 칭제건국 이후 송과 서하 사이에는 전면적인 전쟁이 벌어졌다. 송 측은 서하가 소국이므로 쉽사리 군사적으로 제압할 수 있을 것이라 여겼다. 양국 사이의 전쟁은 이후 이른바 '경력화의'가 타결될 때까지 지속되었다. 이 전쟁은 다소의 굴곡이 없는 것은 아니나 기본적으로 서하에 의한 일방적인 승리로 일관되었다. 특히 1040년에 있었던 삼천구의 전투, 1041년에 있었던 호수천의 전투, 1042년에 있었던 정천채의 전투는 송 측에 참담한 패배를 안겼다. 이 세 차례의 전투와 패배를 거치며 송은 전투 의지를 상실해 버렸다.

서하와의 전투가 지속되면서 송은 커다란 어려움에 직면하게 되었다. 군신들 사이에도 전쟁 기피의 풍조가 확산되어 갔다. 전쟁으로 말미암아 재정도 궁핍해졌으며 이것은 다시 민간의 동요를 야기하였다. 서하의 사정 역시 크게 다르지 않았다. 비록 수차의 전투에서 승리하여 송을 궁지로 몰아넣었지만, 재정과 인력이란 면에서 서하는 송에 비하여 분명히 약세였다. 언제까지나 전쟁 상태를 지속할 수는 없었다. 더욱이 송과의 단교로 호시가 정지되면서 주민들은 물자 부족에 시달렸다.

그리하여 1042년 이후 양국 사이에 화의가 진행되었다. 송의 인종은 이원호에 대한 초납의 조서를 내리며, 칭신만 한다면 참호僭號는 그대로 사용해도 무방하다고 지시하였다. 서하는 송 측의 의사를 접하고 1043년 사자를 파견하여 송에 국서를 전하였다. 이후 송과 서하는 칭신 여부를 둘러싸고 긴밀한 절충을 진행하였다. 이원호는 최초 송의 황제에 대해 '아들'이라 칭하였다가, 다음에는 '올졸兀卒'이라 자칭하였다. 송의 대신들은 이를 거부하며 반드시 칭신하여야만 된다고 고집하였다. 서하는 결국 송의 요구를 받아들였다. 여기에는 거란과의 관계 악화가 결정적인 작용을 미쳤다. 서하와 거란 관계가 악화된 것에는 여러 가지 인소가 영향을 미쳤다. 하지만 가장 중요한 문제는 거란과 서하의 접경 지역에 거주하던 당항족의 반란이었다. 이 때문에 서하와 거란은 1044년 전쟁 상태로 치달았고, 서하는 송과 거란 양측으로부터 압박을 받지 않기 위해 서둘러 송과 화약을 체결하였다.

참고문헌

1. 자료

『宋史』, 中華書局 標點校勘本.
『遼史』, 中華書局 標點校勘本.
『續資治通鑑長編』, 中華書局 點校本.
『宋會要輯稿』, 中華書局 影印本.
『西夏紀事本末』, 浙江古籍出版社, 2015.
『西夏書事』, 甘肅文化出版社, 1995.
『西夏事案』, 寧夏人民出版社, 2004.
『契丹國志』, 上海古籍出版社, 1985.
『儒林公議』, 四庫全書本

2. 연구 저작

杜建錄, 『西夏與周邊民族關係史』, 寧夏人民出版社, 1995.
李範文, 『西夏研究論集』, 寧夏人民出版社, 1983.
李蔚, 『西夏史研究』, 寧夏人民出版社, 1989.
李華瑞, 『宋夏關係史』, 河北人民出版社, 1998.
白濱 主編, 『西夏史論文集』, 寧夏人民出版社, 1984.
吳天墀, 『西夏史稿』, 四川人民出版社, 1981.
王天順, 『西夏戰史』, 寧夏人民出版社, 1993.
顧吉辰, 「宋夏景德和約述論」, 『寧夏社會科學』, 1990c.
_____, 「宋夏慶曆和議考」, 『寧夏社會科學』, 1988a.
杜建錄, 「論西夏建國前與北宋的關係」, 『寧夏大學學報』, 1995b.
_____, 「宋夏對峙與沿邊蕃部」, 『固原師專學報』, 1990c.
李華瑞, 「論宋夏爭奪西北少數民族的鬪爭」, 『史學月刊』, 1992a.
_____, 「貿易與西夏侵宋的關係」, 『寧夏社會科學』, 1997c.
_____, 「北宋朝野人士對西夏的看法」, 『安徽大學報』, 1997d.
馬淑琴, 「西夏與北宋的靑白鹽貿易」, 『寧夏社會科學』, 1989b.
姚兆餘, 「論北宋對西夏的羈縻政策」, 『甘肅社會科學』, 1996d.
丁柏傳, 「試論西夏與北宋的經貿往來及其影響」, 『河北大學學報』, 1996d.
周蓮弟, 「富弼與北宋的御夏政策」, 『西北史學』, 1999b.
朱筱新, 「西夏的聯遼抗宋」, 『史學月刊』, 1988e.

헝가리 아르파드 왕조의 독일인 이주정책 연구*

13세기 전반기의 특허장을 중심으로

차용구

1. 들어가며

역사학자들은 12세기 초반부터 14세기 중반까지의 250여 년을 동방 이주 시기로 명명하면서 이 시기의 동유럽 지역을 개척과 이주의 공간으로 상정하였다. 기존의 연구는 엘베-살레강과 오데르-나이세강 사이의 영토 확장과 독일 기사단의 프로이센 정복에서 드러난 군사, 정치적 팽창에 주목하면서 침략과 수탈, 가해와 피해, 우월과 열등의 이항대립적 관점에서 벗어나지 못했다.[1] 동유럽의 학자들은 중세의 이주를 영토 확보를 위한 탐욕스러운 봉건왕국의 침탈 행위로 규정했고 여기에 반독일적 감정을 고스란히 투영하였다.[2] 제1차 세계대전 이후에 독일

---

* 이 글은 필자의 「헝가리 아르파드 왕조의 독일인 이주정책 연구 - 13세기 전반기의 특허장을 중심으로」, 『서양사론』 149, 2021, 333~362쪽을 옮긴 것임을 밝힌다.
1 Menzel(1998), pp.207~219, 여기서는 p.207 참조. Berend ed.(2016).
2 독일의 동방이주(Ostsiedlung)에 대한 동유럽, 특히 폴란드 역사학계의 해석에 대해서는 Zientara(1975), p.340; 차용구(2008), 329~330쪽 참조.

역사학계는 동방실지에 대한 역사주권을 중세의 "식민운동"에서 찾았으면서 동방이주를 민족사의 관점에서 우월한 독일 문화의 이식이라는 문명전파론 또는 동쪽으로 갈수록 문명은 낙후된다는 문명하향론Kulturg efälletheorie의 입장을 견지하였다.[3]

하지만 독일 이외의 지역, 예를 들면 프랑스, 벨기에, 네덜란드 출신의 이주자에 대한 연구가 축적되면서 동방이주는 독일사만의 특수한 길이 아닌 유럽적 현상으로 밝혀졌다.[4] 폴란드, 체코, 슬로바키아, 헝가리 등 동유럽의 중세사학자들도 1970년대 이후부터는 방어적인 입장에서 벗어나서 동유럽의 왕국건설과 영토개발에서 서유럽 이주민의 기여를 인정하기 시작했다.[5] 이러한 해석방식의 변화에도 불구하고 여타의 동유럽 국가들에 비해서 중세 헝가리와 독일의 관계에 대한 연구는 상대적으로 미흡하다. 중세 헝가리의 독일인 이주에 대해서는 1960년대에 짐머만H. Zimmermann이 선구적인 연구를 시도하였고[6] 비슷한 시기에 헝가리의 중세사가인 퓌게디E. Fügedi[7]와 쿠비니A. Kubinyi[8]의 업적이 있

---

3 구체적인 사례는 Maleczynska(1958), p.131; 차용구(2018), 303~310쪽 참조. 독일의 역사학은 중세의 동유럽 이주를 "독일의 동방식민화(deutsche Ostkolon-isa-tion)", "독일의 동방운동(deutsche Ostbewegung)", "독일의 동방이주(deutsche OstsIedlung)"로 정의함으로써 민족사(Volksgeschichte)의 범주에 한정시켰다.
4 11세기부터 플랑드르, 프랑스 지역에서 시작된 중세 헝가리의 이주에 대해서는 Amman(1955), pp.406~428; Engel(2001), pp.60~61; Petrovics(2009), pp.67~88; Pósán(2017), pp.7~21 참조.
5 서유럽 이주민의 역할에 대한 폴란드 측의 연구로는 Zientara(1975), p.336. 헝가리의 중세사가들도 서유럽 이주민의 중요성과 특히 도시발전에 대한 기여도를 인정하게 되었다. 이에 대한 최근의 대표적인 연구성과로는 Engel(2001), pp.58~61; Szende(2013), pp.439~469.
6 Zimmermann(1966), pp.67~84.
7 Fügedi(1961), pp.17~107; Fügedi(1969a), pp.103~136; Fügedi(1969b), pp.101~118.
8 Kubinyi(1975), pp.527~566.

으나, 이들은 특정한 시기구분 없이 중세사 전반에 걸쳐 조사를 진행하였고 무엇보다도 13세기 전반에 왕이 발행한 특허장 분석을 통한 이주정책 연구는 여전히 미진하다.[9] 퀴게디, 쿠비니, 그리고 최근에는 센데K. Szende[10] 등의 헝가리 학자들이 중세 이주의 문제를 주로 도시사적 관점에서 연구하면서 왕권강화, 국가형성, 이주민 수용의 정치적 맥락 분석은 상대적으로 간과되었다. 또한 이 글에서 시도하는 왕권 주도의 이주정책과 연관한 특허장 분석은 기존의 이주국가 중심의 해석과는 다른 접근 방식으로 이주민 수용국가인 헝가리의 입장에서 동방이주를 고찰하는 의의가 있을 것이다.

이 글은 헝가리 왕국을 건설한 아르파드Árpád 왕조1000~1301의 이주정책을 연구대상으로 설정하고 구체적인 연구시기는 이주민 특허장이 발행되는 1201년부터 몽골족의 침입으로 왕국의 사회, 경제, 정치 모든 분야에서 변화가 있었던 1241년[11]까지로 국한하려한다. 기존의 연구가 몽골 침입 이후의 중세 후기에 진행된 왕국의 재건, "도시 혁명", 내지인에게 발행된 도시 특허장에 집중하였기 때문에,[12] 외세 침략으로 피

---

9   중세 헝가리의 특허장 연구는 도시사 연구의 범주 속에서 최근에 "새롭게 조명되는 (renewed)" 분야이기는 하지만 이주사와의 연관성은 부족하다. 이에 대해서는 Szende(2015), pp.27~68, 인용은 p.30. 중세 헝가리의 특허장에 대한 개설적인 내용은 Berend(2001), pp.101~108 참조.
10   Szende(2011), pp.32~56.
11   헝가리의 몽골 침입과 그로 인한 사회경제적 변화에 대해서는 Engel(2001), pp.XV · 98~100 참조.
12   몽골 침입과 "도시 재건 정책(a conscious policy of urbanisation)"에 대해서는 Engel(2001), pp.111~119, 인용은 p.112; Petrovics(2009), pp.73~82; Szende (2012), pp.43~64. 13세기 이후의 독일인 이주는 Szende(2019), p.363 참조. 13세기 이전의 이주에 대한 연구도 진행되었으나(Binder(1976), pp.37~39; Zimmermann(2006), pp.124~136), 단편적인 사료의 한계로 인해서 구체적인 상황을 파악하는 것이 쉽지 않다.

폐해진 국력회복의 긴박한 상황이 아닌 계획적인 정책이 추진되던 정상시기의 이주정책을 살펴볼 필요가 있다.[13] 외세 침략의 혼란기에 많은 문서가 손실되면서 1241년 이후에는 기존 특허장의 내용을 재인준하는[14] 수준에 머물었기에 이주 특허장의 진정한 의미는 1241년 이전의 특허장에 찾을 수 있을 것이다. 이러한 이유로 13세기 전반기는 왕권강화와 이주정책의 연관성을 검토하기에 적합한 시기이다.

서유럽과는 달리 헝가리에서는 13세기 초반에 연대기 등의 서술 사료가 작성되지 않아서 당시의 이주상황을 이해하는데 특허장과 같은 법률 문서의 중요성은 상대적으로 높으며, 특히 후대에 작성된 자료에도 성직자와 기사를 제외하고는 외래 이주민에 대한 기록이 드문 실정이어서 이주사 연구에서 특허장의 의미가 더욱 크다. 중세 헝가리의 특허장과 독일인 이주와 관련된 문서는 사료집[15]에 편찬되어 있어서 이 글에서는 이를 바탕으로 초창기의 독일인 이주와 이주민-초청자 사이의 관계를 밝히고자 한다.

---

13 1241년 이후 왕국의 피폐(regnicolis in magna parte vel peremptis, vel ab-ductis)와 이주민 유치의 시급성(Venientibus itaque ad vocacionem nostram causa inhabitandi regnum nostrum)에 대해서는 Fejér(1829), pp.438~444. 부족한 인구를 단기간에 만회하려는 헝가리 왕실의 의도 외에도 서유럽의 이상기후와 기근(maxima fames), 이주민의 경제적인 욕망도 이주 동기가 되었다. 기후변화로 인한 이주에 대해서는 Pósán(2017), pp.3~15. 경제적 이유로 폴란드로 이주한 독일인들에 대해서는 Zientara(1975), pp.339~340; 네덜란드 토목 기술자들의 경제적인 이주목적에 대해서는 Zernack(1975), p.792 참조.

14 Kurze(1971), pp.133~161, 여기서는 p.152 참조.

15 Zimmermann·Werner ed.(1892). 헝가리 왕의 특허장은 엔틀리허(Stephan Ladislaus Endlicher)가 편찬한 Endlicher(1849). 엔틀리허의 편찬본은 사료적 가치에도 불구하고 오탈자의 문제가 있으나 이 글은 편찬본에 근거했다. 크로아티아와 슬로베니아 지역에 발행된 특허장은 Smičiklas ed.(1905) 참조. 중세 헝가리의 사료에 대해서는 Engel(2001), pp.XV~XVIII 참조. 폴란드와 보헤미아 등의 연대기 사료도 이주민에 대해서는 언급이 극히 드물다(Zernack(1975), p.786).

2. 이주와 환대의 왕국

1) 군주의 덕목

신성로마제국의 주교이자 역사가였던 프라이징의 오토는 3차 십자
군 원정에 참가하던 1147년에 헝가리 지역을 지나면서 이곳의 자연은
신의 은총으로 낙원처럼tamquam paradisus Dei 풍요로워 이집트의 곡창 지
대를 연상케 한다고 기록했다.[16] 그러나 비옥한 토지가 널려 있었지만
많은 지역이 아직도 경작되지 않았고 갈대로 지어진 가옥은 보잘것없
었으며 나무와 돌로 된 주거지도 찾아보기 힘들 정도여서 사람들이 여
름과 가을에는 임시 가옥에서 생활하는 모습이 목격되기도 하였다.[17]
이처럼 매력적이지만 낙후되고 개발의 여지가 많은 곳에 고향사람들이
상당수 이주해서 살고 있었고, 이들 중 일부 귀족들principes은 헝가리의
왕을 지척에서 보필했다.[18] 실제로 이미 12세기 중반에 독일 지역으로
부터 상당한 규모의 이주가 진행되었고 이들은 농부, 수공업자, 상인,
귀족으로서 주로 헝가리 동부, 즉 오늘날 대부분 루마니아의 영토인 트
랜실바니아Transylvania 지역에서 다양한 형태의 촌락castrum, urbs, civitas을
형성하고 광산업과 소금 채취 및 교역에 종사하였다.[19]

---

16 *Ottonis et Rahewini Gesta Friderici I. Imperatoris*(MG SS rer. Germ. 46), pp.49·51.
17 Ibid., p.50 : Denique cum vilissima in vicis vel oppidis ibi, id est ex cannis
    tantum, rara ex lignis, rarissima ex lapidibus habeantur habitacula, toto
    estatis vel autumpni tempore papiliones inhabitant.
18 Ibid., p.51 : At in ipsa regis acie hospites, quorum ibi magna copia est et
    qui aput eos principes dicuntur, latus principis ad muniendum ambiunt.
19 독일인의 이주자 수가 늘어나고 사회·정치적 중요성이 증가함에 따라 이들에 대한
    반감도 생겨났으며, 13세기 후반에 헝가리의 성직자 시몬(Simon de Kéza)은 자신
    의 연대기(*Gesta Hunnorum et Hungarorum*)에서 11세기의 상황을 서술하면서 왕국의

중세 헝가리의 역사는 이주의 역사라 불릴 정도로 적극적인 이주정
책이 진행되었다. 11세기까지는 동쪽에서 유입된 무슬림, 유대인, 불가
리아인들이 콘스탄티노플, 키이우와의 교역을 주도하였고,[20] 그리스도
교로 개종하고 헝가리 왕국을 창설했던 이슈트반István, 997~1038 왕이 독
일 출신의 기젤라Gisela와 결혼함으로써 서유럽과의 교류와 이동도 본격
화되었다.[21] 이슈트반이 1015년경 자신의 아들을 위해 작성한 보감
Libellus de institutione morum[22]은 왕이 지켜야 할 10개의 덕목 중 하나로 '이
주자들의 환대와 대우*De detentione et nutrimento hospitum*'를 꼽았다. 여러 지
역 출신의 이주자들은 다양한 언어, 습성, 학식, 군사기술 등으로 왕국
과 왕실을 이롭게 하고, 단일 언어와 풍습을 가진 왕국은 오히려 나약하
고 쉽게 쇠락할 수 있으니 손님들이 왕국에 머물도록 후하게 대접하고
합당한 직책을 부여할 것을 권고한다.[23] 이주자들을 현지인과 동등하게

귀족들을 중상모략하고 국부를 착취하는 독일인의 흉폭함을 격양된 목소리로 비난한
바 있다(Endlicher(1849), p.109 : et furore Teutonico deseuiens Regni
Nobiles contempnebat, cum Alemannis et Latinis bona terrae superbo
oculo, et insatiabili corde deuorando). 12세기 트랜실바니아 지역으로의 독일
인 이주에 대해서는 Zimmermann(2006), pp.124~136 참조.
20 Fügedi(1961), p.104.
21 헝가리 왕국의 기독교 개종에 대해서는 Berend(2001), pp.328~333.
22 Endlicher(1849), pp.299~309. 11세기 후반에 작성된 이슈트반의 전기(*Legenda
    Maior*)도 이슈트반 왕이 '이주자들을 환대하고 후하게 대접하는 것(hospites be-
    nigne suscipere, benignius nutrire)'을 군주의 덕목으로 강조했음을 덧붙인다
    (Szentpétery ed.(1938), pp.377~392, 여기서는 p.391).
23 Endlicher(1849), pp.305~306 : In hospitibus et uenticiis uiris tanta inest
    utilitas, ut digne sexto in loco regalis dignitatis possit haberi. inde enim
    imprimis (···중략···) sicut enim ex diuersis partibus et prouinciis ueniunt
    hospites, ita diuersas linguas et consuetudines, diuersaque documenta
    et arma secum ducunt, que omnia regna ornant et magnificant aulam,
    et perterritant exterorum arroganciam, nam unius lingue uniusque moris
    regnum inbecille et fragile est. propterea fili mi iubeo tibi ut bona uo-

보살피라는 당부의 말도 잊지 않았다.[24]

이슈트반의 이방인에 대한 측은지심은 군주의 의무에 대한 종교적 언사이기도 하지만 유목사회의 정치구조 속에서 왕권강화를 위해 서유럽, 특히 신성로마제국의 지원을 필요로 했고 이는 결국 동쪽 지역과의 전통적인 관계의 단절이자 동시에 서유럽과의 새로운 시작을 의미했다. 이슈트반의 보감에 언급된 이주민들은 주로 기젤라를 보필하여 학문과 군사기술documenta et arma을 보유하고 헝가리로 이주한 기사와 성직자들, 즉 군사와 종교 분야의 지도층이었기에 보감에는 당시의 외래 이주민 수용의 정치적 의도와 목적이 내포되어 있다.[25]

2) 손님들hospites

12세기에 들어와 독일과 서유럽인의 이주가 본격화되면서 헝가리 사회는 새로운 시대를 맞게 된다.[26] 현존하는 가장 오래된 이주민 특허장은 1201년의 것으로,[27] 여기서 임레Imre 왕은 헝가리 북동부에 위치

---

luntate illos nutrias et honeste teneas, ut tecum libencius degant, quam alicubi habitent.

24 Ibid., p.308 : incolis sis propicius, uerum eciam extraneis, et cunctis ad te uenientibus.

25 Kubinyi(1998), pp.187~206, 여기서는 p.189.

26 12세기 서유럽인들의 헝가리 이주에 대한 구체적인 사례는 Pósán(2017), pp.10~12; Fügedi(1961), p.104 참조. 1200년경 이미 상당한 규모의 인구유입이 진행된 헝가리 왕국의 상황에 대해서 교황 인노켄티우스 3세는 "다양한 인종의 사람들이 모여든 왕국(regno tuo diversarum nationum conventus)"으로 묘사한 바 있다(Marek(2011), p.182 각주 16 참조).

27 Endlicher(1849), pp.399~400. 1201년의 특허장 발행 이전에도 이주민의 권리에 대해서 이미 1092년의 시노드(31조)에서도 언급하고 있으나, 쿠비니(Kubinyi(1998), p.190)의 지적처럼 이주민 특허장의 발행으로 인해서 13세기는 중세 헝가리 이주민 수용정책의 획을 긋는 분기점으로 볼 수 있다.

한 샤로슈퍼터크의 이주자들hospites de Potok에게 공동체 구성원을 대표하는 치안판사의 선출권과 사법적 독립성, 유산 상속 및 재산권 보장과 통행세 및 관세 면제를 허락했다.[28] 이주민의 관습법에 근거한secundum sue gentis consuetudinem 자치권 보장은 이들이 1201년 이전에 구두로 특권을 부여 받은 바 있고 1201년의 특허장은 이미 존재하고 있던 특권을 성문화하였음을 의미한다. 아마도 샤로슈퍼터크 이주자의 특권은 이주 초기부터 보장되었을 것이다. 아래에서 언급될 1222년의 '황금칙령' 역시 이주자들에게 "처음부터 자유가 보장되었음libertatem ab inicio eis concessam"을 명시하고, 1224년의 법령도 독일 이주민들이 12세기 중반에 게저Géza 2세1141~1161에 의해서 초청되었음을 강조한다.[29]

1201년 이후부터는 이주민 공동체의 법률적, 경제적 자치권을 인정하는 특허장의 발행이 지속되었다. 하지만 1201년의 특허장은 독일인들이 아닌 이들보다 먼저 이주해온 'latini'로 불렸던 오늘날의 북프랑스

---

28 Endlicher(1849), p.399 : ut secundum sue gentis consuetudinem, ab electo inter se preposito (…중략…) ponderum et tributorum pensionem ipsis omnino reminentes (…중략…) liberam disponendi. 여기서는 치안판사가 prepositus로 명명되었으나, 이후의 사료에서는 richtardus, iudex, villicus, maior villae 등 다양하게 표현된다. 이는 이주자들의 고향에서 표기되었던 방식을 따름으로 인한 차이일 것이다. 이들은 이주 공동체가 도시의 모습을 갖추기 전에 경미한 법적 분쟁의 처리 및 치안유지의 임무를 수행했기에 이 글에서는 재판권과 경찰권을 가졌던 이들을 치안판사로 명명한다. 이주자들의 대표 격인 치안판사의 존재는 이미 헝가리 남서부의 교역도시인 페치(Pécs)에 발행된 1181년의 문서에도 등장하는데, 헤르만이라는 이름의 치안판사(maior hospitum)와 다수의 이주자가 증인명단에 실명으로 등장하는 것으로 보아서 이곳에는 상당수의 이주자들이 있었고 개간 사업도 어느 정도 진행된 것으로 보인다(Kubinyi ed.(1997), p.13). 하지만 1181년에 치안판사가 선출되었는지 아니면 임명되었는지에 대해서는 확실한 기록이 없다.
29 Zimmermann·Werner ed.(1896), no.43 : fideles hospites nostri Theu-tho-nici Ultrasiluani (…중략…) vocati fuerant a piissimo rege Geysa avo nostro.

와 벨기에 지역 출신자들에게 발행된 것으로,[30] 1206년에 언드라시 2세가 발행한 특허장도 요한네스 라티누스Johannes Latinus라는 인물에게 재산권을 보장해 주었다.[31] 헝가리로 먼저 들어온 이들이 누리던 특권은 점차 그 수가 증가하던 독일인들에게도 부여된 것으로 보인다.[32]

1206년에 언드라시 2세는 당시 왕국의 신흥 경제거점이었던 트랜실바니아[33]의 촌락Karako, Crapundorph, Rams에 거주하면서 "자신들의 관습대로 살고 있던secundum ritum suae gentis viventes" 독일인 이주자hospites Saxones들에게 국왕소유의 산림silva 이용권을 하사하고, 인근 토착귀족들에 대한 숙식제공과 왕령지 사용료 납부tributum del decima 등 다양한 공적의무로부터의 면제 및 자치권을 보장한 바 있다. 왕은 이들을 "왕국의 가장

---

30 헝가리의 프랑스 지역 이주자들에 대해서는 Amman(1955), pp.406~428; Kubinyi (1975), pp.529·539 참조. 헝가리 북부의 에스테르곰(Esztergom) 시는 14세기 중반까지 프랑스인들이 주민 상당 부분을 차지하고 시의 운영을 주도하였던 대표적인 프랑스인들의 도시였다(Amman(1955), p.407). 독일 지역의 이주자들이 농촌과 도시에 골고루 정착했던 반면에 직물 교역에 종사하던 프랑스인들(latini)은 주로 도시를 생활기반으로 삼았다.

31 Zimmermann·Werner ed.(1896), no.16 : Johan Latini hopitis (…중략…) prae-nominatum Johan eiusque heredes in aliquo perturbare et suam familiam inquietare, vel eius possessiones aufferre vel aliquatenus min-uere, sed integre et illibate permaneant illi illiusque in perpetuum he-redibus usibus idoneis pro futuris.

32 Kubinyi(1975), p.540; Petrovics(2009), p.67. 이슈트반을 비롯한 중세 헝가리의 왕들은 대부분 외국 출신의 부인을 맞았고(이상협(1996), p.43) 1186년 벨러 3세와 결혼한 마르그리트(루이 7세의 딸)과 더불어 프랑스 문화가 유입되었다. 따라서 독일법과 문화가 독점적으로 동유럽에 전파되었다는 독일 학자들의 민족주의적 해석은 더 이상 유효하지 않다. 헝가리 학자들도 서유럽 이주민들의 경제적, 법적 영향과 기여도를 부정하지는 않으나 동방이주를 독일의 역사적 과업으로만 보는 해석에 대해서는 부정적이다. 이와 관련한 헝가리 학자들의 연구 동향에 대해서는 Petrovics(2009), p.67 각주 1의 문헌 참조.

33 11, 12세기의 헝가리 경제는 동유럽과 비잔틴 제국에 대한 의존도가 높았으며, 키이우와 콘스탄티노플 교역로에 위치한 트랜실바니아 등 헝가리 동부 지역의 경제적 중요성에 대해서는 Engel(2001), p.64 참조.

홀륭한 이주자들primos hospites regni"로 칭송하면서, 1201년의 특허장과 마찬가지로 특정 개인이 아닌 공동체 집단에 특권적 지위를 부여하였다.[34] 이러한 특별한 대우는 12세기 중반부터 독일 지역으로부터 이주가 본격화되면서 1200년경에 이주민은 곧 독일인을 뜻할 정도로 그 수와 영향력이 증가하였음을 의미한다. 1206년의 특허장은 단기필마로 이주해서 토착가문과의 결혼 등으로 헝가리 문화에 동화되었던 귀족과는 달리 집단이주를 했던 범부들은 자신들의 언어와 문화적 정체성ritus을 보존하고자 했음을 시사한다.

3. 1220~1230년대의 특허장

1) 언드라시 2세의 자치법Diploma Andreanum

부친인 언드라시 2세와 마찬가지로 왕자 벨러Béla 4세는 1220년에 공동 국왕으로 지명됨과 동시에 왕국의 남동부에 위치한 바라주딘 Varaždin의 "친애하는 이주자"들에게 치안판사 선출권, 관세 면제 등 다양한 특권을 부여하였다.[35] 1206년과 1220년의 특허장 모두 왕국의 주

---

34 Zimmermann · Werner ed.(1896), no.17. 왕 이외의 권력자들이 독일인 거주 지에 체류하는 것을 금지하는 규정은 다음과 같다 : nec aliquis vaivodarum de-scendere super eos possit. 여기서 독일인들은 Saxones로 불렸는데 이들의 출신지가 정확히 어디인지는 알 수 없으나(Szende(2011), p.38) 아마도 독일 남부 출신으로 보이며 독일 북부 지역 출신자들은 Theutonici로 불렸다(Berend (2001), p.105). 1206년의 특허장은 1238년에 재인준되면서 공동체의 치안판사 선출권이 추가된다(no.75 : concessimus libertatem, ut quemcumque de communi consensu et voluntate inter ipsos voluerint et elegerint, sibi praeficiant in villicum).

변부에 정착한 독일인 공동체에 발행된 것으로 통치자들은 이주를 통해서 국경방어[36] 및 미개간지와 산림지대의 경작[37]과 동시에 왕권이 상대적으로 미약했던 지역에서 토착귀족 세력의 견제를 의도하였다. 이러한 이유로 왕국의 주변부인 북동, 남서, 남동 지역의 국경수비, 광산, 교역 거점지의 이주자들에게 집중적으로 특허장이 발행되었고, 그 결과 중세 헝가리의 자치권은 중심부medium regni가 아닌 주변부에서부터 태동해서 확산되었다.[38] 이주는 독일 문명의 팽창이라기보다는 헝가리의 왕실의 전략적 기획 의도에서 비롯되었고, 이는 기존의 연구자들 특히 1960년대부터 헝가리의 중세 도시사 연구를 주도했던 퓌게디조차도 간과했던 사실이다. 이들이 왕국의 중심부 연구에만 치중하면서 주변부의 상황을 면밀하게 검토하지 못한 결과이기도 하다.

지방 세력을 견제하면서 왕권을 강화하고자 외지에서 초빙된 전사집단servientes regis이 관직을 차지하면서 오토 주교가 언급했던 귀화귀족층이 형성될 수 있었다. 1222년에 언드라시 2세는 헝가리 왕국의 헌법으로 불리는 황금칙령에서 왕국으로 온 이주자는 관직dignitates에 등용될 수 있음을 공포하면서 이들의 출신지에 관계없이 본래 소유했던 특권을

---

35 Smičiklas(1905), pp.186~187: dilecti ac fideles hospites nostri (…중략…) Libertas autem prenominatorum hospitum nostrorum hec est (…중략…) inter eos quemeumque volunt iudicem constituant (…중략…) Nullus autem burgensis tributum soluere teneatur.

36 12세기 중반 이후 헝가리 통치자들의 주관심사는 동부와 남부 국경방위 문제였다. Mezey(1968), pp.255~272, 여기서는 p.257.

37 국경 지역의 산림은 대부분 아르파드 왕가 소유의 왕령지였다. 왕국 북동부에 위치한 산림개발과 국경방어를 위해서도 독일인들이 이주하였는데 이에 대해서는 Hudáček (2017), pp.809~848. 아르파드 왕조 소유의 왕령지에 대해서는 Engel(2001), pp.79~81 참조.

38 Szende(2013), pp.446~447; Szende(2015), pp.42~43.

보장했다.[39] 이에 대한 내용이 있는 칙령 19조를 좀 더 구체적으로 살펴보면, 왕의 성을 수호하고 관리하는 하위귀족의 자율권libertatem a sancto rege institutam과 "동등한similiter" 자율권이 이주자들에게 보장되었다. 11~12세기에 왕권강화책의 하나로 왕은 외지인의 이주를 주도하였고 '왕의 이주자들hospites nostri'의 보호자이자 봉임자가 되었다.[40] 손님에게는 자유민 신분이 보장되었고 1222년 법령에 언급되었던 상당수의 이주자들은 관직에 오른 고위인사boni homines로서 왕에게 봉사했다.

언드라시 2세의 황금칙령은 전통적으로 외국 왕족과 혼인관계를 맺어온 아르파드 왕조의 결혼정책과도 연관이 있다. 그가 1203년경에 결혼한 첫 번째 부인Gertrud von Andechs-Meranien은 독일 출신으로 그녀와 함께 도래한 독일 귀족들이 왕국의 정치에 개입하고 1211년부터 독일 기사단이 왕국 남동부의 국경수비를 담당하면서 독일 출신의 이주자들의 거주지는 증가하였고 출신지도 다양해서 독일 남부, 튀링겐, 마이센, 라인강변 등에서 이주자가 계속 유입되었다.[41] 외지인에 대한 토착귀족들의 반감은 외국인 왕비의 살해로까지 비화되었으나,[42] 아르파드 왕조가 11세기부터 추진했던 이주정책은 13세기 중반까지 큰 변화가 없었다.[43]

---

39 Endlicher(1849), pp.414~415 : Si hospites, uidelicet boni homines, ad regnum uenerint, sine consilio regni ad dignitates non promouerentur (…중략…) hospites, cuiuscunque nacionis, secundum libertatem ab inicio eis concessam teneantur. 1222년 황금칙령에 대해서는 Deér(1952), pp.104~138 참조. 1222의 황금칙령은 1231년에 재인준된다.
40 중세 헝가리는 이웃 보헤미아, 모라비아, 폴란드 등과는 달리 모집인(locatores)이 아니라 왕과 왕실에 의한 이주민 이주가 진행되었다. 1156년 게저 2세가 발행한 문서도 "짐의 부름(ad vocacionem meam)"에 의해서 이주가 진행되었음을 명시한다 (Wagner ed.(1955), p.21).
41 Berend(2001), p.104.
42 Szende(2011), p.39.

언드라시 2세는 1224년에도 이주자들에 대한 자치법Diploma Andreanum
을 공포하면서 트랜실바니아의 오러슈티에Orăștie와 드라우셰니Drăușeni
사이에 정착한 독일인[44]에게 다양한 특권을 하사하였다. 왕에게 매년
500마르크 상당의 은화를 납부하고 국왕이 참여하는 전투에 50~500
명의 무장 전사를 제공하는 조건으로, 공동체의 정치, 종교, 법적 자치
권 인정,[45] 치안판사와 사제 선출권,[46] 상인들의 관세와 통행세 면제 및
이주의 자유,[47] 소량의 소금 구매Salesque minutos, 국왕 소유의 산림과 수
로의 이용권Silvam vero cum omnibus appendiciis suis et aquarum usus cum suis meati-
bus, 독자적인 인장의 사용 등 광범위한 특혜를 보장하면서 이곳을 독일
인들Theuthonici의 자치구역으로 인정한다.[48] 무엇보다도 이들의 관습법

---

43 Engel(1849), pp.90~91.
44 Zimmermann · Werner ed.(1892), no.43 : fideles hospites nostri Theuth
    onici Ultrasi-luani.
45 Ibid., 12세기에 트랜실바니아로 이주한 독일인들의 규모를 파악하기 어려우나 대략
    13개의 촌락에 520여 가구로 이는 대략 2,600명 정도이다(Zimmermann(2006),
    p.135). 과거에는 트랜실바니아에 이보다 몇 배가 더 많은 이주민이 있었을 것으로
    추정했으나(G. D. Teutsch, *Geschichte der Siebenbürger Sachsen. Bd. I*(Hermannstadt,
    1925), p.67), 이는 이 지역에 대한 독일인의 영향력을 과대평가하려는 의도에서
    비롯되었다.
46 Zimmermann · Werner ed.(1892), no.43. 이에 대해서는 구체적으로 Kurze(19
    71), pp.133~161; Szende(2015), p.48 각주 89의 참고문헌 참조. 쿠르체(D.
    Kurze)에 의하면 1224년의 사제 선출권은 이와 관련해서 동유럽 지역의 이주자에
    게 발행된 초창기의 문서이다(pp.136 · 144~148 참조). 독일 지역에서도 12, 13
    세기 초까지 공동체의 사제 선출권은 몇몇 예외적인 사례를 제외하고는 일반적이지
    않았다(p.140 참조).
47 Ibid.: mercatores eorum ubicumque voluerint in regno nostro libere et
    sine tributo vadant et revertantur.
48 Ibid.: unus sit populus et sub uno iudice censeantur (···중략···) Sacer-
    dotes vero suos libere eligant et electos repraesentent et ipsis decimas
    persolvant (···중략···) Salesque minutos secundum antiquam libertatem
    (···중략···) Silvam vero cum omnibus appendiciis suis et aquarum usus
    cum suis meatibus.이주자들의 사제 선출권과 십일조 납부 의무를 언급했던 1224

iudicium consuetudinarium에 근거한 재판권을 인정하면서 독립적인 법공동체가 형성될 수 있었다.

중요한 사실은 특허장이 현금 납부와 군사적 의무 이행이라는 책무를 전제로 했다는 점이다. 당시는 헝가리 왕과 독일 기사단과의 대립이 첨예화되던 시기여서 이들은 동향 출신의 군대와 타지에서 싸움을 벌여야만 했다.[49] 자치권을 보장하는 일련의 특허장은 이주민 공동체의 정치적 위상을 일방적인 통치의 대상에서 협력자로 격상시키는 의미를 지닌다. 특허장은 쌍방 간의 권리와 의무를 성문화하였기에 이는 왕의 일방향적 호혜행위가 아니라 이주자와 초청자 양자의 관계를 규정하는 "상호 계약적 성격"을 띤 증서로 볼 수 있다.[50]

2) 국경방어와 이주

언드라시 2세는 헝가리 북동부 국경지대에 위치한 촌락Zathmar Nemethi에 거주하던 독일 이주자들에게도 1230년에 특허장을 하사한다. 이들이 고향에서부터 유지하였던 관습more Saxonum은 보장되었고, 인근의 강을 건널 때에 지불하던 통행세와 관세도 면제 받았는데 이는 결국 공동체의 경제 활성화에 도움이 되었다.[51] 사법권은 이주민들이 선출한 치

년 특허장은 17세기까지 반복적으로 인준되었다.

49 Zimmermann(2006), p.123; Szende(2015), p.36.

50 이러한 이유로 왕은 특허장의 발행 이유를 '이주자들을 어려움으로부터 벗어나게 하여서 이들이 왕에게 봉사할 수 있는 기회를 주고자함'이라고 명시하였다(Zimmermann・Werner ed.(1892), no.43 : unde prae nimia paupertatis inopia nullum maiestati regiae servitium poterant impertiri). 프랑스와 같은 서유럽 국가에서 발행된 중세 특허장도 지배층과 평민 간 "협상의 결과이며 일종의 계약서와 같은 것"으로 인정된다. 본문과 각주의 인용은 강일휴(2006), pp.71・84.

51 1230년의 특허장은 Fejér(1829), pp.211~213. 관련해서는 Helbig(1975),

안판사[52]에 귀속되었고 주교의 동의를 얻는 조건으로 사제 선출권[53]도 인정되었다. 대신에 유사시에 치안판사는 궁사*sagittarius* 네 명과 함께 전투에 참여하고, 왕의 도시 체류 기간에 숙식을 제공해야 한다.[54] 여기서도 왕은 이들을 '궁휼이 여겨서' 이주를 허락하였고 동시에 이들의 보호가 왕국의 이익과 직결된다고 인식했다.[55]

언드라시의 재임 기간에 그의 차남인 칼만Kálmán이 헝가리 왕국에 새롭게 복속된 슬로베니아 지역의 대공dux totius Sclavoniae 자격[56]으로 부코바르 성 인근의 이주민hospitibus iuxta Castrum Valkow commorantibus에게 부여한 1231년의 특허장은 치안판사 선출권과 이주의 자유libere veniat (…중략…) receda를 포함한 행정과 재정분야에서 주민자치권을 인정하였다.[57] 특허장은 독일, 작센, 헝가리, 슬라브인 등 여러 지역 출신의 이주자들이 공동으로 거주했음을commorantibus 명시하면서 이주민 공동체의 인종적 혼

p.522; Engel(2001), p.103 참조.

52 Fejér(1829), p.212 : Maiorem villae constituendi liberam habeant facultatem.
53 Ibid.: Sacerdotem, quemcunque voluerint, in eorum ecclesia possint conseruare, ab omni iurisdictione, et potestate Archidiaconi de Sasvar (…중략…) penitus duximus eximendum.
54 Ibid., pp.212~213 : more Saxonum villicus ipsorum armatus cum quatuor personis sagittariis nobiscum exercituare teneantur (…중략…) nobis ad villam eroum accedentibus, prandium et cenam administrent.
55 Ibid., p.211: omnes hospites ad sinum sue benignitatis tanquam ad portum salutis confugientes, collegiat (…중략…) ad regni utilitatem et corone honorem. 왕국의 이익은 군경방어와 왕의 체류비 부담을 의미하는 것으로 보인다. 이 시기에 왕은 사냥을 위해서 이 지역을 방문하곤 하였다(Hudáček(2017), pp.813~814).
56 중세의 헝가리 왕국은 오늘날보다 3배 이상 큰 지역을 통치하던 정치세력으로 한때는 크로아티아, 슬로베니아, 보스니아, 세르비아, 슬로바키아, 루마니아, 우크라이나 지역 일부를 지배했다. 중세 헝가리 왕국의 영토에 대해서는 Engel(2001) pp.373~374 참조.
57 Endlicher(1849), pp.434~435.

종과 잡거라는 흥미로운 모습을 보여준다. 출신지와 상관없이 현지인과 외지인 모두에게 동일한 특권이 적용되면서,[58] 주로 수공업과 교역에 종사하던 이들의 경제 활동은 장려될 수 있었다. 칼만의 이주자 특허장 하사는 부친의 정책을 계승한 것으로 새롭게 왕국에 편입된 지역의 경제 활성화를 위한 선택이었다.

칼만의 형이자 언드라시 2세의 장남인 벨러 4세[1235~1270]가 1238년에 왕국 서부에 위치한 솜버트헤이[Szombathely]의 이주자들에게 발행한 문서는 그가 발행한 초기의 특허장으로, 왕권의 보호 하에 있는 이주민들[59]이 100가구에 한 명씩 전사를 보내야 하는 의무를 규정한 것으로 보아서 이곳의 규모가 상당히 컸음을 알 수 있다. 치안판사는 12명의 주민들로 구성된 배심원들과 함께 재판을 진행해야 하며, 주민의 사제 선출권을 인정하면서 십일조 납부는 독일인의 관례[more Teutonicorum]를 따른다고 규정한다. 여기서도 유산 상속권과 같은 재산권 행사와 이주

---

58 Ibid., p.434 : hospitibus iuxta Castrum Valkow commorantibus, videlicet Teutonicis, Saxonibus, Hungaris et Sclavis. 독일인들은 여러 곳에서 다양한 지역 출신 이주자들과 공존했던 것으로 보인다. 1206년에 특권을 하사받았던 프랑스 북부 지역 출신의 요한네스 라티누스도 독일인들과 함께 같은 지역에 거주했으며 (Zimmermann · Werner ed.(1892), no.15(1204) : Johannem Latinum inter Theutonicos Transiluanenses in villa Riuetel commorantem (…중략…) ex omni officio praedictorum Theutonicorum et etiam aliorum talium regia benignitate eximimus, et tali libertate donavimus), 중세 헝가리의 도시 공간에서 종족적 혼종성은 이후에도 지속되었다. 이에 대해서는 Szende (2013), pp.449~450, 특히 p.450의 각주 36, 37번의 문헌 참조. 외지에서 이주해온 이주민(hospites)은 귀족과 성직자, 농민을 지칭하였으나, 13세기부터는 포괄적 의미로 사용되면서 개간사업 과정에서 특별한 권한을 부여 받은 자로서 반드시 외지인일 필요는 없게 되었다.
59 Endlicher(1849), p.445 : hospitalibus (…중략…) ad regiam coronam specialiter.

의 자유를 법적으로 보장했다.[60] "이주자들을 모으기에 가장 적합한 장소locus, qui Zumbothel dicitur, hospitibus congregandis aptissimus videatur"에 발행된 이 문서는 헝가리의 왕이 전략적으로 이주정책을 추진했고 경제구조와 방위전략의 변화를 통한 지역경제 활성화를 도모하기 위해 특허장을 하사했음을 보여주는 사례이다.[61]

솜버트헤이 특허장은 인근 토착귀족 세력의 이주민 공동체 개입을 원천적으로 봉쇄하면서도 대신에 왕은 자유로운 체류와 숙박권을 보장 받았는데,[62] 이는 공동체에 대한 왕의 통치와 지배를 상징하며 동시에 지방호족 세력을 견제하면서 권력을 왕권에 집중시키려는 정치적 의도 였다. 이러한 왕권강화정책은 '왕이 참가하지 않는 전투에는 관여해서 는 안 되며 왕의 출정 시에는 100가구에 1명의 전사를 파견할 것'을 명 시하는 규정에서도 잘 드러난다.[63]

---

60 Ibid., p.446 : uolentes uenire uoluerint, omni impedimento cessante, saluis rebus et personis se transferendi habeant potestatem (…중략…) he-reditates et possessiones suas immobiles (…중략…) uendere possit uel conferre (…중략…) bona sua mobilia cuicunque uolerint conferendi, ha-beant facultatem. 십일조는 이주자에게 유리하게 곡물을 납부하도록 규정하였다 (decimas uero more Teutonicorum in capeciis persoluant).

61 벨러 4세는 1236년의 한 특허장에서도 외국 이주자들을 왕국에 모으는 것은 왕의 책무(ex regie dignitatis officio)임을 천명한 바 있다(Wenzel ed.(1869), p.8).

62 Endlicher(1849), p.446 : Nullus autem comes (…중략…) eis inuitis in ip-sorum uilla ualeat hospitari (…중략…) Si uero regem illuc uenire con-tingerit, iuxta facultatis modum ei sumptus necessarios administrent. 1242년의 한 특허장에는 왕의 체류 시에 12마리의 황소, 1,000 덩어리의 빵, 4통의 와인이 요구되었는데 이는 제공자의 입장에서는 상당한 부담으로 여겨졌다. 여타 귀 족의 경우에는 이보다 훨씬 적은 분량이 요구되었다. 하지만 14세기 이후부터 왕이 수도에 체류하는 기간이 길어지면서 이주자의 체재비 부담은 점차 줄어들었다. 이에 대해서는 Szende(2015), p.55.

63 Endlicher(1849), p.445 : Nec in exercitum, cui rex personaliter non in-terfuerit, uenire compellantur, sed de centum mansionibus unum mil-

이주자들의 사제 선출권은 앞에서 언급된 1224, 1230, 1238년의 특허장 외에도 다른 특허장에서도 인정되어서 쿠르체D. Kurze의 조사에 의하면 13세기에 헝가리에서 발행된 문서 중에서 최소한 20여 곳의 독일인 거주지에서 확인이 가능하다. 이는 자치적인 사제 선출권이 동유럽의 여타 독일인 이주 지역보다 헝가리에서 더 확산되었음을 의미한다.[64] 13세기 전반기의 특허장이 보장하던 다양한 특권들은 이후에도 반복적으로 언급되었다. 1244년에 벨러 4세는 몽골의 침략tempore persecutionis Tartarorum으로 황폐화된 왕국을 재건하면서, 독일인들이 거주했던 부유한 대도시인 페슈트 시[65]의 독일 이주자hospites nostri de Pest에게 사제와 치안판사 선출권,[66] 사유지 내의 산림 개간 및 이용권, 왕실 납부tributo regali 면책권[67] 등의 다양한 특권을 인정하였다. 벨러 4세는 1231년에 자신의 동생이 하사한 부코바르 특허장을 1244년에 재인준하면서 아르파드 왕조의 이주민 정책을 계승 발전시켜 나갔다.

---

item omnibus necessariis militaribus honestissime preparatum mittere teneantur.

64 Kurze(1971), pp.149~151.
65 Szentpetery ed.(1938), p.562 : magna et ditissima Theutonica villa, que Pesth dicitur. 페슈트(오늘날 부다페스트의 동쪽 지역)의 독일 이주자에 대해서는 Kubinyi, *Anfänge*, pp.16~17. 중세 헝가리의 도시 건립에 있어서 이주자들의 역할에 대해서는 Petrovics(2009), pp.67~88.
66 Endlicher(1849), p.467 : liberam electionem plebani (…중략…) Item ipsi maior-em uille sibi eligant, quem uolent.
67 Ibid. : Item infra limites regni nostri ab omni tributo (…중략…) sint exempti.

4. 가해와 피해의 이분법적 구도를 넘어서

1) 왕권강화와 이주

기존의 중세 동방이주 연구는 '문명 부재론'과 '문명 맹아론'이라는 이항대립적인 해석의 분석틀을 벗어나지 못했다.[68] 그러나 헝가리 왕국에서 13세기 초반에 발행된 특허장에 대한 연구는 문명과 야만, 가해와 피해의 이분법적 구도를 넘어서 아르파드 왕실의 통치자들은 이주민을 전략적으로 받아들이고 왕국건설에 적극 활용하였다는 다면적인 접근을 용이하게 하였다. 1206년의 특허장에서 언드라시 왕은 외국 이주자들의 자유를 보장하는 것은 왕의 임무임을 천명하면서[69] 이주자의 왕국에 대한 공헌propter servitium suum을 기대하였다. 위에서 언급한 벨러 4세가 1244년에 페슈트에 거주하는 독일 이주민에게 발행한 문서도 왕의 임무는 '백성에게 긍휼을 베푸는 것suos subditos provisionibus amplioribus ordinare'으로 규정하면서 이주민들도 왕국의 신민으로 간주했다.[70] 그는 같은 해에 발간된 문서에서 '멀리서 온 이들의 용기를 북돋는 것'을 왕의 책무로 간주했다.[71] 왕의 이러한 적극적인 이주와 보호 정책은 '약자의

---

68 20세기 초반부터 정립되어 오랜 기간 견지되어 왔던 독일과 헝가리 연구자들의 상이한 입장, 특히 다른 동유럽 국가들보다 중세 헝가리에 "더 부정적으로" 덧칠해진 해석에 대해서는 Fügedi(1961), pp.17~20, 인용은 p.18.
69 Zimmermann · Werner ed.(1892), no.17 : universorum regni sui hospitum libertatem, qua benigna illos naturae manus beavit, illibatam inviolatamque debere conservare (…중략…) primos hospites regni (…중략…) secundum ritum suae gentis viventes (…중략…) omnium curiarum (…중략…) protectionis in perpetuum gaudeant munimine.
70 Endlicher(1849), p.466.
71 Kubinyi, Elenchus III/2, pp.38~39.

보호자'[72]로서 군주의 위상을 드높이고 "왕국의 번영과 왕권의 영광ad regni utilitatem et corone honorem"을 동시에 기대했다.[73] 언드라시 2세도 1224년의 법령에서 특권 하사의 목적을 "왕에 대한 책임과 의무의 수행maiestati regiae servitium poterant impertiri"임을 구체화였고, 벨러 4세 역시 특허장이 "짐과 왕국에 대한 이들의 유익한 봉사servitia eorundem nobis et regno proficua"의 대가임을 숨기지 않았다.

특허장은 이주자와 선주민 사이의 불필요한 갈등을 미연에 예방하기 위한 방편으로 이주자는 이들의 관습법에 근거하여 별도의 재판을 받도록 조치하였다. 이로써 관습법이 법률의 효력을 가지면서 재판규범으로 작동하였고 이주자들을 보호하려는 왕의 의중은 결투재판 금지 조항에서도 나타난다.[74] 대신에 이들을 위해서 동일한 법과 관습을 지키는 증인을 내세우는 증인 심판제가 도입되었다.[75]

독일인 이주자들은 대부분 왕령지에 정착하였고, 이러한 국왕 주도의

---

72 Endlicher(1849), p.399(1201) : indebite praesumtionis impetus, ab eorum grauaminibus sagaciter auertere; Zimmermann · Werner ed.(1892), no.16(1206) : illibatam inviolatamque debere conservare, speciali tamen quadam familiaritate horum utilitati ac quieti tenetur insudare; Ibid., no.43(1224) : oppressiones humilium misericorditer sublevare; Fejér (1829), p.211(1230) : omnes hospites ad sinum sue benignitatis tanquam ad portum salutis confugientes, colligat (···중략···) ad regni utilitatem et corone honorem.
73 1244년의 특허장도 "왕과 왕국에 가져오는 다양한 이점들(regi et regno multiplex commodum)"을 중요시 여겼다(Kubinyi, Elenchus III/2, p.38).
74 Endlicher(1849), p.435(1231) : quod nulla causa inter ipsos ad certamen duelli debet peruenire; Ibid., p.445(1238) : Duellum uero nec inter se, nec eciam cum aliensis committere.
75 Ibid., p.422(1224) : aliquis eorum aliquem conuenire uelit in causa pecuniali, coram iudice non possit uti testibus, nisi personis infra terminos eorum constitutis; Ibid., p.445(1238).

이주정책으로 인해서 폴란드 같은 다른 동유럽 지역에서는 잘 알려졌던 이주민 모집인은 헝가리에서는 일반적이지 못했다. 귀족들이 이주정책을 주도적으로 추진했던 폴란드, 슐레지엔, 보헤미아에서는 이주민 모집인의 역할이 중요했으나,[76] 상대적으로 많은 왕령지를 보유하고 있었던 헝가리의 왕은 직접 자신의 영토에 이주민을 정착시킬 수 있었기 때문이었다.[77] 일부 학자의 부정적인 견해에도 불구하고,[78] 아르파드 왕조의 신성로마제국과의 관계를 고려해 볼 때, 독일 왕실에 직접 사절을 파견해서 이주민을 보내도록 요청하는 방식으로 왕국간의 최상위 차원에서 이주가 논의되고 진행되었을 가능성도 배제할 수 없어 보인다.

통치자도 일을 순조롭게 진척시키고자[ad incrementa][79] 최대한의 편의를 이주민에게 제공했다. 대부분의 특허장이 출신지와 관련 없이 이주민에게 통행세와 관세를 면제해 주었는데 이는 13세기 중반 이후에도 왕국의 경제 활성화를 위한 수단으로 적극 활용되었다. 또한 1224년의 경우처럼 특정 공간에 대한 이주자들의 사용권을 부여함으로써 공동체의 경제적 자립 기반을 마련해주었다. 이는 귀족에게 영토를 하사하는 것과 같은 법적인 행위로 단지 개인이 아닌 공동체 집단에 토지 양도가 진행되었다는 점에서 차이가 있을 뿐이다.

특허장에 군역의 의무가 반복적으로 강조되는 것으로 보아서 이주는 군사적 필요성과 연계되었고, 1224년의 특허장에서처럼 왕의 해외원

---

76   Zientara(1975), pp.337~338.
77   Kubinyi(1998), pp.189~190; Menzel, "Die Akzeptanz", p.208.
78   대표적으로 Zimmermann(2006), p.123.
79   Rădvan(2010), p.55. 몽골 침입 이전에도 경제 활성화를 위한 도시 특허장 발행이 증가했는데(1237 : Székesfehérvár, 1238 : Trnava, 1240 : Starý Tekov), 이때 이주민 특허장이 모방의 전거가 되었다.

정extra vero regnum보다 왕국 내부intra regnum[80]의 전투에서 왕에게 더 많은 수의 무장군사의 파견을 요구하는 항목들은 이주민 공동체가 토착귀족들의 견제를 위한 왕의 군사적 보루였음을 뜻한다. 또한 특허장 발행이 변경지대에 집중되었기 때문에 왕이 이주를 통해서 접경 지역의 방어를 의도했음을 알 수 있다. 왕에 대한 군사적 지원은 이주민 집단이 귀족과 동등하게 무장과 전투의 권한을 부여받았고 이들의 정치사회적 신분이 격상되었음을 의미한다. 하지만 이 같은 특혜는 이주민을 사법, 경제, 군사적으로 왕권에 결속시킴으로써 대외방어와 내부 귀족세력의 견제라는 중앙집권적 왕권강화정책의 일환이었다. 이러한 왕과 이주민 공동체 간의 수직적 결속은 도시들 간의 수평적 연대를 근원적으로 봉쇄하는 효과를 주었으며 이는 결국 중세 헝가리에서 도시민계층의 등장을 더디게 하는 원인이 되기도 하였다.[81]

특허장에서 왕은 다양한 지역 출신의 독일 이주자들이 각각의 고향에서 누리던 관습과 법mos Saxonum, mos Teutonicorum을 인정하였다. 이는 왕국의 이익을 위해 새로운 제도를 활용하려는 국왕의 전향적인 태도였다. 결과적으로 이주는 초청자와 이주자 모두에게 이익이 되었고 헝가리 선주민들도 이주자들의 특혜로 피해를 보지 않았다. 이주는 선주민-이주민 이해충돌이나 갈등보다는 쌍방향간의 공생적 측면이 강했

---

80 해외원정은 500명, 국내 전투에는 50~100명의 무장 군인을 파병해야 했는데(Zimmermann · Werner ed.(1892), no.43) 이는 당시 상황에서는 상당히 많은 수의 군인이었다. 이주민의 군사적 기여와 이에 대한 왕국차원의 보상은 다른 동유럽 지역에서도 이루어졌으며, 폴란드에서의 유사한 사례들과 왕권강화를 위한 이주정책에 대해서는 Zientara(1975), pp.335~336 참조.

81 이러한 이유로 헝가리에서 도시 간의 연대는 15세기에 와서야 가능해졌다. 이에 대해서는 Szende(2015), pp.39 · 61 참조.

다. 이주민 공동체 인근의 세속 혹은 종교 권력자가 이주민 밀집 지역에 개입하면서 문제가 발생하곤 하였는데, 이는 이주 자체가 그 원인이었다기보다는 초창기에 재산 소유권 문제를 포함한 이주자의 권리 등 제도적 규정이 정해지지 않았던 상황적인 요인에 기인한다.[82]

2) 자치권의 확산

쿠비니와 센데 같은 헝가리 중세사가들의 지적처럼[83] 상당수의 문서들이 분실되었지만 아마도 더 많은 이주민 특허장이 존재했을 것이며, 현존하는 특허장 대부분이 유사한 양식으로 작성된 것으로 보아서 13세기 초의 특허장이 표본이 되었음을 알 수 있다. 발행된 특허장은 공통적으로 새로 이주하는 사람들이 아니라 이미 정주하고 있던 기존 이주민들의 특권을 인정하였으며 이는 독일을 포함한 여러 지역의 이주자들에게 부여되었기 때문에 독일인들만이 특별한 대우를 받은 것은 아니었다. 이주민 특허장은 1230년대 후반부터 등장하는 헝가리 도시민을 위한 특허장의 또 다른 전형이 되면서 이는 결국 보편적인 도시 자치권이 성립하는데 기여를 하게 된다.[84] 헝가리에서 도시 건설에 주도적인 역할을 한 집단은 시민civis이 아니라 이주민hospites이었으며, civis 개념은 13세기 중반부터 등장하기 시작했다는 사실이 이를 뒷받침한다.

13세기 초반에 하사된 특허장에서 보편적으로 강조되었던 치안판사와 사제 선출권은 공동체가 정치와 종교적 지도자를 선출할 수 있는 권

82 　토착민과 이주민의 평화적 공생은 폴란드에서도 목격된다(Zientara(1975), p.339).
83 　Kubinyi(1995), p.529.
84 　Szende(2011), p.39.

리로서 자치권의 핵심이었다. 치안판사 선출 자격과 방식에 대한 명확한 규정은 없지만 구성원의 총의[85]에 의해서 선출된 것으로 보아서 1238년의 특허장에 언급되는 "maior et sanior pars"[86]가 공동체의 유력자들로서 여론을 주도했던 것non numerantur sed ponderantur으로 보인다. 치안판사는 시참사위원회를 구성하는 "주체적인 서약자iurati cives"[87] 혹은 1238년 특허장에 등장하는 12명의 주민들로 구성된 배심원들과 함께 재판을 진행해야 했다.

사법권의 독립과 공동체의 자치적인 운영은 인근 귀족세력의 정치적 영향력으로부터 벗어나는 것을 목적으로 했기 때문에, 1230년 특허장[88]은 기존의 모든 법적 규제로부터 이주민들을 면제하고[89] 자신들의 법과 관습에 따라 살 수 있는 권리를 보장하였다. 이는 단순한 이주민 특허장이 아니라 도시 특허장으로 보아야 할 것이다. 하지만 인근 귀족 재판권으로부터 벗어날 수 있었으나 왕은 최고상위영주로서 치안판사가 해결할 수 없거나 판결에 이의가 있을 경우에 왕의 재판소에서 최종 판결을 내렸다. 따라서 공동체의 자유는 역설적으로 왕권에 대한 절대복종을 의미하며 이는 사형선고권을 포함한 고등재판권이 13세기 초반의 특허장에 등장하지 않는 것에서도 잘 드러난다.[90] 이주민의 왕에 대

---

85 Smičiklas(1905), p.187(1220) : quemeumque volunt; Fejér(1829), p.212 (1230) : quemcunque voluerint (···중략···) maiorum ac minorum consensu pariter concordante; Endlicher, Rerum, p.445(1238, Szombathely) : communiter; Zimmermann · Werner ed.(1892), p.67(1238) : de communi consensu et voluntate.
86 Endlicher(1849), p.445.
87 Smičiklas(1905), p.423(1234).
88 Endlicher(1849), p.427.
89 Ibid. : exemimus (···중략···) ab omnium iudicum iurisdictione.

한 절대적 복속은 독일 기사단과의 전투에서 왕에게 군대를 파견하거나 특허장에서 왕들이 이들을 "짐의 이주민hospites nostri"으로 불렀다는 사실에서 더욱 확연해진다.

특허장에서 인정된 이주 공동체의 사제 선출권은 독일과 다른 동유럽 지역에서 그 사례를 찾기 쉽지 않을 정도로 예외적이다. 이는 11, 12세기 헝가리 왕국의 종교적 상황과 무관하지 않는데 서임권 투쟁 이후에도 헝가리에서는 왕권이 사제 선출권electio canonica 등의 종교적 영향력을 지속하는 예외적인 모습을 보였기 때문이다.[91] 그 결과, 왕의 사제 선출 권한을 공동체에 전가할 수 있었고 이는 왕권 주도적인 이주정책에서 비롯되었다. 또한 타지로 이주한 주민들이 사제선출을 통해서 종교의식을 자신들의 언어로 지속하려는 이주민들의 의도와 요청도 있었을 것이다. 이러한 헝가리의 특수한 상황으로 인해서 정작 독일 지역에서는 공동체의 사제 선출권이 일반화되지 않았다.

5. 나가며

독일 역사학계에서 중세 독일의 동방이주는 식민운동이자 동유럽의 독일화로 이해되었다. 반면에 동유럽의 학자들은 이를 제국주의적 침

---

90 Szende(2015), p.47. 예를 들면 1231년 특허장은 인근 백작과 사형집행을 공동으로 하도록 규정하였다(Endlicher(1849), p.434 : Effusionem tamen sanguinis non per se sed per ianitorem castri possit iudicare, cum quo judicium habeat commune). 공동체의 사형선고권은 13세기 후반 이후에 인정된다.

91 Mezey(1968), pp.255~272.

탈로 규정하면서 반독일적 해석이 지배적이었다. 이주 이전에 도시 건설이 시작되었고 독일 이외의 다른 서유럽 지역으로부터 이주민이 유입이 있었던 것으로 밝혀지면서 동방이주의 독일적 전유는 더 이상 유효하지 않게 되었다. 이 글은 중세 헝가리와 독일 간의 이주 문제를 가해와 피해의 이분법적 구분을 넘어서 새로운 관점에서 접근하고자 하였다.

13세기 전반기에 왕이 부여한 특허장은 이주 수용국의 계획적이고 선별적인 이주정책을 고찰할 수 있는 중요한 사료로서, 이주민의 이주가 왕실의 경제적 이득 이외에 지방 세력에 대한 견제와 함께 왕권강화와 대내적 안정을 꾀하는 정책의 일환이었음을 보여준다. 이주민 특허장이 하사된 지역이 왕국의 중심부가 아니라 주변부였다는 사실은 국경지대의 방위가 이주정책의 또 다른 목적이었음을 시사한다. 다양한 자치권과 경제적 면책 특권을 보장한 특허장은 왕과 이주자 간의 권리와 의무를 규정하면서 이주민을 단순한 통치의 대상이 아니라 왕국 운영의 협력자로 자리매김하였다.

11~13세기에 헝가리로 유입된 독일인들은 독일 전역에서 이주했으며 이들은 독일인이기 때문이 아니라 이주자였기에 특혜를 받았다. 동방이주는 더 이상 국가목적 속에서 동기를 찾고 신성로마제국의 강력한 지도자 상에서 원인과 결과를 찾을 필요는 없어졌다. 이주민들은 공동거주자concives로서 현지인뿐 아니라 여타 지역에서 유입된 여러 인종의 주민들과 잡거와 공존을 하면서 헝가리 왕국의 신민으로서 살아갔다.

13세기 중반까지 헝가리에서는 일부 연구자들이 주장했던 독일민족의 '대규모의 집단적 이동Ostbewegung, Drang nach Osten'은 없었으며, 이주는 당대의 연대기 작가들도 인식하지 못할 정도로 점진적이고 간헐적인 형태로 진행되었고 우월한 문화전파라는 목적의식도 찾기 어려우며 신성로마제국 차원의 국가적 기획이지도 않았다. 이들은 농부, 수공업자, 상인, 광부, 소귀족들로 구성된 가난하고 힘들게 살았던 평범한 이주민들이었다. 헝가리의 입장에서도 독일의 문물에 대한 애착보다는 자국의 경제적 활성화와 군사적 목적이 우선시되었다. 이주민들은 수 세기에 걸쳐서 완전한 자치권 획득을 위해서 노력하였고, 공동체의 자유와 권리를 성문화한 13세기 전반기의 특허장은 그 시작을 알리는 신호탄이었다.

참고문헌

1차 사료

Endlicher, Stephan Ladislaus, ed., *Rerum Hungaricarum Monumenta Arpadiana*, St. Gallen, 1849(http://mdz-nbn-resolving.de/urn:nbn:de:bvb:12-bsb10136458-8).

Fejér, Georgius, *Codex diplomaticus Hungariae ecclesiasticus ac civilis* IV/3, Buda, 1829(https://library.hungaricana.hu/en/view/KozMagyOkmanytarak_Codex_Diplomaticus_Tom_4_vol_3).

Helbig, Herbert·Lorenz, Weinrich, ed., *Urkunden und erzählende Quellen zur deutschen Ostsiedlung im Mittelalter II*, Darmstadt, 1970.

Kubinyi, András, ed., *Elenchus Fontium Historiae Urbanae* III/2, Budapest, 1997(https://www.szaktars.hu/balassi/ view/andras-kubinyi-et-al-elenchus-fontium-historiae-urbanae-iii2-1997/).

Ottonis et., *Rahewini Gesta Friderici I. Imperatoris* (MG SS rer. Germ. 46)(https://www.dmgh.de/mgh_ss_rer_germ_46/index.htm#page/(III)/mode/1up).

Smičiklas, Tadija, ed., *Codex diplomaticus regni Croatiae, Dalmatiae et Slavoniae III*, Zagreb, 1905(https://dizbi.hazu.hr/a/?pr=i&id=196999).

Szentpétery, Emericus, ed., *Scriptores rerum Hungaicarum tempore ducum regumque stirpis Arpadianae Gestarum II*, Budapest, 1938.

Wagner, Hans, ed., *Urkundenbuch des Burgenlandes und der angrenzenden Gebiete der Komitate Wieselburg, Ödenburg und Eisenburg. Bd. 1 : Die Urkunden von 808 bis 1270*, Graz, 1955.

Wenzel, Gusztav, ed., *Codex diplomaticus Arpadianus continuatus XII*, Pest, 1869.

Zimmermann, Franz·Werner, Carl, ed., *Urkundenbuch zur Geschichte der Deutschen in Siebenbürgen. I. : 1191~1342*, Hermannstadt, 1892(http://www.archive.org/details/urkun denbuchzur00mlgoog).

단행본과 논문

Amman, Hektor, "Die französische Südostwanderung im Rahmen der mittelalterlichen französischen Wanderungen", *Südost-Forschungen* 14, 1955.

Berend, Nora, *At the Gate of Christendom*, Cambridge , 2001.

_____ ed., *The Expansion of Central Europe in the Middle Ages*, London, 2016.

Binder, Paul, "Ein dokumentarischer Hinweis auf die 》hospites《 in Siebenbürgen 1186", *Forschungen zur Volks- und Landeskunde* 19(2), 1976.

Deér, Josef, "Der Weg zur Goldenen Bulle Andreas II.," *Schweizer Beiträge zur allgemeinen Geschichte* 10, 1952.

Engel, Pál, *The Realm of St. Stephen : A History of Medieval Hungary, 895~1526*, London · NY, 2001.

Fügedi, Erik, "Középkori magyar városprivilégiumok", *Tanulmányok Budapest múltjából* 14 , 1961.

_____, "Der Stadtplan von Stuhlweissenburg und die Anfänge des Bürgertu ms in Ungarn", *Acta Historic* 15, 1969a.

_____, "Die Entstehung des Städtewesens in Ungarn," *Alba Regia. Annales Musei Stephani Regis* 10, 1969b.

Helbig, Herbert, "Die ungarische Gesetzgebung des 13. Jahrhunderts und die Deutschen", in Walter Schlesinger, ed., *Die deutsche Ostsiedlung des Mittelalters als Problem der europäischen Geschichte*, Sigmaringen, 1975.

Hudáček, Pavol. "Silva Bereg. A Royal Forest in Medieval Hungary", *Historický časopis* 65(5) 2017.

Kubinyi, András, "Zur Frage der deutschen Siedlungen im mittleren Teil des Königreichs Ungarn(1200~1541)", in Walter Schlesinger, ed., *Die deutsche Ostsiedlung des Mittelalters als Problem der europäischen Geschichte*, Sigmaringen, 1975.

_____, "Zur Frage der Toleranz im mittelalterlichen Königreich Ungarn", in Alexander Patschovsky · Harald Zimmermann, ed., *Toleranz im Mittelalter*, Sigmaringen, 1998.

Kurze, Dietrich, "Zur historischen Einordnung der kirchlichen Bestimmungen des Andreanums", in Friedrich Müller, ed., *Zur Rechts- und Siedlungsgeschichte der Siebenbürger Sachsen*, Köln, 1971.

Maleczynska, Ewa, *Beiträge zur Geschichte Schlesiens*, Berlin, 1958.

Marek, Miloš, "The Ways of Immigration of Foreigners into the Medieval Kingdom of Hungary", *Studia Historica Tyrnaviensia* 11-12, 2011.

Mezey, Ladislas, "Ungarn und Europa im 12. Jahrhundert. Kirche und Kultur zwi schen Ost und West", in Theodor Mayer, ed., *Probleme des 12. Jahrhunderts*, Konstanz, 1968.

Menzel, Josef Joachim, "Die Akzeptanz des Fremden in der mittelalterlichen deut schen Ostsiedlung", in Alexander Patschovsky · Harald Zimmermann, ed., *Toleranz im Mittelalter*, Sigmaringen, 1998.

Petrovics, István, "Foreign Ethnic Groups in the Towns of Southern Hungary in the Middle Ages", Derek Keene · Balázs Nagy · Katalin Szende, ed., *Segregation, Integration, Assimilation : Religious and Ethnic Groups in the Medieval Towns of Central and Eastern Europe*, London, 2009.

Pósán, László, "Niederländische Kolonisten in Ungarn in der Arpad-Ära", *Acta Neerlandica* 14, 2017.

Rădvan, Laurenţiu, *At Europe's Borders : Medieval Towns in the Romanian Principalities*, Leiden, 2010.

Szende, Katalin, "A magyar városok kiváltságolásának kezdetei", Bárány Attila · Papp Klára · Szálkai Tamás, ed., *Debrecen város 650 éves. Várostörténeti tanulmányok*, Debrecen, 2011.

_____, "Neighbourhoods, Suburbs and Ethnic Quarters in the Hungarian Towns, Thirteenth to Fifteenth Centuries", in Philipp Robinson Rössner, ed., *Cities - Coins - Commerce*, Stuttgart, 2012.

_____, "Die Erforschung der mittelalterlichen Städte Ungarns seit 1989," in Olga Fejtová, ed., *Städte im Mittelalter und in der frühen Neuzeit als Forschungsthema in den letzten Zwanzig Jahren* Praha, 2013.

_____, "Power and Identity : Royal Privileges to the Towns of Medieval. Hungary in the Thirteenth Century", M. Pauly · A. Lee, ed., *Urban Liberties and Civic Participation from the Middle Ages to Now*, Trier, 2015.

_____, "Iure Theutonico? German settlers and legal frameworks for immigration to Hungary in an East-Central European perspective", *Journal of Medieval History* 45(3), 2019.

Teutsch, Georg Daniel, *Geschichte der Siebenbürger Sachsen. Bd.* I, Hermannstadt, 1925.

Zernack, Klaus, "Zusammenfassung : Die hochmittelalterliche Kolonisation in Ostmitteleuropa und ihre Stellung in der europäischen Geschichte", in Walter Schlesinger, ed., *Die deutsche Ostsiedlung des Mittelalters als Problem der europäischen Geschichte*, Sigmaringen, 1975.

Zientara, Benedykt, "Die deutschen Einwanderer in Polen vom 12. bis zum 14. Jahrhundert", in Walter Schlesinger, ed., *Die deutsche Ostsiedlung des Mittelalters als Problem der europäischen Geschichte*, Sigmaringen, 1975.

Zimmermann, Harald, "Hospites Theutonici. Rechtsprobleme der deutschen Südostsiedlung", in Th. Mayer, ed., *Gedenkschrift für Harold Steinacker (1875~1965)*, München, 1966.

_____, "A német-magyar kapcsolatok a 12. század közepén és az erdélyi szászok betelepítése", *Aetas : történettudományi folyóirat* 20(4), 2006.

강일휴, 「중세 프랑스 코뮌의 자유와 자치 - 특허장 분석을 중심으로」, 『전북사학』, 29, 2006.
이상협, 『헝가리史』, 대한교과서주식회사, 1996.

차용구,「독일과 폴란드의 역사대화 – 접경지역 역사서술을 중심으로」,『전북사학』 33, 2008.
_____,「국경(Grenze)에서 접경(Kontaktzone)으로 – 20세기 독일의 동부국경 연구」,
『중앙사론』 47집, 2018.

18~19세기 전반 러시아의
대중국 접경도시 캬흐타의 잡거와 혼종

박지배

1. 들어가며

'장기 16세기'에 시작된 인류의 팽창은 범지구적 현상이었다. 이는 지구상의 많은 지역에서 정치·경제·사회·문화적 접촉을 가져왔고, 이로 인해 오늘날 지구촌의 모습이 형성되었다. 이런 과정은 학자들의 관심을 끌기에 충분해 서유럽인들의 아메리카와 아프리카 침탈로 인한 문화 충돌과 그것이 미친 영향에 대한 꽤 많은 연구가 이루어졌다. 메리 루이스 프랫은 17세기 초 안데스 주민의 작품인 구아만 포마 연대기 연구를 통해 '접촉지대contact zone'라는 유용한 개념을 제시했다.[1] 또한 다른 많은 서양 연구자들은 아메리카, 특히 초기 접촉지대였던 카리브해에 대한 다양한 연구를 통해 혼종성, 크레올화 등의 개념을 발전시켰다.[2]

한편 세계팽창에 대한 연구에서 내륙아시아는 상대적으로 소외된 공간이다. 이는 서유럽의 대항해시대라는 거대 담론이 근대시기 범지구

---

1 Mary Louise Pratt, "Arts of Contact Zone", *Profession* 91, 1991, pp.33~40.
2 Peter Burke, *Cultural Hybridity*, 강상우 역, 『문화 혼종성』, 이음, 2012, 95~98쪽.

적 팽창에 대한 사유를 독점하다시피 했기 때문이다. 따라서 16세기 이후 전개된 러시아의 동부팽창과 청의 서부팽창이 갖는 세계사적 의미는 그다지 주목받지 못하다 비교적 최근에 와서야 **학자들의 관심을 받기 시작했다**.[3] 물론 내륙아시아 종족들 사이의 접촉이 서유럽의 아시아 진출이나, 아메리카의 발견만큼 극적이지 않았을 수 있다. 아시아는 어쨌든 육지로 이어져 있어 그 안에서 살아가는 사람들은 태고부터 어느 정도 타 지역과 접촉을 유지해 왔기 때문이다. 그러나 분명 16세기 이후 동부유라시아 주민들 사이의 접촉은 그 이전과는 차원이 달랐다. 청과 러시아의 팽창은 17세기 중반부터 두 제국 간 군사 충돌을 가져왔고,[4] 두 제국은 공존을 위한 타협으로 양국 사이에 거대한 국경선을 획정했다. 이 때문에 중북부 유라시아 지역을 자유롭게 넘나들며 접촉하던 많은 종족들은 어느 한 제국을 선택해야 했고, 이제 이들 사이의 모든 접촉은 양 제국이 만든 국경의 규칙을 따라야 했다.

필자는 이 글에서 18~19세기 전반 청과 러시아의 국경도시 캬흐타에 주목하고자 한다. 캬흐타에 대한 연구는 도시가 속한 러시아에서 주로 이루어졌다. 연구의 상당수는 캬흐타를 통한 대중국 무역에 대한 것이고,[5] 특히 차 무역은 별도의 주제로 다루어졌다.[6] 반면에 문화적 접촉

---

3 Peter C. Perdue, *China Marches West : the Qing Conquest of Central Eurasia*; 공원국 역, 『중국의 서진』, 길, 2014.

4 러청 간의 초기 충돌에 관해서는 필자의 다음 논문을 참고할 것. 박지배, 「17세기 중반 러시아의 동북아진출과 '나선정벌'의 의미」, 『역사학보』 240, 2018.

5 И. А. Носков, *Кяхта. О кяхтинской торговле чаем*, Иркутск, 1861; X. Трусевич, *Посольские торговые сношения России с Китаем до XIX века*, Москва, 1882; Б. Курц, *Государственная монополия в торговле с Китаем*, Киев, 1929; Е. П. Силин, *Кяхта в XVIII веке. Из истории русско-китайской торговли*, Иркутск, 1947; А. Н. Хохлов, "Кяхтинская торговля и ее место в политике России и Китая

지대라는 관점에서 진행된 캬흐타 연구는 많지 않다. 남사라예바는 접촉지대의 관점에서 청 주민의 디아스포라에 관한 논문을 썼으나, 주로 몽골 무역 도시들로의 이주를 다룬 연구이다.[7] 또한 페트로프는 캬흐타에서 중국인과 러시아인 간의 접촉에 대한 연구를 수행했으나, 논의의 대부분은 자료가 풍부한 19세기 후반과 20세기 초에 집중되어 있다.[8] 그 외에도 주로 캬흐타를 통해 이루어진 차 무역이 동부 시베리아 주민의 일상에 미친 영향에 대한 연구,[9] 캬흐타 무역이 러시아, 중국, 몽골 경제에 미친 영향에 대한 연구[10] 등이 있다. 이와 같이 캬흐타에 대한 적지 않은 연구가 있으나 기존의 연구들은 도시가 중국과의 관계에서 가

(20-е годы XVIII в. - 50-е годы XIX в)", Документы опровергают. Против фальсифи кации истории русско-китайских отношений, Москва, 1982 등.

6   А. П. Субботин, *Чай и чайная торговля в России и других государствах*, Петербург, 1892; Н. Е.Единархова, "О чае и чайной торговле", *Земля Иркутская 5*, 1996; Т. С. Доржиева, "Чайный путь на территории Бурятии : история и топонимия", *Вестн ик Бурятского государственного университета 10*, 2009; И. А. Соколов, *Чай и чай ная торговля в России : 1790~1919 гг*, Москва, 2012; Марта Эйвери, *Чайный путь. Китай и Россия встречаются через степь*. Пер. с анг. А. Гилевича, Москва, Beijing, 2005; Н. Г. Фильшин, "Кяхта и северный маршрут Великого чайного пут и", *Вестник Бурятского государственного университета 2*, 2017; Lee Chinyun, "From Kiachta to Vladivostok : Russian Merchants and the Tea Trade", *Region : Regional Studies of Russia, Eastern Europe, and Central Asia* 3(2), 2014 등.

7   С. Б. Намсараева, "Миграции во Внутренней Азии цинского периода : диаспоры Кантактной зоны Кяхта-Маймачен", *Вестник Бурятского государственного унив ерситета. Гуманитаные исследования Внутренней Азии 1*, 2013.

8   А. И. Петров, "Китайцы в Кяхте", *Вестник Дальневосточного отделения Российс кой академии наук 1*, 2009.

9   А. И. Кожухарь, "Влияние российской чайной торговли с Китаем и Монголией на повседневность населения Восточной Сибири во второй половине XIX века", Дис сер. канд. ист. наук, Иркутск, 2015.

10 Н. Е. Единархова, "Кяхтинская торговля в 40I-60-е гг. XIX в. и ее влияние на эконо мическое развитие России, Монголии и Китая : по русским архивным и опубликов анным источникам", Диссер. канд. ист. наук, Москва, 1978.

지는 정치·경제적 역할에 대한 것이 대부분이다. 반면에 접촉지대로서 캬흐타에 대한 연구는 찾아보기 어렵다.

필자는 러청 국경도시 캬흐타를 하나의 접촉지대 또는 접경도시로 보고 캬흐타가 갖는 잡거와 혼종적 모습을 살펴보고자 한다. 캬흐타는 18~19세기 상당 기간 동안 러청 두 제국의 공식 창구로 기능했고, 양측 정치인들이 조우하고 상인들이 교류하는 공간으로 발전했다. 필자는 캬흐타의 모습을 그 카운터파트인 청의 마이마쳰오늘날알탄불라크과 비교하고, 그곳에서 어떤 사람들이 어떠한 방식으로 동거하고, 접촉했는지를 살펴볼 것이다. 이를 통해 러청 접경 지역의 잡거 방식과 혼종의 양상을 확인할 수 있을 것이며, 나아가 유라시아 접경공간의 접경성을 이해할 수 있을 것이다. 그러나 러청 접경이 지정학적으로 '한 제국의 식민지 경계'라기보다, 두 제국의 정치적 완충지대라는 점을 염두에 두어야 한다. 그래서 필자는 러청 접경지대가 국가적 경계로서의 국경 지역이면서 민간 교류의 장으로서 접촉지대라는 측면을 구분하여 논의를 전개하고자 한다. 물론 캬흐타나 마이마쳰 같은 도시들이 우리에게 매우 낯설게 다가오는 것이 사실이다. 그러나 서유럽의 팽창으로 인해 아메리카와 아프리카에서 전개된 접촉이 아닌, 다른 공간과 다른 방식의 문화 접촉에도 주목해야 한다. 무엇보다 서유럽 식민지에서 벌어진 접촉이 일방적이고 강압적인 성격을 띠고 있었다면, 유라시아의 오랜 규칙은 기본적으로 상대 문화를 존중하는 것이었다.[11] 이렇게 기본적인 조우의 조건과 문화적 기반

---

11 아부 루고드는 '13세기 세계체제'를 다룬 자신의 명저에서 동아시아와 서아시아가 주도하던 근대 이전의 세계체제는 매우 다양한 문화체제들이 공존하고 협력했음을 설득력 있게 보여 주었다. 그에 따르면 대부분의 참여자들은 공존과 상호 관용으로부터 이득을 보았으며, 이러한 게임의 규칙은 16세기 서유럽인들이 난입하면서 변화되

자체가 달랐기 때문에 청과 러시아의 접경 연구를 통해 서유럽식 문화충돌과는 다른 사례들을 접할 수 있을 것이다.

그러나 이에 대한 선행 연구가 없다시피 해서 필자는 연구를 위해 필요한 사료를 직접 선정해야 하는 입장이다. 필자는 먼저 18~19세기 전반의 캬흐타에 관한 여행기들에 주목하여, 이것들을 중심으로 캬흐타에서 잡거와 혼종하는 모습을 '접촉지대'의 관점에서 구성하려고 한다. 프러시아의 자연과학자이자 백과전서파인 팔라스Peter Simon Pallas는 1770년대에 러시아 변경 지역을 여행하며 4권으로 구성된 총 6책의 저서를 남겼는데, 1772년에 캬흐타와 마이마첸을 방문하여 3권 첫 번째 책에 생생한 기록을 담았다.[12] 러시아의 풍경화가 마르티노프와 프러시아의 동방학자 클라프로트Julius Heinrich Klaproth는 골롭킨Ю. А. Головкин이 이끄는 대중국 사절단에 참여하는 길에 1805년에 캬흐타를 방문하여 각각 캬흐타에 관한 흥미로운 기록과 그림을 남겼다.[13] 이르쿠츠크 지사 트레스킨은 1810년에 캬흐타에서 청의 국경책임자들을 만나 양국 간 대사 교환에 대한 회담을 하면서 당시 만남의 모습을 상세히 기록했다.[14] 러시

었다. Janet L. Abu-Lughod, *Before European Hegemony : The World System A.D. 1250~1350*; 박흥식·이은정 역, 『유럽패권이전 13세기 세계체제』, 까치, 2006, 385·393~394쪽.

12 П. С. Паллас, *Путешествие по разным провинциям Российской империи*, Ч.3-1, Петербург, 1788.

13 А. Е. Мартынов, *Живописное путешествие от Москвы до китайской границы*, Петербург, 1819; Ю. Г. Клапрот, "Описание Кяхты(Из путешествий Г. Клапрота)", *Сын отечества*, Ч.33, №42, 1816, p.126; Ю. Г. Клапрот, "Замечания о китайско-русской границе, собранные Юлием Клапротом во время путешествия по одной в 1806 году", *Северный архив*, Т.6, № 9-12, 1823.

14 Н. И. Трескин, "Журнал дружеского свидания Иркутского гражданского губернатора, действительного статского советника Трескина, с китайскими пограничными правителями, ваном и амбанем с 19-го Февраля по 13 Марта 1810 года", *Чтения в*

아 외교관 팀코프스키는 1820~1821년에 러시아 선교단을 이끌고 청을 방문했고 그에 관해 3권 분량의 여행기를 남겼는데 거기에 캬흐타에 대한 내용도 들어 있다.[15] 특히 독일인 물리학자인 에르만Georg Adolf Erman은 1829년에 캬흐타와 마이마첸을 들러 다른 여행기들과는 다른 시각으로 흥미로운 국경의 일상을 전해주었다.[16] 한편 러시아 정교회 사제이자 저명한 동방학자인 비추린이 1830년에 캬흐타에 머물면서 예리한 관찰력을 발휘해 기록한 캬흐타의 일상 역시 매우 흥미롭다.[17] 이외에도 시베리아 카자크의 아들로 이르쿠츠크에서 태어나 거기서 성장한 파르쉰은 다양한 경험을 바탕으로 캬흐타에서의 생활을 포함해 자바이칼지역에 대한 여행기를 남겼다.[18] 여행기의 작가들은 대개 일반인들은 아니었고, 정치가거나, 저명한 학자 또는 탐험가였다. 물론 그렇다고 해도 여행기의 속성상 여행자 개인의 주관적 성향이 들어 있을 수 있다. 따라서 여행기를 기본 사료로 이용한다고 해도, 사안별로 정부 보고서나 법령집들과 대조하거나, 기존의 연구성과들을 참고할 필요가 있다.

императорском обществе истории и древностей российских при Московском унив ерстите, Повременное издание, 1860, генварь-март, Кн.первая, Москва, 1860.

15   Е. Ф. Тимковский, *Путешествие в Китай через Монголию в 1820 и 1821 годах*, Ч.1, Петербург, 1824.

16   Д(октор). Эрман, "Отрывки из дневника путешественника по Сибири", *Северная пчела*, 14~18 июня 1832 г.

17   Н. Я. Бичурин, *Ради вечной памяти*, Чебоксары, 1991.

18   В. П. Паршин, *Поездка в Забайкальский край. История города Албазина*, Ч.1-2, Москва, 1844.

2. 접촉지대의 혼종성과 접경도시 캬흐타

피터 버크는 『문화의 혼종성』에서 혼종에 관한 다양한 시각과 개념들을 소개하면서 서로 다른 문화의 만남이 서로 다른 장소, 다른 상황에서 벌어지기 때문에 이러한 현상 각각의 특징을 분석하기 위해서는 많은 개념들 가운데 상황에 적합한 것을 선택하는 것이 필요하다고 언급한다.[19] 필자는 18~19세기 전반 청과 러시아의 접경공간의 특징을 살펴보면서 메리 루이스 프랫의 '접촉지대contact zone' 이론을 적용하려 한다. 이는 프랫의 개념이 비판자의 눈에도 '하나의 눈부신 모델a glaring example'로 보이기 때문이기도 하지만,[20] 무엇보다 프랫이 정의한 서유럽과 아메리카의 접촉지대와 동아시아의 접촉지대가 어떻게 다른지 확인하고 싶기 때문이다.

프랫의 접촉지대는 매우 흥미로운 문화 이론이다. 그는 접촉지대를 문화가 조우하고 충돌하고 해결을 위해 서로 다투는 사회적 공간으로 정의한다. 이곳에서는 식민주의, 노예제도 그리고 그것들의 후유증으로 식민자와 원주민 간에 권력의 비대칭 관계가 작동한다.[21] 그러나 이러한 비대칭 속에서도 문화 교류는 일방적이지 않고 상호적이다. 즉 식민자 문화가 식민지 문화에 일방적으로 영향을 미치는 것이 아니라 양자는 서로 영향을 주고받는다는 것이다. 프랫은 이러한 방식을 '문화횡

---

19   Peter Burke, op.cit., p.102.
20   Brian J. Godfrey, "Reviewed Work : Imperial eyes : Travel Writing and Transculturation. by Mary Louise Pratt", *Annals of the Association of American Geographers* 83(3), 1993, p.543.
21   Mary Louise Pratt, "Arts of Contact Zone", p.34.

단transculturation'으로 설명한다. 그는 특히 식민지인들의 창의성에 방점을 두어 이렇게 말한다. "예속된 사람들은 지배적인 문화가 자신들에게 접근하는 것을 쉽게 제어할 수는 없지만, 지배적인 문화의 어떤 부분을 자신의 삶에 포함시킬 것이고 그것을 어떻게 사용할 것이며 그것이 어떤 의미를 띠게 할 것인지에 대해 다양한 범위에서 결정할 수 있다."[22] 이에 대해 사라 밀스는 명백히 제국 담론에서 식민지인들의 저항과 생산적 특징에 초점을 맞춘 최초의 이론적 작업이라고 평가한다.[23]

물론 문화횡단이 가능하려면 기본적으로 접촉 당사자 간 언어의 이해가 필요하다. 프랫도 접촉지대 개념을 언어학 용어인 '접촉언어contact language'에서 빌려 왔다. 접촉언어는 서로 다른 모국어를 지닌 사람들이 무역의 경우처럼 서로 지속적인 대화를 나눠야 하는 상황에서 임시변통으로 사용하는 언어를 말한다. 따라서 이런 언어들은 대개 혼성어로 시작되며, 무질서하고 체계 없는 것으로 여겨진다.[24] 그러나 이런 접촉언어를 통해 접촉지대에서 이질적 문화가 혼종하고 새로운 창조가 이루어진다. 그래서 프랫은 자신이 언급하는 접촉지대가 사실상 권력의 비대칭성이 작동하는 '식민지 경계'라는 것을 인정하면서도, 접촉의 주체들이 접촉언어라는 실질적 매개를 통해 상호 관계하는 방식을 이론적으로는 꽤 그럴듯하게 설명할 수 있었다.[25]

이렇게 프랫의 접촉지대 개념은 중심부의 일방적 영향이 아닌 주변

22 Mary Louise Pratt, *Imperial Eyes : Travel Writing and Transculturation*; 김남혁 역, 『제국의 시선 - 여행기와 문화횡단』, 현실문화, 2015, 33쪽.
23 Sara Mills, "Review of Imperial Eyes : Travel Writing and Transculturation by Mary Louise Pratt", *Journal of Historical Geography* 20(4), 1994, p.497 참고.
24 Mary Louise Pratt, *Imperial Eyes* ……; p.34.
25 Ibid., p.35.

부와 중심부 간 상호작용의 가능성을 제시했다는 점에서 중요하다. 물론 오늘날의 크레올화 이론 역시 주류문화와 비주류문화의 상호작용을 강조하고 있으며, 심지어 혼종성 이론에서는 특정 문화의 본질성을 인정하지 않아 지배 문화라는 것 자체를 엄격히 규정할 수 없다고 생각하기도 한다.[26] 그러나 프랫의 접촉지대 개념은 문화이론으로서만 존재하는 것이 아니라, 실제 18~19세기 서유럽의 역사적 맥락에서 제시되어 훨씬 구체적이고, 생생하게 다가온다. 다만 그가 식민지인들의 주체성을 강조하다보니, 권력의 비대칭성이 문화횡단에 미치는 영향을 짐짓 외면한 듯하다. 고드프레이의 지적처럼 권력 관계가 서로 다른 지구상의 식민지들 모두가 프랫이 상정한 모델과 동일하다고 보기는 어렵기 때문이다.[27] 다른 비평가들 역시 프랫의 접촉지대에서 문화 교류가 작동하는 방식인 문화횡단에 대한 그의 논증에는 충분히 만족하지 못한다. 특히 로리머는 프랫이 언급한 서아프리카의 문화횡단 사례는 오히려 불평등 교환을 보여준다고 지적한다.[28]

피터 버크가 언급한 것처럼 권력이 어느 정도 균형을 이룬 상태와 비대칭적 권력의 조건에서 일어나는 문화 충돌은 서로 다른 양상을 보인다. 중국에서 활동한 가톨릭 선교사와 멕시코, 페루, 브라질 등지에서 활동한 동류 선교사의 접근 방식에는 현저한 차이가 있었다. 페루와 멕

---

26 박민수, 「문화 혼종성의 이론적 고찰 – 호미 바바를 중심으로」 『인문학논총』 39, 2015, 25~26쪽; 설병수, 「크레올화(Creolization), 그 다층적 맥락 읽기」 『아프리카연구』 27, 2010, 102쪽 등.
27 Brian J. Godfrey, op. cit., p.543.
28 Douglas A. Lorimer, "Reviewed Work : Imperial Eyes : Travel Writing and Transculturation by Mary Louise Pratt", *Journal of Modern History* 68(2), 1996, pp.430~431.

시코에서 유럽 선교사들은 원주민들에게 기독교를 강제하기 위해 위협하거나 무력을 사용할 수 있었다. 그러나 중국에서 유럽 선교사 수는 상대적으로 적었고, 문화의 차용자들이 대여자들에 비해 유리했다. 따라서 유럽인 선교사들은 선교 대상자들을 설득해야 했고, 그들을 만날 수 있는 절충점을 찾아야 했다. 그래서 선교사들은 어쩔 수 없이 중국의 토착문화를 받아들였고, 심지어 중국인들에게 개종된 것이 아니냐는 비판을 받기도 했다.[29] 따라서 문화횡단이 실제로 어떻게 작동하는지를 살펴보려면 접촉의 조건이 다른 다양한 지역에 대한 실증 연구를 통해 더 많은 사례들을 수집해야 한다.

피터 버크는 문화 접촉이 좀 더 활발한 지역으로 메트로폴리스와 경계지역을 언급한다. 두 부류의 접촉지대는 문화 간 교차로로 문화의 혼합 과정이 전개되는 공간이고, 이를 크레올이라 부르든 그렇지 않든 새롭고 개성적인 어떤 것을 창조하는 공간이다.[30] 18세기 페테르부르크는 러시아의 대표적인 메트로폴리스이다. 그곳은 러시아인, 타타르인뿐 아니라 독일인, 네덜란드인, 영국인 등 다양한 사람들이 모여 살면서 제국의 새로운 문화를 창출하는 혼종의 장이었다.[31] 무엇보다 페테르부르크는 오늘날 러시아 문화의 중요한 요소가 된 서구화가 진행된 공간이었다. 한편 화려한 항구도시인 페테르부르크만큼 주목받지는 못하지만 거기서부터 수개월씩 걸리는 변방에 위치한 캬흐타는 경계지역을

---

29 Peter Burke, op. cit., pp.104~105.
30 Ibid., pp.111~116.
31 Fernand Braudel, Civilisation matérielle, économie et capitalisme, XVe-XVIIIe siècle; 주경철 역, 『물질문명과 자본주의 1-2 – 일상생활의 구조』 下, 까치, 1995, 786~790쪽 참고.

대표하는 중요한 접경도시였다.

무엇보다 캬흐타는 청과 러시아 두 제국의 충돌이 가져온 산물이었다. 미국의 중국사가 스펜스에 따르면 17~18세기 러청관계는 다음의 단계를 거쳤다. 첫 단계는 서로 알아가는 인식의 단계였고, 다음은 군사적 대립이 전개되는 충돌의 단계가 이어졌고, 끝으로 대립을 해결하기 위한 협정의 단계가 전개되었다.[32] 상대를 결정적으로 굴복시킬 수 없는 상황에서 일종의 타협으로 1689년에 맺어진 네르친스크 조약은 아르군강 상류에서 우다강 인근의 오호츠크해에 이르는 러청 국경선을 정했고, 러시아는 정규적으로 대중국 카라반을 파견하게 되었다.[33] 이후 1690년에 청은 할하몽골을 병합한 후 러시아와 할하몽골 사이에 명확한 국경선을 정할 필요를 느꼈고, 러시아 역시 청과 더욱 안정적인 외교 및 무역 관계를 원했다.[34] 이렇게 해서 두 제국은 1727년 캬흐타 조약을 통해 아르군강 상류에서 캬흐타 하천을 지나 사얀산맥 서쪽까지 약 3,200킬로미터에 이르는 국경선을 정했다.[35] 그리고 조약문 4조에서 캬흐타 하천변과 네르친스크 인근 장소에서 양국 상인들이 무역을 수행할 수 있도록 규정했다. 그중에서 네르친스크 인근 추루하이타Цуру

---

[32] Denis Twitchett·John K. Fairbank ed. *Cambridge History of China* 9, Cambridge, 2008, p.151.

[33] "Нерчинский мирный договор между Россией и Китаем о границах и условиях торговли", *Русско-китайские отношения. 1689~1916. Официальные документы*, Москва, 1958, pp.9~11.

[34] В. С. Мясников, *Договорными статьями утвердили. Дипломатическая история русско-китайской границы XVII-XX вв.*, Хабаровск, 1997, p.188.

[35] "Кяхтинский трактат с условиями политических и экономических взаимоотношений между Россией и Китаем(текст трактата с русской стороны)", *Русско-китайские отношения...*, pp.17~22.

xaйтa에서의 교역은 발전하지 못했으나, 캬흐타는 러시아의 대중국 교류를 대표하는 무역도시로 성장했다.

따라서 17~18세기 러청관계는 대립을 해결하는 협정 단계에서 끝나지 않았고, 양국 간 잡거와 교류의 단계가 그 뒤를 이었다. 물론 캬흐타 조약의 주된 목적은 러청 양국 간의 교류였다기보다는 엄격한 경계를 확정하는 것이었다.[36] 캬흐타를 통해 양국 사이에 필요한 정치·경제 교류가 이어졌으나, 양 국가는 허가된 교류 이외의 접촉을 엄격히 금지했다. 하나 더 언급할 것은 러청 국경은 두 제국의 직접적인 국경이 아니라 식민지들 간의 경계였다는 점이다. 즉 새로운 국경은 러시아 식민지인 시베리아와 청의 정복지인 몽골 사이를 지났다. 몽골은 여러 면에서 청 제국과 러시아 제국의 대립을 완화하는 완충지역이었다. 즉 몽골의 존재로 청은 러시아와 계속 대립하기보다는 협정을 맺어야 했고,[37] 4장에서 살펴보겠지만 몽골어와 그 문화는 양측을 이어주는 중요한 '접촉언어'였다.

36　캬흐타 조약의 2조·3조·6조·8조·9조·10조에서 임의로 양국 간의 경계를 넘는 경우 가해지는 처벌과 합법적으로 경계를 넘는 경우 및 절차에 대해서 매우 엄격히 규정하고 있다. "Кяхтинский трактат……", pp.17~22.

37　Jonathan D. Spence, *The Search for Modern China*; 김희교 역, 『현대 중국을 찾아서』 1, 이산, 1998, 98쪽; Thomas J. Barfield, *The Perilous Frontier : Nomadic Empires and China*, 윤영인 역, 『위태로운 변경. 기원전 221년에서 기원후 1757년까지의 유목제국과 중원』, 동북아역사재단, 2009, 588쪽; Peter C. Perdue, *China Marches West : the Qing Conquest of Central Eurasia*, 공원국 역, 『중국의 서진. 청의 중앙유라시아 정복사』, 길, 2014, 215쪽 참고.

3. 캬흐타와 마이마첸의 모습에 나타난 잡거

1727년 10월21일 58차례의 실무 협상 끝에 체결된 캬흐타 조약은 러청 경계선을 정함과 동시에 양국의 공식적인 접촉의 새로운 시작을 알렸다. 러시아 측 전권대사 라구진스키-블라디슬라비치Рагузински-Владиславич, Савва Лукич는 조약이 체결된 후 지체 없이 새로운 대청 접경 지역에 요새와 상업지구의 건설을 지시했다. 부흐골츠И. Д. Бухгольц 대령이 이끄는 토볼스크 군인들은 거의 라구진스키의 원안대로 캬흐타 하천변의 무인지대에 석조 요새와 무역 타운을 건설했다.[38]

일반적으로 캬흐타라고 하면 국경무역을 수행하는 상업 마을을 의미한다. 그러나 이곳이 청과의 공식적인 소통의 창구이고, 캬흐타 조약이 정한 국경선의 기점이다 보니 무역 시설에 앞서 외교 및 군사 그리고 종교 시설이 필요했다. 그래서 라구진스키는 1727년 여름 성 삼위일체 기념일에 캬흐타 하천변에 요새 건설을 명했고, 이 요새가 트로이츠코삽스크Троицкосавск 요새이다. 또한 전권대사는 요새 안에 정교 교회를 지을 것을 명했다.[39] 러시아 정교회 기록에 따르면 1728년에 교회 건설이 시작되어 같은 해 12월 18일에 축성예배를 드렸다.[40] 정교회가 들어섰다는 것은 이곳이 러시아 영토라는 문화적 표식이었다. 즉 이곳 시베리아 남부 변경에서 모스크바와 페테르부르크에서와 같은 방식으로 예

---

[38] А. Р. Артемьев, "Строительство городов и острогов Забайкалья и Приамурья во второй половине XVII-XVIII веке и типы оборонительных сооружний", *Отечестве нная история* 5, Москва, 1998, p.143.

[39] Н. Н. Бантыш-Каменский, *Дипломатическое собрание дел между российским и китайским государствами с 1619 по 1792 год*, Казань, 1882, p.157.

[40] Иркутские епархиальные ведомости. 1863. № 33, 17 афгуста 1863 годв, p.525.

배를 드리고, 똑같은 종교 의식을 취한다는 것은 정교회 국가인 러시아가 이곳을 관할한다는 의미다. 1772년에 캬흐타를 방문한 팔라스는 요새에 좋은 시계탑을 가진 꽤 멋진 목조교회가 있다고 언급한다.[41] 교회는 1812~1817년에 석조 건물로 바뀌었고, 1830년대 파르쉰의 기록에 따르면 캬흐타의 3개 교회 가운데 2개 교회가 트로이츠코삽스크에 있었는데 하나는 석조 건물인 트로이체 소보르이고, 다른 하나는 목조 건물로 세관 쪽에 위치한 니콜스키 교회였다.[42]

보통 캬흐타라고 불렀던 상업 마을은 상인들이 거주하며 활동하는 공간이었다. 트로이츠코삽스크 요새에서 4베르스타^{약 4.3킬로미터} 거리에 위치했고, 일반 걸음으로 요새에서 상업 마을까지 1시간 조금 넘게 걸렸다. 물론 여행기들을 보면 정부 관리들은 마차를 타고 훨씬 빨리 이동할 수 있었다. 상업 마을은 캬흐타 조약이 체결된 다음 해인 1728년 말에 완성되었다. 대표적인 상업시설은 일종의 상관商館이라 할 수 있는 고스티니 드보르гостиный двор인데 상점과 창고가 각각 24개 있었다. 그리고 당시 고스티니 드보르 인근에는 32개의 상인 가옥이 늘어서 있었다.[43] 물론 상업 마을은 시간이 가면서 성장했다. 팔라스에 따르면 1772년에 고스티니 드보르에 60개 정도의 상점이 있었고, 새로운 석조 건물을 짓기 위해 기초를 다지는 중이었다. 상업 마을은 목책으로 둘러싸여 있었고 120채 가까운 목조 가옥이 있었다.[44] 그러나 석조 고스티

41 П. С. Паллас, op. cit., p.149.

42 В. П. Паршин, op. cit., p.76.

43 И. Ф. Попова, "Торговля России и Китая через Кяхту и Маймайчен", Mongolica-XI. Сборник научных статей по монголоведению. Посвящается 130-летию со дня рождения А. В. Бурдукова(1883~1943), Петербург, 2003, p.29.

44 П. С. Паллас, op. cit., pp.149~150.

니 드보르의 건축은 본격적인 공사를 시작하지 못했고, 1842년에 와서야 오늘날의 모습으로 완성되었다. 상업 마을에도 고스트니 드보르 동편에 목조 교회가 있었고 1810년 이르쿠츠크 지사 트레스킨은 이곳에서 청의 대표들을 초청해 함께 미사를 드리기도 했다.[45] 고스티니 드보르 남쪽은 러청 국경이 있었고, 군인 막사, 국경 초소, 그리고 국경책임자의 관사가 있었다.[46]

캬흐타 건너편 청의 국경도시는 오늘날 몽골의 알탄불라크인 마이마첸이었다. 마이마첸은 캬흐타가 건설되고 난 후인 1730년에 건설이 시작되었고, 캬흐타 상업 마을에서 불과 약 130~200미터밖에 안 떨어져 있어 오히려 트로이츠코삽스크 요새보다 훨씬 가까웠다.[47] 그러나 지척의 거리임에도 이곳은 청의 영토였고, 캬흐타와는 전혀 다른 모습이었고, 평면구조도 전형적인 중국 도시의 형태를 따랐다.[48] 이곳에는 중국 상인들이 거주했고, 1770년대 기록에 따르면 도시 중앙에 천제天帝를 모시는 사당이 있어, 사당 내부에 공자의 상이 놓여 있었다.[49] 그리고 도시 남쪽에는 몽골의 주요 종교인 라마교 사원이 있었는데 홈쉰 보디–사도Хомшин Бодди-Саддо의 사원이었다. 라마교도들은 보디–사도가 세상이 끝날 때 나타나 사람들을 심판한다고 믿었다.[50] 사실 마이마첸은 18~19세기에 청의 영토였으나, 문화적으로 몽골 지역이었다. 이곳 주

---

45 Н. И. Трескин, op. cit., p.195.
46 А. Е. Мартынов, op. cit., p.55.
47 И. Ф. Попова, op. cit., p.29; А. Е. Мартынов, op. cit., p.59; В. П. Паршин, op.cit., pp.95~96 등 참고.
48 С. Б. Намсараева, op. cit., p.39 참고.
49 Е. П. Силин, op. cit., p.103.
50 А. Е. Мартынов, op. cit., p.62.

민들에게는 라마교가 중요했고, 라마의 종교 축제는 이들의 공통된 자의식을 보여준다.[51] 마이마첸에도 상인 가옥들이 많았는데 1772년에 이곳을 방문한 팔라스는 200채 미만의 목조 주택이 빽빽이 들어서 있었고, 간혹 대저택들이 눈에 띄게 솟아 있었다고 기록했다.[52] 마이마첸에서는 고스티니 드보르 같은 공동의 상업 시설이 아니라 개인 상인 주택이 주거와 상업 시설의 역할을 겸했다. 상인 주택에는 상인과 종복의 주거시설과 함께 상품을 보관하고 거래하는 상업시설물이 있었다.[53]

청과 러시아는 도시 건설 이전부터 국경을 넘는 문제를 엄격히 규정하려 했다. 캬흐타 조약은 처음부터 교류보다는 경계를 긋기 위한 조약이어서, 캬흐타와 마이마첸의 경비 역시 철저했다. 1772년경에 캬흐타에는 문이 3개 있었는데 하나는 북쪽 셀렝가강 쪽으로, 다른 하나는 캬흐타 하천이 있는 서쪽으로 나 있었고, 마지막 문은 남쪽에 위치해 마이마첸으로 연결되었다.[54] 국경 부랴트 카자크들이 종족별로 4개의 연대를 구성해 도시의 수비와 경계를 맡았다. 이들은 도시에 설치된 초소에서 우회로들을 감시하고, 주변을 순회하며 중국 상품들이 몰래 이동하는 것을 막았다.[55] 한편 캬흐타 인근 국경 초소에서는 몽골 또는 부랴트 국경 수비대와 러시아 카자크 부대가 교대로 근무했다. 그들은 사브르 sabre, 활과 화살, 때로는 창 또는 카빈총으로 무장했고 의복은 모두 몽골식이었다. 파르쉰에 따르면 이들은 놀라운 시력과 명중 능력을 가져

51   Ю. Г. Клапрот, "Замечания о китайско-русской границе……", pp.187~188.
52   П. С. Паллас, op. cit., pp.157~159.
53   Ibid., p.157; А. Е. Мартынов, op. cit., p.60.
54   П. С. Паллас, op.cit., pp.149~150.
55   В. П. Паршин, op.cit., p.85.

도주자들에게는 공포의 대상이었다.[56] 독일 물리학자 에르만은 도시 수비대의 철통같은 경비로 캬흐타 세관의 허락 없이는 마이마첸의 어떤 물건도 국경을 통과할 수 없을 것이라 생각했다.[57] 사각형 모양인 마이마첸에도 북쪽과 남쪽으로 망루를 가진 3개의 문이 나 있었고, 네 귀퉁이에는 감시 초소가 세워져 있었다. 도시 북쪽의 캬흐타 방향 망루에서는 파수병들이 짐이 오가는 것을 감시했다.[58] 도시의 방위는 50~100명의 몽골 국경 기병으로 구성된 초병들이 담당했다.[59]

　이렇게 러시아 도시 캬흐타와 중국 도시 마이마첸은 걸어서 오 분이면 갈 수 있는 가까운 거리였지만 그 경계는 군사적으로 엄격히 구분되었고, 외형적으로 서로 다른 종족들이 살아가는 곳이어서, 명백히 서로 다른 문화가 대치되는 공간이었다. 캬흐타는 정교회로 대표되는 문화였고, 마이마첸은 사실 공자의 사당보다는 라마교로 대표되는 문화였다. 한편 캬흐타는 여느 접촉도시들과는 달리 인종 간의 생물학적 혼종이 이루어지는 공간도 아니었다. 캬흐타에는 남성들이 많았지만 여자들도 꽤 거주했고 카자크 수비대들은 가족과 함께 생활했다. 그러나 18~19세기 전반 많은 방문자들이 공통으로 언급하는 것처럼 마이마첸은 여자가 살지 않는 걸로 유명했다.[60] 심지어 마이마첸의 책임자까지도 가족과 함께 생활할 수 없었다.[61] 클라프로트에 따르면 청 정부는 내지에서 여자를 다른 나라 땅은 물론이고 국경으로도 못 데려가게 했다.

56　Ibid., pp.86~87.
57　Д. Эрман, "Отрывки из дневника······" 14 июня 1832 г.
58　Ю. Г. Клапрот, "Описание Кяхты······", pp.122~123.
59　Ibid., p.123; А. Е. Мартынов, op. cit., p.61.
60　П. С. Паллас, op. cit., p.170; Д. Эрман, "Отрывки из дневника······" 15 июня 1832 г. 등.
61　В. П. Паршин, op. cit., p.95.

다만 부유한 자들은 몽골인 가운데 첩을 두었는데, 첩들은 도시 밖의 유르트에서 거주했다.[62] 따라서 캬흐타-마이마첸을 통한 인종 간 혼종은 많지 않고 있었다고 해도 공공연하지는 않았다.

그러나 이러한 외형적인 차이도 컸고, 인종 간 혼종 가능성도 희박했지만 캬흐타와 마이마첸은 서로 소통하고, 타협이 이루어지는 접촉지대였다. 먼저 두 도시의 명칭에서부터 다언어적 타협을 볼 수 있다. 캬흐타Кяхта는 러시아어도 아니고 만주어도 아닌 몽골어 '히아그хиаг'에서 나온 말로 벼과 식물인 개밀이 우거진 곳이라는 뜻이다.[63] 마이마첸은 사고파는 도시買賣城를 뜻하나 러시아인들은 그것을 '키타이 슬로보다' 또는 몽골어로 '무역 슬로보다'[64]를 의미하는 나이마친Наймачин으로 불렀다. 한편 몽골인들은 마이마첸을 부유한 곳이라는 뜻의 '다이-오에르고Дай-Оерго'로 불렀고, 만주인은 무역하는 도시라는 뜻으로 '하달친Xадалчин'이라 불렀다.[65] 이렇듯 다양한 호칭 자체가 캬흐타와 그 대응도시 마이마첸의 잡거의 모습을 보여 준다.

캬흐타는 러시아 국가와 청 국가 사이의 정치적 타협의 결과로 건설된 접경공간이었다. 러청은 거대한 국경선을 획정하면서, 먼저 양국 간의 사소한 정치 문제를 해결할 장소가 필요했고, 거기에 러시아 측이 요구한 상인들의 거처를 마련하게 되었다. 그래서 캬흐타는 상업 지역이면서도 늘 정치적 중요성을 갖는 국경도시였다. 라구진스키가 캬흐타

---

62   Ю. Г. Клапрот, "Описание Кяхты……", p.126.
63   И. Ф. Попова, op. cit., p.28.
64   슬로보다(слобода)는 자유민들의 거주지, 요새 밖의 거주지라는 뜻이다. *Энциклопедический словарь Брокгауза и Ефрона*, Т.30, Петербург, 1900, p.373.
65   П. С. Паллас, op. cit., p.155.

조약을 체결한 이후 캬흐타는 러청 두 제국의 정치적 소통의 창구로 중요한 기능을 했다. 실제로 캬흐타 조약은 러청 간의 필요한 업무를 위해 국경을 넘는 경우, 아주 특별한 경우가 아니면 반드시 캬흐타 길을 거치도록 규정했다.[66] 그래서 많은 정치인들과 전령들이 국가 간 공식문서를 가지고 캬흐타를 방문했다. 예를 들어 1767년에 캬흐타 추가조약을 위한 협상에서도 러시아 대표 크로포토프И. И. Кропотов와 중국 대표 반왕[67]은 캬흐타에서 회담을 진행했고,[68] 1810년 이르쿠츠크 지사 트레스킨은 러청 간 대사 교환 문제로 캬흐타에서 청 대표 윤덴도르쥐Юндендорж와 만났다.[69]

러시아 정부는 캬흐타를 안정적으로 유지하기 위해 여러 지원 정책을 펼쳤다. 1743년에 러시아 원로원은 캬흐타를 무역 슬로보다로 승격함으로써, 캬흐타는 안정적인 국경 거점의 지위를 얻게 되었다. 또한 시베리아 주와 이르쿠츠크 지역에서 상인 100가족을 자원 받아 캬흐타로 이주시키라는 명령이 내렸고, 이주자에게는 5년 간 인두세와 군역을 면제해 주었다.[70] 1745년에 원로원은 추가로 모스크바 주, 카잔 주, 아르한겔스크 주, 시베리아 주 주민 가운데 상인 및 농민 100가족을 그들이 원하는 경우 캬흐타에 이주시키도록 했다.[71] 그리고 1761년에는 캬흐타에 정착해서 아내와 자식들과 함께 사는 주민을 강제로 다른 곳으로

66 "Кяхтинский трактат······", p.20.
67 반은 러시아어로 공후(князь), 한국어로 왕(王)을 뜻함. *Энциклопедический словарь Брокгауза и Ефрона*, T.5a, p.498 참고.
68 А. Н. Хохлов, op. cit., p.108.
69 А. И. Петров, op. cit., p.4.
70 Полное собрание законов Российской империи : Собрание первое с 1649 г. по 12 декабря 1825 г.(이하 ПСЗ로 약함) T.11. Петербург, 1830, № 8833.
71 ПСЗ, T.12, № 9206.

이주시키지 말도록 명령했다.[72] 이러한 러시아 정부의 조치는 캬흐타의 성장에 도움을 주었을 것이 분명하다.

그러나 캬흐타의 발전은 국가적 차원의 노력으로 이루어진 것은 아니었다. 조약을 주도한 청 정부에게 처음부터 교역보다는 정치적 문제가 중요했다. 특히 자신이 정복한 할하몽골을 대외적으로 확고히 병합하기 위해서는 러시아의 협조가 필요했다.[73] 러시아 정부는 지속적으로 청과의 교역을 원했지만 캬흐타를 통한 러시아 개인 상인들의 교역 증가를 위해서라기보다, 국영 카라반의 대중국 무역 독점으로 국고 수입을 늘리는 데 골몰했다. 캬흐타 조약 당시 러시아 전권대사 라구진스키의 가장 중요한 임무는 러시아에 유리한 국경선을 정하는 것이었지만, 또 다른 임무는 사무역의 실태를 파악하고 정부 카라반의 발전 방안을 보고하는 것이었다. 그러나 조사 과정에서 네르친스크 조약 이후 전개된 다양한 개인 상인들의 밀무역이 러시아 정부의 카라반 무역에 심대한 타격을 주고 있음이 드러났다.[74] 실제로 제3차 국영 카라반이 먼 여행 끝에 1731년 북경에 입성했지만 이미 그곳에는 시베리아에서 영업하는 개인 상인들이 밀무역을 통해 공급한 값싼 모피들로 넘쳐났던 것이다.[75]

표트르 대제는 이미 1706년에 개인 상인들이 정부에서 발행한 여행증 없이는 중국으로 가지 못하도록 하고, 만일 이를 어기고 상품을 가지고 중국에 가서 무역을 하면 가차 없이 사형에 처하도록 지시했다.[76] 그

72 ПСЗ, Т.12, № 11322.
73 В. С. Мясников, op. cit., p.188; А. Н. Хохлов, op. cit., p.101.
74 Е. П. Силин, op. cit., pp.28~29.
75 Ibid., p.47.
76 Памятники сибирской истории XVIII века, 1700~1713, Кн.1, Петербург, 1881, p.278.

러나 이러한 차르의 강력한 의지에도 불구하고 모스크바에서 멀리 떨어진 광활한 시베리아에서 개인 상인들의 무역을 통제하는 것은 불가능했다. 그래서 러시아 정부는 개인상의 무역을 일정 정도 허용할 수밖에 없었고, 대신 가장 중요한 품목인 모피 거래만큼은 엄격히 통제하는 정책을 폈다.[77] 그러나 개인상은 계속해서 밀무역을 이용해 중국에 모피를 판매했고, 러시아 정부는 1739년에 다시 러시아인들에게 청과 청에 예속된 다른 곳에서도 모피를 팔지 못하도록 칙령을 발표했다.[78] 그러나 러시아 정부의 모피 독점은 성공하지 못했고, 1755년 국영 카라반이 실패한 이후 수익성이 떨어진 카라반을 더 이상 조직할 수 없었다.[79] 결국 개별 상인들의 활발한 교역의 욕구를 막을 수 없었던 것이다. 그리고 1760년대 이후 러시아 정부는 경제정책에서 국가 독점을 완화하고, 자유주의적 성격을 강화하는 방향으로 선회했다.[80] 이러한 러시아 정부의 자유무역 기조는 특히 기득권 세력이 약했던 변방에서 더욱 활발히 전개되었다. 다양한 부류의 시베리아 상인들은 캬흐타에서 자리를 잡고 청 상인들과 관계를 맺으며 무역을 확대해 갔다.[81] 이렇게 캬흐타의 성공에서 정부의 의지보다는 민간 차원의 활동이 결정적이었다.

캬흐타의 초기 거주자들은 국경 관리, 러시아 군인 등 주로 봉직자들이었고, 땅을 경작하는 농민들도 있었다.[82] 그러나 점차 다양한 부류의

---

77 ПСЗ, Т.7, № 4992.
78 ПСЗ, Т.10, № 7895.
79 Е. П. Силин, op. cit., p.51.
80 18세기 후반 러시아의 자유무역 정책에 대해서는 필자의 다음 논문을 참고할 것. 박지배, 「18세기 후반 예카테리나 정부의 중농사상과 무역정책」『역사문화연구』51, 2014.
81 실린은 캬흐타 무역의 본격적인 시작은 국영 카라반이 폐지된 1755년부터로 본다. Е. П. Силин, op. cit., p.51.

상인들이 캬흐타의 주인공이 되었다. 캬흐타의 주민 수에 대해서는 충분한 자료가 없다. 19세기 중엽에 출판된 세묘노프의 『러시아 제국의 지리통계사전』에 따르면 그 인구는 1829년에 326명, 1852년에 594명, 1862년에 519명에 불과했다.[83] 물론 이는 캬흐타에 등록된 주민 수이며, 실제로 도시에서 무역을 수행하는 사람들은 훨씬 많았다. 러시아와 청 두 제국에서 온 수많은 상인들이 캬흐타를 오갔다. 예를 들어 1730년 마지막 석 달간 트로이츠코삽스크를 통해 러시아 방면에서 짐을 실고 캬흐타로 들어 온 상인들만 453명에 달했다.[84] 1805년 마르틔노프에 따르면 캬흐타에는 다종족 상인들로 분주했다. 모스크바, 카잔, 쿠르스크 등 유럽러시아에서 온 상인, 시베리아의 타타르 상인, 부하라 상인, 부랴트 상인, 몽골 상인, 퉁구스 상인, 다른 많은 상인들이 캬흐타로 몰려왔다. 19세기 초 캬흐타강 쪽으로 나 있는 문 밖에는 부랴트 상인들을 위한 천막촌이 있었다. 이들은 다른 상품들과 교환하기 위해 가축 떼를 몰고 왔고, 이들 가운데 상당수는 펠트 천막을 치고 그곳에서 머물렀다.[85]

마이마첸의 주민들도 캬흐타와 유사했다. 이곳에도 질서를 위해 관리와 수비대가 상주했고, 상인들과 그 일꾼들이 거주했다. 농민들은 마이마첸에 사는 중국인들 가운데 가장 가난했는데 파르쉰은 이들이 매우 훌륭한 농부라고 기록했다.[86] 1770년대 마이마첸에는 상인, 관리, 일꾼, 그리고 몽골 기병들이 거주했고, 주민 수는 약 400명 정도였지만, 상인

82 А. Н. Хохлов, op. cit., pp.104~105 참고.
83 П. Семенов, *Географическо-статистический словарь российской империи*, Т.2, Петербург, 1865, p.896.
84 А. Н. Хохлов, op. cit., p.105.
85 А. Е. Мартынов, op. cit., p.56.
86 В. П. Паршин, op. cit., p.95.

들이 몰려오면 약 1천 명 혹은 그 이상도 모였다.[87] 마이마첸으로도 다양한 상인들이 드나들었다. 18세기 후반의 기록을 보면 중국 상인, 부하라 상인, 몽골 상인들은 상품을 수레 또는 낙타에 싣고 왔다.[88] 특히 부하라 상인들은 가을이면 먼 곳에서 대황을 잔뜩 실은 30~50마리의 낙타 카라반을 구성해 마이마첸으로 왔다. 러시아 정부가 1731년 대황을 국가 독점 품목으로 지정하고, 대황 거래를 캬흐타로 단일화했기 때문이다.[89] 그러나 마이마첸의 대표 상인은 산시山西 출신으로 주로 마이마첸에 정착해 살았다. 이들은 오래 전부터 대몽골 무역을 해 온 상인들로 특별히 여몽상旅蒙商이라 부르는 무역에 특별한 재능을 가진 사람들이었다.[90] 이들은 주로 캬흐타 무역의 핵심 상품인 중국의 차를 거래했다.

4. 캬흐타의 접촉방식과 혼종성   국가 간 대면과 민간 교류의 비교

러청 국경도시 캬흐타를 통해 전개된 두 제국 사이의 교류는 크게 두 가지 측면에서 중요했다. 먼저 캬흐타는 양국 사이의 중요한 정치적 만남이 이루어지는 접경공간이었다. 1727년 캬흐타 조약, 1768년 캬흐타

---

87   А. Н. Хохлов, op. cit., p.106; С. Б. Намсараева, op. cit., p.40.
88   М. Д. Чулков, *Историческое описание российской коммерции при всех портах и гра ницех от древнейших времен до ныне настоящего и всех преимущественных узаконе ний по оной императора Петра Великого и ныне благополучно царствующей госуда рыни императрицы Екатерины Великия*, Т.3, Кн.1, Петербург, 1785, pp.84~85.
89   С. Б. Намсараева, op. cit., pp.39~40.
90   중국에서는 국경에서 무역하는 상인들을 여몽상(旅蒙商), 변상(邊商), 변객(邊客) 이라 불렀는데 여몽상은 특히 몽골에서 무역하는 상인들을 지칭했다. И. Ф. Попова, op. cit., p.29.

추가 조항, 1810년 양국 간 대사 설치 등 많은 중요한 회담들이 캬흐타에서 열렸다. 다른 한편으로 캬흐타는 민간 교류의 장이기도 했다. 캬흐타의 실질적 기능은 러청 주민 간 무역이었고, 교역은 양국 간의 상호관계를 촉진시키는 핵심 기반이 되었다. 캬흐타와 마이마첸에 거주하는 양국 영토의 다종족 상인들은 서로의 일상으로 드나들면서 수시로 만나 장사를 하고, 삶을 공유하며 자신들도 모르는 사이에 상품뿐 아니라 언어와 문화를 나누었다. 이 장에서는 캬흐타에서 있었던 러청의 만남을 국가적 차원의 만남과 주민들 간의 만남으로 나누어 살펴볼 것이다.

먼저 19세기 전반에 기록된 여행기를 통해 캬흐타에서 이루어진 정부 고위급 관리들의 몇 차례 만남을 살펴볼 수 있다. 만남의 모습이 비교적 상세히 남아 있는 대표적 기록은 이르쿠츠크 지사 트레스킨이 1810년 2~3월에 청측 우르가오늘날의 울란바토르의 국경책임자 반ван 윤덴도르쥐юнд ендорж와 암반амбан[91]과 회동했던 모습이다. 당시 청 정부의 주도로 북경과 페테르부르크 간 대사 교환을 위한 협상이 진행되었고, 트레스킨은 협상을 위한 만남의 모습에 대해 자세한 일기체 기록을 남겼다.

1810년 2월 19일 트레스킨은 트로이츠코삽스크에 도착해 관사에 머물고 있었다. 같은 날 중국 측 대표 반윤덴도르쥐과 암반이 마이마첸으로 오고 있었는데 양측은 만남 전에 미리 사람들을 보내 서로에게 깍듯이 예를 갖추었고, 인사 온 사람들을 정중히 맞았다.[92] 2월 20일에는 마이

---

91 윤덴도르쥐는 '반(ван)'이면서 '에푸(эфу)'였는데 에푸는 황제의 사위를 가리킨다. Русско-китайские отношения в XIX веке. Материалы и документы, Москва, № 10, Коментарии 2, 1995; 암반은 우르가의 만주인 통치자 직을 말한다. 1762년에 청 정부는 정치적 독립에 대한 열망을 보인 몽골인들에 대한 군사·정치적 통제를 강화할 목적으로 암반 직을 신설했다. А. Н. Хохлов, op. cit., pp.107~108.

92 Н. И. Трескин, op. cit., pp.167~169.

마첸 국경책임자дзаргучей가 중국 상인들과 함께 트레스킨을 예방하여 예의를 갖추었고, 다음 날 중국 측 대표들이 도착하자 트레스킨은 통역 및 의장대와 함께 비서 벨랴브스키Белявский를 보내 인사했다. 청측 대표들은 비서 일행을 정중히 맞았다.[93] 이렇게 중국과 러시아 양측 대표들은 만나기 전부터 서로에게 자신의 친절함과 정중함을 보여줌으로써 만남을 준비했다.

이어 트레스킨은 직접 캬흐타 관리들, 상인들 그리고 자신의 호위병들과 함께 청측 대표를 만나기 위해 마이마첸으로 향했다. 트레스킨 일행이 마이마첸에 도착하자 7발의 예포가 울렸고, 청측 대표가 머무는 곳까지 가는 동안 문마다 격식을 갖춘 환대가 있었다. 첫 번째 문에서 반과 암반의 측근 관리들이 나와 있었고, 두 번째 문에서 가장 높은 관리 둘이 트레스킨을 맞이했다. 그리고 트레스킨이 세 번째 마지막 문을 열고 복도로 들어서자 영접실이 나왔고 거기서 반과 암반이 직접 나와 인사를 나누었다. 양측은 정중한 말과 진심어린 즐거움의 감정을 설명했는데, 이는 선 채로 15분 동안이나 지속되었다. 인사말이 끝나고 양측은 손을 마주 잡았고, 청중들이 보는 앞에서 포옹을 했다. 그러한 모든 과정이 끝나고 나서야 청측 대표들은 트레스킨을 방으로 안내했다.[94] 다음 날 아침 반과 암반은 관리들을 트레스킨에게 보내 어제 있었던 만남에 대해 고마움을 표했고, 건강에 대한 안부를 물었다. 그리고 반과 암반이 아침에 트레스킨을 방문하고 싶다고 전했다. 트레스킨은 청측 일행에게 반과 암반을 맞을 준비가 되었다고 알려주었고, 비서와

93   Ibid., pp.170~171.
94   Ibid., p.171.

관리들과 함께 의장대를 급파하여 탈 것을 보냈다. 이들은 반과 암반을 마차에 태워 트레스킨의 거처로 안내했다.[95]

언급한 만남의 모습은 매우 정중하다. 그러나 이러한 예의 대 예의의 대결을 바라보는 입장에서는 뭔가 상호 이질감이 느껴진다.[96] 어색한 모습은 특히 트레스킨과 중국 대표들의 식사 자리에서 더 분명히 나타난다. 2월27일에 이들은 트레스킨이 머무는 트로이츠코삽스크의 관사에서 함께 식탁에 앉았다. 유럽식으로 가수들의 합창과 음악이 흘러나왔고, 등장한 요리는 모두 러시아 상류층의 음식이었다. 그러나 반과 암반은 모든 것에 무척 생소해 했다. 그들은 어떻게 식기를 사용하여 음식을 집는지 몰랐고, 러시아식 서비스에도 익숙지 않았다. 따라서 러시아 관리들이 요리를 손님 접시에 놓아주고, 어떤 요리인지 설명해 주며 그것들을 맛보게 했다. 이때 트레스킨은 반과 암반에게 중국에서 특별한 날에 황제의 건강을 위해 건배를 하는지 물었다. 반은 중국에서는 가까운 친구들의 건강을 위해 건배를 하지만, 황제의 건강을 위해 마시는 일은 전혀 없다고 말했다. 트레스킨은 러시아 황제의 건강을 위해 건배하는 러시아 관습을 얘기해주고 러시아와 청의 위대한 두 황제를 위해 건배할 것을 제의했다. 반과 암반은 서로를 보면서 트레스킨을 따라 의자에서 일어나 잔을 끝까지 비웠다. 그 다음에 서로의 건강을 위해 건배를 나누었다. 통역이 반의 만주어 건배사를 러시아어로 통역해 주었다.[97] 캬흐타가 세상에 출현한지 80년이 넘었지만 양국 대표의 만남은 여전

95 Ibid., p.174.
96 1829년에 캬흐타 세관장과 마이마이첸 사르구체이의 만남에 참석한 에르만도 상호 간에 예의가 각별하다고 언급한다. Д. Эрман, "Отрывки из дневника…" 16 июня 1832 г.
97 Н. И. Трескин, op. cit., pp.197~198.

히 어색했고, 서로에 대해 잘 모르는 분위기였다.

그로부터 20년 지난 후에 정교회 사제이자 동방학자인 비추린이 목격한 연회의 상황도 비슷했다. 비추린은 1830년 8월22일 아침에 캬흐타에 도착했고, 같은 날 오후에 바스닐라Баснила라는 상인의 집에서 몽골 왕공과 가진 연회의 모습을 자세히 기록했다. 몽골 왕공은 국경을 넘은 러시아인들을 반환하기 위해 당시 캬흐타에 머물던 쉴린그Шиллинг 남작을 만나러 왔다. 주인은 공후 일행을 응접실로 안내했고, 의자에 앉도록 권했다. 손님들은 모두 모자를 쓰고 있어, 그들에게 모자를 벗을 것을 요청했다. 몽골 공후 일행은 머리를 보이는 것은 큰 실례라며 한사코 마다했다.[98] 이런 모습을 지켜보고 있는 비추린은 놀람의 연속이었다. 한편 몽골 공후는 주인과는 오랫동안 아는 사이인양 통역을 통해 격의 없이 얘기를 나누었다. 그리고 얼마 안 있어 쉴린그 남작이 일행과 함께 합류했다. 공후는 그들에게 담배를 권했는데 비추린은 아마도 중국인들에게 담배를 권하는 것이 친근함의 표시일 거라 생각한 것 같다. 손님을 대접하기 위해 차가 먼저 나왔고, 다음으로 소테른프랑스 포도주이 제공되었고, 그리고 나서 리큐르 주가 나왔다. 몽골 공후 일행은 술을 모두 받았으나, 마시지는 않았다.[99]

주인은 오후 2시경에 손님들을 식탁으로 초대했다. 식탁의 분위기는 전반적으로 어색했다. 대화를 시작하거나 계속 이어갈 분위기는 아니었고, 중국인들은 중국어로 자기들끼리 많은 말을 했다. 여기서도 음식

---

98 독일인 동방학자인 클라프로트 역시 중국인, 만주인, 그리고 몽골인들은 중요한 자리에서 결코 모자를 벗지 않는다고 기록하고 있다. Ю. Г. Клапрот, "Описание Кяхты……", p.133.
99 Н. Я. Бичурин, op. cit., pp.302~304.

은 러시아식으로 나왔고, 몽골 공후 일행은 유럽식 식사에 익숙지 않았다. 그들 중 어느 누구도 수저, 칼, 포크 등을 사용할 줄 몰랐다. 쾌활한 성격의 쉴린그 남작은 분위기를 돋우려 공후에게 자신이 물을 포도주로 바꾸는 것을 보여주겠다고 말했다. 그는 소다 분말이 들어 있는 물 두 잔을 가져와 하나로 합쳐 기포성 샴페인처럼 보이는 액체를 만들어 마셨다. 그때 마이마첸의 국경책임자가 식탁에서 잔을 집더니 자기 나라 사람들에게 말했다. 통역이 말해주는 바에 따르면 이런 내용이었다. "물을 포도주로 만드는 것은 어렵지 않습니다. 나는 포도주를 사라지게 할 수 있습니다." 그리고 잔을 끝까지 마셔버렸고, 공후는 그 모습을 보고 웃었다. 여기서도 황제를 위한 건배가 등장했다. 사람들이 공후에게 마시는 이유를 설명해주자 공후는 일행과 함께 일어나 샴페인을 비웠다. 그리고 중국과 몽골의 통치자를 위한 두 번째 잔도 마찬가지로 비웠다. 남작은 자기 때문에 술을 두 잔이나 마신 것에 대해 감사를 표했다. 식사가 끝나고 디저트가 나왔지만 손님들은 오래 앉아 있지 않고 자리를 떴고, 마이마첸으로 돌아갔다. 준비를 위해 고생한 주인도 러시아 손님들을 붙잡으려 하지 않았다. 국경의 문들은 모두 일찍 잠겼고, 그 전에 귀가를 서둘러야 했기 때문이다.[100] 이렇게 교류가 시작되고 100년이 넘은 상황에서도 고위층 인사들의 만남에서는 캬흐타와 마이마첸의 도시 모습이 서로 이질적인 것처럼 여전히 어색함이 감돌았다.

그러나 캬흐타와 마이마첸 주민들의 삶은 이와는 달랐다. 물론 그들에게도 똑같이 밤이 되면 접경의 문은 굳게 닫혔고, 어느 쪽이든 상대가 밤

---

100 Н. Я. Бичурин, op. cit., pp.304~305.

까지 머무는 것을 허용하지 않았다. 부랴트 수비대와 몽골 기병들이 국경을 지켰고,[101] 심지어 캬흐타와 마이마첸의 책임자들도 예외 없이 밤에는 자신의 거처에 있어야만 했다.[102] 그러나 이러한 삼엄한 경비에도 불구하고 낮 동안에는 캬흐타와 마이마첸의 관리들과 주민들은 업무처리뿐 아니라 개인 시간을 보내기 위해 자유롭게 오갔고, 격의 없이 어울렸다.

러청 국경은 서로 닫힌 공간이었지만, 캬흐타와 마이마첸을 통해 연결되는 접촉의 공간이기도 했다. 엄격한 감시 체계 속에서도 캬흐타와 마이마첸 간의 이동은 상당히 자유로웠다. 양측 상인들은 자유롭게 서로 넘나들 수 있었고, 상인이 아니어도 허가를 받으면 왕래가 가능했다.[103] 그러나 이러한 왕래는 단지 낮 동안에만 가능했고, 해가 지면 국경의 문은 굳게 닫혔다.[104] 해가 지는 것을 알리기 위해 망루에서 북을 쳤고, 신호용 권총을 쏘았다. 신호가 들리면 양측 주민들은 서둘러 국경을 넘어 자국 영토로 돌아가야 했다. 독일인 에르만은 캬흐타에서 해질 무렵 갑자기 중국 상인들이 서둘러 마이마첸으로 움직이는 모습을 목격했다. 에르만이 다가서자 중국인들은 손으로 마이마첸을 가리키며 '포숄пошёл-어서, 빨리'이라고 외쳤다.[105]

정부 관리 중에서도 하급 관리에 속하는 캬흐타와 마이마첸의 국경 책임자들은 서로 친밀하게 왕래했다. 1805년에 클라프로트는 마이마첸의 국경책임자는 캬흐타 관리들과 서로 왕래한다고 언급했다.[106]

101 В. П. Паршин, op. cit., pp.86~87; Д. Эрман, "Отрывки из дневника······" 14 июня 1832 г.
102 А. Е. Мартынов, op. cit., p.61.
103 В. П. Паршин, op. cit., pp.94~96 참고.
104 Н. Я. Бичурин, op. cit., p.305 참고.
105 Д. Эрман, "Отрывки из дневника······" 14 · 15 июня 1832 г.

1830년대 파르쉰의 기록에서 마이마첸의 국경책임자는 캬흐타 세관담당관директор을 수시로 방문한다고 기록했다. 이들은 업무 차 다녀가기도 했지만, 특별한 일 없이 단순히 놀러 가기도 했다. 이들은 보통 몽골 기병이나 카자크 호위대와 함께 움직였고 몽골어 또는 만주어 통역을 통해 대화를 나누었다.[107] 특히 러시아 차르의 기념일에는 마이마첸의 국경책임자가 캬흐타에 와서 함께 어울렸다. 이때도 어김없이 차르의 건강을 비는 건배사가 진행될 때 중국 측 책임자와 그의 무리들은 존경심을 가지고 자리에서 일어나 러시아 관리 및 주민들과 함께 만세를 외쳤고, 흥이 나서 자신의 잔을 위로 들어 올렸다. 파르쉰은 중국인들이 함께 기뻐하는 모습에 기분이 매우 좋았다고 기술했다.[108]

러시아와 청의 상인들은 무역시즌이면 무역 업무로 캬흐타와 마이마첸을 자주 오갔다. 이들은 매우 진지하게 사업에 임하는 냉정한 사업가들이었다. 특히 중국의 산시 상인들은 단합이 잘 되어, 엄격한 지침에 따라 거래를 수행했다.[109] 그러나 사업은 사업이고 일상에서 러시아 상인과 중국 상인들 간의 우정은 여러 해 동안 끈끈하게 맺어졌다. 1770년대 팔라스의 기록에 따르면 중국인들은 중요한 문제에 있어 캬흐타의 벗에게 협력했다. 특히 캬흐타에는 물이 부족했고, 수질이 좋지 않았다. 그래서 중국 상인들은 호의로 캬흐타의 주민들이 자신들의 샘에서 깨끗한 물을 긷게 했다.[110] 1805년에 마르틔노프는 러시아인들은 중국

---

106 Ю. Г. Клапрот, "Описание Кяхты……", p.132.
107 В. П. Паршин, op. cit., p.85.
108 Ibid., pp.84~85.
109 Е. П. Силин, op. cit., p.113.
110 П. С. Паллас, op. cit., p.151.

인들과 친하게 지내며, 캬흐타 주민과 마이마첸 주민들은 서로 자주 방문한다고 전한다.[111] 1830년대의 기록에 보면 중국 상인들은 무역 업무 없이도 캬흐타에 와서 하루 종일 시간을 보내곤 했다. 중국 상인들은 이 집 저집 다니면서 담배를 피웠고, 러시아인들과 이런저런 얘기를 나누었다. 중국인들은 주인이 바쁘더라도 개의치 않고 허물없이 <u>스스로</u> 알아서 행동했다. 러시아 상인들은 친하게 지내는 산시 상인들을 중국인을 의미하는 '키타이인' 또는 한인을 의미하는 '니칸인' 등으로 부르지 않고, 그냥 일상의 손님 아니면 친한 벗이라 불렀다.[112]

양측의 주민들은 서로의 명절을 공유했다. 그러나 바이칼 남부에서는 역시 몽골의 풍습이 강했다. 특히 몽골 명절이자 동부 시베리아 일대의 주요 명절인 차강 사르Цагаан Cap 때는 캬흐타와 마이마첸 두 도시 모두 축제분위기였다. 차강 사르를 축하하는 3일 간은 캬흐타와 마이마첸 출입이 완전히 자유로웠다.[113] 에르만에 따르면 러시아인들은 단지 명절에만 마이마첸에서 밤을 보낼 수 있었다.[114] 캬흐타 주민들은 마이마첸으로 몰려가 좁은 거리에 인파가 몰렸다. 먼저 명절을 기념하는 축포가 일곱 발 울렸고, 캬흐타의 국경책임자와 세관담당관은 통역을 통해 공식적으로 마이마첸 국경책임자에게 축하인사를 전했다. 러시아 상인들도 친한 중국인 친구들에게 작은 선물을 전하며 명절을 축하했다. 마이마첸의 좁은 거리는 러시아인, 부랴트인, 몽골인, 만주인, 중국인 등으로 가득 찼다. 이들은 함께 거리에서 펼쳐지는 등불 장식, 불꽃놀이,

---

111 А. Е. Мартынов, op. cit., p.62.
112 В. П. Паршин, op. cit., pp.94~95.
113 Ibid., p.87.
114 Д. Эрман, "Отрывки из дневника……" 15 июня 1832 г.

로켓, 화사한 꽃들을 구경했다. 또한 중국악사, 광대 등이 공연을 펼쳤다. 중국인들은 손님들을 즐겨 맞이했고, 마데이라, 샴페인 등을 성가실 정도로 제공했다.[115]

캬흐타와 마이마첸의 다종족 주민들 사이의 소통은 기본적으로 언어적 이해를 필요로 했다. 물론 러청 양측의 고위급 회동은 러시아어, 몽골어, 만주어에 능통한 통역관을 대동한 만남이었다. 예를 들어 이르쿠츠크 지사 트레스킨과 청의 국경책임자 반과 암반, 쉴린그 백작과 몽골 공후는 공적인 회담뿐 아니라, 사적 만찬 등 만남이 있을 때마다 항상 통역을 대동했다.[116] 독일인 과학자 에르만이 참석한 캬흐타 세관담당관과 마이마첸 국경책임자의 만남에서는 각각 러시아어-몽골어 통역관과 만주어-몽골어 통역관을 대동했다.[117] 그러나 국경도시의 일반 주민들은 소통에 필요한 언어 문제를 직접 해결해야 했다. 팔라스에 따르면 18세기 후반 마이마첸의 중국 상인들은 몽골어를 이해했고, 러시아인들은 직접 몽골어를 말하거나 그렇지 못한 경우 통역을 통해 대화했다.[118] 1805년에 러청 국경 지역을 방문한 클라프로트 역시 중국인들이 몽골어를 매우 잘 말했다고 언급한다.[119] 그러나 러시아 상인들과 중국 상인들 간의 무역 거래와 일상의 소통에서 몽골어만으로는 부족했다. 따라서 캬흐타와 마이마첸의 다양한 인종적 배경의 주민들은 공통으로 사용할 접촉언어contact language를 창조해야 했다.

---

115 В. П. Паршин, op. cit., pp.96~100.
116 Н. И. Трескин, op. cit.; Н. Я. Бичурин, op. cit.
117 Д. Эрман, "Отрывки из дневника……" 16 июня 1832 г.
118 П. С. Паллас, op. cit., p.182.
119 Ю. Г. Клапрот, "Описание Кяхты……", p.125.

여행기 또는 회고록 작가들 대부분은 마이마첸의 중국인들이 장사를 하면서 발음이 이상한 러시아어로 얘기했다고 진술한다. 18세기 후반 팔라스는 많은 중국 상인들이 러시아어로 말하나, 발음이 듣기 불편했다고 지적한다. 그리고 이런 결점은 러시아어를 쓰는 타타르, 몽골, 칼미크보다 심하다고 평가했다.[120] 19세기 초 클라프로트도 중국 상인들이 무역 업무를 직접 수행할 만큼 러시아어를 하지만 그들의 발음을 알아듣기가 어렵다고 언급했다.[121] 1820년대 초 팀코프스키는 이러한 중국 상인들보다 만주와 몽골 사람들의 러시아어 발음이 훨씬 낫다고 평가했고,[122] 1830년대 파르쉰은 중국인들의 러시아어는 캬흐타 상인들만 알아듣는 러시아였다고 썼다.[123] 이 언어를 여행가들은 '손상된испорченное',[124] '야만적인'варварский[125] 등으로 평하지만, 이는 문화 혼종의 대표적인 사례로 러시아어에 중국어가 혼종된 피진어였다.

캬흐타 피진어를 사용하는 중국인들의 러시아어 발음은 캬흐타에 처음 온 러시아인이 간신히 이해할 만큼 이상했다. 특히 중국인들은 러시아 자음 PR 발음을 전혀 못했고, 모두 ЛН로 발음했다.[126] 여행기에서 자주 언급되는 문구들 가운데 대표적인 것으로 "loshka"는 "loshad말"를 의미했고,[127] "tuazeti piati moniza"는 "dvadtsat' pyat' monet25코페이카"를

120 П. С. Паллас, op. cit., p.182.
121 Ю. Г. Клапрот, "Описание Кяхты……", p.125.
122 Е. Ф. Тимковский, *Путешествие в Китай через Монголию в 1820 и 1821 годах*, Ч.1, Петербург, 1824, p.66.
123 В. П. Паршин, op. cit., p.94.
124 Е. Ф. Тимковский, *Путешествие в Китай*, p.66.
125 Д. Эрман, "Отрывки из дневника……" 14 июня 1832 г.
126 П. С. Паллас, op. cit., p.182.
127 Е. Ф. Тимковский, *Путешествие в Китай*, p.66.

말했다.[128] 또한 "Kako vasha po-zo-vi?"는 "Kak vas zovut?이름이 뭡니까?"를 의미했다.[129] 그래도 이 정도는 이해할 만한 수준이었고, "E-din lyudn bo-li-she-lė"Odin chelovek prishel−한 사람이 왔다, "Ти-би, ду-ва-л гао-ху-да хо-ди?"U tebya tovary kogda pridut?−당신네 물건들 언제 들어오나? "E-di-ka du-val ya nya-na-du"Etovo tovara ya (mne) ne nadobno−이 물건은 내게 필요 없다 등은[130] 러시아인이라 해도 단번에 알아듣기 힘들었을 듯하다. 필자가 언어학자가 아니기 때문에 캬흐타 피진어에 대한 전문적 분석은 어렵지만, 전반적으로 중국 상인 입장에서 따라 하기 어려운 발음들을 포기해야 했던 것 같고, 러시아어의 무궁무진한 어미변화를 수용하기도 어려웠던 것 같다.

전반적으로 캬흐타와 마이마첸을 통한 교류는 의사소통을 위한 접촉언어를 필요로 했다. 그리고 이는 19세기 전반에 들어서 피진어라 할 만한 형식을 갖추게 되었다. 1820~1821년 팀코프스키는 마이마첸의 산시 상인이 구사하는 러시아어에 대해 처음으로 '캬흐타 러시아−중국어Кяхтинское Российско-китайское наречие'라는 표현을 사용했다.[131] 이는 16세기 말 포르투갈이 마카오를 중심으로 중국 상인들과 접촉하면서, 포르투갈어의 크레올화가 진행되었고, 이후 광저우 지역에서 영국의 영향력이 커지면서 영어−중국어 피진어가 만들어진 것과 유사했다.[132] 캬흐타와 마이마첸의 접경인들은 지속적인 접촉으로 어휘재구화를 통해 접촉언어로서 캬흐타 피진어를 탄생시킨 것이다. 캬흐타 피진어는 대

---

128 Ю. Г. Клапрот, "Описание Кяхты······", p.125.
129 В. П. Паршин, op. cit., p.94.
130 Н. Я. Бичурин, op. cit., p.312.
131 Е. Ф. Тимковский, *Путешествие в Китай*, pp.183~184.
132 팀코프스키는 셀렝가강변에서 만난 인도 승려가 러시아어와 포르투갈를 조금 하는 것을 보고 놀랐다. Е. Ф. Тимковский, *Путешествие в Китай*, p.65.

체로 어휘는 러시아 단어에, 문법은 중국어에 기반을 두었다.[133] 즉 중국인들이 자신들의 문법적 틀에 러시아어 단어를 대입해 얘기하면, 러시아인들이 전반적인 맥락으로 이해하는 구조였다. 물론 여기에 시베리아 원주민의 방언들도 개입하여 일부 어휘들이 포함되었다.

5. 나가며

캬흐타와 마이마첸은 17세기 후반 러청 간의 오랜 충돌이 끝나고 1727년 캬흐타 조약을 기반으로 세워진 국경도시이다. 두 도시 모두 캬흐타 하천변의 무인지대에 남북으로 약 120~200미터의 거리를 두고 나란히 세워져 유사한 자연 조건을 갖고 있었다. 그러나 도시 건설이 진행되면서 두 도시의 외형적 모습은 서로 다른 문화적 조건으로 인해 점차 달라졌다. 캬흐타는 러시아 차르가 통치하고, 러시아 정교회에 속한 공간이었다. 이와 달리 마이마첸은 청의 황제가 다스렸고, 라마교의 영적 영향력이 미치는 공간이었다. 두 도시의 전반적인 평면 구조나 건물 양식, 그리고 사람들의 옷차림, 식생활 등 일상의 모습은 상당히 이질적이어서 상호 소통이 어려워 보이는 대치의 형국이었다. 국경의 감시 역시 삼엄해서 유럽 방문객이 보기에도 물샐틈없이 보였다. 그러나 캬흐타와 마이마첸은 서로 마주보고 있는 접경도시였고, 제국의 긴장이 완화되는 완충지대였으며, 그 안에서 무역을 통해 교류가 이어지고,

---

133 Словари кяхтинского пиджина. Пер. с Китайского, Москва, 2017, pp.47~48.

일상의 다양한 접촉이 발생하는 접촉지대였다.

그러나 캬흐타와 마이마첸의 접촉은 유럽인이 아메리카인과 조우할 때 있었던 권력의 비대칭 관계는 아니었다. 물론 국가 간의 협상을 진행하고, 관청 간의 급을 맞추는 데 있어서 청이 조금 더 많은 주도권을 행사한 것은 분명해 보인다. 그러나 그러한 불균형은 크지 않았고, 큰 틀에서 두 제국은 캬흐타 조약으로 정한 국경선에서 엇비슷한 권력 관계에 있었다. 이러한 국경선을 안정적으로 유지하는 것은 두 제국 모두에게 이익이 되었고, 그러기 위해서는 충돌과 투쟁이 아니라 배려와 이해가 필요했다. 따라서 러청 간 접경 지역에서는 캬흐타와 마이마첸에서 보는 바와 같이 강제적인 개종과 일방적인 영향보다는 상대 문화에 대한 인정과 필요에 의한 문화 수용이 주가 되었다. 이 때문에 캬흐타 조약이 정한 3,200킬로미터에 달하는 러청 국경은 오랫동안 비교적 안정적으로 유지될 수 있었다.[134]

한편 캬흐타와 마이마첸을 통한 청과 러시아의 만남은 러청 접촉지대의 특징을 잘 보여 준다. 먼저 양국 고위층들의 만남은 늘 통역을 대동해 진행되었고, 상당한 격식을 갖춘 모습이다. 그것은 고위층의 말과 행동이 황제의 위신 및 국가의 이익과 직접 관련되었기 때문이었을 것이다. 그러나 캬흐타 조약이 체결되고 100년 가까운 시간이 지났음에도 양국 고위층 간 만남의 자리는 매우 어색할 뿐 아니라 불편해 보이기까지 했다. 이들은 함께 식사를 하고 술을 마시는 자리에서도 마치 이솝

---

134 러시아의 러청 국경 전문가 트카첸코에 의하면 캬흐타 조약은 1911년까지 러청 국경선의 법적 근거로 작용했다. Б. И. Ткаченко, Россия – Китай : восточная граница в документах и фактах, 성종환 역, 『러시아–중국 – 문서와 사실에 나타난 동부국경』, 동북아역사재단, 2010, 32쪽.

동화의 여우와 두루미처럼 편치 않았고, 상호존중은 유지되었으나 상호이해는 어렵게만 보였다. 반면에 접경주민들의 만남은 사뭇 달랐다. 이들의 모습은 자주 오가며, 열심히 일하고, 담소도 나누고, 명절이면 함께 축하하며 즐기는 이웃의 이미지가 가득했다. 이러한 사이에 중국의 차 음료는 이미 공통의 문화로 자리 잡았고, 문법 틀은 중국어, 어휘는 러시아어에서 차용한 캬흐타어가 창조되었다. 이는 전형적인 접경의 접촉언어로 자리 잡았다.

한편 러청 접경지대에서 몽골의 역할이 중요했다. 두 제국 모두 몽골문화에 친숙했고, 러시아의 식민지 바이칼 이남의 시베리아와 청의 점령지 할하몽골 모두 몽골문화가 강한 지역이었다. 몽골은 청과 러시아를 연결하고, 또한 긴장을 완화하는 완충지대의 역할을 톡톡히 했다. 또한 다양한 종족으로 구성된 시베리아인들과 몽골인들은 문화적 측면에서는 결코 수동적 식민지인들이 아니었다. 부랴트 부대와 몽골 기병은 접경의 질서를 유지했고, 몽골어는 캬흐타어와 함께 러청을 연결하는 중요한 접촉언어였다. 또한 몽골의 명절 차강 사르는 접경지대에서 몽골인, 부랴트인, 퉁구스인뿐 아니라 러시아인, 만주인, 중국인을 아우르는 공동의 축제로 자리 잡았다.

캬흐타-마이마첸은 러청 간 국경 지역이었고, 프랫이 말한바 전형적인 접촉지대였다. 캬흐타를 도시 규모나 인구수에서 메트로폴리탄이라 부르기는 어렵지만, 서로 다른 종족들이 잡거하고, 다른 문화가 혼종한다는 점에서 충분히 메트로폴리탄의 기능을 갖고 있었다. 그러나 일종의 '식민지 경계'이기도 한 캬흐타의 혼종은 극단적인 권력의 비대칭구조에서 이루어지지는 않다. 물론 제국 간의 정치적 위계가 전혀 없었다

고 볼 수는 없지만, 접경 주민들은 러시아인이든, 중국인이든, 몽골인이
든 문화적 우월감보다는 일정한 균형감을 가졌고, 이웃처럼 적극적으
로 접촉했다. 그 결과 러청 국경은 경계를 넘어 상호 접촉하는 접경공간
의 특징을 갖게 되었다. 이렇게 해서 등록 인구가 500명 정도에 불과한
캬흐타라는 작은 공간을 통해 어마어마한 물량의 상품이 교환되어 시
베리아 곳곳으로 퍼져갔고, 대찻길the great tea road이라는 유라시아 내륙
의 변경을 잇는 무역로를 탄생시키며, 유라시아 각 지역 간의 교역과 접
촉이 크게 늘어날 수 있었다.

참고문헌

1. 1차 사료

Бантыш-Каменский, Н. Н., *Дипломатическое собрание дел между российским и китай ским государствами с 1619 по 1792 год*, Казань, 1882.

Бичурин, Н. Я., *Ради вечной памяти*, Чебоксары, 1991.

Клапрот, Ю. Г., "Описание Кяхты. (Из путешествий Г. Клапрота)", *Сын отечества*, Ч.33, № 42, 1816.

_____, "Замечания о китайско-русской границе, собранные Юлием Клапрото м во время путешествия по одной в 1806 году", *Северный архив*, Т.6, № 9-12, 1823.

Иркутские епархиальные ведомости. 1863. № 33, 17 афгуста 1863 годв.

Мартынов, А. Е., *Живописное путешествие от Москвы до китайской границы*, Петерб ург, 1819.

Памятники сибирской истории 18 века, Кн.1, 1700~1713, Петербург, 1881.

Паллас, П. С., *Путешествие по разным провинциям Российской империи*, Ч.3-1, Пет ербург, 1788.

Паршин, В. П., *Поездка в Забайкальский край. История города Албазина*, Ч.1-2, Моск ва, 1844.

Полное собрание законов Российской империи, Собрание первое с 1649 г. по 12 декабря 1825 г, Петерубрг, 1830.

Семенов, П., *Географическо-статистический словарь российской империи*, Т.2, Пете рбург, 1865.

Русско-китайские отношения. 1689~1916. Официальные документы, Москва, 1958.

Русско-китайские отношения в XIX веке. Материалы и документы, Москва, 1995.

Тимковский, Е. Ф., *Путешествие в Китай через Монголию в 1820 и 1821 годах*, Ч.1, Пет ербург, 1824.

Трескин, Н. И., "Журнал дружеского свидания Иркутского гражданского губернатора, действительного статского советника Трескина, с китайскими пограничными п равителями, ваном и амбанем с 19-го Февраля по 13 Марта 1810 года", *Чтения в императорском обществе истории и древностей российских при Московсам универстите*, Повременное издание, 1860, генвать-март, Кн.1, Москва, 1860.

Чулков, М. Д., *Историческое описание российской коммерции при всех портах и грани цех от древнейших времен до ныне настоящего и всех преимущественных узак* онений по оной императора Петра Великого и ныне благополучно царствующе й государыни императрицы Екатерины Великия, Т.3, Кн.1, Петербург, 1785.

Эрман, Д., "Отрывки из дневника путешественника по Сибири", *Северная пчела*, 14~18 и 19 июня 1832 г.

Энциклопедический словарь Брокгауза и Ефрона, Т.30, Петербург, 1900.

2. 연구서 및 논문

박민수, 「문화 혼종성의 이론적 고찰 – 호미 바바를 중심으로」, 『인문학논총』 39, 2015.

박지배, 「18세기 후반 예카테리나 정부의 중농사상과 무역정책」, 『역사문화연구』 51, 2014.

_____, 「17세기 중반 러시아의 동북아진출과 '나선정벌'의 의미」, 『역사학보』 240, 2018.

설병수, 「크레올화(Creolization), 그 다층적 맥락 읽기」 『아프리카연구』 27, 2010.

Артемьев, А. Р., "Строительство городов и острогов Забайкалья и Приамурья во второй половине XVII-XVIII веке и типы оборонительных сооружний", *Отечественн ая история* 5, Москва, 1998.

Доржиева, Т. С., "Чайный путь на территории Бурятии : история и топонимия", *Вестни к Бурятского государственного университета* 10, 2009.

Единархова, Н. Е., "Кяхтинская торговля в 40-60-е гг. XIX в. и ее влияние на экономичес кое развитие России, Монголии и Китая : по русским архивным и опубликован ным источникам", Диссер. канд. ист. наук, Москва, 1978.

_____, "О чае и чайной торговле", *Земля Иркутская* 5, 1996.

Кожухарь, А. И., "Влияние российской чайной торговли с Китаем и Монголией на повс едневность населения Восточной Сибири во второй половине XIX века", Диссе р. канд. ист. наук, Иркутск, 2015.

Курц, Б., *Государственная монополия в торговле с Китаем*, Киев, 1929.

Мясников, В. С., *Договорными статьями утвердили. Дипломатическая история русск о-китайской границы XVII-XX вв.*, Хабаровск, 1997.

Намсараева, С. Б., "Миграции во Внутренней Азии цинского периода : диаспоры Канта ктной зоны Кяхта-Маймачен", *Вестник Бурятского государственного универс итета. Гуманитаные исследования Внутренней Азии* 1, 2013.

Носков, И. А. Кяхта., *О кяхтинской торговле чаем*, Иркутск, 1861.

Петров, А. И., "Китайцы в Кяхте", *Вестник Дальневосточного отделения Российской академии наук* 1, 2009.

Попова, И. Ф., "Торговля России и Китая через Кяхту и Маймайчен", *Mongolica-XI. Сбо* рник научных статей по монголоведению. Посвящается 130-летию со дня рож

дения А. В. Бурдукова(1883~1943), Петербург, 2003.

Силин, Е. П., *Кяхта в XVIII веке. Из истории русско-китайской торговли*, Иркутск,

1947.

Словари кяхтинского пиджина. Пер. с Китайского, Москва, 2017.

Соколов, И. А., *Чай и чайная торговля в России : 1790~1919 гг.*, Москва, 2012.

Субботин, А. П., *Чай и чайная торговля в России и других государствах*, Петербург,

1892.

Ткаченко, Б. И., *Россия - Китай : восточная граница в документах и фактах*; 성종환

역, 『러시아-중국-문서와 사실에 나타난 동부국경』, 동북아역사재단, 2010.

Трусевич, Х., *Посольские торговые сношения России с Китаем до XIX века*, Москва,

1882.

Фильшин, Н. Г., "Кяхта и северный маршрут Великого чайного пути", *Вестник Бурятс*

кого государственного университета 2, 2017.

Хохлов, А. Н., "Кяхтинская торговля и ее место в политике России и Китая (20-е годы

XVIII в. - 50-е годы XIX в)", *Документы опровергают. Против фальсификации*

истории русско-китайских отношений, Москва, 1982.

Abu-Lughod, Janet L., *Before European Hegemony : The World System A.D. 1250~1350*; 박흥식,

이은정 역, 『유럽패권이전 13세기 세계체제』, 까치, 2006.

Barfield, Thomas J., *The Perilous Frontier : Nomadic Empires and China*; 윤영인 역, 『위태로운

변경. 기원전 221년에서 기원후 1757년까지의 유목제국과 중원』, 동북아역사재단,

2009.

Braudel, Fernand, *Civilisation matérielle, économie et capitalisme, XVe-XVIIIe siècle*; 주경철 역,

『물질문명과 자본주의』 1-2. 일상생활의 구조 下, 까치, 1995.

Burke, Peter, *Cultural Hybridity*; 강상우 역, 『문화 혼종성』, 이음, 2012.

Godfrey, Brian J., "Reviewed Work : Imperial eyes : Travel Writing and Transcultu

ration. by Mary Louise Pratt", *Annals of the Association of American Geographers* 83(3),

1993.

Lorimer, Douglas A., "Reviewed Work : Imperial Eyes : Travel Writing and Trans

culturation by Mary Louise Pratt", *Journal of Modern History* 68(2), 1996.

Perdue, Peter C., *China Marches West : the Qing Conquest of Central Eurasia*; 공원국 역, 『중국의

서진. 청의 중앙유라시아 정복사』, 길, 2014.

Pratt, Mary Louise, "Arts of Contact Zone", *Profession* 91, 1991.

_____, *Imperial Eyes : Travel Writing and Transculturation*; 김남혁 역, 『제국의 시

선 - 여행기와 문화횡단』, 현실문화, 2015.

Sara Mills, "Review of Imperial Eyes : Travel Writing and Transculturation by Mary Louise Pratt", *Journal of Historical Geography*, 20(4), 1994.

Spence, Jonathan D., *The Search for Modern China*; 김희교 역, 『현대 중국을 찾아서』 1, 이산, 1998.

Twitchett, Denis · Fairbank John K. ed., *Cambridge History of China* 9, Cambridge, 2008.

제3장

공간
접경 지역의 삶

접경 속의 접경

전후戰後 대만臺灣의 권촌眷村 형성과 관리

손준식

1. 들어가며

'접경 공간contact zone'이란 "다양한 문화와 가치가 조우하고 교류하여 서로 융합하고 공존하는 장場"으로 국경이나 변경 같은 '외적 접경'과 한 사회 내에 존재하는 다양한 정체성의 교차지대인 '내적 접경'을 아우르는 개념이다.[1] 중국대륙과 태평양이 만나는 지점에 위치한 대만은 오스트로네시아어족[南島語族]의 발원지이자 한족漢族의 개척이민지로서 오랜 충돌과 융합 과정을 거쳐 현재 함께 살아가고 있는 공간일 뿐 아니라 역사적으로 네덜란드와 스페인, 한족漢族와 일본 및 대륙에서 온 외성인外省人의 지배를 받았다는 점에서 일종의 '외적 접경'이라 볼 수 있다. 이 글의 주제인 권촌은 제2차 세계대전 종전 이후 중국국민당정부가 대만을 접수하면서 새롭게 형성된 외성인 집단거주지로 한동안 외부와

---

1   중앙대·한국외대HK+〈접경인문학〉연구단(2019), 3~8쪽.

격리된 채 독립적인 공간으로 존재했던 '내적 접경'이었다.

'권'과 '촌'의 합성어인 권촌은 원래 각종 직업에 종사하는 직원들의 가족이 모여 사는 장소를 의미하지만, 현재 대만에서 권촌은 사전적으로 "관병官兵의 가족[眷屬]이 집중 거주하는 공동체[社區]", 즉 '군권촌軍眷村'으로 해석되고 있다教育部國語辭典簡編本檢索系統. 즉 권촌은 특수한 시공간을 배경으로 주로 대륙에서 대만으로 건너온 국민당군과 그 가족을 안치하기 위해 형성된 취락 모델이었다.[2] 현재 대만의 권촌은 문화보존구역으로 지정된 13곳을 제외하고 이미 모두 철거되어 역사의 뒤안길로 사라지고 말았지만, 지난 수십 년 동안 대만사회의 일부로 독특한 주거형태와 공동체의식에 따른 특유의 정치적 역할을 수행하고 그들만의 문화를 남겼다는 점에서 연구할 가치가 있는 주제이다.

권촌에 대한 정의와 범위는 연구자에 따라 차이가 있다. 중화민국 국방부에서 펴낸『국군권촌발전사國軍眷村發展史』에서는 권촌을 "군대의 사기를 안정시키고 그 가족을 보살피기 위해 지은 집단 취락"으로 정의하면서, 그 범위를 "공금으로 지은 소유권이 국가에 있는"[3] 1980년 이전에 완공된 군인가족 주택으로 ① 정부가 지어 분배한 주택, ② 중화부녀반공연합회中華婦女反共聯合會 이하 부련회(婦聯會)로 약칭함[4]가 기부금으로 지은 주택, ③ 정부가 토지를 제공하고 眷戶가 자비로 지은 주택, ④ 기타 주관 기관의 인정을 받은 주택 중 하나 이상 부합하는 경우로 한정하고 있다.[5] 반

2　李佩霖(2019), p.9
3　'국군재대군권업무처리판법(國軍在臺軍眷業務處理辦法)' 13조.
4　성립 당시의 명칭은 중화부녀반공항아연합회(中華婦女反共抗俄聯合會)로 1964년 중화부녀반공연합회, 1996년 중화민국부녀연합회로 개명했다. 1950년 장개석(蔣介石)의 부인 송미령(宋美齡)이 대만으로 철수한 군인가족을 돌볼 목적에서 만든 단체로 간부 대부분이 국민당군의 고급장교 부인들이었다.

면 이광균李廣均은 권촌을 1949년 전후 "중국대륙에서 대만으로 건너온 1
세대 군인 및 그 가족이 주로 모여 사는 취락"으로 정의하면서, 각급 정
부기관이 발급한 권사眷舍거주증명 내지 공문서를 갖고 있는 가구의 집단
거주지인 '열관列管권촌' 외에 퇴역하거나 미혼 내지 만혼으로 인해 권사
를 분배받지 못한 군인과 그 가족들이 자발적으로 모여 취락을 이룬 '자
력自力권촌'도 권촌의 범위에 포함시키고 있다.[6] 다만 '자력권촌'은 관련
자료가 매우 부족하여 실태 파악이 어렵기 때문에 이 글에서는 군 당국
에 의해 관리되는 '열관권촌'에 한해 그 실태를 파악해 보고자 한다.

　권촌에 대한 관심은 1977년 권촌을 소재로 한 소설 『금생연今生緣』에
서 비롯되어 1980년대 권촌 재건축 문제가 대두되면서 문학, 역사학,
인류학, 정치학, 사회학, 건축학 등 다방면에서 연구가 시작되었다. 이
후 2000년대 들어 재건축이 전면 실시되면서 도시개발과 문화보존 영
역으로 확장되어 지금까지 많은 현지조사와 인터뷰 및 정책연구가 진
행되고 있다.[7] 그 대상은 개별 또는 지역별 권촌 공간,[8] 권촌 여성,[9] 권
촌 문학,[10] 권촌 문화,[11] 신분 정체성[12] 등으로 다양하고 관련 회고록[13]

5　'국군로구권촌개건조례(國軍老舊眷村改建條例)' 제3조, 郭冠麟 主編(2005), pp.1~2.
6　李廣均(2015), pp.133~135.
7　대부분 석사논문으로 수백 편에 달해 일일이 열거하기 어려워 단행본과 학술논문 위
　　주로 간략히 소개하고 권촌 재건축과 보존 관련 논문도 생략하겠다.
8　李政青(2016); 郭堯山(2016); 林樹等(1997); 何思瞇(2001); 桃園縣政府文化局
　　(2009); 李小月, 陳維鸚(2019).
9　趙剛, 侯念祖(1995); 廖雲章(2006); 黃秀端 主編(2020).
10　吳忻怡(1995); 莊蕙綺(2000); 趙慶華(2007); 馮品佳(2012).
11　黃昭璘(2001); 李廣均(2016); 掌慶琳等(2018).
12　胡台麗(1990); 高格孚(2004); 張茂桂 主編(2010).
13　行政院國軍退除役官兵輔導委員會(2006); 劉治萍, 繆正西(2014); 駱雄華(2014);
　　曾明財(2016).

과 방문기록[14]도 많이 나와 있지만, 아직 전체 권촌에 대한 종합적인 연구 성과는 나오고 있지 않다.[15] 특히 권촌이 특수한 시대배경하에 일정 기간 존속하다 소멸된 존재이기에 대만학계를 제외하고는 거의 주목을 받지 못했고,[16] 중국 대륙에서 나온 일부 성과주로 학위논문가 있지만[17] 그 수준이 높지 않고 나머지는 단편적인 짧은 소개 글이 대부분이다.[18]

이에 이 글에서는 선행연구와 각종 조사자료 및 회고록 등을 바탕으로 접경의 관점에서 권촌의 형성과 변천과정 및 그 관리와 규모에 대해 먼저 종합 정리해 보고자 한다. 이는 권촌 주민의 일상생활과 공동체의식 및 문화적 특징을 통해 대만사회에서 권촌이 갖는 의미와 역할 및 영향을 평가하기 위한 사전작업이 될 것이다. '내적 접경'인 권촌 공간의 사례분석을 통해 접경연구의 외연을 넓히고 이론 구축의 방향을 제공할 수 있길 기대해 본다.

---

14 夏夏等(2016).
15 권촌 연구의 필독서로 꼽히는 『국군권촌발전사(國軍眷村發展史)』도 권촌의 연혁과 관리에 관한 서술은 전체 분량의 1/10(49쪽)에 불과하고 방문인터뷰가 절반 이상인 267쪽에 달한다. 또 국방부에서 출판한 병종별 『권련(眷戀)』 시리즈(참고문헌 참조)도 권촌의 역사에 대해서는 각권(350쪽 이상) 앞에 10쪽 이내의 간단한 소개만 하고 있을 뿐이다. 李廣均 등이 쓴 『권촌적공간여기억(眷村的空間與記憶)』(2015)이 나름 종합연구에 가깝지만 이 역시 권촌 문화 보존에 초점이 맞추어져 있다.
16 국내에는 관련 연구가 전무하고 일본에서는 권촌 문학 4편, 도시개발 1편, 권촌 문화 3종이 나와 있다(참고문헌 참조).
17 李孟舜(2008); 路培(2013); 劉鑫(2017).
18 중국인민대학출판사에서 나온 『보도권촌(寶島眷村) - 일군임시적과객영원적가(一群臨時的過客永遠的家)』(2010)는 편자인 장장(張嬙)을 비롯하여 필자 모두 대만인들이다.

2. 권촌의 형성과 유형

1) 외성인의 유입과 권촌 형성

국공내전에서 패퇴를 거듭한 국민당정부는 전열을 정비하고 반격의 거점을 마련하기 위해 대만으로의 철수를 단행했다. 하지만 대만으로 오기 위해서는 항공기와 선박을 이용해야 했고 전쟁이 날로 격화됨에 따라 일반인이 표를 구하는 것은 하늘의 별 따기였다. 이로 인해 대만에 올 수 있었던 사람은 국민당정부와 관계가 있거나 여러 정부기관 또는 군대와 함께 따라온 가족이었다.[19] 그 결과 철수 인원의 대부분은 군인, 공무원국영기업 직원 포함, 교사 및 그들의 가족이 차지했고 특히 군인과 그 가족이 다수를 점하였다. 군대 중에서는 우선 무기와 탄약, 보급품 및 공장 설비 등이 공산군 손에 들어가는 것을 막기 위해 병참부대를 1948년부터 가족과 함께 대만으로 철수시켰고, 공군도 비행기를 비롯한 장비와 함께 다른 병종에 비해 빨리 건너왔기에 접수한 토지도 가장 많았다.[20] 해군가족의 경우 국민당정부가 일괄 이송함에 따라 해군부대보다도 먼저 대만에 도착하기도 했다. 이에 비해 육군가족은 인원수는 많지만 대만에 온 시간은 비교적 늦은 편이었다. 그리고 군인가족 대부분은 장교 이상의 식구였으며 공군의 가족동반 비율이 높았다.[21]

---

19 당시 외성인이 대만에 온 경로와 교통수단 및 비용 등에 대해서는 林桶法(2009), pp.260~278을 참조.

20 예컨대 항주(杭州)공군사관학교는 1948년 대만으로 철수하여 고웅(高雄) 강산(岡山)에 학교를 다시 세우고 운림(雲林) 호미(虎尾)에 있던 일본군 공군기지에서 초급반을 훈련시켰다. 공군이 일본군으로부터 접수한 토지는 2만7천 여필(筆)에 총면적 1만1천 여갑(甲)(1갑은 2,934평)에 달했다고 한다(李政靑(2016), pp.22~24·40).

1945년 이후 대만으로 유입된 외성인의 수가 얼마나 되는지는 정확히 알 수 없다. 왜냐하면 1969년 이전 호적戸籍과 병적兵籍, 그 인수(人數)는 기밀임이 분리되어 있는 데다 고위 장교의 경우 호적을 가진 자도 적지 않았기 때문이다.[22] 학자에 따라 100만 명 이상군인 포함, 125만 명호적 없는 외성인 군인 50만 명 포함, 112만 명외성인 현역군인 43만 명 포함,[23] 외성인 군인만 약 60만 명[24] 등 차이가 있다. 1956년 9월의 호구조사에 의하면 대만 거주 외성인은 923,279명이고, 1945년 이후 대륙에서 온 외성인의 누계는 640,072명[25]으로 나온다. 후자는 이미 외성호적을 갖고 있거나 대만 밖에서 출생한 사람만을 대상으로 한 것이고 외성인에게 시집와 호적을 외성으로 바꾼 본성인과 현역군인을 포함하지 않은 수치이다.[26] 여기에다 국민당군 60만 명을 더하면 대만에 온 전체 외성인의 수는 120만 명이 훌쩍 넘지만, 이미 호적을 갖고 있던 장교53,665명 및 1956년 이전에 퇴역해 호적을 갖게 된 군인[27]과 사망한 사람을 가감하면 110~120만 명 사이로 추

---

21 何思瞇(2001), pp.15~16·19.

22 葉高華(2018), p.15.

23 李棟明(1969), p.245. 그 외 통계 기간과 군인 포함유무에 따라 54만 명, 70여만 명, 100만 명, 110만 명, 130만 명, 150만 명, 150~200만 명, 200만 명, 250만 명 등 다양한 견해가 있다(林桶法(2009), pp.324~325).

24 대만으로 철수한 국민당군의 수도 40여만 명, 50만 명, 60만 명, 80만 명, 100만 명 등 여러 설이 있으나 1945~1949년 사이에 온 약 50만 명과 그 후 주산군도(舟山群島), 해남도(海南島), 부국도(富國島) 등지에서 철수한 부대를 합해서 소위 '60만 대군(大軍)'으로 보는 것이 일반적이다(林桶法(2009), pp.334~336).

25 그중 1948년 98,580명, 1949년 303,707명, 1950년 81,087명, 1951년 13,564명으로 전체의 약 78%를 점한다.

26 李棟明(1970), p.63; 李棟明(1969), pp.238~240. 그렇다면 전자에서 후자를 뺀 약 28만 명은 이미 호적을 가진 장교와 대만에 온 이후 퇴역하거나 결혼해 호적을 만든 군인 및 그 가족으로 추정된다. 여기에 1956년 조사 때 호적 없던 외성인 군인 약 27만 명과 당시 금문도(金門島)와 마조도(馬祖島) 등에 주둔하던 병력 약 5만 명(林桶法(2009), p.335)을 합하면 대략 60만 명이란 숫자에 근접한다.

정된다.[28] 한편 1949~1951년 사이 대만에 온 군인가족을 15만 명 정도로 가정한다면,[29] 같은 기간 유입된 전체 외성인 인구의 약 38%를 차지한다.

이들 외성인의 출신지를 보면 중국의 모든 성省과 시市를 포함하고 있는데, 복건성15.35%, 절강성12.37%, 강소성10.32%, 광동성9.97%, 산동성9.70% 등 연해 지역이 압도적으로 많다.[30] 이는 이들 지역이 대만과 가깝기도 했지만 대만에 오기 위해서는 대부분 항구에서 배를 타야 했기 때문이었다.[31] 『대만성호적통계요람臺灣省戶籍統計要覽』에 따르면 대만의 총인구는 1956년 약 940만 명에서 1966년 1,260만여 명, 외성인은 94만여 명총인구의 10.1%에서 172만여 명13.3%으로 증가하고 있다. 즉 외성인인구의 연평균 증가율은 8.3‰에 달해 총인구 증가율 3.4‰를 훨씬 능가하지만, 1956년 통계에 잡히지 않았던 호적 없는 군인약27만명이 결혼하거나[32] 퇴역하면서 1966년에는 일반 호적에 편입되고 외성인 군인에게 시집온 본성인 아내남편의 본적을 따름와 그들 사이에서 태어난 자녀가 더해진 수치임을 감안해야 한다.[33]

---

27 1952년 군대개편 과정에서 약 6만 명의 장교와 12,000명의 사병이 군을 떠났고 1955년 33,000명을 시작으로 1970년까지 총 206,000여 명이 퇴역했다고 한다(若林正丈著(2014), p.126).

28 葉高華(2018), p.16.

29 郭冠麟 主編(2005) : 編者序言.

30 이 5개 성에 위치한 상해, 남경, 청도, 광주와 해남도에서 온 사람을 포함시키면 총 57만 명으로 전체 외성인 수 92만여 명의 62%에 해당한다.

31 李棟明(1970), pp.62~65.

32 1952년 공포된 '감란기간육해공군군인혼인조례(戡亂期間陸海空軍軍人婚姻條例)'의 규정에 따라 장교와 기술직 부사관은 만 28세가 되어야 결혼할 수 있었는데, 1959년에 만 25세로 낮추어졌고 현역 사병들도 3년을 복무하면 결혼할 수 있게 되었다. '금혼령(禁婚令)'이라 불리던 이 제한은 2005년에야 정식 폐지되었다(李政靑(2016), p.39).

한편 1956년 통계에 의하면 이들 외성인의 성비는 호적 없는 군인을 포함시킬 경우 남자 3명에 여자 1명꼴이었고 연령별로는 10세 이하대부분 대만에서출생를 제외하고는 25~50세 사이의 남성이 높은 비중을 차지하였다. 직업 분포를 보면 국방과 공무[34] 및 교통운수 등 3차 산업에 종사하는 사람의 비중이 가장 높았고 상공업이 그 다음이었으며 농업은 거의 없었다. 이런 이유로 1955년 전체 외성인의 2/3가 도시에 거주하였고 특히 대북시와 고웅시에 집중되어 있었다. 1965년 대북시 거주 외성인은 43만 명으로 전체 외성인의 25%, 대북시 인구의 39%를 점하였고 그중 대안구大安區는 전체 인구의 2/3가 외성인이었다.[35]

이처럼 단기간에 대거 밀려들어온 외성인군인 가족의 주거문제를 해결하기 위해[36] 당초 국민당정부는 일본이 남겨놓은 숙사 등을 접수하여 임시로 살게 했으나 그 수가 턱없이 부족했다.[37] 당시 군인의 급여는 매우 낮았고 급히 철수함으로 인해 갖고 온 재산도 거의 없어서 집을 임대할 능력이 없었다. 이에 정부는 군부대 부근이나 도시 또는 향촌 외곽 지역에 잇달아 간이건물을 지어 이들을 수용하도록 함으로써 권촌이

---

33 李棟明(1969), pp.223~224; 李棟明(1970), p.66.

34 『대만성통계년보(臺灣省統計年報)』에 따르면 1946년 대만의 공무원 중 외성인 비율은 12.3%에서 1949년 33.3%, 1951년 39.1%로 증가하고 있다(林桶法(2018), pp.6~7).

35 李棟明(1970), pp.66~86. 1990년 인구조사에 따르면 대북시와 대북현 및 기륭시가 포함된 대대북(大臺北) 지역의 외성인 인구가 대만 전체의 49.5%에 달했는데, 이는 특히 외성인 2세대의 유입 때문인 것으로 보고 있다(李廣均 外(2015), p.39).

36 오탁류(吳濁流)는 당시의 상황을 홍수처럼 밀려들어온 난민들이 일본인 묘지의 빈터에까지 집을 짓자 대북시정부에서 철도길 양측에 목조건물을 지어 이들을 수용했다고 묘사하였다(吳濁流著(1987), p.185).

37 대만에 먼저 온 공군이 일본인 주택을 비교적 많이 차지했고 해군은 고웅시(高雄市) 좌영(左營)지구에서 일부 일본인 주택을 접수하였으며 늦게 온 육군에 배정된 것은 상대적으로 적었다고 한다(何思眯(2001), p.20).

형성되기 시작했다. 그중에는 병종兵種별로 분배된 군권촌 외에 정보기관과 경찰 및 정부 각 부문에 속한 숙사도 있었지만 군권촌의 수와 규모가 매우 큰 비중을 차지했다.

주거문제 해결이라는 현실적 필요 외에 권촌을 건설하게 된 이유로 다음 몇 가지가 지적되고 있다. 먼저 국공내전의 패배와 미국정부의 지원 중단으로 엄중한 통치위기에 직면한 국민당정부가 내부적으로 군인들의 지지를 얻고 군심軍心을 안정시키기 위해 통치 정당화 과정의 자원 분배 차원에서 권촌을 대규모로 건설했다고 보는 관점이다.[38] 둘째, 1950년대 국민당정부의 중요한 통치역량이었던 군인(과 그의 가족)들이 충성과 전력戰力을 제공하는 대가로 정부로부터 권사眷舍와 생활물자를 제공받았다는 상호 공생관계로 보는 관점이다.[39] 셋째, 권촌 주민과 국민당정부 간의 이익 교환이자 국가에 대한 아이덴티티 재생산 과정으로 보는 관점이다.[40] 넷째, 대만에 모범문화를 만들고자 하는 국민당정부의 의도 하에 권촌을 세워 그 역할을 하게 함으로써 그 특정한 사회적 임무를 달성하기 위한 것이라는 관점이다.[41] 특정한 사회적 임무란 권촌이 당시 모든 정책의 최우선이었던 반공대륙의 선전 기점起點과 모범이 됨으로써 교화의 흔적과 국민당정부에 대한 지지와 복종의 태도를 보여주는 이념적 견본이 되는 것이었다.[42]

---

38 羅於陵(1991), p.1345.
39 尙道明(1995), pp.7~8.
40 劉益誠(1997), pp.20~21.
41 羅於陵(1991), pp.109~110.
42 吳忻怡(1996), pp.28~32.

2) 권촌 건설과정과 유형

권촌의 기원은 멀리 1930년대 대륙에서 국민당군의 공산군 포위공격 때까지 거슬러 올라갈 수 있지만, 군인가족에 대한 명확한 정책과 명칭이 출현한 것은 국민당정부의 대만 이전 이후의 일이었다. 대륙에서 철수한 국민당군은 대만 각지의 군사요충지에 진주하였는데, 군인들은 병영에서 생활할 수 있었지만[43] 당장 그 가족들을 수용할 장소가 거의 없었다. 때문에 일본이 남겨놓은 건물에 입주한 일부를 제외하고는 대부분 여관, 학교, 사묘寺廟, 농가, 방공호 심지어 외양간이나 급수탑 등에서 일시 머무르거나 스스로 집을 지어 거주할 수밖에 없었다. 이에 국방부는 '권사眷舍 긴급건설특별비'를 지급하여 각 병종별로 권사를 짓도록 했으나 그 수요를 충족시킬 수 없었다. 이후 연근총사령부聯勤總司令部가 '국군재대군권업무처리판법國軍在臺軍眷業務處理辦法'후술에 의거해 "집중 관리, 집중 거주"의 원칙에 따라 군인가족을 관리하게 됨으로써 각 부대는 공병工兵을 동원해 주둔지 부근이나 도시 외곽에 간단한 건축자재로 병영처럼 생긴 연동형 목조 가옥을 지어 부대원 가족이 생활할 수 있게 했다. 또 일부는 군으로부터 약간의 보조금을 받아 부대 인근의 빈터에 임시 거주시설을 짓기도 하였다. 그리하여 군 주둔지나 군사거점 사방에 권촌이 군집하면서 부대와 밀접한 관계를 유지하게 되었고 이를 통해 전쟁 발발 시 긴급동원에 대처할 수 있도록 하였다. 또 각 병종에서는 군인가족 조직을 편성하고 조장을 뽑아 관리훈련을 받고 생산 작업의 의무를 이행하도록 했다. 그중 군인유족이나 무의탁 군인가족[44]은 '군권관리소軍眷管理所'

43　대만 철수 초기 병영을 마련하지 못한 부대는 임시로 학교 등지를 빌리거나 초옥(草屋)을 지어 주둔하기도 했다(李桂芬(2010), p.84).

에서 일괄 관리하게 함으로써 "군인가족이 집단 거주"하는 촌락이 형성되고 권촌이란 명칭이 정부문서에 정식으로 등장하게 된다.[45]

권촌의 시기구분에 대해서는 학자마다 견해가 다르지만,[46] 1980년 이전에 세워진 노후 권촌을 중심으로 그 변천과정과 유형을 살펴보면 다음과 같다.

(1) 초기 권촌시기(일명 죽리피竹籬笆권촌시기[47] – 1945~1956년)

먼저 중일전쟁 승리 후 대만을 접수하러 온 국민당군과 그 가족이 일본이 남겨놓은 관사 등을 넘겨받아 수리해 사용한 경우로 경찰대학 관사였던 신죽新竹의 동광신촌東光新村, 1946년과 일본육군 관사였던 고웅高雄의 성정신촌誠正新村, 1947년 등을 들 수 있다. 이들은 목조로 된 단층 건물에 거실과 서재, 주방과 욕실 등을 갖추고 있을 뿐 아니라 집 앞뒤로 정원을 갖고 있었다. 당초 관사를 분배할 때 일부 고위 장교에게 1가구 1주택을 배정한 외에 대부분 단독 건물을 2~3가구가 함께 살도록 나눔으로써 더 많은 사람을 수용하도록 했다. 그럼에도 집 앞뒤 공간을 이용해 증축할 수 있었기 때문에 다른 권촌에 비해 거주의 품질이 좋은 편이

44　공군 가운데 가족을 대만에 이주시킨 뒤 대만과 대륙 사이를 비행하다 대륙의 비행장이 점령되어 나오지 못한 경우 대만에 남아 있던 가족은 무의탁 군인가족이 되었다(李政靑(2016), p.27).

45　郭冠麟 主編(2005), pp.2~4; 何思瞇(2001), pp.20~21; 李政靑(2016), pp.26~31; 羅於陵(1991), p.19.

46　곽관린(郭冠麟)은 노권촌(老眷村)(1945~1956년), 신권촌(新眷村)(1957~1980년), 구제권촌개건(舊制眷村改建)(1980~1997년), 신제권촌개건(新制眷村改建)(1997~현재)시기로 나누고 있는데(郭冠麟 主編(2005), pp.5~27) 반해, 하사미(何思瞇)는 조기(早期)(또는 老舊) 권촌(1956~1970년)과 신일대(新一代) 권촌(1971년 이후)으로 나누고 있다(何思瞇(2001), pp.21~23).

47　李廣均 外(2015), p.44.

었다郭冠麟 主編, 2005 : 5-6; 何思眯, 2001 : 21. 이들 주택 앞에는 가로수가 심겨져 있는 넓은 도로가 있고 대부분 독립된 청사와 구락부, 차고 또는 주차장 등 공용 공간을 갖추고 있었다.[48]

다음으로 1949년 전후 철수한 군대와 그 가족들이 소속 병종 총사령부의 특별예산으로 부대 인근에 지은 가옥과 일본이 남긴 공장, 창고, 기지 등지에 비바람을 피해 살 수 있게 간단하게 개조한 거주공간이다. 대북시의 사사남촌四四南村은 후자의 대표적 사례로 1948년 말 대만에 온 사사병공창四四兵工廠 소속 군인과 그 가족들이 일본군 창고가 있던 땅에 "대나무 서까래와 흙 기와로 지붕을 덮고 대나무 줄기와 진흙으로 벽을 만든" 국민당군이 대만에서 세운 최초의 권촌이었다. 이 유형에는 국방부가 변경에서 철수한 부대를 위해 지은 권촌[49]과 1960년대에 집 없는 군인들이 자체적으로 '국민주택위원회國民住宅委員會'를 조직하여 지은 권촌[50]도 있었다. 그 외에 공공건물이나 사당 혹은 학교관사에 무단 거주하는 군인가족도 있었고 빈터에 임시가옥을 지어 살다가 점차 고정된 취락을 형성한 소위 '산호권촌散戶眷村'도 있으나, 정부에서 금지하거나 허가하지 않은 위법 행위이고 정식 권촌이 아니므로[51] 이 글에서는 다루지 않기로 한다.

---

48 Ibid., p.45.
49 예컨대 미얀마와 라오스 국경에서 유격활동을 하다 1953~1954년 대만으로 철수한 운남반공구국군(雲南反共救國軍)을 안치하기 위해 남투현에 박망신촌(博望新村), 수정신촌(壽亭新村), 정원신촌(定遠新村) 등을 세우고 자력갱생할 수 있도록 농지를 나누어 주었다(彭大年 主編(2008), pp.12~13).
50 군사정보국(軍事情報局) 소속의 회덕신촌(懷德新村)과 회인신촌(懷仁新村)이 이에 해당한다(孫建中(2007), p.12).
51 郭冠麟 主編(2005), pp.6~7; 黃世祝(2004), pp.18~19; 何思眯(2001), p.21.

(2) 후기 권촌시기(일명 신권촌운동시기[52] - 1957~1980년)

대만 철수 후 고립무원의 상황에서 중공의 해방전쟁 위협 앞에 풍전
등화의 위기에 처해있던 국민당정부는 한국전쟁 발발 직후 미국의 '대
만해협 중립화' 선언과 군사고문단 파견 그리고 뒤이은 '중미공동방위
조약'1954년 체결로 생존과 안전을 보장받게 된다. 게다가 미국의 원조[53]
로 생산 부진, 민생물자 결핍, 외환 부족, 방대한 국방비 지출, 재정 적자,
지속적인 물가상승 등으로 곤경에 처한 경제도 점차 안정을 찾게 되었
다.[54] 한편 철수 초기 장개석[蔣介石]이 내걸었던 "일년준비一年準備, 량년반
공兩年反攻, 삼년소탕三年掃蕩, 오년성공五年成功"이란 약속은 시간이 지나면서
실현 불가능한[55] 헛된 구호로 변하고 말았다. 이러한 상황하에 부련회
주임위원인 송미령은 1956년 5월 민간 기부금으로 주택을 지어 군인가
족에게 분배하는 방식의 권촌 건설구상을 제시하게 된다. 이에 국방부는
'군권주택주건위원회軍眷住宅籌建委員會'를 조직하고 심계부審計部, 중국국민
당중앙당부, 대만성정부와 함께 '권댁독공소조眷宅督工小組'를 구성하여 보
름마다 회의를 개최하였다. 송미령이 직접 진행상황을 점검하는 가운데
1956년 말 총 신대페新臺幣 6천만 원이 모금되어 1957년 4월 4,000호[棟]
의 권사가 최초로 완공되어 국방부에 기증되었다.[56] 이후 1967년까지

52　李廣均 外(2015), p.44.
53　1950년대 초부터 1967년까지 받은 군사원조는 총 24억 달러이고 경제원조는 1965
　　년까지 15년간 매년 평균 약 1억 달러에 달했다.
54　손준식(2015), pp.83~84.
55　한국전쟁을 틈타 반공대륙 하려던 시도는 대만해협 중립화로 좌절되었고 '중미공동
　　방위조약' 체결로 사실상 원천 봉쇄되고 만다.
56　이들 권사는 총 13개 권촌으로 구성되었는데, 2,100호는 육군총사령부, 300호는 해
　　군총사령부, 400호는 공군총사령부, 1,000호는 연근(聯勤)총사령부, 100호는 국방
　　부, 100호는 정공간교(政工幹校)(정치작전학교(政治作戰學校)의 전신)에 각각 분배

총 10회에 걸쳐 대만성 11개 縣市에 38,120호[57]의 주택이 건설되어 각 군에 분배되었다. 그 외 부련회는 1975년부터 1992년까지 총 8회에 걸쳐 철골콘크리트로 된 4~5층짜리 아파트 총 13,440호를 지어 각 군의 직무관사職務官舍로 무료 제공하기도 했는데, 엄밀한 의미에서 이 글에서 다루고자 하는 권촌으로 볼 수 없기에 포함시키지 않았다.[58]

이러한 권촌 건설비용은 부련회가 당시 '로군연勞軍捐'으로 불렸던 공상계연관工商界捐款, 외빈연관外賓捐款, 공업외회부권연관工業外匯附勸捐款 영극표부권연관影劇票附勸捐款, 성시진출구공회부권연관省市進出口公會附勸捐款에서 모금하거나 정부예산에서 일정 비율의 세수를 자선기금 형식으로 집중 기부 받아 마련하였다. 권촌 건설에 필요한 토지는 권사를 배정받을 군 사단위에서 주둔지의 땅을 제공하거나 민간 토지를 구입 또는 (무상)임차하기도 했다. 따라서 권호는 권사에 대한 사용권만 가질 뿐[59] 토지소유권이 없기 때문에 이후 개인토지에 지어진 권촌은 토지반환을 둘러싼 지주와의 재산권 분쟁에 휘말리게 된다. 부련회가 기증한 권촌 중에는 초기의 목조건물 내지 대나무 울타리로 둘러싸인 주택을 개축한 것도 있고 신축한 것도 있었으니, 수량 면에서 이 시기는 권촌 건설의 절정기로 권촌 취락의 핵심을 이루게 된다.[60]

이상의 내용을 통해 1945~1980년 사이 형성된 권촌은 크게 일본이

되었으며 그중 800~1,000호는 군인유족 및 무의탁 군인가족에게 배정되었다.
57 공의군(龔宜君)이 인용한 부련회 자료에 따르면 500호(1967년)가 적은 37,620호로 나온다(龔宜君(1998), p.85).
58 郭冠麟 主編(2005), pp.7~9; 何思瞇(2001), pp.21~22.
59 그럼에도 권촌을 떠나면서 살던 집을 권리금을 받고 파는 경우도 있었다고 한다(李政靑(2016), p.35).
60 郭冠麟 主編(2005), pp.9~10; 何思瞇(2001), pp.22·29~30.

남긴 건물, 부대 부근에 지은 극난克難 주택, 부련회가 기금을 모아 세운 단지 등 세 유형이 있었음을 알 수 있다. 단 1970년대에 들어 군인가족의 긴급한 주거문제가 일단락되면서 부련회와 군 당국이 건설하는 권촌은 점차 줄어들게 된다. 그 대신 대만의 경제상황이 개선되어 그간 저축한 돈에 대출을 더해서 집을 구입하려는 군인가족이 생겨나게 되었다. 이에 국방부는 1970년부터 금융기관에서 저리대출華夏貸款을 대신 받아서 스스로 땅을 매입해 주택을 짓거나 권사를 개축하려는 군인가족에게 보조금을 지급하는 제도를 시행하였다. 한편 1976년 성립된 '군권주택공용합작사軍眷住宅公用合作社'가 금융기관의 대출을 받아 군에서 경영하는 산업 또는 비어 있는 옛 권사의 토지나 매입한 땅에 주택을 지은 다음 권호에게 다시 매도하는 경우도 있었다. 하지만 이 시기에 지어진 권사는 대부분 5층 이상의 아파트이고 실내 면적도 24, 26, 30, 34평으로 비교적 넓은데다 개인이 소유권을 갖고 있어서 초기의 권촌과는 성격이 완전히 다를 뿐 아니라 그 수도 많지 않았다.[61]

한편 세월이 흐르면서 초기 권촌은 물론 부련회가 제공한 권촌도 대부분 물자가 부족하던 시대 협소한 공간에 임시거처로 처음부터 허름하게 지어졌기에 노후화가 심해져 건물 자체의 안전에 문제가 생기게 된다. 연동식 권사는 지붕과 천정이 서로 붙어 있어 화재가 발생하면 진압이 어려울 뿐 아니라 촌내에 소방시설도 제대로 갖춰져 있지 않았다. 게다가 증개축으로 인해 원래 좁았던 골목이 더욱 좁아져 소방차가 진입할 수 없는 위험에 노출되었다. 당초 민가가 없는 외딴 곳에 지어진 대다수

---

61 郭冠麟 主編(2005), pp.9~10; 何思瞇(2001), pp.22·28~29; 彭大年 主編(2007), p.11; 黃世祝(2004), pp.18~19.

권촌이 도시발전에 따라 도시의 일부가 되었고 일부는 심지어 도심 지역에 속하게 되었다. 즐비한 고층건물 사이에 위치한 권촌은 더욱 초라해 보이게 되어 도시미관을 심각히 해치고 정상적인 개발을 방해하는 존재가 되었다. 또 인근 고층건물의 지반을 높게 만듦에 따라 권촌의 지세가 상대적으로 낮아져 수시로 수해를 입기도 했다. 거기에다 2세대, 3세대들이 학업과 취업, 결혼 등으로 권촌을 떠나면서 인구가 급감하는 공동화 현상과 주민의 노령화가 진행됨에 따라 재건축 문제가 현안으로 등장하게 된다. 이에 국방부는 1977년부터 노후 권촌 재건축 준비에 착수하였으나 토지 소유권과 토지 보상가격 및 권촌 주민의 경제사정 등의 문제로 지연되다 1996년과 1997년 입법원에서 '국군로구권촌개건조례國軍老舊眷村改建條例'와 '국군로구권촌개건특별예산國軍老舊眷村改建特別預算' 신대폐 5,167억 원이 각각 통과됨으로써 본격 추진되게 된다.[62]

3. 권촌의 관리와 규모

1) 조직과 관리

권촌은 군인가족의 생활을 안정시켜 군인들의 집안 걱정을 덜어줌으로써 사기를 진작시키고 전력戰力을 제고하기 위해 설립한 것이었기에 군 당국은 여러 경로를 통해 권촌 주민에 대한 관리를 진행하였다.

---

62 何思眹(2001), pp.51·55~60; 彭大年 主編(2008), pp.13~15.

(1) 관련 법규

대만에 온 군인가족 관리에 관한 최초의 법규는 1950년 연합근무총사령부聯合勤務總司令部가 제정한 '국군재대군권안치판법國軍在臺軍眷安置辦法'인데, 이를 바탕으로 1956년 국방부가 '국군재대군권업무처리판법國軍在臺軍眷業務處理辦法'을 공포함으로써 정식으로 법제화되었다. 이는 군인가족 관리업무에 관한 기본법으로 2002년 폐지될 때까지 모두 24차례 수정을 거쳤고 1989년 수정 공포된 전문全文은 총 146조로 구성되어 있다. 그중 권촌과 관련된 조항은 권촌 내 군인가족 진료소 설치, 재해를 입은 권사에 대한 지원, 권사에 대한 정의定義, 권촌의 조직관리 · 각 단위의 권한과 책임 · 권사 관리 등이다. 이 법규는 1997년 '국군군권업무처리판법國軍軍眷業務處理辦法'으로 개명되면서 전문 40개조로 대폭 수정되었고, 법규 폐지 이후 국방부는 2004년 '국군군권업무처리작업요점國軍軍眷業務處理作業要點'과 '국군군권업무처리작업주의사항國軍軍眷業務處理作業注意事項'을 발표하여 군인가족과 권촌 관리의 지침으로 삼고 있다.[63]

(2) 관리기구

권촌에 대한 관리는 1950년 동남군정장관공서東南軍政長官公署에 '군권관리처軍眷管理處'가 설치되면서 제도화되기 시작했고, 이어서 연근총사령부1950년 4월~1964년와 국방부 총정치작전부總政治作戰部, 1964년~현재가 각각 책임을 맡았다. 그 업무는 시기에 따라 변하지만 대체로 군인가족에 대한 전수조사, 권촌 건설(또는 이전) 및 권사 분배와 관리, 양식과 일용품

---

63 郭冠麟 主編(2005), pp.29~32.

식용유·소금·석탄 배급, 생활비 보조수도·전기요금 50% 감면, 무의탁 유가족 지원, 보험·의료·환경위생·구호救護, 장례비 보조, 국군묘지 안장 등으로 나눌 수 있다. 초기에는 주로 거처 마련 및 생활비와 교육비 보조, 전수조사 등에 집중되었고 후기로 가면서 권사 관리수리, 권촌 이전移轉,개건(改建), 봉사·선전·위문 등으로 옮겨가게 된다. 이에 따라 1970년 총정치작전부는 '군권업무관리처軍眷業務管理處'를 설치하여 모든 관련 업무를 총괄하게 하고 각 병종마다 '권관처眷管處, 조(組)'를 두어 집행토록 하였다. 또 권촌 내에 '권촌연락인眷村聯絡人'을 두어 군 당국과의 연결매개로 삼았으며 권호마다 개인의 나이, 주소, 호적, 학력, 직업 등을 기록한 자료를 만들어 관리하고 반년에 한 번씩 전수조사를 통해 변동 상황을 확인하였다. 1995년에는 날로 제고되는 봉사기능에 부합하기 위해 '군권업무관리처'를 '군권복무처軍眷服務處'로 개명하였다. 하지만 재건축정책 추진에 따라 각 군의 권촌 관리업무가 이전과 재건축에 편중되고, 재건축 완료 후 관리단위가 변경되거나 권촌 본래의 의미가 사라짐으로 인해 그 범위가 점차 축소되었다.[64]

(3) 자치기구

권촌은 일종의 집단공동체로 그 효과적 관리와 주민봉사를 위해 대부분 자치기구와 각종 복지시설이 갖추어져 있었다. 그중 '국군재대군권업무처리판법國軍在臺軍眷業務處理辦法' 규정에 의거해 권촌 주민회원들이 직접 선출한 회장·부회장·위원들로 구성된 자치위원회가 가장 중요한

---

64 郭冠麟 主編(2005), pp.32~40; 龔宜君(1998), p.86.

조직이었다. 하지만 자치위원회 회장과 위원 모두 주민 가운데 높은 계급으로 퇴역한 사람들이 차지했고 자치위원회 선거와 주요 의결사항 등을 상급부대 관리단위로부터 사전에 인가받아야 했다는 점에서 명목상 자치이지 사실상 군의 통제를 받는 조직이었다. 자치위원회는 매달 1회 회의를 개최하고 매년 1회 회원대표대회를 소집하며 회원의 1/2 이상의 건의나 필요에 따라 임시회의를 소집할 수 있다. 자치위원회 회의에서는 권촌 내부의 공약公約, 공공복지 및 중대 개혁조치, 공익사업에 필요한 경비 조달 및 사용규칙, 자치관리와 안보 등 사항을 의결하고 회장 이하 위원들이 이를 집행한 뒤 그 결과를 차기 회의 때 보고하고 질의를 받아야 했다. 자치위원회의 경비는 자급자족을 원칙으로 하되 부족분은 수익사업이나 내부 공익기금 및 지방정부의 보조 등으로 마련토록 하였다.[65]

자치위원회는 정령政令의 선도宣導, 공공시설 개선, 권사의 수리와 보수, 분쟁 조정, 위난危難 구조, 행사 주관, 촌민 동원 등을 수행하는 권촌 유일의 효율적 행정단위였다. 자치위원회 회장임기제한이없음은 보통 '촌장'으로 불렸고 마을을 대표해 상부와 소통하여 경비나 복지 등을 쟁취해야 했기에 대부분 군과 사이가 좋은 사람이 당선되었다. 또 소정의 업무추진비 외에 아무런 혜택이 없는 대신 촌내의 경조사 등을 챙겨야 했기에 상당한 봉사열정이 없이는 회장직을 맡기 어려웠다. 하지만 시간이 흘러 2, 3세대들이 권촌을 떠나고 재건축이 진행되면서 자치위원회의 역할은 갈수록 줄어들어 재건축이 완료된 권촌에서는 더 이상 존재할 필요가 없게

---

65   郭冠麟 主編(2005), pp.40~43; 何思眯(2001), p.43; 尙道明(1995), p.40.

되었다. 아직 남아 있는 자치위원회의 기능도 선거동원과 재건축 관련 업무뿐이고 회장은 대부분 1세대 노인이 계속 맡고 있는 형편이다.

자치위원회에는 권촌 업무에 적극 참여한 '부녀공작대婦女工作隊'가 있었다. 최초의 부녀공작대는 부련회婦聯會가 만든 것으로 부련회가 건설 기부한 권촌과 대형 권촌에만 있었고 부련총회에 직속되어 지방 현시縣市의 부련분회와 대등한 지위를 가졌다. 1984년부터 각 군단軍團의 부련분회로 소속이 바뀌었고 관련 규정 중에도 부녀공작대는 권촌 자치의 일환으로 나열되게 되었다. 부녀공작대의 임무는 권촌 내 공공시설 개선, 지역봉사 등이었고 군대 위문과 기부 활동 및 위생과 가족계획 선도宣導 등에도 참여하였다.[66] 부련회는 권촌의 생활향상을 위해서도 많은 기여를 하였으니, 첫째, 권촌 부근에 군복을 주로 만드는 봉제공장을 설립하여 권촌 부녀에게 일자리를 제공하였다. 이후 대형 기계식 의류공장이 늘어나면서 폐쇄되지만, 1950년부터 1991년까지 약 천만 벌 이상의 기성품을 생산하였다고 한다. 둘째, 권촌 내에 기예技藝훈련반을 개설하여 권촌 부녀에게 기술을 가르쳐 취업 또는 부업을 통해 생활에 보탬이 되게 하였다. 그중에는 재봉裁縫과 편직編織 외에 양재洋裁, 간호, 운전 훈련반 등도 있었다. 한편 행정원국군퇴제역관병보도위원회行政院國軍退除役官兵輔導委員會, 약칭 퇴보회(退輔會)의 '군영권수공예품軍榮眷手工藝品' 가공加工정책에 협력하여 부녀자들이 수공예품을 집단 가공하여 판매할 수 있게 하였다. 셋째, 1950~1960년대 미국 민간단체에서 기증한 대량의 탈지분유를 분배하기 위해 부련회가 각지에 설치한 우유공급처에 권촌 부녀를 고용하여 위

---

66   郭冠麟 主編(2005), pp.44~46; 何思瞇(2001), pp.44~45; 林樹等(1997), pp.206~208.

생과 배합 훈련을 시킨 다음 각 촌으로 돌아가 봉사하도록 하였다.[67] 그 외 1950년 조직된 부련회의 영화방영단電影隊은 오락거리가 거의 없던 시대 권촌 주민특히어린이들에게 큰 즐거움을 주었다. 기타 부련회가 세운 탁아소와 유치원 및 장학금 등은 권촌만을 대상으로 한 것은 아니지만 권촌 주민에게 적지 않은 도움을 주었다.[68]

한편 권촌은 국민당정부가 구축한 '당국체제party-state system'의 사회적 기초 중 하나로 국민당의 당부黨部가 조직되어 주민 다수가 국민당 당원인 정당의 성향을 띠고 있었다. 권촌을 담당한 특종당부는 당초 '황부흥당부黃復興黨部'[69]였으나 총정치작전부가 권촌 관리를 맡으면서 그 주임이 겸하고 있던 '왕사개당부王師凱黨部'[70]가 이어받았다가 그 해체 후 '황부흥당부'가 다시 맡은 것으로 보인다. 특종당부는 자치위원회를 통해 주민의 일상생활과 각종 활동을 감시 통제하였고 선거철에는 직접 자치위원회 간부를 소집, 정기적으로 '동원능량표動員能量表' 등을 작성해 국민당이 지지하는 후보의 득표력을 예측하고 표를 효과적으로 분배함으로써 당선에 영향을 미치기도 했다. 이런 연유로 권촌은 국민당의 확

---

67 우유공급처는 1956년 9월 대북 성공신촌(成功新村)에 처음 설치된 이래 대만 전역에 잇달아 세워졌다. 단 이들 우유는 권촌 주민만을 대상으로 공급된 것이 아니고 공급처도 반드시 권촌 내에 위치한 것도 아니었다.

68 郭冠麟 主編(2005), pp.47~49.

69 정식 명칭은 국군퇴제역인원당부(國軍退除役人員黨部)로 현재 남아 있는 유일한 특종당부이다. 1956년 장경국(蔣經國)이 퇴역군인의 권익 보호와 국민당에 대한 지지 결집을 위해 설립한 국민당 조직으로 퇴역군인과 그 가족 및 퇴보회(退輔會) 소속 기구 성원으로 구성되었다. 전체 당원 중 점유 비율이 높고(2020년 현재 약 25%) 투표율도 높아 당내 경선과 초선출마를 좌우하는 등 영향이 컸다. 황부흥(黃復興)의 황은 '염황자손(炎黃子孫)'에서 부흥은 '부흥중화(復興中華)'에서 따온 것이다.

70 국민당이 군내에 설치한 특종당부 중 하나로 계엄시기 국민당 측 군인세력을 대표했다. 왕사개(王師凱)는 왕의 군대가 개선(凱旋)한다는 의미이다.

실한 표밭인 소위 '철표구鐵票區' 또는 '철표부대鐵票部隊'로 불리었다.[71] 1960년대 이전 자치위원회는 권촌 내 유일한 행정단위였으나 이후 인구 유출로 권촌이 점차 축소되고 지방행정권력이 강화되면서 지방행정체제 하의 인리鄰里조직과 사구社區발전협회가 권촌 발전과 주민복지 및 주민 간의 화목과 상호부조 등 지역사회의 공공사무를 맡게 됨으로써 권촌에 대한 국민당의 통제력도 예전만 같지 못하게 된다.[72]

(4) 부대시설

권촌의 부대시설로는 진료소와 매점이 있었다. 군인가족의 진료와 치료는 본래 해당 군인의 소속부대 의료기관에서 받는 것이 원칙이었으나, 권촌이 소속 부대와 반드시 인접해있지도 않고 부대도 수시로 이동했기 때문에 1956년 국방부 권복처眷服處 성립 후 대형 권촌에 군권軍眷진료소를 설립하도록 하였다. 그리하여 작은 병은 진료소에서 치료하게 하고 큰 병인 경우 부근의 군병원에서 치료받도록 했다. 그 후 권촌의 여건과 대만의 의료 환경이 개선됨에 따라 1997년 이후 진료소 운영이 점차 중단되었다. 한편 연근권복처聯勤眷服處는 1951년 군인가족의 경제사정을 개선하기 위해 대만성물자조절위원회와 협조하여 군인가족을 대상으로 일용품밀가루, 남색 무명천, 수건, 비누, 이불솜, 칫솔, 치약 등을 배급하였다. 처음에는 매주 일요일 집집마다 직접 전달해 주었으나, 이후 '중화민국퇴오군인권속보급증中華民國退伍軍人眷屬補給證' 속칭 '권보증眷補證'을 식구 수와 연령에 따라 등급을 나누어 발급하고 그 안에 든 '양표糧票'로 정해진 양의 쌀, 밀가

---

71   龔宜君(1998), pp.86~87.
72   黃世祝, 2004 : 21.

루, 옥수수, 소금, 식용유, 옷감, 석탄 등을 교환할 수 있게 하였다. 1957년부터는 관련 규정이 제정되어 권촌 내에 매점이 설치되어 염가의 일용품을 제공하였고 그 수입은 권촌 자치비용으로 충당되었다. 하지만 권촌 인구가 감소하고 다양한 물건을 구입할 수 있는 슈퍼마켓과 양판점이 생기면서 권촌 내 매점은 차츰 사라지게 된다.[73]

2) 규모와 구조

(1) 규모와 분포

권촌의 범위를 어디까지로 보느냐에 따라 전체 권촌의 규모가 달라지지만,[74] '국군렬관권촌자료명책國軍列管眷村資料名冊' 1984년에 따르면 군 당국이 관리하는 권촌은 총 888개에 109,786호散居眷戶 7,785호 포함였다고 한다馬自立, 1990 : 163-164. 여기에는 ① 노후 권촌, ② 직무관사, ③ 대만성·대북시·고웅시 정부와 군이 합작하여 재건축한 국민주택, ④ 군권주택 공용합작사가 건설하여 판매한 주택, ⑤ 국방부가 화하대관 방식으로 건설한 주택 등이 모두 포함되어 있다. 그중 대부분 1970년대 이후 건축되고 개인이 소유권을 가진 ③, ④, ⑤와 객관적 조건이 재건축 대상이 아니고 각지에 산재해 있는 ②와 산거권호를 제외한 노후 권촌 696개의 규모별 지역분포는 다음 표와 같다.

---

73 郭冠麟 主編(2005), pp.46~47; 李政青(2016), p.49.
74 이계분(李桂芬)은 1946~1980년 사이에 건설된 권촌이 총 818개에 약 61,910호가 거주했다고 계산했지만, 1982년 부련회의 자료에는 879개 권촌에 98,535호로, 황선범(黃宣範)의 자료에는 763개 권촌에 96,082호가 거주한 것으로 나온다(李桂芬(2010), p.87).

<표 1> 행정단위 및 규모별 군 관리 하의 노후 권촌 수

규모 행정단위	50호 이하	51~100호	101~200호	201~400호	400호 이상	합계
臺北市	55	35	19	8	3	120
臺北縣	36	17	12	7	3	75
基隆市	10	5	3			18
宜蘭縣	11	4	4			19
桃園縣	24	13	12	13	9	71
新竹市	8	15	13	5	1	42
新竹縣	1	1	1			3
苗栗縣	5			1		6
臺中市	33	23	12	5	2	75
臺中縣	7	9	3	2		21
彰化縣	5	2	1	1		9
雲林縣	5	1	1			7
嘉義市	14	4	4	1	2	25
嘉義縣	2	1	4			7
臺南市	8	15	6	4	4	37
臺南縣	3			1	3	7
高雄市	18	10	4	6	9	47
高雄縣	10	9	16	13	2	50
臺東縣	2	1	1			4
花蓮縣	11	1	1			13
澎湖縣	4	2	1			7
屏東縣	8	4	9	3	4	28
합계(%)	283(41)	174(25)	127(18)	70(10)	42(6)	696(100)

출처 : 蔡明欽(1995), pp.64~65.

위의 통계를 통해 전체의 66%에 달하는 457개가 100호 이하의 소규모 권촌이고 권촌 수는 대북시, 대북현, 대중시, 도원현, 고웅현, 고웅시 순으로 많아 이들 상위 6개 행정단위가 전체의 63%를 차지했음을 알 수 있다. 또 다른 자료에 따르면 권호 수에 있어서는 도원현10,567호, 고웅시 9,461호, 대중시5,910호, 고웅현5,394호, 대북현5,267호 순으로 많게 나온다李桂 芬,2010,87쪽. 개별 권촌 가운데 가장 큰 것은 고웅시에 위치한 해군 소속의 과무삼촌果贸三村으로 총 1,753호 규모인데 반해 5호뿐인 권촌도 3개나 된다.[75] 한편 696개 권촌 중 일제시대 건물을 개조한 23개[76]를 제외하고도 575개가 1966년 이전에 지어진 것들로 매우 노후하였음을 짐작할 수 있다. 또 이들 권촌에는 총 83,417호가 거주한 것으로 나오는데[何思瞇, 2001:59], 1호당 4~5명으로 계산하면 대략 33만에서 42만 명 정도가 된다. 이는 당시 대만 외성인 인구 약 273만 명[1985년]의 12~15%, 전체인구 약 1,900만 명[1984년]의 1.7~2.2%를 점하는 수치이다.[77]

권촌은 관리단위에 따라 육해공군陸海空軍, 연근聯勤, 경비警備, 후비後備, 헌병憲兵, 군사정보국軍事情報局, 국가안전국國家安全局 및 국방부 직속 등으로 나눌 수 있다. '국군렬관권촌일람표國軍列管眷村一覽表'에 열거된 886개[78]의 권촌을 병종별로 보면 육군은 총 301개로 후근後勤사령부 13개, 총사령부[總部] 78개, 제6군단軍團 98개, 제10군단 78개, 제8군단 30개, 팽호澎湖방위사령부 4개이며, 해군총사령부 64개, 공군총사령부 265개, 연근총사령부 97개, 경비총사령부 35개, 후비총사령부 33개,[79] 헌병사령부 19개,[80] 군사정보국 16개,[81] 국가안전국 9개, 국방부 총무국 47개로

---

75 연근총사령부 소속인 의란현(宜蘭縣)의 금릉사촌(金陵四村)과 가의시(嘉義市)의 사지십칠촌(四知十七村), 경비총사령부 소속인 도원현(桃園縣)의 성공신촌(成功新村) 등이 그러하다(郭冠麟 主編(2005), pp.405·423~424·427).

76 일설에 의하면 일본이 남겨놓은 건물을 개조한 권촌이 대만 전체에 78개가 있었다고 한다(李政青(2016), p.75).

77 여기에다 퇴보회(退輔會)에서 운영하는 '영민지가(榮民之家)' 등에 안치된 퇴역군인을 더하면 외부와 격리되어 집중 거주한 외성인의 비율은 더 높아진다.

78 이는 직무관사 등 앞에서 언급한 ②, ③, ④, ⑤의 권촌이 포함된 수치이다.

79 彭大年 主編(2008), pp.372~375에 따르면 경비총사령부 권촌을 포함하여 총 73개로 나온다.

80 孫建中 主編(2007), p.349. 여기에는 총 20개로 나와 있는데, 대북시의 헌광신촌(憲光新村)과 헌광사촌(憲光四村)이 더 열거되어 있고 대남시의 헌병신촌(憲兵新村)은 빠져 있다.

육군, 공군, 연근, 해군 순으로 많음을 알 수 있다.[82]

　권촌의 분포를 보면 육군은 의란시 3개, 의란현 6개, 기륭시 10개, 대북시 35개, 대북현 29개, 도원현 46개, 신죽시 17개, 신죽현 2개, 묘율시 3개, 묘율현 2개, 대중시 32개, 대중현 15개, 창화시 6개, 창화현 2개, 남투시 3개, 운림현 1개, 가의시 12개, 가의현 3개, 대남시 21개, 대남현 7개, 고웅시 12개, 고웅현 27개, 병동시 3개, 팽호현 4개로 거의 모두 대만의 서부 지역에 두루 퍼져 있고 동부 지역인 화련과 대동 등지에는 전혀 없음을 볼 수 있다. 이는 중국 해방군과의 전쟁을 대비해 육군 병력의 대부분을 서부에 배치하고 동부의 방어는 후비사령부와 경비총사령부에 맡겼기 때문이다.[83] 해군은 기륭시 8개, 대북시 4개, 대북현 3개, 대중시 1개, 고웅시 29개, 고웅현 12개, 팽호현 6개, 화련현 1개로 가장 큰 해군기지가 있는 고웅 지역에 전체의 64%가 집중되어 있었다.[84] 공군은 대북시가 43곳으로 가장 많고 묘율현과 남투현은 각각 1곳뿐이지만 동부를 포함하여 대만 전역에 골고루 분포되어 있었다. 이는 공군 권촌 대부분이 작전상 기동성이 높은 군용비행장 부근에 세워졌기 때문이다.[85]

　연근총사령부는 대북시 28개, 대중시 13개, 고웅시 11개 등 도시 지역에 비교적 많이 분포되어 있고 남투, 운림, 창화, 병동, 화련, 팽호 등지에는 전혀 없는 것으로 나온다.[86] 경비총사령부와 후비총사령부는 북

81　같은 책 350쪽에는 총 18개로 나와 있는데, 대북시의 충의일촌(忠義一村)과 충의삼촌(忠義三村)이 더 열거되어 있다.
82　郭冠麟 主編(2005), pp.387~434.
83　彭大年 主編(2007), pp.10~11.
84　林海淸 主編(2007), pp.10~11.
85　陳溪松 主編(2007), pp.10~11.

부 지역37개이 많고 중부11개와 남부 지역10개은 적은 반면 동부10개와 부속 섬綠島 2개, 蘭嶼 1개, 琉球嶼 1개, 澎湖島 1개에까지 널리 분포되어 있었다. 이는 경비총사령부가 대만 접수 초기부터 민방위 동원과 산지山地와 해안 방비, 우편과 전보 안전점검, 교량과 터널 수비, 군견과 군마 사육 및 관리와 훈련 등의 임무를 맡은 것과 관련이 있다. 그 외 동부 지역 개발에 투입된 경비개발총대警備開發總隊, 퇴역군인 약 4,500명으로 조직의 가족을 위해 지은 농장 형태의 권사들도 있었기 때문이다.[87] 헌병은 대북시 9개, 대북현, 대중시, 대남시 각 2개, 도원현, 창화현, 가의시, 고웅현, 병동현 각 1개로 북부 지역이 절반 이상을 차지했고 동부와 팽호에는 아예 없었다. 군사정보국은 대북시 13개, 대북현과 도원현 각 2개, 고웅시 1개로 대다수가 대북 지역에 분포했고 특히 총통 관저와 군사정보국이 위치한 대북시 사림구士林區, 10개에 집중되어 있음을 볼 수 있다.[88] 그 외 국방부 총무국과 국가안전국 소속 권촌도 거의 대부분 대북 지역에 위치했다.[89]

권촌의 이름은 대략 다음 몇 가지 방식으로 지어졌다. 첫째, 병종의 특성을 나타낸 경우로 육군은 '육광陸光', '부흥復興', '간성干城', '충성忠誠', '장갑裝甲', '육장陸裝' / 해군은 '해광海光' / 공군은 '능운凌雲', '람천藍天', '대붕大鵬', '충용忠勇', '공의空醫, 공군병원' / 헌병은 '헌광憲光' / 연근은 '명타明駝', '사지四知'[90] / 경비는 '경정警鼎', '개발開發' 등을 촌명 앞에 붙였다.

---

86 郭冠麟 主編(2005), pp.421~425.
87 彭大年 主編(2008), pp.11~13.
88 孫建中 主編(2007), pp.10~11.
89 국방부 총무국 권촌은 대북시에 29개, 대북현에 15개, 도원현에 3개가 있었고 국가안전국 권촌은 대북시에 4개, 대북현에 5개가 있었다(郭冠麟 主編(2005), pp.430~434).
90 연근총사령부 재무서(財務署) 관할 권촌으로 '사지(四知)'는 "천지(天知), 지지(地知), 니지(你知), 아지(我知)"에서 따온 이름이다. 군(軍)의 재무를 청렴하게 관리해

둘째, 건설비용을 기부한 단체를 드러낸 경우로 '은련銀聯'은 은행연합 공회銀行聯合公會, '교애僑愛'는 화교단체, '공학公學'은 공립학교 교직원, '무상貿商'과 '대무臺貿'는 대만성진출구무역상공회臺灣省進出口貿易商公會, '공협工協'은 공업협회, '상협商協'은 상업협회, '광협礦協'은 광업협회, '영극影劇'은 영화표 값에 포함된 기금으로 건설되었음을 나타낸다. 셋째, 인물을 기념한 경우로 '자광慈光', '자은慈恩'는 건설기금을 마련해준 송미령을, '지개志開'와 '숭회崇誨'는 항일전쟁 공군 열사인 주지개周志開와 침숭회沈崇誨를, '염명炎明'은 당시 군사정보국 국장 장염원張炎元의 '염'자와 광명光明의 '명'를 합친 것이다. 넷째, 부대의 원 주둔지에서 따온 경우로 '탕산湯山'은 육군포병학교가 있던 남경 탕산을, '태무太武', '금성金城', '거광莒光'은 8.23포격전을 치렀던 금문도 관병을 위한 권촌을 의미했다. 그 외 '강릉江陵'新店 江陵里, '삼중三重'臺北縣 三重市, '뢰조賴厝'臺中市 賴厝里, '미륜산美崙山'花蓮 美崙山麓과 같이 권촌 소재지의 지명에서 따온 경우, '건국建國', '정충精忠', '중흥中興'처럼 애국정신을 드러낸 경우, '자립自立', '자강自强', '자조自助', '자력自力', '독행篤行' 등 주민의 노력의지를 표명한 경우도 있었다.[91] 이상 다양한 이름 뒤에 보통 '신촌新村', '신성新城', '갑촌甲村', '을촌乙村', '동촌東村', '서촌西村' '남촌南村', '중촌中村' 등을 붙이거나신촌이 압도적으로 많음 '일촌一村', '이촌二村'과 같이 건설 순서에 따라 숫자로 표시하기도 했으며 드물지만 '○○권사眷舍' 또는 '○○산장山莊', '○○신장新莊'이라 한 곳도 있다.[92]

야 함을 상기시키는 의미이다.

91 郭冠麟 主編(2005), pp.27~29; 李桂芬(2010), p.90; 何思瞇(2001), p.30.
92 郭冠麟 主編(2005), pp.387~434.

(2) 구조와 배치

대만 각지의 권촌 주택들은 그 출처와 건설 조건은 달랐지만 협소한 공간, 위계적 분배, 폐쇄적 취락이라는 비슷한 특징을 갖고 있었다. 당초 대만에 온 사람 대다수는 오래 머물 생각이 없었고 당시 국가나 개인 모두 경제적으로 어려웠었기에[93] 극소수를 제외한 거의 모든 권촌은 매우 허름하고 협소한 간이주택이 밀집한 형태를 하고 있었다. 이 점은 일본이 남긴 건물을 개조한 경우나 각 부대가 지은 권촌이나 별 차이가 없었고 이후 부련회에서 제공한 주택이 그보다 좀 나을 뿐이었다.

운림현雲林縣 호미虎尾에 위치한 구 일본군 공군기지에 들어선 건국권촌建國眷村의 사례를 보면, 대만 철수 직후 밀려드는 피난민을 기존 가옥에 다 수용할 수 없어 기지 내 거의 모든 건물을 주거용으로 개조하게 된다. 과거에 위병소, 병원, 차고, 사무실, 창고마구간이라고도 함 등으로 사용했던 지붕 있는 곳이라면 모두 사람이 들어가 살았다. 그중 양 옆으로만 문이 나있는 길쭉한 형태의 창고는 셀로텍스Celotex[94]로 칸막이하여 식구 수와 상관없이 가구당 5평씩 총 26가구에게 분배되었다. 셀로텍스 칸막이는 쉽게 구멍이 날 정도로 얇아서 옆집에서 나는 소리를 다 들을 수 있었다. 이마저도 구하지 못한 이는 못으로 연결한 철선 위에 군용담요를 걸쳐 가림 막으로 삼았다. 건물 중간에 위치한 가구는 창문의 절반을 잘라 출입문으로 삼았으며 실내공기가 나쁘고 볕이 잘 들지 않

---

93 1951년 초 대만은행의 외환부채가 1,050만 달러에 달했고 그 해 1인당 국민소득은 신대폐 1,407원에 불과했다고 한다(李政靑(2016), p.48).

94 사탕수수 줄기에서 당즙을 얻고 남은 찌꺼기와 깻묵을 압축하여 만든 연질섬유판으로 음향, 열, 습기에 대하여 절연성이 있어서 벽, 바다, 천장 따위에 쓰였다. 1920년 시카고의 셀로텍스회사가 처음 만든 데서 따온 이름이다.

아 여름철 아이들은 피부병을 달고 살았다. 이런 공간조차 배정받지 못한 사람은 심지어 급수탑 안에 들어가 살기도 했고[95] 권촌 내 빈터에 스스로 집을 짓기도 했다. 협소한 공간도 문제지만 태풍이 불면 기와가 날아가 건물 곳곳에서 비가 샜고 대나무로 만든 공용 화장실과 주방은 번번이 무너지기도 했다. 비행교관을 위해 특별히 새로 지은 주택도 비가 오면 물이 새는 처마가 이어진 한 건물 안에 7가구가 함께 살았고 가구당 방 2개만 있었다.[96] 한마디로 난민 캠프나 다를 바 없었다.

각 부대가 초기에 지은 권사는 대부분 벽돌로 기초를 잡은 다음 잘게 쪼갠 대나무 줄기에 볏짚을 섞은 진흙을 바르거나 나무로 벽을 쌓고 기와를 씌운 낮은 연동식 단층 건물이었다. 집 앞문은 좁은 골목을 사이에 두고 앞집의 뒷문과 맞닿아 있었다. 실내면적은 대략 갑종甲種 12.3평, 을종乙種 10평, 병종丙種 8.4평, 정종丁種 7.6평으로 나누어져 처음에는 자녀수에 따라 나중에는 계급에 따라 분배되었는데, 금문도金門島나 마조도馬祖島 주둔 군인의 가족에게 우선 제공하기도 했다. 보통 자녀가 2명이면 방 2개, 4명 이상이면 방 3개짜리가 배정되었다.[97] 거주할 집의 위치는 상관이 지정하였고 간혹 본인이 선택할 수도 있었다. 이후 장군들의 관사인 '특종권사特種眷舍'[98]를 제외하고 갑종은 대령 이상, 을종은 중

---

95 그 주민은 급수탑 내부를 2층으로 개조하고 편지를 보낼 때 주소를 '건국이촌수탑(建國二村水塔)'이라 적었는데, 우편배달부가 알아서 배달했다고 한다.

96 이런 열악한 환경 속에서도 공군사관학교 초급반 주임 유대년(劉大年)은 단독 정원과 거실, 침실, 주방, 욕실을 모두 갖춘 커다란 별장 같은 집에 거주했다고 한다(李政青(2016), pp.30~33·68).

97 일찍 온 사람은 빈집이 많아 선택의 폭이 넓었지만 시간이 지나면서는 서로 먼저 차지하려 경쟁했다고 한다.

98 병동시(屏東市)에 위치한 승리신촌(勝利新村)은 장군촌(將軍村)으로 유명한데, 집 앞뒤로 정원이 있는 일본식 단층 건물로 협소한 집이 밀집되어 있는 일반 권촌과는

령 이하 장교, 병종과 정종은 부사관과 사병 가족들이 각각 거주하도록 배정원칙이 수정되었다.[99] 그렇다고 가족 있는 현역군인 모두가 즉시 권촌에 입주할 수 있는 것은 아니었으니, 직위에 따라 배정 우선순위가 달랐고 인사고과가 나빠도 배정받지 못했으며 빈집이 없을 경우 여러 해를 기다려야 했다.[100]

당초 권촌은 도시와 시골을 막론하고 대부분 민가와 떨어진 외딴 곳에 이민취락의 형태로 세워져 외부와 '일정 정도의 공간적 격리spatial segregation'를 유지하였다.[101] 이로 인해 일부 권촌을 제외하고는[102] 물건을 팔러 다니는 행상으로부터 필요한 식재료를 구입하거나 자전거 또는 하루에 몇 번 다니지 않는 버스를 이용해 읍내로 장을 보러 다녀야 했다. 또 자녀들의 학업을 위해 각 병종마다 자제子弟학교를 권촌과 그 인근에 설치하기도 했다.[103] 한편 부련회가 건설한 권촌은 보통 마을 입구에 개선문처럼 생긴 커다란 문이 세워져 있고 주요 도로가 마을 내부를 가로지르는 형태를 하고 있으며 마을 외곽은 담이나 넓은 도로로 외부와 분명하게 구분되어 있었다. 마을 입구 대문 근처에는 간식거리나 옷 등을 파는 상점이 있기도 했다. 이 시기 세워진 권사는 대부분 벽돌로 된 1, 2층짜리 집이 쭉 이어져 있는 형태이며 실내면적은 10평과 13

전혀 달랐다고 한다(李佩霖(2019), p.14).

99 何思瞇(2001), pp.26~29; 李桂芬(2010), p.88.

100 李政靑(2016), pp.34~35.

101 이러한 공간적 격리는 외부인과의 왕래를 기피하는 심리상태를 만들기도 했다(李佩霖(2019), pp.10~11).

102 운림현 호미의 건국이촌(建國二村)에는 작은 시장과 이발소가 있었지만 1960년 전후로 폐쇄되었다고 한다.

103 李政靑(2016), pp.45~47; 駱雄華(2014), pp.126~127.

평에 침실과 거실, 주방과 화장실이 실내에 배치되어 있었다. 권사 앞에는 당시 매우 보기 드문 80센티 폭의 콘크리트 보도가 깔려 있었고 호당 건축비는 신대폐 10,000원 정도였다고 한다.[104]

권촌 내 건물배치는 대부분 유사했다. 보통 촌내에 광장과 방공호, 공중화장실, 탁아소, 유치원, 농구장 등이 있고 큰길 양옆으로 뻗어 있는 좁고 어두우며 습한 골목을 따라 낮은 집들이 가지런하게 하나로 연결되어 있었다. 붉은 벽돌담에 흑색 기와, 선홍색 대문과 녹색 방충망이 달린 창문, 회색 바닥의 자그마한 마당으로 구성된 주택 외관은 권촌의 주요 이미지로 남아 있다. 화장실과 주방 하나를 주민들이 함께 사용해야 하는 권촌도 있었고 여건이 좀 나은 권촌에서는 집 입구에 작은 주방이 각각 배치되어 있으며 공중화장실도 남녀가 구별되어 남자는 문이 없고 여자는 문이 달려 있었다. 그 외 수도꼭지가 권촌 내 하나 또는 각 동棟마다 하나씩 설치되어 있었다.[105]

하지만 초기에 지어진 협소한 권사를 분배받은 거의 모든 가구들은 얼마 지나지 않아 증축을 통해 늘어난 식구의 주거문제를 해결하고자 했다. 건국권촌의 경우 우선 셀로텍스 칸막이 대신 벽돌을 쌓고 아이들을 위해 2층 침대를 만들었으며, 천정이 높은 창고를 개조한 건물 양 끝에 위치한 집은 그 자리에 2층을 올렸으나 중간에 위치한 집은 채광 때

---

104 何思覘(2001), pp.22 · 27~28 · 46.
105 호미의 건국권촌에서는 당초 각 동(棟)마다 설치된 펌프로 지하수를 끌어올려 여과한 다음 사용했는데, 수질에 문제가 있어 군대에서 운송해주는 물을 먹다가 대략 1960년대에 와서 수도가 전면 설치되었다고 한다(李政靑(2016), p.45). 이와는 반대로 삼중(三重)에 위치한 공군 삼중일촌에서는 처음에는 군용트럭이 제공하는 물을 줄서서 받았지만, 나중에는 촌민들이 스스로 2개의 우물을 파서 불편함을 해소했다고 한다(李廣均 外(2015), p.76).

문에 건물 바깥으로 공간을 넓힐 수밖에 없었는데, 아예 2층으로 증축하기도 했다.[106] 그 외 보통 대나무 울타리로 둘러싸인 주택은 앞뒤 마당에 건물을 올려 침실과 주방 및 욕실을 만들거나 증축된 부분을 헐고 다시 2층 건물을 짓기도 해서 원래 면적의 약 2배인 17~20평 정도를 확보하기도 했다. 드물지만 빈 땅이나 모퉁이에 위치한 주택 중에는 거의 100평까지 확장한 경우도 있었다고 한다.[107]

3. 나가며

대만으로 철수한 국민당정부는 그들을 따라온 외성인들의 거주문제를 당장 해결해야 했다. 특히 핵심 통치역량이었던 군대의 사기를 안정시키기 위해 군인가족이 머무를 공간과 생활지원이 급선무였다. 이에 일본이 남겨놓은 시설을 개조하거나 군부대 인근 또는 도시나 향촌 외곽 지역에 간이건물을 지어 이들을 집중 수용함으로써 권촌이 형성되기 시작했다.

1980년 이전 세워진 권촌은 크게 일본이 남긴 관사나 기지, 군 당국이 지은 극난 주택, 부련회가 기금을 모아 세운 단지 등 세 유형으로 나눌 수 있는데, 그중 부련회가 제공한 권촌이 가장 많았다. 이들은 임시거처로 처음부터 허름하게 지어졌기에 시간이 지나면서 노후화가 심해지고 증개축과 수해 등으로 안전에도 문제가 생겼을 뿐 아니라 도시발

---

106 李政靑(2016), pp.31~32·68.
107 何思瞇(2001), pp.35~36.

전에 따라 도시미관과 개발을 방해하는 존재가 되었다. 이와 함께 2, 3세대의 유출로 인한 공동화 현상과 주민의 노령화가 진행됨으로써 재건축 문제가 대두되었으나, 여러 사정으로 지연되다 1997년 이후 본격 추진되어 문화보존구역으로 지정된 곳을 제외하고는 모두 철거됨으로써 역사의 일부가 되었다.

권촌은 군인가족의 생활을 안정시키기 위해 설립한 것이기에 군에 의한 집중 관리가 행해졌다. 우선 관련 법규가 제정되고 관리기구가 지정되어 군인가족에 대한 조사, 권촌 건설과 분배, 각종 생활과 교육 지원 등을 집행하였다. 한편 권촌마다 군의 통제를 받는 자치위원회를 두어 제반 행정업무를 수행토록 하였고 부련회가 만든 부녀공작대가 활동한 권촌도 있었다. 부련회가 권촌 부녀자들에게 제공한 부업과 봉사는 주민의 생활개선에 큰 도움이 되었다. 그 외 국민당 당부黨部가 조직되어 선거에 주민을 동원하기도 했다. 부대시설로는 진료소와 매점 등이 있었으며 일용품을 배급하기도 거주신분증을 발급해 교환할 수 있게 하였다.

대만 전역에 건설된 권촌은 대부분 소규모이고 대도시와 그 주변 지역에 주로 집중되어 있었다. 권촌 수는 육군, 공군, 연근, 해군 소속 순으로 많았으며 병종의 성격 상 지역별 분포에는 차이를 보였다. 권촌의 이름은 병종의 특성, 건설비 기부단체, 인물, 원 주둔지, 소재지, 주민들의 의지 등을 드러내는 방식으로 지어졌다. 대부분의 권촌은 협소한 공간, 위계적 분배, 폐쇄적 취락이라는 비슷한 구조적 특징을 갖고 있었다. 건물 배치도 권촌 규모와 건설 시기에 따라 차이가 있지만 별반 다르지 않았다. 촌내에 큰 길 양옆으로 좁은 골목을 사이로 연동식 건물이 이어져 있고 광장과 방공호, 공동 화장실, 탁아소, 유치원, 농구장 등이 있으며 공용 우물 또는 수도가 설치되어 있었다. 또한 집집마다 대나무 울타리로 둘러싸여 있고 마을 외곽은 담이나 넓은 도로로 외부와 분명하게 구분되어 있었다.

권촌은 대규모의 강요된 정치적 인구이동이란 특수한 시대배경 하에 형성되었다는 점에서 그 역사적 의의가 있다. 언어와 풍습이 다른 낯선 땅에서 외부와 격리된 독립공간으로 존재했던 권촌은 국민당정부의 지원과 관리를 받으며 그 통치의 지지기반이 되었다. 권촌 1세대들은 고향으로 돌아갈 희망을 품고 열악한 환경 속에서 서로 도우며 생활하면서 자연스레 우리는 하나라는 공동체의식을 갖게 된다. 하지만 본성인 여성들이 권촌에 시집오고 2, 3세대가 성장하여 외부세계와 교류하면서 그 폐쇄적인 성격은 점차 희석되어 대만 현지문화와 융합하게 된다. 이어 경제성장과 도시개발로 재건축이 진행되면서 노후 권촌은 마침내 소멸되고 그 주민들은 일반 지역사회의 일원으로 함께 살게 되었다. 이처럼 대만의 권촌은 접경 공간에서의 조우와 교류, 융합과 공존이라는 진행과정을 잘 보여주는 사례로 이 글에서 미처 다루지 못한 권촌 주민의 삶과 의식 및 문화에 대한 검토는 후속 연구과제로 남겨두고자 한다.

참고문헌

1. 단행본

高格孚, 『風和日暖 - 臺灣外省人與國家認同的轉變』, 允晨文化, 2004.

龔宜君, 『外來政權與本土社會 - 改造後國民黨政權社會基礎的形成(1950~1969)』, 臺北, 稻鄉, 1998.

郭冠麟 主編, 『國軍眷村發展史 - 從竹籬笆到高樓大廈的故事』, 臺北, 國防部史政編譯室, 2005.

郭堯山, 『臺南水交社眷村風華史』, 臺南, 郭堯山出版, 2016.

桃園縣政府文化局, 『一探桃園縣眷村文化與空間肌理』, 2009.

駱雄華, 『塵土上的陽光 - 海軍左營眷村憶往』, 臺北, 獨立作家出版, 2014.

孫建中 主編, 『眷戀 - 憲兵與軍情局眷村』, 臺北, 國防部部長辦公室, 2007.

若林正丈 著, 洪郁如·陳培豊 等譯, 『戰後臺灣政治史 - 中華民國臺灣化的歷程』, 臺北, 國立臺灣大學出版中心, 2014

楊韜, 『メディアというプリズム - 映し出す中国·日本·台湾の歴史と社会』, 晃洋書房, 2018.

吳濁流 著, 鍾肇政 譯, 『臺灣連翹』, 臺北, 南方叢書出版社, 1988

吳忻怡, 『多重現實的建構 - 眷村, 眷村人與眷村文學』, 臺北, 臺灣省政府住宅及都市發展局, 1995.

廖雲章, 『人生, 從那岸到這岸 - 外省媽媽書寫誌』, INK印刻出版, 2006.

劉鳳祥 主編, 『眷戀 - 聯勤眷村』, 臺北, 國防部史政編譯室, 2008.

劉治萍·繆正西, 『竹籬·長巷與麵疙瘩 - 高雄三軍眷村憶往』, 臺北, 釀出版, 2014.

李廣均 外, 『眷村的空間與記憶』, 臺北, 文化部文化資源局, 2015.

李小月·陳維鸚, 『離岸, 靠岸 - 宜蘭眷村七十年』, 宜蘭縣史館, 2019.

李政青, 『飛越一甲子 - 虎尾建國眷村的故事』, 雲林縣政府, 2016.

李佩霖, 『臺灣的後眷村時代 - 離散經驗與社會想像的重構』, 臺北, 翰蘆圖書出版, 2019

林樹等, 『新竹市眷村田野調查報告書』, 新竹市立文化中心, 1997.

林桶法, 『1949大撤退』, 臺北, 聯經, 2009.

林海清 主編, 『眷戀 - 海軍眷村』, 臺北, 國防部部長辦公室, 2007.

張茂桂 主編, 『國家與認同 - 一些外省人的觀點』, 臺北, 群學出版, 2010.

張嬙 主編, 『寶島眷村』, 北京, 中國人民大學出版社, 2010.

중앙대·한국외대HK+〈접경인문학〉연구단 편, 『접경 공간의 형성 - 조우와 충돌』, 소명출판, 2019.

曾明財, 『臺灣人在眷村 - 我的爸爸是老芋仔』, 臺北, 允晨文化, 2016.

陳溪松 主編, 『眷戀 - 空軍眷村』, 臺北, 國防部部長辦公室, 2007.

彭大年 主編, 『眷戀 - 陸軍眷村』, 臺北, 國防部部長辦公室, 2007.

_____ 主編, 『眷戀 - 後備眷村』, 臺北, 國防部史政編譯室, 2008.

何思瞇, 『臺北縣眷村調查研究』, 臺北縣政府文化局, 2001.

夏夏等, 『媽! 我要住眷村 - 黃埔新村以往代護紀實』, 高雄, 文化部文化資産局・高雄市政府文化局, 2016.

行政院國軍退除役官兵輔導委員會, 『戀戀眷村 深深情義』, 臺北, 同會, 2006.

黃秀端 主編, 『眷村裏的女人』, 臺北, 五南圖書, 2020.

2. 논문

高田夏子, 「探虹眷村とアール・ブリュット」, 『專修大学人文科学研究所月報』 300, 2019.

杜欣容, 「士林地區外省政治人物與眷村之研究」, 臺北市立教育大學 歷史與地理學系 碩士論文, 2013.

藤巻正己, 「'観光のまなざし'が向けられる'ダークな記憶装置'としての日本統治期の建造物と旧'眷村'」, 『立命館大学人文科学研究所紀要』 121, 2019.

羅於陵, 「眷村 - 空間意義的賦予和再界定」, 臺灣大學 建築與城鄉研究所 碩士論文, 1991.

路培, 「論多元文化語境下朱天文小說中的臺灣書寫」, 湘潭大學 文學與新聞學院 碩士論文, 2013.

馬自立, 「眷村改建住宅可行途徑之研究」, 『臺灣土地金融季刊』 27-4, 1990

白佐立, 「戦後台湾における都市更新に関する歴史的研究 - 不法占拠・眷村・国民住宅を中心に」, 東京大學 工學博士論文, 2010.

尚道明, 「眷村居民的生命歷程與國家認同 - 樂群新村的個案研究」, 清華大學 社會人類學研究所 碩士論文, 1995.

손준식, 「냉전 초기(1952~1965) 미국원조와 대만교육 - 農工職業教育과 華僑教育을 중심으로」, 『中國近現代史研究』 66, 2015.

葉高華, 「外省人的人數・來源與分布」, 『臺灣學通訊』 103, 2018.

吳忻怡, 「'多重現實'的建構 - 眷村・眷村人與眷村文學」, 臺灣大學 社會學研究所 碩士論文, 1996.

劉益誠, 「竹籬笆內外的老鄉們 - 外省人的兩個社區比較」, 清華大學 社會人類學研究所 碩士論文, 1997

劉鑫, 「臺灣眷村居民地方認同研究」, 福建師範大學 人文地理學科 碩士論文, 2017.

李桂芬, 「花蓮地區外省人口分布研究」, 國立東華大學 鄉土文化學系 碩士論文, 2010

李廣均, 「臺灣'眷村'的歷史形成與社會差異 - 列管眷村與自力眷村的比較」, 『臺灣社會學刊』 57, 2015.

李廣均, 「差異・平等與多元文化 - 眷村保存的個案研究」, 『社會分析』 12, 2016.

李棟明, 「居臺外省籍人口之組成與分布」, 『臺北文獻』 11, 12合刊, 1970.

李棟明, 「光復後臺灣人口社會增加之探討」, 『臺北文獻』 9, 10合刊, 1969.

李孟舜, 「局內的局外人 - 眷村文學的雙重離散經驗與文化身分認同」, 鄭州大學 文學科 碩士論文, 2008.

林桶法, 「戰後初期到1950年代臺灣人口移出與移入」, 『臺灣學通訊』 103, 2018.

掌慶琳等, 「竹籬笆裡的飯菜香 - 眷村菜初探」, 『觀光休閒學報』 24(1), 2018.

莊蕙綺, 「理想彼岸的消逝 – 試析朱天心《想我眷村的兄弟們》」, 『中華學苑』 54, 2000.

赤松美和子, 「朱天心《想我眷村的兄弟們》にみる限定的な‘私たち’」, 『お茶の水女子大学中国文学会報』 27, 2008.

趙剛, 侯念祖, 「認同政治的代罪羔羊 – 父權體制及論述下的眷村女性」, 『臺灣社會研究季刊』 19, 1995.

趙慶華, 「相聚・離開・沈默・流浪 – 閱讀蘇偉貞的《眷村四部曲》」, 『臺灣文學研究』 創刊號, 2007.

倉本知明, 「歴史の関節のはずし方 – ‘解厳’前後における眷村出身作家たちの叙述戦略」, 立命館大學 學術博士論文, 2011.

倉本知明, 「身体的記憶か喚起する廃墟の記憶 – 朱天心《ハンガリー水》における眷村表象を中心に」, 『日本台湾学会報』 11, 2009.

倉本知明, 「愛情のユートピアから情欲と狂気のディストピアへ – ‘解厳’前後における蘇偉貞の眷村表象」, 『日本台湾学会報』 13, 2011.

蔡明欽, 「〈國軍老舊眷村改建條例草案〉之評估」, 『立法院院聞』 27(12), 1995.

馮品佳, 「離散的親密關係 – 蘇偉貞眷村小說中的感官書寫」, 『臺灣文學研究學報』 15, 2012.

胡台麗, 「芋仔與蕃薯 – 臺灣‘榮民’的族群關係與認同」, 『中央研究院民族學研究所集刊』 69, 1990.

黃宣範, 「眷村的臺灣人經驗」, 『臺灣風物』 43(2), 1993.

黃世祝, 「臺南市水交社眷村居民的文化與族群身份變遷」, 國立臺南師範學院 臺灣文化研究所 碩士論文, 2004

黃昭璘, 「眷村的文化形成與社區發展」, 『文化生活』 4(5), 2001.

"평양 로케이션", 평양에서 영화를 배우는 사람들

전우형*

1. 금기와 적대 너머 북한과의 접촉지대

이 글은 국제사회에서 북한과의 접촉지대가 다중적Multiscalar이고 다자회Multilateral되어 온 여정과 양상을 확인하고자 한다. 북한과의 접촉은 늘 분단이라는 금기, 이념이라는 적대와 연동된 월북행위로 인식되어 왔다. 금기를 넘는 적대적인 만남의 역사가 없지 않았다 하더라도 이와 같은 편집증적 사고는 다른 접촉을 폭력적으로 소외시킨다는 점에서 위험하다. 탈냉전과 경계를 가로지르는 미디어가 증가하면서 남북을 넘어 국가, 지역, 민족, 인종, 이념, 계급, 종교, 젠더, 문화 등을 초월하는 북한과의 접촉지대가 존재할 가능성은 충분하다. 그럼에도 불구하고, 남북 사이의 적대와 북한의 폐쇄주의가 강고하게 결합하면서 국제사회에서 북한과의 접촉마저 사회주의 국가 간 연대 또는 공작과 밀매 등으로 단순화되기도 한다. 이러한 접근은 북한을 고립의 기원으로 지목하는 것도 문제거니와 남북 경계에 대한 무의식적 경계를 지속하게 한다는 점에서 재고의 여지가 있다. 무의식적 경계는 그간 남북 경계의 오류 가능성이나 형식 및 의미의 변화 등에 대한 무관심으로 이어져 금기와 적대로서의 경계를 규범적인 것으로 수용하게 만든다. 북한의 폐쇄성도 문제거니와 그러한 북한을 더욱 폐쇄적인 것으로 방치하는 이 인식론이 더욱 문제적이다. 그래서 이 글은 존재했음에도 불구하고 그간 외면당했던 북한과의 다양한 접촉지대를 발견하는 것에서 시작할 필요가 있다. 그리고 이러한 접촉이 남북 경계에 새겨진 분할과 통제의 기호에 균열을 일으킬 가능성을 검증하는 것이 이 글의 목표이다. 2018년 4월 이후 남북, 남북미 정상회담이 진행되고 남북 사이의 탈분단 및 평화체제가 순행하면서 남한과 국제사회의 재현예술에 적지 않은 변화가 나타났다.[1] 특히, 영화는 남북 경계에 관한 규범적 기억의 새로운 순간에 적극적으로 개입하는데,[2] 이것이 2000년대 이후 형성된 세계 영화인들 사이의 다중적이고 다자적인 공동체와 네트워크를 기반으로 하고 있는 점에 주목할 필요가 있다.

최근의 한 예를 살펴보자. 2021년 10월, 제작된 지 2년 만에 개봉된

---

* 이 글은 필자의 「"평양 로케이션", 평양에서 영화를 배우는 사람들」, 『사이間SAI』 31, 2021, 103~127쪽을 옮긴 것임을 밝힌다.

1 국제사회의 새로운 변화는 본문에 상술할 예정이어서 남한을 우선 살펴보면, 2018년 이후 남북 경계에 관한 재현의 대상 및 방법, 효과에 이르기까지 새로운 변화를 담은 작품들이 적지 않게 등장했다. 이에 관한 이야기가, 영화와 전시 등 보다 대중적인 언어를 매개하고 있으며, 이들은 그것을 지난 과거의 이야기로서가 아닌 현전(presence)하게 하는 장치라는 공통점을 지닌다. 주목할 만한 작품으로는 〈폴란드로 간 아이들〉(2018)과 〈굿바이 마이러브 NK - 붉은청춘〉(2019), 〈그림자꽃〉(2019) 등의 다큐멘터리영화와 〈평양책방〉(2018), 〈중립국감독위원회 DMZ사진전〉(2018), 〈영국에서 온 Made in 조선〉(2019) 그리고 〈DMZ〉(2018) 등의 전시이다. 이외에도 2018년 제23회 원주인권영화제는 북한과 영국, 벨기에의 합작영화 〈김동무는 하늘을 난다〉(2012)를 개막작으로 상영하고 북한영화 특집으로 열리기도 했다.

2 아스만(2011) 참조.

〈그림자꽃〉이승준, 2019은 이에 관한 흥미로운 상상력을 제안한다. 이 영화는 2011년에 남한에 입국한 탈북 이주민 김련희의 귀환투쟁을 기록한 다큐멘터리영화이다. 2016~2017년 시민사회의 힘으로 바뀐 정권과 2018년 4월 이후 남북 화해의 순풍에 잔뜩 기대를 걸었던 이 영화의 마지막 장면은 광화문 인근 도심으로 걸어 들어가는 김련희의 뒷모습과 촬영이 막 시작된 2015년 그녀가 딸과 나눈 전화통화의 보이스오버이다. 그런데, 이 영화는 정작 김련희와 영화는 금기와 이념의 벽에 막혀 가지 못하는 상황에서 "평양 로케이션"을 감행한다. 평양 로케이션은 이처럼 독백으로 수렴되는 그녀의 고백과 동시에 경계에 대한 규범적 기억의 새로운 순간에 개입한다. 영화에서 그녀는 평양에서의 간경화 치료 실패 후 중국으로 건너가 치료를 받던 중에 남한에서 돈을 벌어 다시 돌아올 생각을 한 것으로 보인다. 남한행이 진행되면서 귀환이 불가능하다는 사실을 알게 된 후 남한 진입을 포기하려 했으나 여정이 탄로 날 것을 우려한 브로커가 여권을 탈취하는 바람에 입국했다는 것이 그녀의 고백이다. 북중 접경에 오래 동안 형성된 초국적 생활공간을 가득 메운 정보들 중 자신에게 유리한 쪽으로 취사선택한 이주인 모양이다. 이런 김련희의 귀환투쟁은 가끔 뉴스를 통해 보도되는 정도이고, 그것마저도 그녀의 간첩 또는 사기꾼 혐의에 관한 것들이 대부분이다. 영화는 자신의 귀환투쟁에 대한 남한사회 전체의 무관심과 혐오에 대응하기 위해 스스로 시작한 기록이다. 카메라는 김련희의 수많은 일정에 맞춰 그녀의 뒤를 가만히 따라다닌다. 〈그림자꽃〉은 그래서 김련희가 주도하는 영화이다. 평양에 도착한 신은미의 도움으로 가족과 통화를 하게 되었다는 그녀의 연락으로 급조된 영화 속 촬영현장과 장면이 이를 잘 말해준다.

흥미로운 것은 김련희가 주조하는 것처럼 보이는 이 다큐멘터리영화의 서사에서 그녀가 결코 재현하지 못할 장면이 등장한다는 점이다. 영화는 평양 김책공업종합대학 의사로 일하고 있는 남편과 고등교육을 받는 딸의 일상을 근거리에서 포착한다. 평양으로 진입하는 기차 밖 풍경과 평양거리에 대한 마스터쇼트로 시작하는 이 씬scene은 남편과 딸이 살고 있는 집의 일상, 딸의 학교 수업, 남편의 병원 진료와 출퇴근 풍경, 특히 퇴근길에 친구들과 맥주를 마시는 쇼트들의 몽타주로 구성된다. 이 씬은 남한에서 고생을 하고 있을 아내에게 부치는 영상편지 같은 것이 아니라 그 자체로 평양 어느 가족의 일상을 기록하는 하나의 다큐멘터리영화가 된다. 영화에서 이 씬의 기능이라면 그녀의 귀환투쟁은 물론 영화를 투사하는 나르시시즘적 거울 또는 환영처럼 보인다. 귀환투쟁이야 말할 것도 없거니와, 영화의 욕망 역시 평양이었다.[3] 그런데 더욱 주목할 것은 이 장면이 서사의 끝에 위치해야 할 귀환이 불가능한 현실에 대한 암시이기도 하다는 점이다. 그래서 이 평양 씬은 영화를 주도하는 그녀의 주변적 위치와 귀환투쟁을 벌이는 그녀의 소외된 위치를 동시에 상상하게 한다. 어디 그뿐인가. 2018년 북미 정상회담 이후 평양을 여행하는 외국인이 급증한다는 소식[4]을 외신으로만 접해야만 하는 남한사회를 환기하기도 한다. 이 영화의 평양 로케이션은 이렇게 김련희의 증언과 탈북 이주민의 정황뿐만 아니라 탈북 이주민에 대한

---

3 「'그림자꽃' 이승준 감독, "천편일률 탈북민 이야기, 분단 현실에 질문 던지고 싶었다"」, PD저널, 2021.10.22.
4 「北, 외국인 관광객 급증 감당못해 하루 1천 명으로 입국 제한」, SBS, 2019.3.12; 「유럽-평양 횡단열차 여행상품 출시」, VOA, 2019.6.19; 「"北 관광객 급증"……'집단체조' 공연 5년만에 재개」, YTN, 2018.6.19.

남한사회의 무관심, 그리고 남북 탈분단 및 평화체제의 공소시효에 동시에 개입한다. 그렇다면, 평양시민과 공민임을 여러 차례 주장하지만 평양으로 돌아가지 못하는 김련희, 그리고 그녀를 평양으로 보내고 싶어하는 영화 대신에 평양 로케이션을 감행한 사람들은 누구인가.

〈그림자꽃〉의 감독 이승준은 이 씬이 북한을 방문한 적 있는 핀란드 영화인 미카 마틸라Mika Mattila에게 부탁해 2016년 겨울과 2017년 10월 두 차례 평양방문을 통해 촬영되었다고 밝혔다.[5] 엔딩 크레디트에는 현지 코디네이터로 방금찬이라는 이름이 사사되어 있다. 2019년 DMZ국제다큐멘터리영화제에서 인터뷰 중 그 과정에 관해 더 자세히 묻고 답을 듣지 못한 아쉬움도 있지만,[6] 그의 답변은 평양에 들어가는 외국 영화인들이 적지 않을 것이라는 사실을 암시하기도 한다. 카메라 앞에 선 평양 시민들의 자연스러운 표정과 행동을 담은 쇼트들까지 참고하면 평양에 들어가는 외국 영화인들이 적지 않고 평양에서 그들이 영화를 찍는 일도 예외적이지만은 않다는 추론까지 가능하다. 북한 체제에서 집도 오롯이 사적인 공간일리 없다지만, 그들의 촬영현장은 김책공업종합대학 병원에서부터 학교, 술집, 그리고 지하철에 이르기까지 광범위할 뿐더러 무리 또는 군중을 담을 만큼의 롱쇼트들이 대거 사용되었다. 이쯤 되면, 이 촬영이 북한정부의 공식 허가를 받았을 상황을 짐작케 하는데, 촬영쇼트들에 대한 검열이 있었다 하더라도 이것이 사용될 영화와

5　「"남한에 갇힌 평양시민" 김련희 기구한 10년, 다큐로 찍었다」, 『중앙일보』, 2021. 10.26.
6　이승준 감독은 〈그림자꽃〉이 최근에 개봉하면서 이 과정에 관해 부연하는데, 재미동포 노길남 박사의 도움이 컸다고 설명한다. 또한 핀란드 촬영팀을 북경에서 만나 배웅한 기억을 회고하기도 했다(「"내 딸이 평양에 있다" 아픈 엄마의 11년째 외침」, 『오마이뉴스』, 2021.10.27).

국적이 크게 문제가 되지 않았던 상황은 흥미롭다. 해서, 이 글은 "극장국가"[7] 북한에서 평양이 외국인들에게 촬영 로케이션으로 제공되는 상황의 역사성, 거꾸로 말하자면 평양을 로케이션으로 선택하는 외국인의 입국여정과 풍경을 확인하고자 한다. 그간 평양을 비롯해 북한에서 만들어진 외국영화들이 국내에 소개되는 일은 제한적이었다. 2018년 남북, 북미 정상회담 개최와 종전계획을 담은 판문점선언 이후 생긴 변화 중에 2018년 원주인권영화제가 북한과 영국 합작영화 〈김동무는 하늘을 난다〉2012를 개막작으로 상영하고 북한영화 특집으로 열린 사실은 평양 로케이션의 여정과 풍경을 확인할 필요성을 자연스럽게 제기한다.

최근 한 연구는 2010년대 이후 북한의 합작영화 제작 붐을 소개하면서 이러한 방식의 영화제작이 김정은 집권 이후 북한의 대외 홍보와 해외시장 개척 등을 둘러싼 개방정책의 일환으로 의미화하고 있다.[8] 이 논문은 이 시기 북한 합작영화들이 북한의 이미지 쇄신에 기여하는 점에 주목하여 이를 김정은이 주도하는 위로부터의 정책임을 강조하고 있다. 그런데, 이 영화들이 오롯이 북한체제를 홍보하는 데 충실한가에 대한 이론의 여지는 분명 있다. 몇몇 작품들은 북한의 선전수단으로 동원되는 프로파간다영화의 민낯을 직접 대면하게 하는 경우가 있어 김정은의 개방정책과 불협하기도 한다. 오히려, 이 영화들에서 주목할 지점은 미화된 북한이 아니라 이를 재현하는 낯선 영화언어들이 영화제를 비롯한 세계 영화시장에서 호평을 받거나 승인을 얻는 과정이다. 이를 고립된 북한의

---

7 권헌익·정병호, 『극장국가 북한 – 카리스마 권력은 어떻게 세습되는가』, 창비, 2013 참조.
8 이준엽(2021), 57~88쪽 참조.

이질적인 영화언어에 대한 호기심으로 치부할 수도 있으나, 몇몇 영화들과 이에 대한 평가가 북한영화의 대안적 성격에 주목하고 있는 점을 미루어 볼 때, 이는 북한 영화언어의 동시대성에 대한 발견에 더욱 가까운 것으로 보인다. 북한의 영화언어로 영화를 제작하려는 한 개인의 여정을 담은 〈안나, 평양에서 영화를 배우다〉2018는 꽤 상징적이다. 이 글은 이 영화들을 위로부터의 단순한 합작영화라기보다 아래로부터의 다중적이고 다자적인 접촉에 의해 제작된 영화로 보고, 이것을 가능하게 만든 사전 접촉지대를 추적하고자 한다. 북한영화가 국제영화제에 초청되고 호평을 받기 시작한 것은 2000년대 이후이고, 공교롭게도 여기에 니콜라스 보너Nicholas Bonner라는 영국의 한 개인이 있다. 그러니까 이 글은 〈그림자꽃〉의 평양 로케이션의 기원 및 여정에 관한 탐문기이다. 이 여정을 통해 분단체제 또는 이념대립 등을 우회하는 접촉지대가 경계를 분할과 통제 대신 이동과 교류의 장으로 재인식할, 적어도 경계에 관한 새로운 경합장[9]을 열 가능성을 검증하는 것이 이 글의 최종 목표이다.

2. 다중적·다자적 접촉지대로서 "평양 로케이션"

최근 국내에서 개봉된 〈안나, 평양에서 영화를 배우다Aim High in Creation〉2013, 〈김동무는 하늘을 난다Comrade Kim Goes Flying〉2012 등은 각각 호주의 안나 브로이노브스키Anna Broinowski와 벨기에의 안야 다엘레만스Anja

---

9   무페(2020) 참조.

Daelemans, 영국의 니콜라스 보너Nicholas Bonner가 평양을 방문해 제작한 영화이다. 〈김동무는 하늘을 난다〉는 2012년 부산국제영화제를 통해 국내에 소개되었다. 비정치적 이슈에 집중한 이 영화들의 국내외 개봉으로 북한과 북한영화에 대한 그간의 익숙했던 이미지에 균열이 생겼다. 〈안나, 평양에서 영화를 배우다〉는 다큐멘터리영화이고 〈김동무는 하늘을 난다〉는 극영화이지만 둘의 공통 점이라면 코미디의 장르적 속성을 대거 차용하고 있다는 점이다. 영화배우 겸 연출자인 안나는 자신이 살고 있는 시드니 전역이 다국적기업의 층간가스 시추장이 되어가는 상황에 저항하고자 북한의 프로파간다영화를 학습해 단편영화를 만들 요량으로 평양에 들어간다. 〈김동무는 하늘을 난다〉는 어려서부터 평양교예단의 공중 곡예사가 되기를 꿈꿔왔던 탄광 노동자 김영미가 하늘을 나는 곡예를 펼치게 되는 이야기인데, 주인공이 고소공포증을 겪고 있다는 등 희극적인 설정이 돋보인다. 이러한 희극성이 극장국가 북한을 미화하는 새로운 선전전략이라거나, 또는 이런 북한을 희화화하는 재현전략처럼 보이기도 하지만 이전의 북한영화, 또는 북한에 관한 외국영화와 적지 않은 거리를 만들고 있다. 이 영화들은 북한에서의 영화가 주체사상 교육 및 선전선동을 위한 프로파간다와 의무관람인 상황에서 덜 고려되었던 대중성이 틈입해 있는 것과 북한 국내보다는 국외상영에 초점이 맞추어져 있다. 이때 대중성이란 국제사회의 영화 취향과 연동되어 있거니와 국외상영은 해외 국제영화제를 통해 수행된다. 이 영화들의 특징이라면 각각 영화, 꿈에 관한 학습과정에 주목해 분단 및 이념대립 또는 악의 축으로 규범화된 북한 경계의 다른 순간에 개입한다는 점이다.

〈그림 1〉 2010년대 평양 로케이션 외국영화 포스터

앞의 두 영화만큼 대중에게 널리 알려지지는 않았지만 Meine Brüder und Schwestern im Norden 2016은 안드레아스 반츠Andreas Banz, 더크 엥겔하르트Dirk Engelhardt, 마티아스 미에겔Matthias Migel이 제작을 지원하고 촬영, 편집 등 독일인들이 대거 참여한 독일영화이다. 이 영화는 북한 촬영을 위해 한국 국적을 포기하고 독일로 귀화한 조성형 감독의 다큐멘터리영화이고, 2017년 DMZ다큐멘터리국제영화제를 통해 〈북녘의 내 형제 자매들〉이라는 제목으로 국내에 공개되기도 했다. 이 영화는 백두산, 김정일 생가와 미곡 협동농장, 원산의 의복공장, 만수대 물놀이장 등 북한의 공식적인 관광루트를 따라다니면서 북한의 아름답고 고요한 경관을 기록하고 있다. 아울러 김일성, 김정일, 김정은으로 이어지는 지도자를 향한 찬가가 영화의 일관된 리듬을 빚는다. 이 영화가 북한 촬영현장의 전형성이라고 할 만한 감시하고 통제하는 관리 없이 촬영되었다는 점은 흥미롭다. 현장에서 만나는 북한 주민들과 나누는 대화가 수반하는 긴장, 침묵, 결기와 같은 비언어적 요소들은 분단을 실감케 한다. 그럼에도 불구하고, 이념 또는 혁명의식 그 너머에 존재하는 주민들의 일상을 기록함으로써 북한에 관한 새로운 접촉의 좌표를 제안하는 영화이다. 그런가 하면, 캐나다 출신 배낭여행객 스콧 윌슨Scott Wilson과 저스틴

루카크Justin Lukach는 감시원들의 통제 속에서 수행한 배낭여행을 〈북한을 가다 – 홀리데이 인 평양North Korea : The Other Side, Musical〉2011 1, 2부로 편집해 자신들이 만든 내셔널지오그래픽채널 Departures 프로그램을 통해 상영하기도 했다. 이렇게 영화는 북한을 둘러싸고 있는 안팎의 경계들을 현전함으로써 그것에 관한 규범화된 기억에 균열을 일으키는 순간에 개입한다.

이 영화들이 외국의 개인 또는 민간단체의 지원으로 제작된 영화라면, 정부 간 합작영화 제작을 위해 평양 로케이션을 감행하는 사례도 있다. 국내에서 개봉된 영화 중에 러시아와 북한정부의 지원을 받아 제작된 〈태양 아래〉2015는 흥미로운 서사로 구성된 다큐멘터리영화이다. 러시아의 영화감독 비탈리 만스키Виталий Всеволодович Манский는 조선소년단에 갓 입단해 김일성 주석의 생일 기념행사인 태양절을 준비하는 진미의 일상을 기록하라는 북한정부의 요청에 따라 영화를 제작한다. 그런데 감독은 북한 관리에 의해 엄격하게 통제되는 촬영현장도 못마땅하거니와 오디션을 통해 발탁된 진미는 물론 가족과 등장인물들이 모두 사전 시나리오에 의해 연기를 하고 있는 정황을 파악하게 된다. 이후 이 영화는 극적 서사 연출을 위해 작성된 대본을 외워 말하는 것이 노골적으로 드러나는 장면, 촬영현장을 통제하는 관리와 진미와 등장인물에게 연기를 지시하는 장면 등을 병치함으로써 자신의 다큐멘터리영화가 연출된 것임을 암시한다. 영화의 마지막, 감독이 진미에게 소년단 하면서 무엇이 제일 좋은지 묻자 대답을 못하고 눈물을 흘리는 진미가 클로즈업되는 장면은 이 사전 연출의 고됨을 적나라하게 드러낸다. 2015년 에스토니아의 탈린 블랙나이츠 국제영화제Tallinn Black Nights Film Festival

에서 공개되면서 러시아와 북한 양국으로부터 상영금지 압력을 받기도 했다. 서론에서 언급한 연구는 이 영화들에 더해 〈산너머 마을〉2012, 〈평양에서의 약속〉2012, 〈마이클 페일린, 북한에 가다〉2018, 〈영광의 평양사절단〉2019 등을 언급하면서 김정은시대 합작영화의 급증에 주목했는데,[10] 이런 점들을 고려하면 이 영화들을 위로부터의 합작영화로 분류할 수 있는지에 관한 의문이 남는다.

〈그림 2〉 2000년대 평양 로케이션 외국영화 포스터

위에 소개한 영화들의 제작년도를 감안할 때 김정은시대의 대외 교류 전략으로 합작 또는 외국영화가 급증한 것처럼 보이지만, 이러한 배경에 2000년대에 제작된 영화들의 국내외 호평이 미친 영향이 놓여있고, 그 연장선으로서의 효과를 간과하기도 힘들다. 〈천리마 축구단The Game of Their Lives〉2001, 〈어떤 나라A State of Mind〉2004, 〈푸른 눈의 평양시민 Crossing the Line〉2006 등은 여러 국제영화제에 초대되었을 뿐더러 2005년 8월과 2008년 7월에 국내에서 개봉되었고 케이블채널을 통해 상영된

---

10   이준엽, 앞의 책, 57~60쪽 참조.

적도 있어 국내외 영화관객들에게 비교적 널리 알려진 북한 다큐멘터리영화들이다.[11] 다만 이 영화들이 외국의 영화인들이 제작에 참여했다는 사실은 영화의 명성만큼 알려져 있지는 않다. 1966년 런던 월드컵에서 이탈리아를 꺾고 8강에 진출한 북한 축구단의 후일담을 담은 〈천리마 축구단〉은 영국의 다니엘 고든Daniel Gordon이 연출을 맡고, BBC와 니콜라스 보너, 존 배첵John Battsek 등이 그와 함께 제작에 참여했다. 이 영화는 2006년 월드컵 기간 중에 CQN명동에서 무료 상영하기도 했다.[12] 〈어떤 나라〉는 북한 최고의 행사인 전승기념일 매스게임에 참여하는 현순과 송연을 통해 평양 중산층 가정의 일상을 기록한다. 다니엘 고든의 두 번째 북한 다큐멘터리영화이고 니콜라스 보너가 제작자로 참여했다. 〈푸른 눈의 평양시민〉은 다니엘 고든이 연출을, 니콜라스 보너가 제작자로 참여해 만든 세 번째 영화이다. 1962년 월북한 미군 제임스 조지프 드레스녹James Joseph Dresnok이 인기 영화배우로 활약하는 현재를 담고 있다. 이 영화들이 국제사회를 예상 관객으로 호명하면서 대중성을 의식했고, 주로 해외영화제 등 국외상영에 초점을 맞추었다는 점에서 2010년 이후 제작된 영화들과 긴밀한 연관성이 있으며, 시기상으로 기원이 될 가능성이 있다. 그리고 이러한 성격을 감안하여 이 글은 이 계열의 영화들을 평양 로케이션 외국영화로 부를 것을 제안한

11　케이블·위성TV Q채널은 2008년 한가위 특집을 비롯해 2009년 3월 6일부터 매주 금요일 밤 10시에 방송되는 '다큐플러스'를 통해 북한다큐 네 편을 상영했다. 〈천리마 축구단〉, 〈어떤 나라〉, 〈푸른 눈의 평양시민〉 등 다니엘 고든의 북한다큐 3부작과 〈악의 축, 북한을 가다〉가 편성되었다(「한가위 특집 - 12일 TV하이라이트」, 『중앙일보』, 2008.9.12; 「'천리마 축구단'을 다시 보다…… Q채널 북한다큐 4편 방송」, 『중앙일보』, 2009.2.27).

12　「〈천리마 축구단〉 무료상영 이벤트」, 『씨네21』, 2006.6.7.

다. 특히, 주목할 것은 이 영화들이 북한을 이념이나 정치체제 바깥에서 접근하려고 했고, 그러한 접점들이 월드컵과 매스게임, 그리고 영화 등 상당히 국제적인 이슈에 가까웠다는 사실이다.

또한, 〈안나, 평양에서 영화를 배우다〉가 〈푸른 눈의 평양시민〉의 주인공인 제임스 드레스녹의 두 아들이 영화 촬영현장에서 연기하는 모습을 우연히 포착하고 안나가 그들과 함께 연기를 하는 장면은 매우 흥미롭다. 평양을 로케이션으로 하는 외국영화 사이의 일종의 상호텍스트성으로 볼 수 있는데, 특히 이 장면은 평양을 방문하는 외국 영화인들을 비추는 거울과도 같은 역할을 한다. 지금까지 소개한 영화들에서 계속 반복되는 이름이 있다. 니콜라스 보너Nicholas Bonner, 영국인인데 〈천리마 축구단〉 제작자로 참여하면서 다니엘 고든의 3연작 모두를 제작했고, 〈김동무는 하늘을 난다〉 제작과 〈안나, 평양에서 영화를 배우다〉 협력 프로듀서Associate Producer를 맡았던 인물이다. 〈북한을 가다 – 홀리데이 인 평양〉의 엔딩크레디트에도 니콜라스 보너와 그가 운영하는 고려투어에 대한 사사가 등장한다. 니콜라스 보너는 물론 이 영화의 제작 일부를 지원하는 입장이나 드레스녹 형제의 출연 장면에서 더 할 말이 있었을 법한데, 안나는 이 장면을 다음과 같은 내레이션으로 마무리한다. "제임스 드레스녹 형제는 북한국적 소유자로 아버지 조 드레스녹은 북한 최고의 악역배우죠. 미 해군이었던 그는 **한국전 당시 북으로 왔고** 그 후 미국인 악당 역을 도맡아 왔습니다.인용자강조" 호주의 영화인인 그녀가 월북 미군 제임스 드레스녹에 관해 잘 몰랐을 수도 있고 평양 곳곳에서 서양인들을 줄지어 만나다보니 영화 촬영현장에서 만난 그들에 관해 덜 궁금했을 수도 있다. 그런데 "한국전 당시 북으로 왔고"라는 소

〈그림 3〉〈안나, 평양에서 영화를 배우다〉 스틸쇼트

개는 이러한 연쇄가 자신이 만드는 영화에 대한 감독 안나의 불철저함 너머, 또는 그것이 지향하는 세계를 궁금하게 한다.

〈안나, 평양에서 영화를 배우다〉는 북한의 역사와 정치이념 및 체제에 관해 극도로 말을 아낀다. 이는 정치적으로 민감한 문제에 관한 사전 교육에 의한 것일 수도 있고, 감독 안나의 무관심 때문일 수도 있다. 그런데, 이 영화를 가득 메우고 있는 북한의 영화언어와 예술관 등을 감안할 때, 이는 역사와 정치이념 등을 말하지 않고도 북한을 이해 가능한 접촉 지점의 발견으로도 읽힐 수 있다. 물론, 건국과 전쟁, 정치이념과 체제 등이 북한을 대표하는 상황에서 이러한 접촉이 꼭 북한에 대한 온전한 이해를 대체할 수 있는지에 관한 의문은 여전히 남는다. 영화언어와 예술 역시 그것과 긴밀하게 연동되어 있는 터라 북한과의 다른 접촉지점이란 사실상 불가능한 것일 수도 있다. 다만, 영화 내내 북한의 영화언어에 대해 쉴 새 없이 질문하는 안나는 북한을 역사와 이념, 정치체제로부터 분리시키는 장치를 자처함으로써 그것 너머 북한과의 접촉지대를 상상한다. "상상초월 혁명적 코믹 어드벤처"라는 포스터의 홍보문구는 영화의 희극적 상황을 염두에 둔 것이지만, 영화에 등장하는 북한의 영화거장들이 안나와 이념의 경계를 초월해 영화에 관해 이야기를 나누는 새로운 모험담이라는 점에서 의미가 있다. 그렇다고 이 영화가 보여주고 싶은 것이 북한의 엘리트들과 격의 없이 대화를 나누는 방법이었을 리는 없다. 영화는 '평양에서 영화를 배우는 안나'를 통해 북한의 영화언어에 동시대성을 부여하고 있다. 영화는 안나의 질문과 북한 영화예술가들의 답변 및 지도와 함께 호주 영화인들이 학습하는 장면을 병치하고 있다. 다소 코믹하게 편집된 측면도 있지만, 영화의 마지막에 등장하는 다국적 기업의 층간가스 시추에 저항하는 내용으로 구성된 〈정원사Gardner〉는 배운 자의 시선을 통해 북한영화를 경계 너머에 현전하게 한다.

3. 초국적 공동체와 영화언어의 네트워크

그렇다면, 니콜라스 보너와 안나 브로이노브스키의 평양 로케이션이란 무엇인가. 이 질문은 2000년대 이후 출현한 외국 영화인들의 북한영화가 위로부터의 합작영화인지 아래로부터의 다중적이고 다자적 접촉의 산물인지에 관한 것이면서 동시에 국제적으로 고립된 북한이라는 현실에 개입하는 영화적 상상을 가늠하기 위한 것이기도 하다. 외국 영화인들이 제작한 북한영화 대부분에 이름을 새긴 니콜라스 보너는 조슈아 그린Joshua Green과 함께 고려투어Koryo Tours의 설립자이다. 고려투어는 1993년 베이징에 세워진 북한 전문여행사이다. 북한의 조선국제려행사의 파트너로 지정되면서 고려투어는 주로 외국인들의 DMZ, 평양, 개성, 함흥, 백두산, 금강산 등의 관광지 방문, 그리고 집단체조, 평양국제영화축전, 마라톤 등의 행사 참가 여행 패키지를 운영하고 있다. 고려투어가 평양국제영화축전의 코디네이터로 활약하면서 외국 영화인들에게 니콜라스 보너는 북한영화 제작을 위한 중요한 접점으로 보였을 가능성이 크다. 니콜라스 보너는 영화 제작에만 관여한 것이 아니라 이 영화축전을 통해 2004년과 2006년에 〈슈팅 라이크 베컴〉, 〈신부와 편견〉 등을 초청하고, 2010년 12월에는 〈슈팅 라이크 베컴〉의 현지 방송을 진행해 북한 최초로 주민 전체에게 서양 장편영화를 공개상영하는 기원을 만들기도 했다. 그뿐만 아니라, 〈천리마 축구단〉 제작의 일환으로 1966년 월드컵에 참가했던 선수들을 영국으로 초청하거나 2010년 9월 평양에서 미들즈버러FC 여자축구팀과의 친선경기를 개최하는 등 니콜라스 보너의 활동 대부분은 고려투어를 통해 가능했다. 이 외에도 고려투어를 통해 니콜라스 보너는 평양의 건축양식을 촬영한 *Wallpaper Magazine*2002과 사진연구서 *Welcome to Pyongyang*2007 등을 출판하고, 2012년에는 북한 관광지를 홍보하기 위한 비디오게임 '평양레이서'를 제작하기도 했다.[13]

북한, 그리고 북한의 대외활동에서 결코 적지 않은 역할을 했음에도 불구하고 관련 연구에서 그에 관한 논의는 한번도 시도된 적 없다. 특히, 2000년대 이후 외국의 북한영화 제작자로 그를 주목한 연구 또한 거의 없다. 니콜라스 보너는 영국에서 조경 건축Landscape Architecture을 전공했다. 2000년 이후 그가 제작에 참여한 북한영화들 외에 그가 우리나라에 널리 알려진 것은 『Made In 조선-북한의 일상생활 그래픽』2018[14]이 출간되면서이다. 이 책은 그의 공저 *Printed in North Korea :*

---

13 고려투어(Koryo Tours)의 역사 및 활동에 관해서는 고려투어 홈페이지
    (http://kor yogroup.com)와 '위키백과', '나무위키' 등을 참조함.
14 니콜라스 보너(2018).

The Art of Everyday Life in the DPRK[2019]가 2018년 2월 런던에서 전시회[15]가 열릴 즈음 출간되고 재출간 되는 사이에 번역된 책이다. 번역서의 국내 출간과 함께 〈영국에서 온 Made In 조선 – 북한 그래픽디자인 展〉이 2018년 12월 22일부터 2019년 4월 7일까지 홍익대 대학로 아트센터에서 열리기도 했다. 이 전시의 도록은 2019년에 발간되었다.[16] 이 책들과 전시는 그가 수집한 북한의 우표, 포장지, 만화책, 초대장, 공연 및 관광지 티켓, 포스터 등 생활용품에 초점이 맞춰져 있지만, 니콜라스 보너는 북한 미술품 수집가로 오랜 명성을 쌓아오기도 했다.[17] 고려투어를 운영하면서 만수대창작사와의 긴밀한 교류를 통해 북한미술을 수집하고 해외 전시 또는 판매를 주도해 온 것으로 보인다. 이렇게 보면, 니콜라스 보너의 북한입국은 본인의 회고대로 수학 과정에서 아주 우연히 비롯되었을지 모르나,[18] 그의 활동은 북한의 관광, 영화, 미술, 스포츠를 비롯해 생활용품에 이르기까지 전방위적인 대외교류 또는 해외반출 등으로 광범위하다. 지금까지 정리한 그의 활약을 감안하면, 자의에 의해서든 북한정부에 의해서든 니콜라스 보너는 북한의 문화를 대외에 홍보하고 이를 수익사업으로 연동시키는 시장의 첨병으로

---

15 전시회는 런던 킹스크로스에 위치한 하우스 오브 일러스트레이션(House of Illustration)에서 2018년 2월 23일부터 5월 13일까지 열렸다(「내달, 런던서 북한 주민 일상사 보여주는 첫 전시회 열려」, 뉴시스, 2018.1.17 참조).

16 컬처앤아이리더스 편집부 편(2019).

17 박영정(2017), 74~75쪽 참조.

18 2019년 한 인터뷰에서 그는 조경건축 전공자로서 중국 조경에 관심이 생겨 베이징에 갔다가 북한까지 방문하게 되었고, 평양에 대한 관심이 생겨 자주 방문하면서 매번 관광비자를 받는 불편을 해소하고자 고려투어를 설립하게 되었다고 자신의 북한행을 소개한다(「촌스럽지만 정직한……북한 우표·만화·포장지 모았죠」, 『중앙일보』, 2019.3.12).

볼 수 있다. 고려투어의 외국인을 위한 관광 패키지가 항상 미술품 매장 방문을 포함하고 있는 점은 시장이 부재하는 평양에 그또는 북한정부가 시장을 만드는 그의 여정을 잘 보여준다.

그런데, 이러한 그의 활약이 북한문화의 대외교류와 시장개척에 관한 위로부터의 정책 하나에만 꼭 맞추어져 있는가는 의심해 볼 필요가 있다. 고려투어의 관광 패키지가 만수대창작사를 종착점으로 하거나 중국을 비롯해 2012년 하와이, 토론토 등지를 다니면서 북한 미술품 전시회를 개최하고 판매하는 행위와 영화를 제작하고 국내에 북한 생활용품 전시회를 개최하는 행위는 다소 결이 다르다. 거칠게 말하자면, 외국인 관광 유치와 미술품 판매를 통해 북한에 수익을 발생시키는 대가로 그의 북한영화 제작과 생활용품 밀반출 등의 일탈이 허용되고 있는지도 모른다. 그가 제작에 참여한 영화들이 북한 관광과 미술품 판매수익을 보전하기 위한 홍보효과를 연출하는 경우도 있지만, 오히려 북한의 폐쇄성을 폭로하거나 희화화하는 작품들이 섞여있는 것도 사실이다. 아울러 그가 국내에서 전시한 북한 생활용품들과 포장지들이 출국하면서 압수당하는 것을 피하기 위해 여러 방법을 동원해 숨겨서 가지고 나온 것들이라는 그의 고백[19]을 감안하면 그의 이러한 행위들이 다른 가치를 지향했을 가능성도 외면할 수 없다. 이를 두고, 니콜라스 보너가 북한 이외의 세계에서 개인적인 명성이나 수익을 창출하려는 의도를 지적하는 경우도 있으나 고려투어를 통한 그의 북한관광이나 미술품 사업이 여전히 유효한 상황에서 굳이 위험을 무릅쓴 것으로 보기는 쉽지 않다. 그의 이러한 행

---

19 이무경(2019)에서 니콜라스 보너의 전시를 소개하고 분석하고 이주은·이무경 (2019)을 발표한 이무경의 니콜라스 보너와 나눈 대화를 참조함.

위들은 북한과 중국을 넘나들면서 폐쇄적인 국가임에도 불구하고 오래 동안 북한의 안팎에 형성된 초국적transnational 공동체와 네트워크에 대한 학습의 결과였을 가능성도 배제할 수 없다.

초국적 공동체와 네트워크란 국가 간 공식 협정, 외교 등이 아니라 국가가 아닌 행위자들Non-state actors 사이에 국경을 넘나들며 유지되는 연결망이나 지속되는 교류를 의미한다.[20] 이 초국적 공동체와 연결망은 그간 탈북 이주민의 남한 진입 경로와 관련해 북중 접경 지역에 형성된 생활공간에만 주목해 왔을 뿐,[21] 북한 내외의 서양인들이 주도적으로 참여하는 대외교류의 공간에 대한 관심은 덜했다. 그렇다고 해서 여기에서 말하는 초국적 공동체가 북중 접경에 위치한 장소 특정화된 공간에만 한정된 것은 아니다. 오히려 국가 간 사업이면서 동시에 국가를 초월한 행위자들의 집합과 교류를 가능하게 하는 평양국제영화축전이나 비엔날레, 그리고 해외에서 열리는 각종 국제영화제 같은 것들이 여기에 근접한다. 비엔날레나 국제영화제가 국가, 인종, 민족 간 다툼이 있는 영화인과 예술인들을 한 곳에 모으거나, 적대 국가의 경계를 넘는 일을 가능하게 하는 사례는 적지 않게 존재한다. 더욱이, UN 안보리의 대북 제재와 각국의 독자적 제재가 엄존하는 현실[22]에서 이러한 국제적인 이벤트들은 북한을 고립된 국가 바깥의 행위자로 호명하는 유일한 공동체이자 네트워크로 기능할 수밖에 없다. 니콜라스 보너의 고려투어는 국가 간 협약에 의한 관광산업이면서 동시에 비국가적이고 초국가

---

20 Vertovec(2009), pp.3 · 21~26.
21 김성경(2012), 114~158쪽 참조; 정병호(2011), 49~100쪽 참조.
22 「美재무부 "전세계 모든 미술계, 北만수대창작사와 거래 말라"」, 『조선일보』, 2020. 11.3.

적 행위자들의 이동과 집합에도 관여한다고 볼 수 있다. 올림픽이나 월드컵과 같은 국제경기 역시 이런 역할을 하지만 국가 간 경쟁을 기본항으로 한다는 점에서 거리가 있다. 평양국제영화축전 역시 영국의 니콜라스 보너와 벨기에의 안야 다엘레만스, 그리고 북한의 김광훈을 만나게 하고 〈김동무는 하늘을 난다〉를 제작하게 했다. 니콜라스 보너가 제작한 영화들의 국제영화제 및 비엔날레에서의 선전은 이미 많이 알려지기도 했거니와, 그가 북한의 젊은 건축가와 함께 미래형 관광경관을 디자인하고 2014년 베니스건축비엔날레에 전시[23]하기도 한 사실 또한 기억할 필요가 있다. 니콜라스 보너의 작업은 초국적 공동체와 네트워크를 활용한 초국적 문화자본의 창출이다.

한 해 2천여 명의 외국인 관광객이 고려투어를 통해 북한관광에 참여하고 있고, 수많은 북한 미술품들이 판매되고 있지만 그에게 돌아가는 수익은 구체적으로 알려진 바 없다. 또한 그의 영화제작은 국제영화제와 비엔날레가 주무대이고 국내를 비롯해 해외에서 소규모로 개봉되고 있어 수익과는 거리가 먼 편이다. 물론 그렇다 해도 그의 이런 행보가 북한을 하나의 시장으로 주목하게 하는 효과는 분명 있고 그 혜택을 그가 받고 있는 상황을 예상하지 못할 것도 아니다. 적어도 그의 작업들은 북한의 경관을 낯설게 하기도, 또는 전 세계인들에게 익숙한 폐쇄된 극장국가 이미지에 균열을 일으킴으로써 방문에서부터 투자에 이르기까지 북한을 자본주의적 욕망의 대상으로 전유하기도 한다. 그런데, 거꾸로 그의 이러한 시도가 영화제, 비엔날레 등을 포함하여 다소 획일화

---

23 「한 북한 건축가의 무한 상상 미래 건축」, 『한겨레』, 2014.8.4 참조.

된 예술의 국제시장에 북한이라는 다른 언어를 기입하는 효과와 이념을 넘는 접촉지대를 상상하는 가능성을 간과하기도 힘들다. 장소 특정화된 초국적 공동체가 국경을 교류와 공존의 경로로 만드는 것처럼, 영화제나 비엔날레와 같은 유동적인 초국적 공동체 역시 북한의 영화와 예술을 동시대적 장치로 호명한다. 〈안나, 평양에서 영화를 배우다〉가 정부와 기업의 층간가스 채굴에 대항하고자 김정일의 프로파간다 영화 연출을 제안하는 코미디는 사실 북한영화를 낡은 수단으로 접근한다기보다 공존 가능한 영화언어의 발견 또는 북한 영화언어의 네트워크 구축에 가깝다. 그리고 이러한 여정이 북한을 남북분단과 이념대립의 우회 접촉지대를 만듦으로써, 분할과 통제의 경계 대신 이동과 교류의 경계에 개입하는 지점들을 외면하기도 힘들다.

2000년대 이후 유럽 및 서양 영화인들이 평양을 방문하여 만든 영화들이 국내외에서 호평을 받은 사례들이 많은 것이 사실이나 사회주의 국가 사이의 교류와 연대를 목적으로 하는 합작영화를 계기로 이 입국의 역사는 꽤 오래 동안 지속적이었다. 더욱이 대중선동의 탁월한 수단으로 영화에 주목하고 나름 씨네필이었던 김정일시대에 외국의 영화인들을 초청하는 일은 흔한 일이었을 것으로 보인다. 〈안나, 평양에서 영화를 배우다〉에서 안나는 김정일의 『영화예술론』의 영화이론과 연출기법에 관해 끊임없이 이야기하는데, 이 장면은 그래서 상징적이다. 2021년 6월에 열린 제3회 평창국제평화영화제는 1950년대 북한과 프랑스의 합작영화 〈모란봉〉을 상영한 적 있다.[24] 이 영화는 북한의 체제 및 북한 예

---

24   한상언, 「미완의 기획, 봉인된 필름 – 북한과 프랑스의 합작영화 〈모란봉〉」, 『뉴스레터 '접경'』 4, 접경인문학연구단, 2021.9, 60~62쪽 참조.

술가들의 결기에 압도당한 서양인의 시선이 인상적이다. 그런데, 〈안나, 평양에서 영화를 배우다〉는 다큐멘터리영화 장르를 취하면서도 자료의 엄정성이나 진실의 발견과 같은 서사적 긴장 대신 리얼리티 쇼Reality Show 형식을 차용해 북한의 삶을 어디에서나 존재할 법한 것으로 이야기한다. 상품으로서의 장치는 일견 다국적 기업의 층간가스 채굴에 대항하고자 김정일의 프로파간다 영화 연출을 배우고 활용하겠다는 영화의 자기모순처럼 보인다. 그런데, 북한의 거장 박정주 감독에게 일어로 대화를 시도하는 모습이나, 그들의 연출기법을 희화화하는 장치 등을 고려하면 이것은 북한을 고립시키는 대신 대화 가능한 상태로 이월시키는 효과와 연동된 것으로 보인다. 니콜라스 보너와 안나 브로이노브스키의 평양 로케이션이란 결국 초국가적 공동체라는 접촉지대의 형성과 관계가 있으며 이를 통해 남북 분단을 우회하는 입북 여정, 북한의 영화언어를 통한 동시대적 네트워크와 공존을 상상하게 한다.

2000년대 외국 영화인들의 북한영화 제작은 분단체제 또는 이념대립과는 구별되는 북한과의 접촉지대로부터 비롯되었다. 북한을 여행하다가 평양에 매혹당한 영국의 청년 니콜라스 보너와 평양 방문 절차를 간소화하기 위해 그가 설립한 고려투어, 그리고 이를 통해 보다 많은 외국영화와 영화인들이 모일 수 있었던 평양국제영화축전의 연쇄는 적어도 위로부터 기획된 것이라기보다 아래로부터 자연스럽게 발생했을 증거들을 더욱 많이 가지고 있다. 니콜라스 보너의 회고를 모두 사실로 받아들일 수 없다 하더라도, 이 접촉지대에 참여한 행위자들은 북한을 이념보다 그것으로 다 통제하지 못하는 일상과 문화를 통해 접근하고 이해하려고 했다. 그 이전처럼 북한의 이념과 정치체제, 그리고 그들의 선전에 일방적으로 동화된 시선이 아니라 의심의 눈초리였고, 다만 평양의 문화와 경관에 매혹당한 표정이었다. 그렇기 때문에 2000년대 이후 등장한 외국 영화인들의 영화제작은 북한의 대외 홍보와 해외시장 개척이라는 단일한 목적으로 묶기에는 다양한 욕망들이 응집되어 있어 국가 간 합작영화 전략으로 보기 힘들다. 그래서 이 접촉지대와 영화제작은 다중적인데, 국가 간 협약에 의한 교류처럼 보이지만 사실은 그것이 불가능한 상황에서 비국가적 행위자들의 친선 또는 전위가 더욱 강하게 작동하고 있기 때문이다. 물론, 여기에 참여하는 비국가적 행위자들 또한 월드컵 등 북한의 역사, 북한의 일상 및 북한에 사는 외국인들, 그리고 북한의 영화언어가 궁금한 사람들처럼 한데 묶기 어려운 다자적 공동체이기도 하다. 이렇게 다중적이고 다자적인 접촉지대와 평양 로케이션이란 행위들은 결국 북한 안팎에 놓인 경계들에 개입함으로써 그것에 관한 규범적 인식에 균열을 일으키거나 그것과 경합하게 한다는 점에서 그 자체로 하나의 영화적 상상이 된다.

4. 나가며

이 글은 분단체제와 이념대립 등을 우회하는 북한과의 접촉지대를 발견하고자 했다. 이러한 접근은 다중적이고 다자적인 접촉지대가 금기와 적대를 내포하는 월북을 대신해 북한으로의 이동과 만남을 교류와 공존으로 재인식할 가능성을 검증하기 위한 시론이다. 이는 그간 월북이 제한해 왔던 남북을 넘어 국가, 지역, 민족, 인종, 이념, 계급, 종교, 젠더, 문화 등을 초월한 공동체와 네트워크가 수행해 온 역학에 대한 탐문이며 이를 통해 남북 경계에 관한 규범화된 기억의 다른 순간을 포착하는 여정이다. 이 글에서 다룬 "평양 로케이션"은 영화제작을 위한 접촉 자체도 그렇거니와 북한의 과거와 현재를 재현하는 과정에서 북한을 둘러싼 경계의 다른 기억에 개입한다. 2010년 이후 급증한 북한의 해외 합작영화들은 2000년대 서양 영화인들의 평양 로케이션을 통해 제작된 북한영화의 후신이다. 전통적인 북한영화에 대한 해외의 취향은 물론 존재했으나 이때 제작된 〈천리마 축구단〉, 〈어떤 나라〉, 〈푸른 눈의 평양시민〉 등은 각종 영화제에 초청되면서 북한영화에 대한 기대를 한층 높였다. 각각 월드컵 축구, 북한의 대표적인 매스게임, 그리고 월북 미군을 소재로 삼아 관객 모으기에 성공했으며, 프로파간다 일변도의 영화언어가 미학적인 의장을 두르기 시작했다. 그런데 2000년대의 세 영화가 북한관광을 통해 평양과 서양을 잇는 니콜라스 보너Nicholas Bonner의 네트워크를 기반으로 제작되었으며, 이러한 사정은 2010년 이후 영화제작에도 관여한다. 위로부터의 합작영화로 불렸던 이 영화들은 사실 아래로부터의 다중적이고 다자적인 북한과의 접촉지대 구축과 연동되어 있다.

1993년 우연히 평양을 방문한 니콜라스 보너는 베이징에 고려투어를 설립하고 서양인들의 북한관광 사업을 시작했다. 그의 고려투어는 관광사업 외에도 북한 미술품 해외 판매와 평양국제영화축전 코디네이터에 주력했다. 고려투어의 평양관광 패키지는 북한미술을 주관하는 만수대창작사를 포함하고 있으며, 니콜라스 보너는 평양영화축전을 통해 〈천리마 축구단〉 제작을 시작으로 최근까지 〈김동무는 하늘을 난다〉와 〈안나, 평양에서 영화를 배우다〉 등의 제작에 참여해 왔다. 그러니까 고려투어는 평양에 사람을 모으는 일로 시작해 그들에게 평양을 미술과 영화의 발신지로 재인식하게 했다. 이것이 세계적으로 고립된 북한에 대한 호기심을 상품화하는 것일 수도 있겠으나, 이 과정에서 분단체제나 이념대립 등을 우회하는 북한과의 접촉지대가 구축될 가능성에 주목할 필요가 있다. 그렇다 하더라도, 북한의 전부가 적대적인 정치체제로부터 기인하고 그것으로 수렴하는 상황에서 이 우회의 역학은 특별할 수밖에 없다. UN 안보리의 북한제재가 엄존하기 때문에 북한의 대외 사업 및 활동은 국가 간 공식 협정이나 외교 등이 아니라 국가가 아닌 행위자들Non-state actors 사이에 국경을 넘나들며 유지되는 네트워크, 즉 초국적transnational 공동체를 통한 교류의 성격에 가깝다. 평양국제영화축전을 비롯해 세계 각지에서 열리는 영화제와 비엔날레 등은 국가 또는 국가 간 간섭이 비교적 덜 미치는 이벤트라는 점에서 초국적 성향을 지닌다. 영화를 배우러 평양에 간 안나의 학습과정을 담은 〈안나, 평양에서 영화를 배우다〉는 영화와 초국적 공동체를 통해 북한의 영화언어를 낡고 고립된 것이 아니라 동시대적 공존의 언어로 호명하는 여정이었다. 평양 로케이션은 결국 북한을 둘러싼 경계를 분할과 통제 너머 공존의 접촉지대로 상상하는, 적어도 그것에 관한 새로운 경합장을 여는 재현의 장치이다.

참고문헌

권헌익 · 정병호, 『극장국가 북한 – 카리스마 권력은 어떻게 세습되는가』, 창비, 2013.

김성경, 「경험되는 북 · 중 경계지역과 이동경로 – 북한이탈주문의 경계 넘기와 초국적 민족 공간의 경계 확장」, 『공간과 사회』 22(2), 한국공간환경학회, 2012.

박영정, 「북한 미술의 해외 시장 진출 양태와 전망」, 『한국문화기술』 13(1), 단국대 한국문화기술연구소, 2017.

이무경, 「북한이미지의 대상성 연구 – 서구에서의 확산양상을 중심으로」, 건국대 박사논문, 2019.

이주은 · 이무경, 「서구의 북한여행 다큐멘터리 두 편에 나타나는 대상성 인식변화 연구」, 『글로벌문화콘텐츠』 40, 글로벌문화콘텐츠학회, 2019.

이준엽, 「김정은 시대 북한영화의 국외 교류 · 합작 현황과 특징」, 『반영과 재현』 1(0), 현대영상문화연구소, 2021.

정병호, 「냉전 정치와 북한 이주민의 침투성 초국가 전략」, 『현대북한연구』 17(1), 북한대학원대 심연북한연구소, 2011.

컬처앤아이리더스 편집부 편, 『영국에서 온 MADE IN 조선 – 북한 그래픽디자인展』, 컬처앤아이리더스, 2019.

한상언, 「미완의 기획, 봉인된 필름 · 북한과 프랑스의 합작영화 〈모란봉〉」, 『뉴스레터 '접경'』 4, 접경인문학연구단, 2021.9.

아스만, 알라이다(Assmann, Aleida), 변학수 · 채연숙 역, 『기억의 공간 – 문화적 기억의 형식과 변천』, 그린비, 2011.

보너, 니콜라스(Bonner, Nicholas), 김지연 역, 『Made In 조선 – 북한의 일상생활 그래픽』, A9Press, 2018.

무페, 상탈(Mouffe, Chantal), 서정연 역, 『경합들 – 갈등과 적대의 세계를 정치적으로 사유하기』, 난장, 2020.

Vertovec, Steven, *Transnationalism*, NY : Routledge, 2009.

접경지대에 남겨진 조선어*

소비에트시대 사할린 코리언들의 언어문제

임경화

1. 접경지대에 남겨진 조선인들

이 글에서는 해방 이후부터 20세기 말까지의 소비에트시대 사할린 코리언들의 언어문제를, 특히 조선어가 처했던 언어현실에 주목하여 고찰하고자 한다. 사할린은 일본과 러시아의 국경 지역으로, 19세기 이후 이 섬을 사이에 두고 양국의 국경선은 수차례 이동했다. 1905년 러일전쟁에서 승리한 일본제국은 북위 50도선 이남을 넘겨받은 후 가라후토 청樺太廳을 설치하여 통치를 시작했으며, 1942년에는 가라후토 청이 내무성으로 이관되면서 가라후토는 행정상 일본제국의 '내지'로 편입되었다. 1945년 일본이 패망하고 사할린에 대한 영유권을 포기한 후에는 소련 / 러시아의 영토가 되어 오늘에 이르고 있다. 사할린 남부樺太에서 살았던 약 30만 명의 일본인들도 1946년부터 1949년까지 대부분

---

* 이 글은 『역사비평』 136호(2021)에 같은 제목으로 게재된 논문을 전재한 것이다.

일본으로 귀환했다. 그런데 러시아와 일본의 이 국경 지역에 국경을 접하지도 않은 한반도의 주민들이 귀환하지 못하고 남겨지게 되었다.

가라후토에는 식민지기부터 탄광의 광부나 제지회사의 벌목꾼 등으로 고용된 조선인들이 거주하기 시작했는데, 특히 전시기에는 주로 조선 남부에서 동원이 이루어져 17,000여 명의 조선인들이 강제노동에 시달리며 일본제국의 노동력 부족을 메웠다. 하지만, 일본이 전쟁에 패배하고 조선이 해방을 맞은 후에도 이들은 해방되지 못하고 주로 소련의 노동력 부족을 메우기 위해 억류되었던 것이다. 일본의 식민지 지배와 전쟁 동원이 초래한 존재인 사할린 조선인들의 해방은 냉전과 분단의 현실 속에서 유예되고 말았다. 더욱이 접경 지역의 두 지배세력 사이에 낀 소수민족으로서 조선인들은 국경이 이동하는 통치권력의 교체기에 '소련군의 스파이'로 몰려 일본인들에 의해 학살되기도 했고,[1] '대일부역자'로 취급되어 소련당국에 의해 시베리아로 보내지기도 했다.[2]

이 과정에서 극도로 비대칭적인 권력 관계 속에서 일본의 문화에 노출되었던 조선인들은 이번에는 또 하나의 극도로 비대칭적인 권력 관계 속에서 소련의 문화에 동화되어야만 했다. 언어의 관점에서 보면, 이것은 일본어의 지배를 받던 조선어 모어 사용자들이 갑자기 그 지배 언어를 러시아어로 교체해야 하는 것을 의미했다. 그 결과, 전후 44년이 지난 1989년에는 사할린 코리언들 중에 러시아어를 제1언어로 구사하는 인구의 비율이 63.5%나 되었다. 본문에서 자세히 언급하듯이, 이 수치

---

1   林えいだい, 『証言・樺太朝鮮人虐殺事件』, 風媒社, 1992.
2   天野尚樹, 「個別的愛民主義の帝国」, 今西一 編, 『北東アジアのコリアン・ディアスポラ－サハリン・樺太を中心に』, 小樽商科大学出版会, 2012, 131~132쪽.

는 소련 내 타 지역의 코리언들에 비해 사할린 코리언 사회에서 러시아어로의 동화가 급속히 진전된 것을 의미했다.[3] 그렇다면 정치·군사적 긴장이 상존하는 접경의 섬 사할린에 남겨진 코리언들은 이 거대한 변화를 또 하나의 식민지 상태의 지속으로 받아들이고 순응했던 것일까.

그렇지 않다는 것은 소련 억류 이후에 그들이 지속적으로 조국귀환운동을 벌였고, 그 성과로 크게 3차에 걸친 (조국)귀환이 실현되었다는 점에서 알 수 있다. 첫 번째 일본으로의 귀환1957~1966, 두 번째 북한으로의 귀환1958~1962, 세 번째 남한으로의 귀환1990년대 이후은, 제국 일본으로부터 해방이 된 후에도 조국 귀환의 권리를 부여받지 못하고 해방이 유예된 사할린 조선인들이 목소리를 내지 않았다면 실현되지 않았을 것이다. 제1세대들의 귀환을 향한 목소리는 모국어를 되찾는 언어운동과 불가분의 관계에 있었을 뿐만 아니라, 조국 귀환이 상대화된 제2·3세대들에게 소련사회와 조국과의 연결고리로서의 조선어를 가르치려는 이중언어 교육을 활성화시키는 동력으로도 이어졌다. 비록 귀환운동의 지속적인 실패와 조선어 교육의 폐지로 러시아어로의 동화의 압력도 급격히 강해져 갔지만, 접경의 섬의 소수자로서 각각의 국면에서 일본어와 러시아어라는 지배언어와 조선어 사이에서 뿐만 아니라, 조선어 중에서도 문화어와 표준어 사이에서 갈등하며 언어적 고투를 벌이며 현실을 타계하고자 했던 그들의 역사는 기록되고 기억되어야 할 것이다.

하지만, 지금까지 사할린 코리언들의 언어적 고투는 주로 1990년 한

---

3   허승철, 「구소련 지역 한인의 언어 동화와 이중언어 사용에 대한 사회언어학적 연구 - 1959, 1970, 1979, 1989년 인구센서스 언어 자료 분석」, 『재외한인연구』 6, 재외한인학회, 1996.

러수교 이후 모국어를 박탈당한 자녀 세대들의 '민족 정체성 회복'이라는 관점에서 한국 중심의 한국어 교육에 초점이 맞춰져 고찰되어 왔다.[4] 그러나 이러한 연구 경향에 대해서는, 사할린 코리언들의 '민족 정체성'은 한국 중심으로 구성된 '민족 정체성'과 초역사적으로 이어져 있는 것이 아닐 뿐만 아니라, 거주국에서의 특수한 역사적 경험 속에서 재구성되어 왔다는 점이 고려되어야 한다는 비판[5]을 피할 수 없다. 그런 관점에서 이주의 역사나 사회문화적 환경이 서로 다른 중앙아시아 코리언들과 사할린 코리언들의 언어 상황을 비교 분석한 허승철의 연구는 주목할 만하다. 슬라브어학 연구자인 그는 1970년 이후 소비에트시대 인구센서스 언어자료 분석을 통해 사할린 코리언들이 중앙아시아 코리언들에 비해 러시아어로의 언어 동화가 훨씬 더 진행된 이유로 지역에서 러시아인들이 차지하는 비율이 높고, 도시 거주율, 노동자 비율이 높다는 사회적 환경에서 찾았다.[6] 하지만, 1959년에 러시아어 문자 해독률이 6%[7]에 지나지 않았던 사할린 코리언들이 짧은 기간 내에 러시아어로의 언어 교체를 이루며 동화한 데에는, 소수민족의 모국어로서의

---

4 민현식, 「사할린 지역의 한국어 환경에 대하여 - '98 사할린 한국어 교원 연구 보고서 (1)」, 『한국어 교육』 9(2), 국제한국어교육학회, 1998; 민현식, 「사할린 지역의 한국어 환경에 대하여 - '98 사할린 한국어 교원 연구 보고서(2)」, 『한국어 교육』 10(1), 국제한국어교육학회, 1999; 고영근, 「어떻게 하면 우리말을 지켜 나갈 수 있을까」, 『새고려신문』 2010.8.6; 임엘비라, 「사할린 한인들의 정체성 - 우리말 교육의 현황과 과제」, 『다문화교육연구』 3(1), 한국다문화교육학회, 2010 등.
5 정근식 · 염미경, 「디아스포라, 귀환, 출현적 정체성 - 사할린 한인의 역사적 경험」, 『재외한인연구』 9, 2000; 정진아, 「연해주 · 사할린 한인의 삶과 정체성 - 연구동향과 과제를 중심으로」, 『한민족문화연구』 38, 한민족문화학회, 2011.
6 허승철, 앞의 글, 57~62쪽.
7 Кузин А.Т., *Просвещение сахалинского корейского населения : исторический опыт и современность*, с. 253-4.

조선어의 언어현실이, 미소 냉전 질서 속에서 항상적인 군사적 긴장상태에 노출되어야 했던 접경 지역이라는 특수한 정치적 상황하에 놓여 있었다는 점이 충분히 고려될 필요가 있다.

이에 이 글에서는 해방 후 소련문화의 압도적인 영향 속에서 사할린 코리언들이 겪어온 언어현실과 조국과의 연결을 꿈꾸며 전개했던 언어운동을 돌아보고, 유사한 처지에 놓였던 소련 지역 유대인의 언어현실과 비교하면서 그들이 충돌하고 교섭하며 주체적으로 모색해 갔던 언어공간을 드러내고자 한다.

2. 일본어로부터의 해방과 소련의 소수민족정책

일본은 조선을 식민지화하고 조선인들을 제국 신민으로서 통치했다. 하지만 호적제도를 기반으로 지배민족인 일본인과 피지배민족인 조선인을 철저히 구분하여 제도적으로 차별했다. 1943년에 완전히 '내지'로 편입된 가라후토에서도 동일했다. 이러한 식민지 지배구조는 해방 후에도 일본구'내지'에서 지속되었다. 해방 직후에 일본에 2백만 명 가까이 남아 있던 조선인들은 해방된 조국으로의 귀국을 서둘러 5년 후인 1950년 말에는 약 55만 명으로 급감했다. 하지만 조국의 분단과 남한 정세의 혼란에 더해 GHQ / SCAP의 조선인 귀환 계획이 원칙적으로 일방통행으로 이루어진데다 재산 반출 제한까지 있어 46년부터는 조선인의 귀환이 좀체 진전되지 않았다. 그럼에도 일본정부는 '외지'구식민지에서 귀환한 일본인들로 초래된 노동력 과잉 상황에서 그때까지 '내지'의 노동력 부족을 메워왔던 재일조선인의 존재에 부담을 느껴, 그들을 위법행위를 일삼는 공산주의자들로 간주하여 GHQ에 이들 대부분의 강제송환을 요청하기도 했다.[8] 그와 동시에 일본정부는 샌프란시스코 강화조약 발효까지는 조선인은 국제법상 일본인이라는 해석을 견지했다. 이는 '내지'에 남아 있는 조선인들의 '해방 민족연합국민'으로서의 권리를 인정하지 않기 위해서였다. 그와 별도로 일본국헌법 시행 전날인 1947년 5월 2일에 외국인등록령을 실시하여, 재일조선인들을 '일본인'으로 묶어 두면서도 '외국인'으로 간주하여 그들의 권리를 제한하고 퇴거를 강제할 수 있는 '통제의 대상'으로 취급했던 것이다.[9]

이와 유사한 차별 구조는 사할린 코리언 사회에서도 관철되었다. 패전 당시 사할린 남부에 남아 있던 23,498명의 코리언들[10]은 강화조약 발효 시까지 일본인으로 분류되었음에도 불구하고, 호적이 '내지'가 아니라는 이유로 일본으로의 귀환선에 오르지 못했다. 이것은 강제적인 이동만 없을 뿐, 조선인 전원의 일본으로부터의 실질적인 대량 송환과 동일한 효과를 낳은 조치로 볼 수 있다. 당시 징용 광부의 아들이었던 한 노인은 "그때 일본정부는 일본인만 귀국시키고 조선인들은 발길로 차 내버린 것입니다. 그때는 우리도 일본인으로 되어 있었는데, 어째서 우리를 버리고 갔는가?"라며 울분을 토했다.[11] 일본인들만의 귀환에 분

---

8   袖井林二郎 編訳, 『吉田茂 = マッカーサー往復書簡集 1945~1951』, 法政大学出版局, 2000, 275~277쪽.
9   정영환, 『해방 공간의 재일조선인사 - '독립'으로 가는 험난한 길』, 푸른역사, 2019.
10   진 율리야 이바노브나, 김종헌 역, 『사할린의 한인 디아스포라 - 본국 귀환 문제 그리고 소비에트와 러시아 사회로의 통합』, 도서출판 선인, 2020, 90쪽.
11   사할린주 한인이중징용광부유가족회 편, 『사할린주 한인 이중징용광부 피해자 유가족회보』, Yuzhno-Sakhalinsk : 사할린주 한인이중징용광부유가족회, 2002, 101쪽(구술자 임태환).

노한 조선인들은 소련군정에 조선으로의 귀환을 끊임없이 요구했다. 군정당국도 이 문제를 의식하여 1947년에 북한으로의 귀환 방안 등을 강구하기도 했지만, 번번이 지연되었다. 그 이유는 일본인들의 대거 귀환으로 인한 노동력 손실을 조선인의 귀환을 지연시킴으로써 메우기 위해서였다. 사실 1947~1948년에 사할린의 주요 기업들은 일본인들의 귀환으로 생긴 노동력의 부족 등의 이유를 들어 소련정부에 명시적으로 조선인의 귀환을 당분간 보류할 것을 건의하기도 했다.[12] 더욱이 일본과 남한의 미군정이 사할린 조선인의 귀환에 관심을 표명하지 않고, 1948년 이후 한국과 소련 간의 귀환협정 체결이 불가능한 상황에서 냉전의 심화는 대부분이 한반도 남부 출신자들인 사할린 코리언들을 '기민' 상태로 몰아갔다. 그 후에 일어난 한국전쟁은 귀환문제를 비가시화시켰고, 이렇게 남겨진 코리언들은 샌프란시스코 강화조약이 발효된 1952년 이후에 일본국적을 박탈당하고 무국적자가 된다. 소련도 이들에게 자동적으로 국적을 부여하지는 않았다.

그렇다면, 전후에 식민지 종주국 일본으로부터 버려지고, 해방된 조국은 분단과 전쟁으로 보호의 손길을 내밀지 않는 상태에서, 새로운 점령당국인 소련에 기약도 없이 억류되어 새로운 머조리티 문화의 압력에 노출된 사할린 코리언들이 처한 현실은 어떤 것이었을까. 이에 대한 보다 객관적인 이해를 위해 해방 이후에도 일본에 남겨진 재일조선인들의 언어 현실과 비교해 보고자 한다.

소련의 사할린 점령은 우선 제국 일본과 제국어 일본어로부터의 해방

---

12   Юлия Дин, *Корейская диаспора Сахалинской области : конфликты групп и столкновение идентичностей*, Россия и АТР 3, 2013, с. 5-16.

을 가져온 것은 틀림없다. 일본에서는 재일조선인들의 최대 조직인 재
일본조선인연맹在日本朝鮮人聯盟이 제국주의교육으로부터 아이들을 지키고
조국 귀환에 대비한 조선어 교육을 최우선 과제로 보고 각지에 조선학교
를 설립했다. 사할린 코리언들도 마찬가지로 조국 귀환에 대비하며 자
녀들에게 조선어 교육을 시키고자 했다. 소련 당국은 지배의 일환이었
지만, 형식적으로는 조선어교육과 조선문화 육성을 허가했으며 내용면
에서의 사회주의 소비에트화를 추구하기 위해 중앙아시아 등지의 소련
계 코리언들을 사할린으로 대거 파견했다. 그들은 바로 약 10년 전까지
일본과 소련의 또 다른 접경 지역이었던 연해주에서 동일한 소수민족정
책을 경험한 사람들이었다. 이 소수민족정책은 두 가지의 서로 상이하
면서도 상호 보완적 원칙에서 출발했다. 하나는 '토착화коренизация'로서
소수자들의 언어, 문화 발전 욕구를 충족시킴으로써 소비에트 체제에
대한 충성을 보장받고자 하는 것이었다.[13] 이와 함께 또 하나는 '보편 언
어'로 설정된 다수자의 언어인 러시아어를 매개로 한 국민인민국가로서
의 소련의 언어·문화적 통합정책이었다.[14] 소수자의 언어·문화적 욕구
충족도 국가적 통합도 절실했던 소련 당국의 대체적인 이상은 민족어와
러시아어를 모두 구사하는 이중언어 사용자인 '문화 수준이 높은' 소수
자였다.[15] 물론 이것은 어디까지나 '이론'에 불과했으며 그 구체적인 적

---

13 이 정책에 대한 간명한 소개로 Yuri Slezkine, "The USSR as a Communal
Apartment, or How a Socialist State Promoted Ethnic Particularism", *Slavic
Review* 53(2), 1994, pp.414~452.

14 Timo Juhani Vihavainen, "Nationalism and internationalism : How did the
Bolsheviks Cope with national sentiments?", *The Fall of an Empire, the Birth of
a Nation : National Identities in Russia*, ed. Chris J Chulos · Timo Piirainen,
London : Routledge, 2017, pp.75~97.

용은 그때그때의 정치적 상황에 달려 있었다. 사할린으로 파견된 중앙아시아 코리언들은 1937년에 강제이주되기 전까지 연해주에서 사회주의적 민족문화 건설을 위해 민족교육을 실시하고 조선어의 소비에트화를 위한 언어개혁을 통해 성인 대상의 문맹타파운동을 맹렬히 추진하여 노동자와 농민들에게도 알기 쉽게 사회주의사상을 전파하는데 힘썼다. 이 '토착화' 정책은 조선 프롤레타리아 혁명의 선봉에 서려는 연해주 코리언들의 꿈을 뒷받침해주는 듯 보였다.[16] 하지만, 30년대 후반 일본의 대륙 팽창에 따른 국제적인 긴장이 고조되는 가운데, 이들 접경 지역 코리언들은 강제이주를 통해 지역공동체를 해체당하고 민족교육도 부정당한 채, 소련 문화러시아어로의 통합이 급속히 진전되었던 것이다. 그럼에도 불구하고, 그들의 연해주에서의 '토착화'의 경험은 신생 사회주의 국가로 출범한 북한에도, 새로이 소련사회에 편입된 소수민족으로서의 사할린 코리언 사회에서도 핵심적으로 활용되어야 했던 것이다.

특히, 사할린 코리언의 경우에는 민족어 교육이야말로 '문화 향상'과 소비에트 체제에의 적용에 필요한 것으로 판단되었다. 그런 차원에서 민족어 교육을 진행할 직접적인 정책 담당자인 교사들부터 시급히 필요했기 때문에 1952년 9월에는 포로나이스크시에 조선어 지도교사 양성을 위한 사범전문학교도 설립되었다. 이로써 민족어교육체제가 갖추어진 것이다.

---

15 Barbara A. Anderson · Brian D. Silver, "Equality, Efficiency, and Politics in Soviet Bilingual Education Policy : 1934~1980", *American Political Science Review* 78, 1984, pp.1019~1039.

16 임경화, 「붉은 한글운동의 기원 – 소련시대 연해주 고려인 사회의 언어운동」, 『한국문화』 73, 서울대 규장각한국학연구원, 2016.

〈그림 1〉 메이데이 데모행진에 참가한 사할린 코리언들. 코르사코프, 1951년.
출처 : 사할린 지역 국립역사문서보관소(ГИАСО)

　물론 이 민족어교육체제는 소련 당국의 입장에서도 조선인 본인들의
입장에서도 만족스러운 것이 되지 못했다. 우선 교사 구인난이 심각했
다. 지도 교사 양성 과정이 필요했던 이유는, 기존의 교사들의 자질에 대
해 소련 당국도 학부모도 만족하지 못했기 때문이다. 1940년대 말 조선
학교 전체 교사 인원은 110명이었는데, 그중 73명은 중학교 졸업자, 24
명은 초등학교 졸업자였다. 대부분은 문자 해독을 할 수 있었던 사람들
이었고, 보다 심각한 문제는 그들이 조선어보다 일본어에 더 능통했다는
점이었다.[17] 소련 당국은 이에 대항하는 차원에서 1947년에 기존의 학
교 체제를 소비에트식으로 개편한 뒤에 교사 양성에 노력하는 한편 학교
를 계속 증설했다. 조선인들이 소비에트 사회에 '통합'되어야 하는 만큼,

17　Костанов А.И., Подлубная И.Ф. Корейские школы на Сахалине. Южно-Сахалинск
　　: Администрация Сахалинской области, 1994, с. 12.

교육어를 조선어로 하되 러시아어 교육도 결코 소홀히 하지 않았다. 1940년대 말의 사할린 조선학교에서는 초등학교1~3학년에서 주당 12시간이나 러시아어 과목을 가르쳤다. 그러나 문제들은 여전했다. 졸업자 다수는 러시아어 해독 수준이 높지 않은 것은 물론이고, 미취학 아동들도 여전히 있었다. 게다가 6~7명의 학생 중에 1명은 성적이 나빠 학년을 재수학했고, 6명 중 1명은 학업을 중단하고 자퇴했다.[18]

그럼에도 불구하고 소련 당국은 조선인 사회의 안정화, 그리고 궁극적으로 조선인들의 소련 사회에의 통합 차원에서 꾸준히 교육 부문에서의 강도 높은 정책을 실시했다. 주요 정책 중 하나는 연해주 코리언 사회에서도 중심적으로 추진되었던 성인들에 대한 '문맹 타파'였다. 성인 문맹자를 가르치기 위한 별도의 성인 학년들이 추가로 신설되는가 하면, 교사들은 문맹을 벗어난 성인 1명당 100루블 정도의 보너스를 받기도 했다. 그렇게 해서 약 1,000명의 문맹자에게 속성 교육을 실시할 수 있었고 1959년에 이르러 조선인 사회 전체의 문자 해독률을 55%까지 끌어올릴 수 있었다. 그러나 이는 한글 해독 관련 통계이며, 러시아어 문자 해독률은 6%에 불과했다. 소련 당국은 이 단계에서는 조선인 사회에 '민족 교육'을 위주로 교육 정책을 실시한 셈이었다.[19]

그뿐만 아니라 이 시기 사할린에서는 친일부역자들에 대한 처벌이 이루어졌다. 소련계 조선인들의 주도 아래, 전시기 관제 조선인 통제단

18 Кузин А.Т., *Просвещение сахалинского корейского населения : исторический опыт и современность*, Вестник Красноярского государственного педагогического университета им. В.П. Астафьева. 2011, № 2, с. 253.

19 Кузин А.Т., *Просвещение сахалинского корейского населения : исторический опыт и современность*, с. 253-4.

체였던 협화회에서 활동했고 전후에도 대개 조선인 단체 결성의 담당
자가 되기도 했던 친일파 조선인들이 검거되어 시베리아의 노동교화소
로 보내졌다.[20] 물론 '부역자 처벌'은 분명히 통치에 장애가 될 수 있는
사람들을 미연에 제거하는 측면이 강했던 것도 사실이다. 하지만, 이것
은 일본에서는 물론 해방된 조국의 남쪽에서는 이루어지지 못했던 탈
식민의 과제였던 것도 분명하다.

　이러한 조치들은 재일조선인의 조선어 교육을 담당했던 조선학교가
탄압을 받고 폐쇄되었던 전후 일본의 상황과 비교해 보면 탈식민적 과
정이 순조롭게 진행된 것으로 볼 수도 있을 것이다. 소비에트의 지배는
사할린 코리언들에게 기존의 친일파들이 사라지고 서벌턴들이 사회적
으로 나아가는 역동성을 지닌 측면이 있었으며, 이를 뒷받침한 것이 소
련의 소수민족정책이었다. 이를 통해 사할린 코리언들은 민족교육, 민
족문화 육성, 중등의무교육제, 노동권 보장 등의 소련이 제공하는 복지
혜택의 수혜자가 될 수 있었다. 물론 소련식 복지주의는 동시에 당-국
가에 의한 '감시'와 '관리' 정책이기도 했다. 조선인을 포함한 '대중'은
이 정책의 수혜자가 될 수 있었지만, '주체'로 설정되는 것은 결코 아니
었다. 그러나 이러한 국가 본위의 훈육주의적 정책과 동시에 사할린 코
리언들은 소련형 복지국가[21]의 주요 혜택인 무료 의료 등에 편입되기도
했다. 이 복지증진정책은 대단히 한정적이기는 하지만 제국 일본으로

20　天野尚樹, 위의 글, 131~132쪽.
21　소련형 복지국가에 대해서는 Mark B. Smith, "Social Rights in the Soviet
　　Dictatorship : The Constitutional Right to Welfare from Stalin to Brezhnev",
　　Humanity : An International Journal of Human Rights, Humanitarianism, and Development
　　3(3), 2012, pp.385~406.

부터의 해방민족으로서의 지위 향상과 이해를 같이 했다고 할 수 있다.

하지만, 그들은 귀환권과 이동권 등을 박탈당하고 러시아인이나 중앙아시아에서 파견된 소련계 코리언들의 지배와 차별 아래 놓여 있었다는 점에서 식민지의 연장으로 볼 수 있다. 이 점은 재일조선인들과는 다소 구별된다. 재일조선인들은 많은 제약이 있었지만 귀환권을 가졌으며, 한국적을 택하지 않아 강화조약 이후에 무국적자가 된 사람들도 일본 국내에서는 자유롭게 이동할 수 있었다. 하지만 사할린 코리언들은 무국적 상태로는 사할린을 거의 벗어날 수 없었으며, 사할린 내에서조차도 이동이 자유롭지는 않았다. 이것이 그들의 억압상황의 핵심이고 귀환운동의 동력이었던 것이다.

3. 북한 문화어와 러시아어 사이에서

1952년 4월 28일로 사할린 조선인들이 일본 국적을 상실하고 무국적자가 되자, 소련은 바로 조선인의 소련 국적 편입 절차 간소화를 단행하여 가라후토 출신 코리언들의 약 10분의 1에 해당하는 2,198명이 1956년까지 소련 국적을 취득했다.[22]

하지만, 많은 사람들은 조국 귀환의 희망을 품고 불이익과 불편을 감수하며 무국적자로 남았다. 그 사이에서 스스로 '계몽'의 주체로 서려는 코리언들도 생겨났다. 예를 들어 1951년에 독립 운동의 유경험자인

---

22 진 율리야 이바노브나, 앞의 책, 168쪽.

교사 출신 젊은 지식인 신준우1927년생, 전남출신 등 일선 교사와 하급 사무원, 학생, 노동자 등이 비밀 결사인 '조선 공산당'을 만들었다. 그들이 목적했던 것은 사할린 코리언들의 조국, 즉 한반도 이남으로의 귀환과 조국에서의 사회주의 사회 건설을 위한 투쟁이었다. '조선 공산당'의 전체적인 이념이나 이론은 마르크스 · 레닌주의로 정리되었지만, 거기에 가장 핵심적으로 가미된 것은 '귀환 요망'이었다. 그들은 더 나아가 유엔에 접촉하여 귀환 협조를 요청할 계획을 세우기도 했다. 1951년 7월에 마카로프에서 '조선공산당' 1차 대회가 개최되어 당의 중앙위원회 등이 선출되었고, 기관지의 창간호까지 지하에서 제작, 배포되었다. 그러나 8월에 신준우 등이 국가정보요원에게 체포되어 노동교화형을 언도받았으나, 복역 중에 스탈린이 사망하여 출소했다. 이들 중 신준우를 포함한 3명은 1950년대 중반에 북한으로 귀환했고, 신준우의 경우는 북한에서 주북 소련대사관의 통역으로 일했다. 그는 1945년의 해방 직후 약 6개월 만에 독학으로 러시아어를 익힌 점도 괄목할 만하다. 그러나 소련 당국은 이와 같은 인물의 주체적인 좌파적 정치활동과 귀환 운동을 '반소 활동'으로 규정하고 처벌했던 것이다.[23]

그럼에도 귀환운동은 지속되었다. 특히 일소 공동선언 이후 1957년부터 일본인과 혼인 관계에 있던 조선인들의 일본 귀환이 성사되자, 귀환을 향한 움직임은 더욱더 활발해졌다. 그중에는 고향인 조선 남부로의 귀환의 대안으로 역사적인 조국인 북한 국적을 선택하는 사람들도

---

23 Юлия Дин, *Первая политическая организация корейцев Сахалина в борьбе за репатриацию на родину*, Проблемы Дальнего Востока 6, 2015, с. 148~155; 진 율리야 이바노브나, 앞의 책, 183~196쪽.

있었다. 더욱이 조선학교에서 문화어로 민족교육을 받은 학생들은 러시아어 능력의 한계 속에서 고등교육기관 진학을 위해 북한행을 택하기도 했다. 1957년 12월에 나홋카에 개설된 북한총영사관은 이들에게 북한 국적 취득과 귀국을 적극적으로 권유했다. 북한 공작원들은 사할린 코리언 사이에 '학습소조'를 조직하여 김일성의 저작 등을 교육하고 조국 귀환을 선동하며 자녀들의 대학입학 보장, 취업 보장, 자유 왕래 등을 선전했다. 그 결과 1962년까지 약 5,096명이 북한으로 영주귀국했다. 1961년에는 소련 국적 코리언 51명이 북한국적으로의 변경을 신청하기도 했으며, 1959년까지 약 42,300명의 사할린 코리언 중 북한 국적자는 12,300명이 되었다. 그들은 북한과 소련과의 관계에 주목하여 모어를 유지하고 계승하는 것이 사회적인 안정을 가져올 수 있다는 전망 속에서 언어운동을 수반하는 귀국운동을 전개했던 것이다. 조선학교는 1958년에 정식 중학교가 생겼고 학생 수도 최고조에 달했다. 북한으로의 귀국운동 혹은 조국과의 연결은 성공적인 출발을 했다고 할 수 있다.

〈표 1〉 사할린 조선학교 현황(1945~1963년)[24]

	1945	1946	1947	1949	1950	1955	1958	1963
초등학교	27	28	28	55	57	32	17	10
단기중학교		8	11	13	15	22	13	11
중학교							11	11
학생수	2,300	3,000	3,137	4,692	5,308	5,950	7,214	7,239

한데, 이 운동은 갑자기 막을 내린다. 1963년 5월에 소련 공산당은 조선학교에서 러시아어로 수업을 하도록 결정함으로써 조선학교가 폐교된다. 당국이 폐쇄 이유로 든 것은 조선학교 교원들의 부족과 그들의

---

24   진 율리야 이바노브나, 앞의 책, 145쪽.

낮은 지식수준, 교수법 보장의 약점과 학교시설의 부족, 학생들의 지식수준이 낮고 특히 러시아어가 약한 점, 학부모들이 자녀들의 소련 대학 진학을 위해 러시아 학교에서 공부시키고자 한 점이었다.[25]

이에 대해 사할린에서 한국어 교육을 담당했던 박승의는 "숨어 있는 제일 근본적 원인은 소련이 그 당시 다민족 정책을 단일민족정책으로 바꾸는데, 이를테면 소수민족들의 '러시아화'를 실시하는 데 있었다. 내 생각으로 또 하나의 이유는 일본인들이 인양한 뒤 사할린에서 노동력이 부족하게 되었다. 1946년 종전 직후 대륙에서 사할린으로 24,942명의 소련시민들이 조직 모집으로 이주했다. 1947년에는 165,000명이 또 이주했으나 빈 남사할린 땅을 이들로 채울 수 없었다. 만일 조선사람들까지도 귀국시키면 사할린은 노동력의 부족으로 경제개발을 실시하지 못했을 것이다. 그래서 2만 명의 조선인들이 이 악한 지역에서 경제개발의 견인차 역할을 한 것이다. 그들은 공민으로서의 권리도 불확실하고 심리상태로 불안전하였다. 한편 소련은 조선인의 운명에 동정을 하였지만, 당시에 극도로 부족한 노동력으로서 조선인을 사용하는데 관심을 기울였다"고 추정했다.[26]

사할린 코리언들에게 민족교육의 중단은 귀환운동의 좌절이자 조국과의 단절에 다름 아니고 조국과의 연결고리로서의 조선어 교육의 폐지는 곧 소련사회로의 통합과 동화를 의미하는 것이었다. 한데 아무리 자녀들이 소련에 더 잘 적응하기를 바라는 부모의 바람이 강렬했다.[27]

---

25 박승의, 「사할린 한인 동포 제2세 우리는 누구인가?」, 『지역사회』 47, 한국지역사회 연구소, 2004; 진 율리야 이바노브나, 위의 책, 147쪽.
26 박승의, 위의 글.
27 진 율리야 이바노브나, 앞의 책, 148쪽.

하더라도, 조국 귀환의 대안으로 열린 북한과의 관계가 어떻게 전개될지도 모르는 상황에서 코리언들이 자발적으로 전면적이고 급속한 동화의 길을 택했다고 생각하는 것은 부자연스럽다. 조선학교에 대한 갑작스러운 폐쇄 결정이라는 정책 전환에는 중소분쟁을 계기로 한 북소 관계의 악화가 크게 작용한 것으로 보인다. 특히 1962년에는 소련의 코메콘COMECON 경제통합 제기에 대해 북한은 경제통제로 받아들여 반대했다. 그뿐만 아니라 같은 해에 발생한 쿠바 미사일 위기에서 소련이 미국과의 평화공존을 도모하기 위해 동맹국을 저버렸다고 생각한 북한은 결정적으로 중국에 가까이 다가가게 되었던 것이다. 이에 따라 소련도 북한과 사할린의 경계에서 북소 교류의 상징으로 여겨졌던 코리언들을 북한으로부터 결정적으로 분리시키고 통합정책으로 대전환한 것으로 보아야 할 것이다. 북소관계의 악화는 접경 지역의 사할린 코리언들에게서 민족어의 존립 기반을 허물어뜨렸다. 분단과 냉전의 심화는 사할린 코리언들의 해방에 압도적인 영향을 미치며 여전히 그들과 조선어의 운명을 규정해 갔던 것이다.

4. 소련 이디시어 정책과의 비교

그렇다면, 영토합병이 아닌 이주를 통해 소련에 유입되어 거주국 밖에 모국이 존재하며 모국과의 접촉과 교류를 가지고 있는 소련의 소수민족으로, 마찬가지로 모국과 소련과의 관계 변화에 직접적인 영향을 받았던 소련 유대인의 사례와 비교해 보자. 소련은 건국 초기부터 이디시어를 유대인의 독립된 언어로 인정하고 민족어 교육을 실시했지만, 제2차 세계대전 종전 이후에 이디시어 학교를 폐쇄하고 통합정책을 강화했는데, 이는 비슷한 궤적을 밟은 사할린에서의 조선어 교육의 폐쇄 경위와 비교해 볼 만한 사례이다.

이디시어 문학 연구자인 엘리아스 슐만Elias Schulman의 소련시대 이디시어 학교에 대한 체계적인 연구에 따르면, 이디시어는 1919년부터 소련 영내의 유대인 밀집 지역인 벨로루시와 우크라이나에서 공식적인 '민족어'의 지위를 획득하여, 이디시어 공산당 기관지 Der Emes진리도 창간되고 이디시어 학교들도 생겨났다. 1921년에 벨로루시에서는 이디시어를 모어로 하는 취학 연령 아동의 22%가 이디시어 학교에 다녔다. 1927년에는 213개의 이디시어 학교가 있었고, 벨로루시의 유대인 취학 연령 아동의 46%에 해당하는 27,124명이 이디시어 학교에서 수학했다. 우크라이나에서는 1930년에 785개의 이디시어 학교에서 82,000명의 아동들이 수학했고, 이는 전체 취학 연령 유대인 아동들의 약 50%에 해당했다. 1931년에는 소련 전역에 1,100개의 이디시어 학교가 있었고, 취학 아동 수는 13만 명 정도였다. 단, 대도시의 유대인 가정에서는 대개 일상적으로 러시아어를 사용했고, 아동들도 일반 러시아 학교에 다니는 경향이 강했고, 이디시어 학교는 소도시나 지방에 집중되어 있었다. 이디시어로 교육하는 사범전문학교나 농업전문학교, 기술학교 등도 존재했고, 이디시어 학교에 대한 책임을 맡았던 러시아 공산당의 '유대인부Jewish Section, Evsektsiya'는 소련에서 유대인의 민족 대학을 설립하고자 했으나 결국에는 실현되지 못했고, 스탈린주의가 본격화된 1930년에는 '유대인부'도 해체되었다.

그에 따라 교과서의 내용도 변화되었는데, 1920년대 이디시어 학교의 교과서들은 '민족'을 강조하고 혁명 이전이나 혁명과 무관한 유대인 문학이나 문화 등에 상당한 분량을 할애했지만, 1930년대에 스탈린주의가 진전되면서 교과서들은 대체로 유대인들을 위해 미세하게 편집된 일반 소련 교과서의 번역판들이 흔해지고, '민족'이 아닌 '소련 인민'으로서의 국가적 소속이 더 강조되기 시작했다. 그런 가운데, 1930년대 초에 절정에 달했던 이디시어 교육은 '유대인부' 같은 학교를 감독할 민족 조직이 사라진 가운데 쇠퇴하기 시작했으며, 30년대 후반의 대숙청으로 많은 유대인 공산당원들이 희생되면서 더욱더 악화되었다. 1939년에는 Der Emes도 강제 폐간되었다. 하지만 이디시어 학교가 쇠퇴한 근본적인 원인은 소련 소수민족정책의 전환에 있었다. 스탈린시대가 진전되면서 '민족문화' 진흥을 기반으로 한 '토착화'가 종언을 고하고 '통합' 위주의 중앙집권적인 새로운 인민국민국가 정책이 추진되었기 때문이다. 이디시어 학교 교육자들은 민족주의나 이디시어주의로 의심받지 않도록 항상 주의하며 학교를 운영했음에도 불구하고, 이디시어 학교는 유대인 정체성을 유지하는 중요한 요소로 인식되어 제거 대상으로 여겨졌다. 이외에도 이디시어 대학이 없다는 것 또한 대학 진학을 원하는 유대인 학생이나 부모들로 하여금 러시아 학교를 택하게 만드는 이유가 되었다. 1939년에는 유대인 학생의 20%만이 이디시어 학교에 다녔다고 한다.[28] 하지만, 이마저도 1941년부터 1944년 사이 유대인 밀집 지역이기도 했던 독일 점령 지역의 이디시어 학교들은 모두 사라지고 말았다.

---

[28] Elias Schulman, "The Yiddish School in the Soviet Union : 1918~1948", *Dropsie College Theses* 29, 1965.

제2차 세계대전이 끝난 후 일부 이디시어 학교는 다시 문을 열었지만, 1948년에서 1950년 사이에 모든 이디시어 학교들은 갑자기 폐쇄되었다. 그 이유에 대한 보다 자세한 분석은 강규형 등의 연구에 의해 확인할 수 있다. 1948년에 이스라엘이 건국하자, 소련 유대인들은 이를 대대적으로 환영했고 이민 희망자가 갈수록 늘어났다. 하지만, 전후 소련 서부가 폐허가 되어 노동력이 모자란 상황에서 소련 공민들의 '외부 유출'을 원하지 않았던 소련정부는 1948년 말에 유대인들의 이디시 문화 제거에 국가 행정력을 집중했던 것이다. 이와 동시에 미소 냉전이 급격히 진전되는 가운데 이스라엘이 친미 노선을 표명하자, 1949년 초기부터 반유대주의 열풍이 고조되어 수십만 명의 유대인들 특히 간부직이나 전문직에서 '뿌리 없는 세계주의자'나 '유대인 민족주의자' 혐의로 해직되거나 체포되었고 일부의 경우는 처형되기도 했다.[29]

결국 이디시어 학교 폐쇄는 이스라엘 건국과 친미화, 그리고 냉전의 본격화 등이 가져다준 당의 전체적인 유대인 정책의 변화와 연동되어 있었음을 알 수 있다.[30] 스탈린 사후, 흐루쇼프시대인 1960년대가 되면 이디시어 격월간 문학잡지 *Sovetish Heimland*의 간행이 허가되는 등, 다소의 완화정책이 시행되었다. 하지만, 1959년에 약 20%의 소련 유대인들에게 여전히 이디시어는 모어였음에도 불구하고, 이디시어 학교가 부활되는 일은 없었다. 술만에 따르면, 한 유대계 미국인이 *Sovetish*

29 Kahng, Gyoo-hyoung, "Zionism, Israel, and the Soviet Union : A study in the Rise and Fall of Brief Soviet-Israeli Friendship from 1945 to 1955", *Global Economic Review* 27, o.4, 1998 : 99~100; Медведев Ж. А., Сталин и еврейск а проблема : Новый а н лиз. — М. : *Права человека*, 2003 등.

30 Zv i Gitelman, *A Century of mbivalence : The Jews of Russia and the Soviet Union, 1881 to Present*, Boomington : Indiana University Press, 2001, pp.144~174.

*Heimland*에 편지를 보내 이디시어 방과 후 학교의 신설을 요청하자, 그 잡지의 편집장은 "부모들이 원하지 않는다"는 이유를 들어 불필요하다는 답변을 했다. 이에 대해 슐만은 "소련 정부가 원하지 않는 한 부모들은 원하지 않을 것"[31]이라고 주장했다. '부모들의 의향'은 결국 이스라엘 / 미국과의 긴장 속에서 이디시어 교육을 전폐시키는 '명분'이 될 수는 있어도 근본적인 이유는 소련의 정책 전환에서 찾아야 하는 것을 함의하는 주장이고 할 수 있다.

사할린에서의 조선학교 폐쇄의 근본적인 이유 또한 북한 / 중국과의 갈등이라는 소련과 모국과의 관계 변화에 따른 접경 지역 소수민족에 대한 통합정책으로의 전환에서 찾아야 할 것이다. 이디시어와 조선어 같은 교육체계를 상실한 소수민족의 언어는 동화의 압력 속에서 오래 버티지 못하고 잊혔고 이들 소수민족은 급속한 언어동화의 과정을 거치게 된 것이다.

5. 다시 조선어 붐 앞에서

조선학교 폐쇄는 사할린 코리언들에게 조국 귀환의 좌절과 조국과의 관계 단절을 의미하는 것이었다. 그것은 1959년에 조선어를 모어로 생각하는 코리언들의 비율이 93.8%였는데, 그 30년 후인 1989년에는 36.6%로 감소한 것에서 여실히 드러난다. 반면, 사할린 지역 국립역사

---

31 Elias Schulman, "The Yiddish School in the Soviet Union : 1918~1948", p.258.

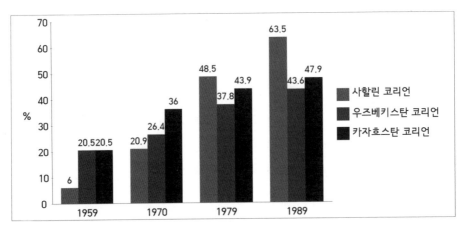

〈그림 2〉 러시아어를 제1언어로 하는 소련 내 코리언의 비율 추이

문서보관소 「ГИАСО의 1959년 자료, 소련의 1970년, 1979년, 1989년 인구센서스에 따르면 러시아어를 제1언어로 구사하는 인구의 비율은 6%, 20.9%, 48.5%, 63.5%로 급속히 증가했다. 이것은 〈그림 2〉와 같이 소련 내 코리언들의 주요 거주 지역인 중앙아시아의 우즈베키스탄과 카자흐스탄의 증가율에 비해 월등히 높은 것이다.

이 그림은 허승철, 앞의 논문을 바탕으로 필자가 만든 것이다. 단, 1970년, 1979년, 1989년 데이터는 인구센서스의 언어자료를 참조한 것이지만, 1959년 인구센서스의 경우 소비에트 코리언에 대한 개별 데이터는 없고 중앙아시아 전체 코리언 313,735명 중 러시아어를 제1언어로 간주하는 사람이 64,352명이라고 기록되어 있어, 이 표에서는 우즈베키스탄과 카자흐스탄에 대해 동일하게 20.5%로 임의로 표시했다. 사할린의 경우는 ГИАСО의 데이터를 인용한 진 율리야 이바노브나, 앞의 책, 212쪽을 참조하여 작성했다.

즉 중앙아시아의 코리언들보다 반세기 이상이나 늦게 소련사회에 편입된 사할린 코리언들이 언어적으로 더 빨리 동화되어 간 것을 알 수 있다. 이에 관해서 허승철은 지역인구에서 러시아인이 차지하는 비율이 높고, 도시 거주율이 높을수록 해당 지역에 거주하는 소수민족의 언어동화율이 높다는 브라이언 실버Brian Silver의 연구에 의거하여 설명하고 있다.[32] 즉, 1989년 인구센서스에 따르면, 사할린은 지역 인구에서 러시아인이 차지하는 비율이 81.7%로, 우즈베키스탄8.3%이나 카자흐스탄37.8%에 비해 대단히 높다. 또한 1979년 인구센서스에 따르면 사할린 코리언들의 도시 거주율84.4%도 우즈베키스탄57.9%, 카자흐스탄73.1%보다 높다.[33]

하지만 이것은 어디까지나 일반적인 경향을 설명할 수 있을 뿐이다. 한반도와의 관계가 지속적이었고 접경 지역의 소수자로서 사할린 코리언들이 양자 사이에서 그 중개자의 역할을 부여받을 수 있었다면 사할린의 언어동화가 이토록 극적으로 이루어지지는 않았을 것이다. 반대로 대립과 충돌의 특수한 상황에 놓여 있는 접경 지역의 소수민족은 항상 예외적인 상황에 놓여 동화의 압력에 노출될 수 있다는 것이다. 그들은 귀환 혹은 조국과의 연결의 꿈을 접고 현지 동화에 매진할 수밖에 없었던 것이다.

언어적 동화가 잘 되지 않는 경우에는 특히 전문가나 간부와 같은 궤도를 따르는 조선인은 많은 문제와 조우할 수 있었다. 1980년대에 사할린 조선인 중 비교적 높은 지위의 학자 겸 간부로 유즈노사할린스크 사범대학 경제학 교수인 박수호Бок Зи Коу, 1929~2009가 있었다. 그는 교수직을 갖는 동시에 지역당위원회 평의원, 즉 중급 지역 당 간부로 활약했

---

32 Brian Silver, "Social Mobilization and the Russification of Soviet Nationalities", *The American Political Science Review* 68(1), 1974.

33 허승철, 앞의 글.

접경지대에 남겨진 조선어 **265**

으며, 1981년에 정부로부터 명예 표식ЗнакПочёта이라는 명예훈장을 수상했다. 그러나 그와 같은 출세 가도를 달리던 교수이자 당 간부도, 1980년에 "러시아어에 능통하지 못하면서도 부당한 방법으로 학위와 교수직을 얻었다"는 식의 비방에 시달려야 했다. 그는 러시아어에 능통하지 않았다기보다는, 러시아어를 늦게 익힌 탓에 억양과 문법이 종종 정확하지 않았을 뿐인데도, 이 정도의 주류 언어 구사에서의 부족함도 모함의 근거가 될 수 있었다. 결국 그의 자질 등에 대한 동료와 학생들의 증언을 취합한 지역 보안기관들이 무혐의 처리했지만,[34] 이와 같은 사건은 그 당시 조선인을 포함한 소수자들에게 '출세'의 조건으로서 다수자의 언어에 대한 구사력이 얼마나 절대적이었는지를 잘 보여준다. 러시아어 구사력이 이처럼 절대시되는 동시에, 조선어는 당국의 보호 바깥에 방치되어 있었다.

그런데 페레스트로이카와 함께 냉전체제가 동요하자, 상황은 일변하여 사할린 코리언들 사이에 저류하던 조국 귀환을 포함한 조국과의 연결의 꿈이 다시 표면으로 드러났다. 코리언들의 집회가 다시 허용되자, 1989년에는 최초의 해방절 행사도 거행되었다. 다시 조선어 붐도 일기 시작했다. 그들은 건물을 마련하고 조선어 교사와 교재를 준비하여 1988~1989년 8개 구역에서 12개 학교, 학생 463명, 교사 15명이 조선어 교육을 시작하였다. 우리말 TV방송국과 새고려신문사 등은 조선어 교재를 만들었고, 북한으로부터 3,000권의 아동도서를 기증받아 교

---

34 Пак Сын Ы, "Бок Зи Коу(1929~2009) : педагог, экономист, общественный деятель"(https//koryo-saram.ru/bok-zi-kou-1929-2009-pedagog-ekonomist-obshhestvennyj-deyatel(2021.6.1 접속)).

육교재로 활용하였다. 1991년에는 조선어 교사들이 평양으로 연수를 받으러 가기도 했다. 하지만, 이때의 조선어 붐은 30년 전과 같은 문화어의 영향을 받았던 조선어에서 순식간에 한국어로 교체되었다. 1991년 한소 수교를 계기로 영주귀국이 시작되고 한국과의 교류가 급격히 늘어났기 때문이다. 그들은 낯선 고향과의 관계를 다시 시작해야 했다. 1942년에 사할린에서 태어나 1989년부터 한국어 교육을 담당했던 박승의는 북한에서 들어온 『조선어』 교과서[35]로 학생들을 가르치다가 1992년에는 연세 어학당으로 어학연수를 가서 한국어를 배우게 된다. 귀국 후 그는 1993년에 유즈노사할린스크사범대학 한국어 교수가 된다. 그는 자신의 삶을 회고하는 에세이에서 다음과 같이 밝힌다.

나는 이 세상에서 76년을 살면서 6번이나 국적을 바꾸었다. 그것도 자의가 아닌 타의로! 일제강점기시대 1942년에 사할린 땅에서 태어나 해방까지 3년은 일본 국민으로, 1945년 해방 후에는 무국적자로, 1958년에는 북한 공민으로, 1970년대에는 소련 국적자로, 1990년 소련 붕괴 후에는 러시아 연방 국민으로, 2010년 영주 귀국하여 마침내 대한민국 국민으로 삶을 이어간다.[36]

제2차 대전 이후 남사할린의 지배세력이 일본에서 소련으로 바뀐 후에도 조국으로 귀환하지 못하고 사할린에 억류되어 있어야 했던 코리언들은 일본말만 해야 했던 시대를 지나 러시아어를 배워야 하는 시대를

---

35   교육도서출판사 편, 『조선어』, 교육도서출판사, 1989로 보인다. 김영순 외, 『사할린 한인 한국어 교육자의 생애 이야기』, 한국문화사, 2020, 71쪽 참조.
36   박승의, 『박승의 나는 누구입니까 – 사할린 강제징용 가족의 수난과 극복』, 구름바다, 2017, 242쪽.

접경지대에 남겨진 조선어   267

살아갈 수밖에 없었다. 물론 소련의 소수민족정책에 따라 민족어 교육했던 시기도 있었지만, 북소관계도 소원해지고 남한도 동포들에 대해 무관심한 가운데 마이너리티로서의 사할린 코리언들은 러시아어로의 동화를 재촉할 수밖에 없었다. 사할린에 억류된 채로 네 나라의 국적을 전전한 끝에야 한국에 돌아올 수 있었던 박승의의 삶은 접경 지역의 소수민족으로서의 사할린 코리언 현대사의 표본이라고 할 수 있을 것이다.

6. 나가며

이 글에서는 일본의 식민 지배와 전쟁 동원을 계기로 사할린으로 이주했던 한반도 출신 주민들이 일본의 패전으로 해방된 후에도 한반도로 귀환하지 못하고 소련의 소수민족으로 통합되어 갔던 과정을 조국과의 연결고리로서의 조선어가 놓인 언어 현실과 그 현실을 타계하기 위해 전개했던 그들의 다양한 고투에 주목하여 추적했다. 미군 점령 후의 오키나와에서 전쟁에 동원되었던 코리언들이 귀환할 수 있었던 반면, 소련군 점령 후의 사할린에서 코리언들이 귀환하지 못했던 것은, 사할린이 일소의 접경 지역에서 미소 냉전체제의 접경 지역으로 재편되어 군사적 긴장상태가 상존했기 때문이다. 그럼에도 불구하고 사할린 코리언들은 조국 귀환을 준비하며 자녀들의 조선어 교육에 힘썼다. 전후 복구를 위한 노동력이 절실했던 소련은 귀환하는 일본인으로 생긴 노동력의 공백을 조선인들로 메우고자 하여, 코리언들의 민족어에 대한 욕구를 충족시키면서 사회주의체제로 이끄는 이른바 '토착화' 정책을 실시하게 된다. 하지만 그들에게 조선어는 계몽의 언어인 동시에 조국 귀환 혹은 조국과의 연결의 상징이었다. 그런데, 한국전쟁 이후 전후 복구에 성공한 북한으로의 귀환도 어려워진 것은 사할린 코리언 사회가 북한의 탈소련화에 따른 북소 접경 지역으로도 여겨졌기 때문이다. 소련은 1963년에 민족어교육을 폐지함으로써 사할린 코리언에 대한 통합정책을 실시했다. 이는 소련계 유대인들의 이디시어교육이 소련 밖의 모국인 이스라엘로의 귀환 열망의 상징으로 여겨져 폐지되었던 것과 유사한 조치였다고 할 수 있다. 농촌인구가 많은 중앙아시아 코리언들과는 달리 도시 거주율이 높아 민족공동체를 이루기 어려웠던 사할린 코리언 사회는 급속히 소련사회로 언어적으로 통합되어 갔다. 그런데 소련 붕괴와 함께 1990년대에 한소수교가 이루어지자, 이들은 조국과의 연결고리로 이번에는 익숙하지 않은 한국어를 모국어로 익히며 남북의 접경지대로서의 사할린을 살아가야 했다.

이와 같이, 해방 이후 사할린 코리언 사회의 조선어가 거쳐 온 역사는 다층적 성격의 접경 지역으로서의 사할린의 지정학적 추이를 함께 고려할 때 보다 명확히 드러난다. 그뿐만 아니라 각각의 국면에서 조국과 조선어를 주체적으로 연결하려 했던 사할린 코리언들의 언어적 고투도 온전히 이해될 수 있다.

참고문헌

고영근, 「어떻게 하면 우리말을 지켜 나갈 수 있을까」, 『새고려신문』, 2010.8.6.

김영순 외, 『사할린 한인 한국어 교육자의 생애 이야기』, 한국문화사, 2020.

민현식, 「사할린 지역의 한국어 환경에 대하여 - '98 사할린 한국어 교원 연구 보고서(1)」, 『한국어 교육』 9(2), 국제한국어교육학회, 1998.

_____, 「사할린 지역의 한국어 환경에 대하여 - '98 사할린 한국어 교원 연구 보고서(2)」, 『한국어 교육』 10(1), 국제한국어교육학회, 1999.

박승의, 「사할린 한인 동포 제2세 우리는 누구인가?」, 『지역사회』 47, 한국지역사회연구소, 2004.

_____, 『박승의 나는 누구입니까 - 사할린 강제징용 가족의 수난과 극복』, 구름바다, 2017.

사할린주 한인이중징용광부유가족회 편, 『사할린주 한인 이중징용광부 피해자 유가족회보』, Yuzhno-Sakhalinsk : 사할린주 한인이중징용광부유가족회, 2002.

임엘비라, 「사할린 한인들의 정체성 - 우리말 교육의 현황과 과제」, 『다문화교육연구』 3(1), 한국다문화교육학회, 2010.

정근식·염미경, 「디아스포라, 귀환, 출현적 정체성 - 사할린 한인의 역사적 경험」, 『재외한인연구』 9, 2000.

정영환, 『해방 공간의 재일조선인사 - '독립'으로 가는 험난한 길』, 푸른역사, 2019.

정진아, 「연해주·사할린 한인의 삶과 정체성 - 연구동향과 과제를 중심으로」, 『한민족문화연구』 38, 한민족문화학회, 2011.

진 율리야 이바노브나, 김종헌 역, 『사할린의 한인 디아스포라 - 본국 귀환 문제 그리고 소비에트와 러시아 사회로의 통합』, 도서출판 선인, 2020.

허승철, 「구소련 지역 한인의 언어 동화와 이중언어 사용에 대한 사회언어학적 연구 - 1959, 1970, 1979, 1989년 인구센서스 언어 자료 분석」, 『재외한인연구』 6, 재외한인학회, 1996.

林えいだい, 『証言·樺太朝鮮人虐殺事件』, 名古屋 : 風媒社, 1992.

天野尚樹, 「個別的愛民主義の帝国」, 今西一 編, 『北東アジアのコリアン·ディアスポラ : サハリン·樺太を中心に』, 小樽 : 小樽商科大学出版会, 2012.

袖井林二郎 編訳, 『吉田茂=マッカーサー往復書簡集 1945~1951』, 東京 : 法政大学出版局, 2000.

Anderson, Barbara A.·Silver, Brian D., "Equality, Efficiency, and Politics in Soviet Bilingual Education Policy : 1934~1980," *American Political Science Review* 78, 1984.

Gitelman, Zvi, *A Century of Ambivalence : The Jews of Russia and the Soviet Union, 1881 to Present,*

Bloomington : Indiana University Press, 2001.

Kahng, Gyoo-hyoung, "Zionism, Israel, and the Soviet Union : A study in the Rise and Fall of Brief Soviet-Israeli Friendship from 1945 to 1955", *Global Economic Review* 27(4), 1998.

Schulman, Elias, "The Yiddish School in the Soviet Union : 1918~1948", *Dropsie College Theses* 29.1965

Silver, Brian, "Social Mobilization and the Russification of Soviet Nationalities", *The American Political Science Review* 68(1), 1974.

Slezkine, Yuri. "The USSR as a Communal Apartment, or How a Socialist State Promoted Ethnic Particularism", *Slavic Review* 53(2), 1994.

Smith, Mark B., "Social Rights in the Soviet Dictatorship : The Constitutional Right to Welfare from Stalin to Brezhnev", *Humanity : An International Journal of Human Rights*, Humanitarianism, and Development 3(3), 2012.

Vihavainen, Timo Juhani. "Nationalism and internationalism : How did the Bolshe viks Cope with national sentiments?" in *The Fall of an Empire, the Birth of a Nation : National Identities in Russia*, ed. Chris J Chulos · Timo Piirainen, London : Routledge, 2017.

Дин, Юлия, *Корейская диаспора Сахалинской области : конфликты групп и столкновение идентичностей* Россия и АТР 3, 2013.

_____, *Первая политическая организация корейцев Сахалина в борьбе за репатриаци ю на родину* Проблемы Дальнего Востока 6, 2015.

Костанов А.И., Подлубная И.Ф. Корейские школы на Сахалине. Южно-Сахалинск : Админи страция Сахалинской области, 1994.

Кузин А.Т., *Просвещение сахалинского корейского населения : исторический опыт и совре менность* Вестник Красноярского государственного педагогического университет а им. В.П. Астафьева. 2011. № 2.

Медведев Ж. А., Сталин и еврейская проблема : Новый анализ. — М. : *Права человека*, 2003.

Пак Сын Ы, "Бок Зи Коу(1929~2009) : педагог, экономист, общественный деятель"(https://k oryo-saram.ru/bok-zi-kou-1929-2009-pedagog-ekonomist-obshhes tvennyj-deyatel(2021.6.1 접속)).

제4장

인간

월경하는 인간과 정체성

국경의 동요

20세기 초 미국의 동양인 이민자 박룡학 연구

현명호

1. 들어가며

1917년 7월 6일, 미국 샌디에고 이민국 사무실에서 영장 적부심war-rant hearing이 열렸다. 피고는 165cm의 키에 그다지 검지 않은 얼굴색, 검은 머리, 갈색 눈동자, 왼쪽 얼굴에 큰 점이 두 개 있는 31세 박룡학Park Yong Hak이었다. 피고는 미국 샌디에고와 국경을 마주한 멕시코 티후아나Tijuana로 넘어갔다가 다시 미국으로 들어올 때 적합한 입국심사를 거치지 않은 혐의를 받고 있었다. 그는 조선인 이름을 썼고, 조선인처럼 말하고 행동했으며, 1903년 12월에 대한제국이 발행한 여권을 소지하고 있었다. 그러나 박룡학은 자신이 6살에 조선으로 이주했지만, 중국청 베이징에서 태어났고 양부모가 모두 중국인이므로 자신은 '중국인'이라고 진술했다. 그의 서양인 고용주이자 변호인 웨스트West는 박룡학이 성실하고 정직한 노동자라고 증언했고, 검사를 맡은 샌디에고 이민관 잭 프레드Jack Fred 역시 그의 진실함을 믿었다. 법정은 처음에는 박룡학의 입국이 미국 내 거주지 증명서certificate of residence를 소지하지 않은 중국인의 입국을 금지하는 중국인 배척법Chinese Exclusion Act과 1917년 이민법에 위반된다며 중국으로의 추방을 명령했다. 하지만 이후에 입국신고 날짜와 같은 주요 증거를 제대로 확인하지 않는 등 검사 측이 절차를 제대로 지키지 않은 점이 드러남에 따라 이민국은 이 추방 명령을 철회했다.

박룡학의 재판은 미국 사회에서 처음으로 동양인의 이주를 제한하는 정책들이 행해진 '이민 배척의 시기1880년대와 1920년대'[1]를 배경으로 한다. 1869년에 대륙횡단 철도가 완공됨에 따라 19세기 중반에 증가한 중국 이민 노동자들 중 다수가 일자리를 잃었다. 이들은 캘리포니아주의 도시로 옮겨가 노동시장에서 백인 노동자와 경쟁하기 시작했는데, 이로 인해 그들의 혐오대상이 되었다. 미국 법정은 1878년 중국인 아엽Ah Yup의 귀화신청에 대해서 코카서스 인종이 아닌 몽골리안은 귀화신청을 할 수 없다고 판결하는 등, 중국인에 대한 배타적인 정서를 대변했다.[2] 이러한 분위기 속에서 1882년 5월에 제정된 중국인 배척법은 제2차 세계대전 중에 폐지되기까지 미국으로 향하는 중국 노동이민을 막는 법적 장치가 되었다. 반反중국인 정서와 제도는 동양인 이민자 전반에 대한 인종차별로 확대됐다. 러일전쟁 이후 미국 주류사회는 농업 노동시장에서 백인과 경쟁하고 임금인상 시위를 벌였으며 자녀를 백인과 같은 교육기관에 보내려고 노력한 일본인 이민자들을 자신들의 경제적 기회와 문화적 정체성을 위협하는 존재로 받아들였고, 1905년에는 미국 최초의 반일단체인 아시아배척연맹이 결성되기도 했다. 한국인 이민자는 생김새와 문화가 비슷하다는 이유로 동양인으로 엮여 '더러운

---

1   손영호(2004), 89쪽.
2   김연진(2009), 75~76쪽.

중국인'이나 '경멸스러운 일본인'으로 불렸다.[3]

당시 동양인 이민자들에 대한 기존 연구에 의하면 이들은 법적으로 대응하거나 법의 틈새를 노리거나, 혹은 문화투쟁을 벌이는 등의 다양한 방식으로 미국 사회에서의 인종차별에 대응했다. 1905년에 중국계 미국인 주 토이Ju Toy는 시민권자임에도 불구하고 부모가 중국인이라서 입국 과정에서 체포되었는데 미국 정부를 상대로 인신보호청원habeas corpus을 제기할 수 있었다.[4] 주 토이 판결 이후 이민국 관리가 미국에 들어올 수 있는 인종을 결정하는 '수문장gatekeepers' 역할을 맡게 되었는데, 입국심사에 거의 절대적 권한을 행사한 이민국 심사관의 눈을 속이려고 중국인 이민자들은 허위 서류를 작성해 '가짜 아들paper son'을 데려오거나, 신뢰도가 높은 백인을 증인으로 섭외하거나, 동양인 이민자 격리소가 있던 샌프란시스코 항구가 아니라 멕시코 국경을 통해 미국으로 들어가기도 했다.[5] 남성 노동 이민자뿐 아니라 미국에서 새로운 삶을 꿈꾸며 국경을 넘은 '사진 신부'들은 여권을 발급받지 못했을 때 제3국을 거쳐 난민으로 입국하는 등의 편법을 썼다.[6] 한편 미국에 사는 중국인 지식인들은 미국 사회에서 형성된 부정적인 동양인 이미지를 바로잡기 위해 *North American Review*나 *Overland Monthly* 같은 잡지에 기고해서 중국 문명의 업적을 알리거나 긍정적인 중국인의 모습을 그려내고자 노력했다.[7]

---

3 김지원(2010), 20~32쪽.
4 Salyer(1995), pp.114~116. 이 사건에서 미국 법원은 입국에 관한 최종 결정권이 이민국에 있다고 판결함으로써 외국인뿐만 아니라 내국인도 관련 재판을 제소할 권리를 거부당할 수 있는 여지를 남겼다.
5 Lee(2007).
6 노선희(2021).

앞서 서두에서 언급한 박룡학의 재판은 미국 사회에서의 동양인 배척과 그에 대한 대응을 보여준다는 점에서 위의 사례들과 맥락을 같이하지만, 동시에 인종이라는 당시의 개념 자체가 지닌 모순이 잘 드러난 사례였다는 점에서 주목해볼 가치가 있다. 박룡학은 여러 차례 이민을 겪으면서 국적, 언어, 사회경제적 활동 등 인종 정체성에 큰 영향을 미치는 영역에서 특정 공동체에 배타적으로 소속되지 않는 모습을 보였다. 조선 여권을 가졌으나 중국 출신이란 점을 감추거나 부정하지 않았고, 중국인 부모 밑에서 20년 가까이 자랐으나 중국어와 중국 문화에는 서툰 대신 조선어와 일본어, 영어에 익숙했다. 중국인 배척법이 작동하는 이민 법정에서 조선인 여권을 가지고 있었음에도 자신을 중국인이라고 진술한 점은, 동양인이 아닌 부분을 최대한 내세웠던 다른 이민자의 경우와 달랐다. 인종에 어떠한 의미도 부여하지 않고 그저 하나의 사실로서 받아들인 박룡학의 태도는 동양인은 미국 사회에 동화될 수 없고 백인 공동체의 본질을 오염시킬 것이라며 배척하고 동양인을 절대적 타자로 삼아 미국의 인종적 가치를 떠받들려 한 미국 이민당국의 입장과 극적인 대비를 보여주는 것이었다.

동양인은 미국인일 수 없다는 생각에 기반한 미국의 국경 통제가 박룡학 재판의 계기였다는 점에서 이 글은 이를 에티엔 발리바르의 '국경의 동요vacillation of border' 개념으로 설명하고자 한다. 발리바르는 국경이 민족국가라는 공동체의 보편성을 강조하고 세계를 민족국가의 합"world of nations", "united nations"으로 여기는 인식 틀에서 나온 개념이라고 주장한

---

7   Wong(1998), pp.3~5.

다. 그는 국경이 국민과 외국인을 배타적으로 구분하여 허구적 종족성fic-tive ethnicity[8]을 부여함으로써 전자에게 주권적 지위를 부여하고,[9] 외국인을 상대로는 합법체류자와 불법체류자 등의 새로운 차별적 경계를 지속해서 만들어내는 현실을 파헤친다.[10] 하지만 민족국가가 국경을 통해 세계를 구성하는 것이 보편적 진리가 아님은 전 지구적 금융망과 통신망의 구축, 탈냉전으로 인한 이념적 경계의 종식, 지구 전체에 작동하는 환경의 변화와 질병 등 최근의 초국경적 현상에서 드러난다.[11] 발리바르는 이렇게 국경이 동요하고 있는 상황을 조건 삼아 유럽연합 시민권이나 세계시민권 같이 기존의 종족성에 기반하지 않은 새로운 경계 담론이 등장하게 되었다고 설명한다. 다만 이 과정이 문화 · 언어자본 면에서 우위를 가진 지식인 중심으로 전개되면 새로운 형태의 차별을 낳을 것을 우려하며, 이민자들이 새로운 경계 담론에 참여할 것을 주창한다. 이민자들은 "가장 불안정한 존재the most insecure"인 동시에 인종주의의 억압성을 일상에서 가장 많이 고민하고 이를 자신에게 익숙하지 않은 언어로 번역해서 표현하는 경험이 많은 주체들이기 때문이다.[12]

차별적 국경의 동요에 주목한 발리바르의 이론은 탈냉전기 유럽을 근거 삼아 발전했다. 그러나 근대 자본주의사회에서 자본의 이동과 기업의 활동은 그 시작부터 항상 초국경적으로 이뤄졌으며, 이민자 국가로 출발한 미국에서 동양인 이민자들에 대한 인종차별적 담론이 20세

---

8 Balibar · Wallerstein(1988), p.96. 프랑스 철학자 에티엔 발리바르는 민족정체성이 그가 '허구적 민족성'이라고 부른 인종주의의 협업으로 구성된다고 주장한다.
9 Balibar(2004), pp.7~8.
10 Balibar(2010), p.319.
11 Balibar(2004), pp.103~105.
12 Ibid., pp.177~178.

기 초반에 이미 부상했다는 점을 고려하면 박룡학의 경험 역시 국경의 동요 개념을 분석틀로 삼아 설명해볼 수 있을 것이다.[13] 베이징, 원산, 서울, 호놀룰루, 샌프란시스코, 샌디에고 등지를 옮겨 다니며 생활했고, 중국어, 한국어, 일본어, 영어를 교차로 구사했으며, 서울 잡화상의 직원, 대한제국 군인, 일본소학교 학생, 하와이 사탕수수농장 노동자이자 통역, 샌프란시스코 영어학교 학생, 부동산 투자가, 백인 중산층 가정의 하인과 요리사 등 다양한 직업을 거친 그의 삶에서 국경이란 항상 유동적이었다. 이 글은 박룡학이 경험한 국경, 즉 차별적 경계의 동요를 세 부분으로 나누어 논의한다. 우선 그의 가족이 중국 국경을 넘어 한반도로 들어와 원산과 서울 등지에 정착한 1880년대 후반부터 1903년까지의 시기를 그가 대한제국의 무관학교를 다닌 사실을 중심으로 서술한다. 다음으로 대한제국에서 하와이를 거쳐 미국 캘리포니아주로 건너가 이민 생활을 한 1903년부터 1917년까지의 시기를 그가 한인 공동체와 일정한 거리를 두며 일본어 능력과 영어 교육에 집중해 미국 사회에 적응한 모습을 중심으로 다룬다. 마지막으로 미국-멕시코 국경을 넘은 것을 이유로 1917년에 미국 이민법정에서 박룡학의 국적이 논쟁이 되면서 드러난 미국 검사 측의 동양인에 대한 편견과 이에 정직한 진술과 다국어 능력으로 대처했던 박룡학의 모습을 그린다.

　본 장의 주 사료는 미국 국립문서기록관리청 라구나 니구엘 분관 National Archives and Records Administration, Laguna Niguel에 소장되었던 미국 노동부 이민국 문건 중 박룡학에 대한 문서로, 이 문서는 현재 국사편찬위

13　Balibar(2002), pp.89~91.

원회의 전자사료관을 통해 열람할 수 있다.[14] 박룡학에 대한 1917년 7월 이민법정 서류 59쪽으로 구성된 이 사료는 법정 심문 과정에서 드러나는 박룡학의 개인사와 이민을 전후한 삶의 변화, 그리고 20세기 초 미국 이민 제도의 운용 과정을 담고 있는데, 기존 연구에서는 아직 활용되지 않았다.[15] 1900년대 초반에 조선에서 하와이로 건너간 이민자에 대해서는 하와이 사탕수수농장 고용주나 그의 대리인 측 문건과 이민자가 직접 남긴 기록이나 그들 가족과의 면담 기록을 통해 연구되었는데, 박룡학의 문건은 미국 이민법정이라는 새로운 시각에서 제공하는 자료라 할 수 있을 것이다. 다만 법정에서 문제가 된 사건 외에는 박룡학에 대해 자세히 기록하지 않았고, 그에 대한 다른 기록이 많지 않아서 사료 교차 확인이 어렵다는 것은 한계로 남아 있다.

2. 대한제국의 군인인 중국인

박룡학은 1886년 중국 베이징에서 외아들로 태어났다. 아버지와 어머니 모두 중국인으로, 영어로 기록된 이름은 각각 Park Yong How와 Your Yee였다. 이들은 베이징에서 잡화상을 운영하다가 박룡학이 6살

---

14 Documents relating to Park Yong Hak(1956.10.17~), 소장처 국립문서기록관리청 라구나 니구엘 분관(NARA, Laguna Niguel), 출처 국사편찬위원회 전자사료관 사료참조코드 AUS020_01_00C0001. 이하 '『박룡학 문서』'라 부른다.

15 이 사료 1~2쪽은 Park Young Hak이란 한인 학생의 출항 기록인데, 박룡학(Park Yong Hak)을 다루는 이 사료의 다른 문건과 관계가 없다. 이름이 비슷하고 문서 생산 주체가 같아 실수로 같이 묶은 게 아닌가 한다. Park Young Hak은 미국 텍사스에서 유학하고서 오클랜드 한인 교회의 목사를 지낸 박용학(朴容學)인 것으로 보인다.

이 된 1892년쯤에 조선으로 이주해서 원산에서 잡화상을 운영하기 시작했다. 1896년쯤에는 서울로 이사를 했는데, 여전히 잡화상을 운영했으며 중국 명절놀이 문화 중 하나인 폭죽을 팔기도 했다. 박룡학은 대한제국의 군인으로 복무했고 3년간의 군대 생활 동안 일본어와 조선어를 배울 기회가 있었다. 1903년 12월 하와이로 출항하는 배를 타기 전에는 다시 원산으로 가서 학교에 다니며 일본어와 조선어를 배웠다.[16]

19세기 말 조선의 원산과 서울은 중국인 이민자들이 정착하기 험난한 도시가 아니었다. 이는 커크 라슨Kirk Larsen이 지적한 것처럼 당시 중국과 조선의 관계가 전통적인 조공관계에서 벗어나 마치 근대적 제국과 식민지의 관계처럼 중국 정부가 조선 내에서의 중국인의 경제 활동을 적극적으로 보호했기 때문이다. 조선으로 파견된 상무총판 천수탕陳樹棠은 1880년대 말 외교적 노력을 통해 중국 배가 한강을 타고 마포까지 들어올 수 있도록 했고, 원산에서 기근 시 중국 상인이 관세를 물지 않고 곡물을 받을 수 있도록 했다. 당시 청제국의 무관이었던 위안스카이遠世凱는 서울에 머물면서1885~1894 조선 왕실에 큰 영향력을 행사하여 조선 내 중국 상업의 확대를 위한 각종 이권을 챙겼다. 원산에 사는 일본인들이 일본인 거류지에 중국인이 섞여 사는 것을 문제 삼자 중국인 거류지를 설치했고, 서울과 원산을 잇는 전신선을 가설했으며 러시아의 개입을 막는다는 명분을 내세워 이 전신선에 대한 중국의 통제권을 강화했다.[17] 청일전쟁 이후 원산과 서울에서 중국인 상인의 활동이 크게 위축되었지만, 중국인의 주요 입국항인 인천의 경우 전쟁 후에도 인

---

16 『박룡학 문서』, 50~52쪽.
17 Larsen(2011), pp.118~119 · 122 · 137~138 · 202 · 253.

구가 오히려 꾸준히 증가했다는 사실1891년 521명에서 1897년 1,331명으로[18]을 고려하면 중국인들의 생활용품 시장은 어느 정도 유지되었을 것으로 보인다. 중국인 이민자를 상대로 잡화점dry goods을 운영했던 박룡학 가족이 청일전쟁 이후 원산에서 중국인 인구가 더 많은 서울로 옮긴 이유는 이러한 맥락을 적용해 이해해볼 수 있다.

박룡학 가족의 사례는 19세기 말 조선의 일반적 중국 이민자와는 다른 양상도 보여준다. 막 개항하여 아직 국제무역의 기반이 없었던 조선에 처음 발을 들인 것은 이미 동아시아 지역에서 금융 네트워크와 면제품 등의 거래망을 갖춘 광둥성 상인집단이었다.[19] 하지만 박룡학은 베이징 출신이었고, 가장만 돌아다니며 경제 활동에 종사하는 이주 상인이 아니라 가족이 함께 이민 온 경우였다. 그는 중국어를 어느 정도 알아들을 수만 있었고 말하지는 못했는데, 이는 그가 조선에서 지내면서 중국인들과 그리 어울리지 않았음을 보여준다. 그는 서울에 사는 김씨 성을 가진 친척Kim Yong이 있었고[20] 행동과 습관이 조선인이었다[21]는 기록으로 보아, 오히려 조선인과 가깝게 지냈으리라고 추측할 수 있다.

이는 당시 박룡학이 조선 사회에 어느 정도 동화되었음을 의미한다. 특히 박룡학이 중국인으로서는 드물게 박朴이라는 성씨를 가진 사실은 이들이 원래 한반도에서 기원한 가계가 아니었는지 생각해보게 한다. 즉 17세기 초 명나라의 후금 토벌 작전 때 조선의 원정군으로 갔다가 중국 랴오닝성 번시현遼寧省本溪縣에 남아 정착한 박씨 일족이[22] 박룡학의

---

18 정혜중(2007), 18쪽.
19 강진아(2007).
20 『박룡학 문서』, 30쪽.
21 위의 책, 5·54쪽.

혈통이고, 그의 가족이 군이 조선으로의 이주를 결정한 이유도 이것일 수 있다는 것이다. 그의 이름이 다른 조선인과 차이가 없다는 점은 그가 조선 사회에서 중국 이주민으로 생활하면서 부딪힐 법한 큰 장애물 하나가 없었다는 점을 의미하기도 한다.

박룡학이 조선 사회에서 이주민이 아닌 조선인으로 살았다는 사실은 그가 대한제국 무관학교Korean Military School에 3년간 다녔다는 증언에서도 드러난다. 우선 이 증언은 세 가지 의문을 자아낸다. 첫째, 대한제국의 무관학교는 1898년 여름에 시작했고, 그가 하와이로 떠난 1903년 말 전까지는 유년 과정이 없었는데,[23] 그의 진술에 따르면 1898년에 14세에 불과한 박룡학이 어떻게 최소 입학 나이가 18세인 무관학교에 다닐 수 있었을까?[24] 우선 이민법정에서 그가 나이를 잘못 말했을 가능성을 생각해볼 수 있다. 실제로 하와이 입국기록과 여권에 나오는 그의 나이는 24세로,[25] 19세라고 한 그의 진술과 5살 차이가 난다. 단, 이민법정에서의 그의 진술이 여행 관련 서류보다 신빙성이 더 높아 보인다. 당시 법정의 검사와 변호사 모두 그의 진술의 신빙성을 보장했던 반면, 하와이 초기 한인 이민서류는 허위로 혹은 대리로 작성된 사례가 적지 않게 발견되기 때문이다.[26] 또 다른 가능성도 있다. 무관학교에 3년 다니고 원산에서 1

---

22 예컨대 KBS NEWS 특파원 스페셜, 「조선족 시조 '번시 박씨' 400년 혈통 족보 공개」, 2018.12.1.
23 러일전쟁 이후에 생겼다고 한다. 차문섭(1973), 13쪽.
24 위의 책, 11~12쪽.
25 박룡학의 여권은 원본은 없지만, 『박룡학 문서』 50쪽에 원본의 영어 번역본이 있다. 그의 하와이 입국 기록에는 연령(24), 도착일시(1904.1.16), 도착 선편(Korea 호), 결혼여부(기혼), 출발지(원산) 등의 정보가 기재되어 있다. Murabayashi et al.(2013), p.135.
26 최초의 한국계 미국 이민 작가 중 한명인 차의석의 경우 1905년 무렵 하와이를 거쳐

년 반 동안 다른 학교에 다니다가 1903년 12월에 출국했다는 박룡학의 진술로 미루어볼 때, 그의 무관학교 교육 기간은 1900~1902년으로 추정된다. 근대적 출생신고 제도가 자리를 잡지 않은 1900년에 16세였던 그가, 입학 나이를 20~30세에서 18~27세로 낮추어가며 어린 인재를 뽑고자 했던 무관학교에 입학한 것이 불가능해 보이진 않는다. 게다가 그는 무관학교 지원의 최소신장 기준인 5척약150cm보다 꽤 큰 5.5척165cm 이었으므로 자신보다 2살 많은 다른 지원자보다 외관상 나이가 적어 보이지도 않았을 것이다.[27]

두 번째 의문은 대한제국 군부나 다른 유력기관 인사의 추천서가 필요한 무관학교에 중국 이민자 상인 집안의 박룡학이 입학한 점이다. 박룡학의 가족은 상인계급 출신으로, 조선 정부 관료와 연줄이 있었다는 언급은 그의 진술 중에는 없다. 따라서 그가 200명 정원에 1,700명이 지원할 정도로 경쟁이 치열했던 무관학교의 1898년 초기 선발을 통해 입학했을 가능성은 적다.[28] 단, 불과 2년 만에 무관학교는 생도들에게 유니폼과 비품을 충분히 내주지 못하게 되고[29] 임관 시험 자격도 500명 중에서 200명에게만 주는 등 재정난을 겪었고,[30] 이로 인해 1900년 가을에

샌프란시스코로 이주했는데, 하와이 입국 당시 실제로는 15세로 미성년자였지만, 기록상으로는 18세로 신고되었다. 김도형(2013), 319쪽. 박룡학이 여권을 원산이 아닌 중간 기착지인 요코하마에서 수령했다는 증언도 이 여권이 다른 이민자의 경우처럼 대리인에 의해 편의적으로 발행되었을 가능성을 시사한다. 『박룡학 문서』, 51쪽.

27 『박룡학 문서』, 30쪽.
28 차문섭, 앞의 책, 10~11쪽.
29 전직 대한제국 군인 출신 하와이 이민자인 한경선 역시 군복도 제대로 지급하지 못하는 군대를 떠나 1904년에 하와이행 배에 올랐다고 한다. 로버타 장·웨인 피터슨(2008), p.45.
30 「무교납비」, 『황성신문』, 1901.5.2.

는 국고 지원을 받는 관비생뿐만 아니라 사비로 다니는 학생도 받는 등[31] 입학 기회를 넓혔다. 박룡학의 입학도 이러한 변화에 힘입어 이루어졌을 것으로 보인다. 하지만 무관학교의 경영난은 계속되었다. 일본에 유학 간 생도들이 본국의 명령으로 돌아오는 일도 생겼으며, 결국 1900년 9월에 입학한 생도 중 많은 인원이 장래가 불투명하다는 이유로 1902년 1월 학교교육을 거부하고 학교에서 이탈했다.[32] 박룡학도 비슷한 시기인 1902년에 군대를 떠나 원산에서 학업을 계속한 것으로 보인다.

마지막으로 가장 큰 의문은 박룡학이 잠시나마 무관학교를 나와 대한 제국 군대에 입대했던 점이다.[33] 러일전쟁은 그가 조선을 떠난 후에 발발했음을 생각할 때, 그가 조선을 떠난 것은 전시가 아닌 평시이다. 비상 시국도 아닌데 외국인의 군복무를 받아들였다는 박룡학의 진술은 이민 법정의 검사가 그에게 실제로 조선의 군대에 입대하고 충성의 맹세oath of allegiance까지 했냐고 재차 확인할 정도로 이례적으로 받아들여졌다.[34] 물론 박룡학은 이름과 행색, 언어 면에서 조선인이나 다름없었으니 박룡학이 군이 중국인임을 밝히지 않고 입대했을 수도 있다. 하지만 박룡학은 당시 조선 정부가 조선인과 중국인을 똑같이 대했다고 대답했다.[35]

박룡학의 대답은 종족과 국적을 동일시하는 근대적 국경 개념을 흔든다. 이는 중국인인 그가 대한제국의 여권을 받았다는 사실에서도 드

---

31 「무관학교에서 사비학도 오십 명을」, 『제국신문』, 1900.10.4.
32 서인환(2000), 157~158쪽.
33 여기서는 박룡학이 서울이 아닌 지방인 원산에서 군대에 복무했을 가능성은 배제한다. 지방군인 지방대 14개 대대는 원산에는 주둔하지 않았고, 1900년 7월 지방대가 진위대로 통합되면서 잠시 원산(덕원)이 진위대의 주둔지로 선정되었지만 곧 강원도 원주로 변경되었기 때문이다. 문준호(2016), 10쪽; 김기성(2010), 17~18쪽.
34 『박룡학 문서』, 35쪽.
35 위의 책, 31~32쪽.

러난다. 중국은 1868년 미국과 체결한 중미속증조약中米續增條約에서 미국에 체류하는 중국인을 미국 시민으로 간주해서는 안 된다고 명시함으로써, 해외로 이주한 중국인을 중국인으로 규정하는 법적 근거를 마련했지만, 근대적 의미의 국적법은 박룡학의 가족이 조선에 이주한 1890년대 초반보다 이후인 1909년에 처음 시행됐다.[36] 조선에서는 1890년대 후반부터 새로운 호구조사 방식이 채택되고 과도기적 형태인 광무호적이 작성되었지만, 외국인을 대상으로 호구조사가 행해진 기록은 통감부시대에 들어와서야 나타난다.[37] 따라서 박룡학의 여권[38]은 기존의 중국 국적이나 조선 호적 서류를 대조하지 않은 채 발급되었을 가능성이 크다. 여권에 나와 있는 내용도 이름, 나이, 구체적인 번지가 없는 주소, 발급일을 제외하고는 개인적 정보가 없고, 국적을 명시하는 난 또한 없다.[39] 즉 당시 고종 황제의 재가를 받아 국고 수입에 도움을 주는 하와이 이민업무를 처리하기 위해[40] 발급된 이 여권은 박룡학의 부모나 출신지와 상관없이 발급되었고, 그가 미국에서 조선인으로 여겨지는 데 결정적 증거가 되었다. 따라서 박룡학이 '당시 조선 정부가 조선인이나 중국인을 똑같이 대했다'라고 한 말은 적어도 그의 조선 군대 복무와 조선 여권 발급에 있어서 사실이었다.

36　정지호(2008), 157~159쪽.
37　국사편찬위원회(2000), 279쪽.
38　김순건의 집조 원문과 박룡학의 여권 영역본 내용이 거의 유사함에 비추어 보아, 박룡학이 발급받은 것은 유민원의 '여행권'이 아닌 외부의 '집조'임을 알 수 있다. 김순건의 집조 원문 사진은 로버타 장·웨인 패터슨, op. cit., p.30. 여행권과 집조의 차이는 김도형, 앞의 책, 311~317쪽.
39　『박룡학 문서』, 54쪽.
40　로버타 장·웨인 패터슨, op. cit., pp.73~86.

3. 3개 국어를 구사하는 조선인 이민자

대한제국의 무관학교 경험은 어학과 규율 면에서 박룡학에게 지대한 영향을 미쳤다. 당시 무관학교는 예습하지 않거나 품행이 부정하다고 판단되면 해당 생도를 퇴교시키고 그 추천자에게 벌금을 물릴 만큼 엄격한 규칙을 적용했다. 외출도 평소 품행이 좋은 생도만 허가를 받아 공휴일에 나갈 수 있었다.[41]

교과 과정에 있어서는 무관학교라는 이름이 무색하게 외국어 교육이 전체 교육 시간의 42%에 달했고, 전술학은 그 절반에 못 미치는 18%를 차지했다. 근대적 군사학 교재들이 거의 외국어로 쓰여 있었고, 당시 근대화에 힘쓰던 조선 정부의 개혁 과제 시행을 위해 정치적으로 중요한 외국어를 구사할 수 있는 인재의 확보가 시급했기 때문이다.[42] 따라서 무관학교에서는 러시아어, 독일어, 프랑스어, 일본어 등의 과목을 중시했다. 원어민 교사를 구해서 생도를 가르쳤으며[43] 어학 능력이 우수한 생도 40명에게는 특별히 하루 1시간 추가 수업의 기회를 주었다.[44] 박룡학이 무관학교에서 일본어를 배웠다고 진술한 것도 그런 맥락에서 이해할 수 있다.[45] 당시는 일본의 영향력이 조선 내에서 나날이 커지고 있었고, 그에 따라 일본어 학습 욕구는 영어와 비슷한 수준으로 높았다.[46] 박룡학이 일본어를 택한 이유를 짐작케 하는 역사적 배경이다.

---

41 차문섭, 앞의 책, 30~33쪽.
42 위의 책, pp.20~22.
43 「무관학교에서」, 『제국신문』, 1901.4.18.
44 「무관어학」, 『황성신문』, 1901.4.23.
45 『박룡학 문서』, 34~35쪽.
46 허재영(2014), 325~328쪽.

특히 어학 능력은 다른 한인 이민자와 달리 교회 공동체에 속하지 않았던 박룡학이 미국 사회에 정착한 과정을 이해하는 실마리를 제공한다. 박룡학은 무관학교를 나와 하와이로 출항하기 전 원산에서 고등학교High School를 1년 반 다녔다고 증언했는데,[47] 당시 원산에서 고등교육을 제공한 학교는 1886년에 창립한 공립소학교밖에 없었다.[48] 이름은 소학교였지만 고등과, 심상과, 유치과 등 3등급으로 나누어 교육을 제공했다. 개항기에 원산 일본인 영사관이 담당했고 일본 교육법을 따른 관립학교인 이 '일본 학교Japanese school'에서 박룡학은 일본어 실력을 더 쌓았을 것으로 보인다.[49] 이러한 교육의 결과, 박룡학의 일본어 능력은 미국 이민 법정에서 일본인 통역사가 그가 자기 말을 이해하고 자기가 그의 말을 이해하는 데 어떠한 문제도 없다고 증명할 정도로 출중했다.[50]

어학 공부에 힘쓰던 박룡학이 하와이 농장으로의 노동이민을 결심한 계기는 구체적으로 나와 있지 않다. 다만 출국 바로 전이자 그가 18세였던 1902년에 그의 부모님이 모두 돌아가셨다. 그는 당시 원산에서 학교에 다니며 8시간 공부를 하면서도 별도로 직업을 갖지 않고 부모가 운영하던 잡화점의 일을 도왔을 정도로 경제적으로 큰 문제가 없었는데,[51] 부모님이 돌아가신 후 이전과 같은 경제적 여유를 누릴 수 없었던 듯하다. 동시에 영어 교육을 받을 수 있을 거라는 막연한 기대에서 미국

---

47 『박룡학 문서』, 51쪽.
48 宮崎勇熊(1905), pp.202~210.
49 학생 수는 박룡학이 다녔을 1901~1903년 사이 143명에서 189명으로 증가했고, 고등과는 34명(1901년 기준)이었다. 1901년 일본 정부가 소학교령을 발표해 수업료를 징수하기 시작했다. 高尾新右衛門(1916), p.119 · 299 · 332.
50 『박룡학 문서』, 32~33쪽.
51 위의 책, 50~52쪽.

이민을 결심했을 수도 있다. 당시 그가 참고한 한인 노동자 모집광고에는 하와이는 "학교설립법이 광대하여 모든 섬에 다 학교가 있고 영문을 가르치며 돈을 받지 않는다"라고 쓰여 있었다.[52] 그가 조선을 떠날 때 궁극적으로 미국즉 하와이가 아닌으로 오고 싶었다고 진술한 것도 그가 단지 농장 노동만을 염두에 둔 것이 아니었음을 증명한다.[53]

다른 한인 하와이 이민자와 마찬가지로 박룡학의 하와이에서의 공식적 직업은 사탕수수농장 노동자였다. 그가 스프렉켈 설탕회사Mr. Speckel's Sugar Company와 1년 고용계약을 맺고 그 회사로부터 여비를 지원받아 하와이에 온 후 빅아일랜드하와이섬 북단의 코할루Kohalu 지역[54]의 농장에서 괭이질하고 잡초를 뽑은 것은 여느 한인 이민 노동자와 다를 바가 없었다.[55] 하지만 일본어와 조선어에 모두 능통했기에 박룡학은 다른 진로를 찾을 수 있었다. 그는 1년 계약 기간 중 3개월만 농장 노동일을 했고 나머지는 회사를 위해 일본어와 조선어를 통역하는 일을 했다. 당시에는 하와이 정부나 회사와 이주 노동자 사이에서 소통을 담당할 통역사의 수요가 많아서 하와이 한인 중 박윤섭Pak Yun Sop과 같이 영어를 못했으나 일어를 해서 이민국에서 심사관이자 통역으로 고용된 사례가 있었다.[56] 통역 일에 대한 보수는 농장 노동보다 많았던 것으로 보인다. 박룡학은 1년 고용 기간을 마치고 오하루섬의 호놀룰루로 갔고, 1905년 5월에는 미국 샌프란시스코로 건너가 1년 반 동안 학교에서 일을 하지 않고 공부

---

52 「하와이 이민 모집 광고」, 한국 이민사 박물관 편, 『한국 이민사 박물관』, 2010.
53 『박룡학 문서』, 52쪽.
54 위의 책 40쪽에는 그의 개인 세금 신고서 사본이 첨부되어 있는데, 지역으로는 N. Kohalu Island of Hawaii가 명시되어 있다.
55 『박룡학 문서』, 51쪽.
56 Kim · Patterson(1974), p.4.

를 할 수 있을 만큼 저축을 했다. 하와이 입항이 1904년 1월이었던 점을 생각하면 불과 1년 반 만에 하와이에서 벗어났던 것이다.[57]

하와이 이주 한인 노동자 중에는 1905년이란 이른 시기부터 고된 농장 일이 맞지 않거나 다른 사업이나 학업을 꿈꾸며 미국 본토로 이주하는 경우가 적지 않았다.[58] 1905년 11월에는 4회에 걸쳐 한인 35명이 하와이를 떠나 샌프란시스코 등 미국 본토로 건너갔고, 이에 샌프란시스코 지역사회에서는 일본인과 조선인의 입국을 금지하는 청원을 미 의회에 보내기도 했다. 그러나 시베리아호, 만주호, 알라메다, 몬타나, 코리아, 차이나 등의 배를 타고 하와이에서 본토로 건너가는 한인의 이주는 다음 해에도 끊이지 않고 계속되었다.[59] 하지만 박룡학처럼 통역 일로 돈을 모아 단기간에 하와이 생활을 끝낸 이는 드물었다. 예를 들어 1905년 4월에 하와이에 도착해 같은 해 7월경 샌프란시스코로 건너간 차의석은 집안에서 돈을 보태주어 그의 학업을 도운 경우였다.[60]

박룡학은 1905년 5월 샌프란시스코를 통해 미국으로 입국했다. 한인 공동체에서의 인연을 매개로 무사히 입국심사를 통과할 수 있었던 차의석과는 달리,[61] 박룡학의 신원을 보장해준 것은 그가 하와이에서 일할 때 납부하고 받은 세금 증명서였다. 미국에서는 1880년대 초부터 경제적 능력이 없는 이민자가 입국해 빈민이 되어 사회 문제가 되는 가능성을 차단하기 위해 여러 법적 장치를 마련해두었다. 예를 들면,

57 『박룡학 문서』, 55~57쪽.
58 Son, op. cit., pp.37~38.
59 Kim·Patterson, op. cit., pp.8~10.
60 장규식(2014), 388쪽.
61 위의 책, 388쪽.

1885년에 계약노동 금지법을 채택해 저임금 노동자들이 일시적 고용 관계로 들어왔다가 계약이 끝난 후 미국에 잔류하는 것을 차단하려 했고, 1907년에는 외국인이 입국할 때 내야 하는 인두세poll tax를 50센트에서 4달러로 인상하여 경제적 진입장벽을 높였다.[62] 박룡학의 경우 하와이섬의 코하루 지역District of N. Kohalu Island of Hawaii에 인두세 1달러, 도로세 2달러, 학교세 2달러, 총 5달러를 냈다는 1905년 3월 6일자 증명서와 대한제국에서 발행한 여권을 제시하여 자신이 소위 '바람직하지 못한 이민자'가 아님을 증명했다.[63]

미국 본토에 입국한 박룡학은 그가 가지고 있던 자금으로 1년간 샌프란시스코 근교의 수이선Suissun에서 프랭클린Franklin학교에 다니며 멕코이 선생님Miss McCoy에게서 제2외국어로서의 영어 수업Second reader in English을 들었다. 농장에서의 노동과 번역 일을 통해 번 돈을 원래는 호놀룰루나 샌프란시스코에서 식당을 내는 데 쓰려고 했으나 대신 어학 공부에 투자했다.[64] 약 10년 후 이민법정에서 그가 통역 없이도 변호사의 질문을 이해하고 대답할 수 있었던 사실을 생각하면, 이때의 투자는 성공적이었다고 할 수 있겠다.

하지만 박룡학은 영어를 익히는 것 이상으로 교육을 받지는 않았다. 당시 캘리포니아의 한인 유학생들은 서양인 집에서 가사노동을 하면서 고학했는데, 차의석 역시 유학을 무사히 마치기 위해 종종 가사 도우미로 일했었다.[65] 반면 박룡학의 경우 프랭클린학교를 나온 후 더는 학교

---

62 손영호(1996), 182~183쪽.
63 『박룡학 문서』, 40쪽.
64 위의 책, 52쪽.
65 장규식, 앞의 책, 389~390쪽.

에 다니지 않고 꾸준히 가정집에서 가사노동을 하며 돈을 모았다. 예컨 대 1910년대 중반 무렵에는 샌디에고에 가서 미국인 변호사의 집에서 하우스 보이house boy로 6개월 일했고, 샌디에고의 한 가정에서도 가사 노동을 했다. 가사노동을 하면서 쌓은 실력과 인맥을 활용해 그는 호텔 에서 요리사로 일하거나 여학교인 비숍학교Bishop's School[66]에서도 요리 사로 10개월간 일할 수 있었다.[67]

박룡학의 미국에서의 삶이 다른 한인 이민자와 다른 양상을 띤 또 다 른 이유는 그가 교회를 중심으로 하는 한인 공동체에 속해 있지 않았기 때문이다. 샌프란시스코 근교 오클랜드 한인 감리교회의 초기 교인 문원 칠의 경우, 세크라멘토에서 1907년 12월부터 한인 노동자를 상대로 일 자리를 주선했고, 다음 해에는 한인 노동자를 모아 알래스카에도 일하러 다녀왔으며, 1910년부터는 서양인 집에 고용되어 가사노동을 하며 돈을 모았는데,[68] 그는 한인 공동체를 통해 그의 이발소 사업을 넘기거나 다른 사람의 건물에서 잡화상점을 하는 식으로 사회경제적 삶을 영위했다.[69] 물론 박룡학이 1910년대 한인 이민사회로부터 완전히 격리되어 생활했 던 것은 아니다. 세크레멘토의 지방회의 회관 건립이나 『신한민보』의 국 민 의무금과 운영 지원금을 위해 모금했을 때 그도 응한 기록이 남아 있 다.[70] 하지만 이런 간헐적 모금 활동에 참여한 것을 제외하면 박룡학과 한인사회의 관계는 투자 사업 부문이 대부분이었다. 그는 루이지애나주

---

66 여전히 존속하는 샌디에고의 명문학교 중 하나로, 현재는 남녀공학이다.
67 『박룡학 문서』, 36~37 · 52쪽.
68 조규태(2014), 126~127쪽.
69 위의 책, 128 · 130쪽.
70 「朔都地方會報」, 『신한민보』, 1910.11.9; 「국민의무금 수납 씨명」, 『신한민보』, 1911.6.7; 「感賀義捐」, 『신한민보』, 1913.6.23.

의 뉴올리언즈 근처 그린 우드의 한인 농장Korean Plantation에 1,000불 상당의 농장 지분ranch share이 있었고, 33인이 33,000원의 자금으로 플로리다주에 부동산 투자를 하기 위해 1914년 조직한 권업동맹단LA에본사에 가입했다.[71]

이러한 사실로 볼 때, 박룡학은 사업 관계에 한정하여 한인 공동체에 참가하는 편이었다. 민족공동체와 거리를 둔 박룡학과 같은 개인은 1920년대 말 미국에서 유학한 작가 주요섭의 1935년 소설『구름의 저편에서』에서도 찾을 수 있다. '비분강개'의 열정으로 낯선 땅에서 꿋꿋하게 버틴 이민 일세대와 달리 민족 상실의 아픔이 가난과 차별이라는 이민 현실을 압도하지 않은 이후 세대의 모습을 주요섭은 그린 바 있다.[72] 다만 박룡학은 이민 일세대이면서도 민족주의와 거리가 있었고, 열악한 환경으로 공부를 지속하지 못한 이후 세대와도 달랐다는 점은 기억해둘 필요가 있다.

4. 미국 이민법정에 선 동양인

꾸준한 가사노동과 부동산 투자를 통해 1917년 여름에 박룡학은 수중에 몇백 달러를 모았고, 마침 샌디에고에서 일하는 동안 멕시코 쪽 접경도시인 타후아나에 좋은 투자처가 있다는 소문을 들었다.[73] 당시 미국

---

71 「권업동맹단」, 『신한민보』, 1914.9.24.
72 정주아(2020), 84~86쪽.
73 『박룡학 문서』, 34쪽.

과 멕시코 접경지대 관광지였던 타후아나는 술과 도박을 금지당한 캘리포니아 주민들에게 안식처로 여겨진 곳이었다. 1916년 타후아나에 경마장이 개장했을 때는 이 작은 도시의 인구 2,000명보다 더 많은 수의 미국인이 이곳을 찾았다. 박룡학이 당일여행으로 타후아나를 찾은 1917년 6월 15일은 수몰되었던 경마장이 복원돼 재개장한 지 얼마 안 된 때였다.[74] 그는 왕복 기차표를 끊고 오후 1시에 출발해 경마장을 구경하고 일본인 식료품점과 중국인 식당을 둘러보고 오후 5시에 다시 샌디에고로 무사히 돌아왔다. 올 때는 기차를 놓쳐 차를 타고 와야 했다.[75]

타후아나 여행을 마치고 반달이 안 돼서 박룡학은 샌디에고 이민국에 체포되었다. 당시는 항구와 비교해 감시가 느슨한 미국-멕시코 국경으로 넘어오는 중국인 이민자를 잡기 위해 이민국의 '중국인 파수꾼 Chinese Catcher'이 활동할 때였다.[76] 체포된 박룡학은 샌디에고 이민국 법정에 넘겨져 7월 2일과 5일에 1차 심문을 받았고, 체포영장이 발부된 이후 7월 6일, 13일, 16일에 변호사를 대동하고 2차 심문을 받았다. 그런 뒤 7월 20일, 샌디에고 이민국으로부터 불법체류로 판정받아 중국으로의 추방을 명령받았다.

박룡학 사건의 핵심 쟁점은 그가 중국인이냐는 것이었다. 만약 그가 중국인이라면 거주지 증명서certificate of residence가 없는 중국인 노동자로 분류되어 중국인 배척법 6조Chinese Exclusion Act Section 6에 의거 추방당할 수 있기 때문이다.[77] 그러나 박룡학이 중국인이란 증거는 없었다. 그의

---

74 Kun·Montezemolo(2012), pp.137~138.
75 『박룡학 문서』, 57쪽.
76 Lee(2007), p.186.
77 『박룡학 문서』, 30쪽.

여권은 대한제국 정부가 발급한 것이었고, 그는 중국어를 말할 줄 몰랐으며, 그가 중국 식당에 갔을 때 그를 봤다는 이민국 측 중국인 정보원도 그가 중국인으로 보이지 않았다고 말했다.[78] 심지어 6월 15일에 티후아나에 갈 때 거쳤던 이민국 검문소에서 박룡학이 자신을 중국인이라고 했을 때 심사관이 '너는 조선인처럼 보인다'라고 말했을 정도였다.[79] 중국인임을 뒷받침하는 유일한 증거는 박룡학 자신의 진술뿐이었다.

당시 미국법에서는 중국인이 대표하는 동양인을 흑인과는 또 다른 타자로 여겼다. 1889년 미국 법원은 샌프란시스코에서 12년간 거주하다가 합법적인 이민서류를 소지하고 모국에 다녀온 한 중국인의 입국을 거절한 당국의 결정을 승인하면서, 중국인을 배제하기 위해 미국 정부가 기존의 법에 어긋나는 행동을 합법적으로 할 수 있음을 시사했다. 중국인은 문화적으로 미국에 동화될 수 없는inassimilable 인종이기 때문에 미국의 공공이익을 침해할 수 있다는 이유였다.[80] 같은 맥락에서 1896년에 미 대법원 판사 존 마셜 할랜John Marshal Harlan은 소수의견에서 중국인을 미국 사회가 '절대로 배척'해야 한다고 주장하면서, 백인이 볼 때 중국인의 타자성은 아프리카계 미국인보다도 더 크다고 선언했다. 즉 박룡학이 조선인이든 중국인이든 그를 '너무나 다른 인종a race so different'인 동양인으로 보는 미국 법정의 시각은 변하지 않았을 것이다.[81]

박룡학이 끝까지 자신을 중국인이라고 말한 이유는 무엇일까? 우선 그는 여권 발급 당시 조선 정부가 조선인이나 중국인을 똑같이 대했다

---

78 위의 책, 5쪽.
79 위의 책, 56쪽.
80 Phan(2004), pp.154~155.
81 Ibid., p.149.

는 자신의 말을 믿었다. 적어도 그의 경험 세계에서는 자신이 중국인인 동시에 조선인이란 점이 모순 없이 공존 가능했다. 이는 조선 정부가 그를 조선 군대에 받아주고, 다른 조선인 생도와 같은 무관학교에서 수학하게 했으며, 다른 한인 이민자와 똑같은 여권을 발급해준 과정에서 단단히 굳어진 사실이었다. 그의 경험이 이를 사실로 인정하는 한 그가 이 사실을 말하지 않거나 숨겨야 할 이유는 없었다. 그는 조선에서부터 규칙에 철저히 따르는 생활을 했고, 미국 사회에서도 미국인들에게 정직함으로 인정을 받아 가사노동자라는 그의 삶을 영위했다. 그런 박룡학이기에 처벌의 두려움 때문에 자신이 베이징에서 태어나고 중국인 부모를 둔 중국인인지를 법정에서 밝히지 않는 것은 오히려 선택지에 없었을 것이다.

박룡학의 진술은 미국 이민국의 관리들을 긴장시켰다. 샌프란시스코를 중심으로 20세기 초 미국의 이민 정책과 중국인 미국 이민 노동자를 연구한 에리카 리에 의하면, 이민 노동자를 직접 상대한 중하급의 이민국 관리들은 사실상 미국의 관문을 지키며 이민 정책의 형성에 중요한 역할을 했다. 특히 관리가 어려운 미국-멕시코 접경지대의 이민국 관리들은 대중의 반중국 정서에 민감하게 반응했다. 이탈리아 출신 이민자를 마피아와 연결해 악마화했던 것처럼,[82] 중국인 이민자에게 불법적인 이미지를 덧씌우기 위해 불법체류자를 다루는 부서를 '중국과Chinese Division'라 부르기도 했다.[83]

하지만 박룡학은 중국인 이민자에 대한 이 같은 부정적 이미지에 반

---

82 손영호, 앞의 책, 179~180쪽.
83 Lee, op. cit., pp.48·173.

하는 경우였다. 당시 급증하는 미국으로의 이민을 막기 위해 미국 당국이 생각한 방법은 1917년에 문맹시험법Literacy Test을 도입해 이민자를 추려내는 것이었다. 외국어 능력을 갖추지 않은 이민자는 미국 사회에서 문제를 일으킬 소지가 있다는 미국 사회의 가정에서 비롯된 정책이었다.[84] 하지만 박룡학은 영어와 일본어, 조선어를 두루 구사했다. 그는 일본어 통역이 읽지 못하는 여권에 쓰인 한자도 독해할 수 있었다. 7월 13일 재판에서 변호인 웨스트는 박룡학을 심문할 때 두 가지 질문을 던진 후 바로 일본인 통역을 통하지 않고 영어로 40회가 넘게 문답을 주고받았다. 검사는 통역이 필요 없느냐고 재차 물었지만, 변호인은 전혀 문제없다며 다음 재판7월 16일에서는 일본인 통역이 필요 없을 것이라고 했다. 하지만 검사는 굳이 일본어 통역을 고용했고 끝내 박룡학한테 영어로 직접 질문하지 않았다.[85]

박룡학은 고용주들에게 두터운 신뢰를 얻고 있고, 준법정신이 투철하며, 진술에 거짓이 없었다는 점이 재판에서 드러났다. 박룡학 사건을 맡은 샌디에고 이민국은 그의 추방을 결정하면서도 그가 명망이 좋고 근면 성실하며, 조선인이라고 하여 쉽게 빠져나갈 수 있었는데 그렇게 하지 않은 아주 정직한 사람이라 호평했다.[86]

이민국의 상위기관인 워싱턴 노동부가 박룡학에게 청구될 영장을 취소하고 그를 석방함으로써 결과적으로 박룡학은 추방당하지 않았다. 타후아나로 갔다가 미국 샌디에고로 재입국하는 것에 아무 문제가 없다고

---

84 손영호, 앞의 책, 90쪽.
85 『박룡학 문서』, 30~37쪽
86 위의 책, 28~29쪽.

미국 측 국경 검문소에서 들었다고 박룡학이 말했는데, 그런 발언을 한 적이 없다고 주장하는 미국 측 검문관이 그 증거를 충분히 제시하지 못했다는 게 이유였다.[87] 중국인 박룡학이 거주지 증명서 없이 미국에 들어온 것은 사실인데, 노동부가 국경 검문관 말실수의 가능성을 이유로 그를 석방한 것은 놀라운 일이었다. 오히려 이 사건으로 국경 검문관뿐만 아니라 접경지대인 로스앤젤레스, 샌디에고, 엘 파소 이민국 모두 영어 소통이 가능한 박룡학 심문에 일본인 통역사를 이중으로 고용한 것,[88] 박룡학의 샌프란시스코 입국기록을 여권에 찍힌 도장만 확인하고 샌프란시스코 이민국에 확인하지 않은 것,[89] 애초에 박룡학의 진술을 국경 검문관에게 자세히 확인하지 않은 것을 이유로[90] 문책당했다.

미국 당국이 결국 박룡학의 추방을 포기한 배경은 무엇이었을까? 그의 재판이 적법한 행정적 절차를 갖추지 못해 추방 명령이 반려된 측면도 있지만, 그러한 과정에서 미국 관리의 비효율성이 드러난 점도 원인이었다고 짐작해볼 수 있다. 20세기 초 미국은 '혁신주의시대'였다. 과학적 사고와 효율적 정책의 실행, 발전된 기술과 합리적 경영 기법으로 사회 문제를 해결할 수 있다는 신조에 강한 믿음이 있었고, 미국의 주류사회는 그러한 혁신주의적 믿음의 바탕에 서 있었다.[91] 하지만 그러한 주류사회의 한 일원인 이민국 관리들의 비효율적인 일 처리는 그러한 이미지에 어긋나는 것이었다. 배신을 일삼고 낙후한 사고를 하리라고

---

87 위의 책, 10~11쪽.
88 위의 책, 18~23쪽.
89 위의 책, 14~17쪽.
90 위의 책, 3쪽.
91 손영호, 앞의 글, 92쪽.

생각한 동양인 박룡학이 외국어를 구사하면서 자신을 논리적으로 정직하게 변호한 것과 반대였다. 발리바르의 주장처럼 주류 미국 사회가 미개한 동양인의 담론에 기대어 혁신적인 백인이란 거울 이미지를 구성했다면, 박룡학 사례로 이러한 이미지가 역전된 셈이다. 즉 박룡학 사건에서 절차 미비는 단순한 행정적 실수가 아닌 허구적 종족성이 드러난 중대한 오류였다.

5. 나가며

이 장은 근대적 국경 제도와 인종 담론 간의 관계를 재검토할 목적으로 박룡학의 사례를 논의했다. 출신지 정체성이 비교적 분명한 다른 동양인 이민자와 달리, 박룡학의 경우 부모와 출생지가 중국인이었는데 조선에 이민 와서 조선 사회에 동화된 경험이 있었고, 함께 이민 온 한인들이 교회 공동체를 통해 미국 사회에 정착해간 반면 어학 능력으로 이민 생활에 적응한 특수한 사례이다. 박룡학이 미국과 멕시코의 국경을 넘었다가 다시 돌아오면서 미국 이민국에 체포되어 재판에 넘겨진 사건은 국적과 인종을 동일시하는 근대적 국경 제도의 산물이었다. 하지만 법정에서 박룡학은 정직한 진술과 외국어 의사소통 능력으로 거짓을 일삼고 지식이 부족하다는 동양인에 대한 백인 사회의 일반적 인식에 반하는 모습을 보여줬다. 미국 이민국은 1882년 중국인 배척법과 1917년 이민법에 따라 박룡학에서 추방 명령을 내렸다가 행정적 절차의 미비의 문제 삼아 이를 번복한다. 적어도 박룡학에게 인종과 국적의 결합을 전제로 성립한 국경 제도는 적용될 수 없었다.

박룡학에 대한 후속 연구로 두 가지를 제안할 수 있다. 첫째, 박룡학의 가족이 조선에 이민 오게 된 경위에 관한 연구가 필요하다. 개항기 조선의 중국 화교에 대한 기존 연구는 광둥성 상인 네트워크의 확장이나 산둥반도의 출가노동에 대한 분석으로 양분되어 있는데, 베이징 출신에 조선의 고유 성씨인 박룡학 가족의 이민은 근대 초기 중국 화교 이민의 새로운 경로를 밝힐 단서가 될 뿐만 아니라 만주 조선족의 기원을 드러낼 열쇠가 될 수도 있다. 특히 19세기에 조선과 중국 사이의 이민사를 되짚어보고 이 맥락에서 박룡학 사례를 다시 검토해볼 수 있을 것으로 보인다. 둘째, 1917년 이민판 이후 박룡학의 흔적을 찾을 수 있는 자료를 찾는 노력도 필요하다. 박룡학은 초기 한인 이민사에서 전직 군인의 범주에 포함될 수 있으나 독특한 방식으로 미국 사회에 적응한 경우로 그의 인생 후반기의 흔적은 미국 이민사를 보는 새로운 관점을 제공할 것이다. 박룡학이 다녔거나 근무했던 미국 학교의 기록과 미주 이민 사회에서 발행된 신문에 그의 흔적이 남아 있는지에 관한 확인이 필요하다.

참고문헌

강진아, 「광동네트워크와 조선화상 동순태」, 『사학연구』 88, 2007.

김기성, 『대한제국기 진위대 증설과 군부예산 운영』, 고려대 석사논문, 2010.

김도형, 「여행권(집조)을 통해 본 초기 하와이 이민의 재검토」, 『한국독립운동사연구』 44, 2013.

김연진, 「이민과 귀화, 그리고 미국의 국가정체성 – 아시아계 이민자의 귀화 청원 관련 인종적 딜레마를 중심으로」, 『미국사연구』 29, 2009.

김지원, 『캘리포니아 한인 사회의 변화와 특성 연구(1903~1945)』, 명지대 박사논문, 2010.

노선희, 「일본의 식민주의와 미국의 제국주의의 교차로, 사진결혼(1910~1924)」, 『민족문화연구』 91, 2021.

로버타 장·웨인 피터슨, 이주영 역, 『하와이의 한인들 – 사진으로 보는 미주 한인 100년사 1903~2003』, 눈빛, 2008.

문준호, 「대한제국기 원수부 창설과 국방적 군사운영」, 고려대 석사논문, 2016.

서인환, 『대한제국의 군사제도』, 혜안, 2000.

손영호, 「딜링햄위원회의 이민보고서 – 내용 분석과 타당성에 대한 논의」, 『미국사연구』 20, 2004.

_____, 「미국 이민 정책에 관한 연구, 1882~1924 이민규제의 배경과 논쟁을 중심으로」, 『미국사연구』 4, 1996.

『신편한국사 44. 갑오개혁 이후의 사회경제적 변동』, 국사편찬위원회, 2000.

웨인 패터슨, 정대화 역, 『아메리카로 가는 길 – 한인 하와이 이민사, 1896~1910』, 들녘, 2002.

장규식, 「초기 도미 이민자의 미국 사회 자리 잡기와 이중의 정체성 – 차의석의 이민 자서전을 중심으로」, 『역사민속학』 46, 2014.

정주아, 「국제 노동시장 경험과 민족주의자의 딜레마」, 『중앙사론』 52, 2020.

정지호, 「청말 국적법 제정과 국민의 경계」, 『중국사연구』 52, 2008.

정혜중, 「개항기 인천 화상 네크워크와 화교 정착의 특징」, 『중국근대현대사연구』 36, 2007.

조규태, 「오클랜드 한인감리교회의 종교 활동과 민족운동(1914~1945)」, 『한국민족운동사학회』 80, 2014.

차문섭, 「구한말 육군 무관학교 연구」, 『아세아연구』 16(2), 1973.

『한국 이민사 박물관』, 한국 이민사 박물관, 2010.

홍윤정, 「하와이 한인이민과 이민단의 구성(1903~1905)」, 『역사학논총』 5, 2004.

허재영, 「근대 계몽기 외국어 교육 실태와 일본어 권력 형성 과정 연구」, 『동북아역사논총』 44, 2014.

高尾新右衞門, 『元山發展史』, 1916.

宮崎勇熊, 『北韓の實業』, 大阪 : 輝文館, 1905.

Balibar, Etienne, "At the Borders of Citizenship : A Democracy in Translation?", *European Journal of Social Theory* 13(3), 2010.

_____, *Politics and the Other Scene*, London : Verso, 2002.

_____, *We, the People of Europe? Reflections on Transnational Citizenship*, New Jersey : Princeton University Press, 2004.

_____, "Europe, an "Unimagined" Frontier of Democracy", *Diacritics* 33, 2003.

Chang, Jason Oliver, Schlund-Vials, Cathy J, Wong, K. Scott. *Asian America : A Primary Source Reader*, New Haven, CT : Yale University Press, 2017.

Josh Kun, Fiamma Montezemolo, *Tijuana Dreaming : Life and Art at the Global Border*, Duke University Press, 2012.

Larsen, Kirk, *Tradition, Treaties, and Trade : Qing Imperialism and ChosŏN Korea, 1850~1910*, Boston, Mass, London : Harvard University Asia Center, 2011.

Lee, Erika, *At America's Gates : Chinese Immigration During the Exclusion Era, 1882~1943*, Chapel Hill, NC : University of North Carolina Press, 2007.

Murabayashi, Duk Hee Lee, Hahn, Jeewon, Lee, Woo Joo Janice, *Korean Passengers Arriving at Honolulu, 1903~1905*, Honolulu : University of Hawaii at Manoa, 2013.

Patterson, Wayne, Kim, Hyung-chan, *The Koreans in America 1882~1974 : A Chronology and Fact Book*, Dobbs Ferry, NY : Oceana Publications, 1974.

Phan, Hoang Gia, "'A Race So Different' : Chinese Exclusion, the Slaughterhouse Cases, and Plessy V. Ferguson", *Labor History* 45(2), 2004.

Son, Young Ho, *From Plantation Laborers to Ardent Nationalists : Koreans' Experiences in America and Their Search for Ethnic Identity, 1903~1924*, The Louisiana State University · Agricultural And Mechanical college, Ph.D. Thesis, 1989.

지구화와 이주, 그리고 동포들의 역이민*

재한 조선족, 고려인들을 중심으로

박노자\|Vladimir Tikhonov

1. 세계 체제적 맥락 준^準주변부에서 준^準핵심부로의 동포 역^逆이민

1) 세계 체제 속의 해외 코리안 디아스포라

자본주의 세계 체제의 발전 과정에서 나타난 한 가지 현저한 현상은 바로 대규모 이민자 집단들의 출현이다. 물론 전근대 세계에서도 디아스포라 집단들이 존재했으며, 또 많은 경우에는 상업과 무역, 금융 발전에 상당히 기여했다. 유대인이나 아르메니아인, 아니면 인도의 파르시 Parsi 디아스포라 등은 유라시아의 여러 지역에서 일종의 '자본주의 맹아' 발전의 담지자들이었다.[1] 그러나 19세기 이후의 상업화와 자본주의 세계 체제에 의한 전^全지구의 장악은, 기존의 '상업 디아스포라' 등과 또 성격이나 규모가 다른 '노동 디아스포라'의 출현을 가져왔다. 수

---

* 이 글은 필자의 「지구화와 이주, 그리고 동포들의 역이민 – 재한 조선족, 고려인들을 중심으로」, 『문화와 융합』 42(5), 2020, 13~40쪽을 옮긴 것임을 밝힌다.
1 McCabe, Harlaftis · Minoglou(2005).

백만 명의 인도인이나 중국인, 일본인, 그리고 조선인은 해외에 나아가서 저임금 육체 노동자나 소작인 내지 빈농 등으로 생계를 꾸려나가야 하는 시대는 남아시아와 동아시아에서 대략 19세기 후반부터 도래했다.[2] 그렇게 해서 중국 화교나 해외 일본인, 해외 코리안 (조선 내지 한국)인의 수백만 명에 달하는 디아스포라는 하나의 세계사적인 현상이 됐다. 본 장에서 초점이 맞추어지는 것은 바로 해외, 그중에서는 중국과 구소련의 코리안 디아스포라, 그리고 나아가서는 이 디아스포라의 한국으로의 역逆이민이다.

애당초에 '저임금 노동'이나 악조건 속에서의 영세 농업 등으로 시작한 동아시아 계통의 근대 디아스포라들은, 시간의 흐름에 따라서 그 사회-경제적 신분이 꾸준히 향상됐다. 예컨대 중국 연변 자치구에서의 조선족들은 이미 1980년대 중반에 이르러 한족漢族에 비해서 거의 두 배나 높은 고등 학력의 수준을 과시했다. 6세 이상 인구 1만 명당 4년제 대학 이상을 나온 사람들의 비율은, 1985년에 한족 중에서는 72.9명에 불과했던 반면 조선인 중에서는 172.3명이었다.[3] 마찬가지로, 1937년, 러시아의 원동에서 중앙아시아로 강제 이주를 당한 고려인재러 코리안 디아스포라들이 주로 농민이었다면, 소련의 말기인 1980년대 후반에 이르러 대부분의 고려인들은 상대적 고학력을 보유하는 도시민들이었다. 소련의 해체 직후인 1990년대 초반의 통계에 의하면 예컨대 카자흐스탄 거주의 고려인들은 현지민에 비해 월등히 높은 학력 수준을 과시했다. 1992년 현재 16세 이상 29세 미만의 연령대 중에서는 대졸의 숫자는 고려인 중

---

2   Wolf(2010), pp.354~385.
3   Min(1992).

에서는 138명이었던 반면 카자흐스탄 평균은 69명이었다.[4] 관리직 비율은 고려인 중에서는 17.3%이었던 반면, 카자흐스탄 평균은 8.3%에 불과했다.[5] 즉, 원동에서 1860년대 이후에 주로 가난한 농민으로 그 디아스포라적 삶을 시작한 고려인들은, 20세기 후반에 이르러 고학력 보유자가 많은 현대적 도시민이 된 것이다. 학력에 의한 신분 상승과 같은 디아스포라 발전의 궤도는, 북미에서의 해외 일본인이나 동남아시아에서의 중국 화교의 경우에도 크게 다르지 않았다. 예컨대 미국 거주의 일본 계통의 주민들의 32%가 학사 학위를, 그리고 17%가 그 이상의 학위 석사 내지 박사를 소지하고 있는 반면 미국 평균은 각각 19%와 11%다.[6]

그러나 자본주의 세계 체제의 핵심부에 해당되는 북미미국, 캐나다 지역과 달리, 그 (준準)주변부에 해당되는 중국이나 구소련은 20세기 후반에 커다란 사회적 진통을 수반하는 변동을 겪어야만 했다.[7] 1917년의 러시아 혁명, 1949년의 중국 혁명 이후에는 러시아와 중국은 이념적으로 대안적인 근대인 '사회주의'를 지향하면서 경제 차원에서는 세계 자본주의 체제와의 거리를 두면서 내자內資총동원에 의한, 국가가 시장을 대체하는 방식의 급속한 산업화의 길을 걸었다. 그 과정에서는 연변 조선족과 고려인들도 혜택을 볼 수 있었던 교육체계의 고속도 팽창 등 긍정적 발전도 이루어졌지만, 일면으로는 1970년대에 이르러 '내자 동원', '국가에 의한 시장의 대체'라는 개발 형태의 내재적 한계도 여실히 드러나기 시작했다. 특히 농촌 인구가 과밀하고 인구에 비해 자원이 부족한 중

---

4   Пак(1992), pp.161~162
5   Ibid., pp.42~43.
6   "Educational attainment of Japanese population in the U.S."(2015).
7   Chase-Dunn · Grimes(1995).

국의 경우에는 아무리 국가적 총동원의 강도를 높인다 해도 '내자 동원' 만으로는 자본주의 세계 체제의 핵심부로부터 기술과 차관, 투자 등을 받을 수 있는 대만이나 한국 등과의 경쟁은 불가능했다. 이를 깨달은 정부는 1978년 이후에 개발의 노선을 '개혁개방', 즉 공산당 관료 집단의 관리 하의 외국 자금과 기술의 유치, 그리고 '국가에 의한 시장의 대체' 대신에 관료들의 통제를 받는 기업 활동의 허용으로 바꾸고 말았다. '사회주의'를 표어로 내건 국가적 총동원형꿷, 내자 동원 식의 개발은 국가 관료 자본주의로 교체된 것이다.[8] 당과 국가 관료 집단 관리하의 관료 자본주의로 제때에 조직적으로 이동하지 못한 소련은 1991년에 해체되었지만, 2000년대 이후로는 러시아나 카자흐스탄, 우즈베키스탄 등 상당수 소련 후계 국가들이 사실상 국가 관료 자본주의 체제로 이동했다.[9]

2) 중국과 구소련, 격변기의 코리안 디아스포라

중국과 러시아 등 소련 후계 국가들의 세계 자본주의 체제에의 편입은, 연변 조선족과 구소련 고려인들에게는 기회이자 시련이었다. 한편으로는 이미 자본주의 세계 체제 안에서 거의 준핵심부와 같은 지위에 도달한 한국[10]이라는 '동족 국가'의 존재는 중국이나 러시아의 조선인들에게는 상징적으로도 실질적으로도 나름대로 '힘'의 원천이 될 수 있었다. 2010년에 러시아 고려인 중에서는 '고려인임이 자랑스럽다'라고 스스로 여긴 응답자들이 78%에 달했는데, 이와 같은 자긍심의 여러 원천

8 　Meisner(1996).
9 　Djankov(2015).
10 　Terlouw(2002).

중의 하나는 바로 (준)'선진국'으로서의 '동족 국가' 한국의 비교적 높은 국제적인 지위였다.[11] 특히 한국 기업체들이 중국이나 구소련의 시장으로 진출함에 따라서 조선족이나 고려인들은 그 진출을 취직이 기회로 삼거나, 한국 기업들과의 연관성을 이용하여 스스로도 기업활동을 전개할 수 있게 됐다. 결국 2010년대에 이르러 예컨대―이미 소련시대 말기에 '비공식' 경제 영역에서 그 자본의 축적을 시작한―카자흐스탄의 고려인들은 상당수의 대자본가와 중견 기업인 등을 배출한 '기업인 디아스포라'로서의 면모를 가지게 됐다Kim, 2017. 그렇지 않아도 1937년 강제 이주라는 대대적인 재앙 이후로는 그 사회적 신분이 꾸준히 상승돼 온 고려인으로서는 '한국'이라는 '동족 국가'의 출현은 시장경제라는 새로운 상황 속에서는 시장에의 적응, 경쟁에서의 이점 획득의 원천이었다.

그러나 시장 자본주의는 그 속성상 늘 불균형과 불평등을 내포한다. '기업인'으로서의 시장에의 편입은 예컨대 농촌이나 소도시 출신의 저학력자보다 대도시 출신의 고학력자에게 더 쉬운 것이다. 거주 지역뿐만 아니라 거주 국가의 지위도 한반도 계통 동포들의 경제적인 상황에 큰 영향을 미친다. 같은 소련 후계 국가이며 같은 중앙아시아 국가지만, 2017년 현재 우즈베키스탄의 1인당 명목 국민소득은 1,504달러이었던 반면 카자흐스탄에서는 8,837달러이었다. 모스크바에서 고급 공무원이나 개인 기업 임원으로 일하는 고려인은 구미권의 중상층과 그다지 다르지 않는 생활 수준을 누리겠지만, 우즈베키스탄 소도시의 고려인 같은 경우에는 차라리 '제3세계'의 전형에 더 가까울 것이다. 불균형

---

11 Ем, Мионг, Чан(2017)에서 재인용.

한 자본주의적 개발은, 다수의 조선족이나 고려인들이 시장 경제 속으로 '기업가'나 '중상층'이 아닌 고용 노동자나 영세 사업가, 자영업자 등으로 편입돼야 한다는 것을 의미한다. 이 과정에서는 한국이라는 '동족 국가'는 기업 활동의 연계 대상이라기보다는 일차적으로 그들에게 '노동 시장'이 돼야 한다는 것이다. 조선이 준식민지와 1910년 이후 식민지로 세계 자본주의 체제에 편입돼야 했던 그 당시에 보다 나은 삶을 추구하여 '북방'으로 옮긴 사람들의 후손들은, 이제 자본주의 체제 속에서 준핵심부로 그 위치가 격상된 한국에 와서 다시 한번 보다 나은 삶, 그리고 한국에서의 상대적인 고임금이 줄 수 있는 한국 체류 이후의 신분 상승의 기회를 찾으러 역逆이민을 하게 된 것이다.

역逆이민을 하게 되는 그들은, 본인들의 출신 지역인 세계체제의 (준)주변부와 본인들의 목적지인 세계체제의 준핵심부, 즉 구소련 / 중국과 한국 사이에 '끼게' 되어서 여러 가지 모순들이 중첩되는 상황에 처하게 된다. 일면으로는 대한민국에 가는 그들은 세계체제의 위계질서 속에서 공간적으로는 수직적인 상승 이동을 하게 되지만, 또 일면으로는 이와 동시에 많은 경우에는 그들은 사회적으로 출신 사회의 '핵심'에서 목적지의 '주변'으로 신분 차원의 하락을 겪게 되는 것이다. 타슈켄트에서 전문대학 이상의 학력을 가지고 있으며 중앙아시아의 국제어 격인 러시아어를 모어로 구사하는 우즈베키스탄의 고려인은, 우즈베키스탄 사회의 비공식적 신분 질서에서는 '내부자', 즉 (농민 등과 구분되는) 사회의 '근대적' 부문에 속한다. 그런데 한국으로 옮겨가서 안산이나 광주의 영세공장에서 일하게 되는 고려인은, 한국 사회의 '외부자' 격인 저임금 중소기업 노동자 계층에 속하게 된다. 즉, 세계체제 차원의 수직적인 상승 이동을 수반하는 것은 바로 개인 신분 차원의 하락 이동이라 할 수 있다. 본 장은, 이와 같은 모순적인 상황 속에서 역이민자들의 자의식, 소속감, 그리고 출신 국가와 역이민 목적지를 바라보는 시선이 어떻게 바뀌는가를 규명함으로서 한국적 상황에서의 저임금 지대로부터의 '동포 역이민'의 여러 특징들을 보다 깊이 이해하기 위해 작성한 것이다. 조선족과 고려인들의 역이민에 대한 이해를 심화시키기 위해서, 중국과 구소련으로부터 한국으로의 역이민을 구소련으로부터의 유대인과 독일인들의 이스라엘, 독일로의 역이민과 비교하면서, 한국에서의 역이민 과정의 제도적 특성과 '저임금 지역' 출신 역이민자 정체성의 특징을 비교론적인 맥락에서 규명해보려 한다. 조선족, 고려인 역이민자들에 대한 기존 연구들이 이미 어느 정도 축적됐지만[12] 이와 같은 비교론적 접근은 국내 학계에서 여태까지 잘 적용되지 않았다. 그러나 역이민자들의 자의식 등을 논하기 전에 먼저 대한민국의 전반적인 이민 정책 속에서의 동포 역이민 관련 정책과 법률을 언급해야 할 것이다.

2. 이민자 유입 국가로서의 대한민국

1) 한국에서의 '이민'의 제도적 역사와 '동포 역이민'

세계체제의 주변부 국가로서 본래 애당초부터 ― 오늘날 중앙아시아

---

12 강현숙(2019); 김경학(2015); 김경학, Miranda De Dios Ines(2017); 김보근(2012); 김현선(2010); 김혜진(2016); 윤황·김해란(2011); 이정은(2018); 이현욱(2013); 정진아(2014).

국가들처럼 ─ 노동 수출국이었던 대한민국은, 1980년대 말에 준핵심부로 편입돼 가면서 노동 수입국으로 변모됐다. 이미 1960년대 중반부터 세계체제의 핵심부 국가가 되고 나서도 1980년대 중반까지 외국인 노동의 수입을 자제하면서 차라리 노동 집약적 공장을 외국으로 이전했던 일본[13]과 달리, 한국은 훨씬 더 재빨리 보다 개방적인 외국 노동 유입 전략을 택했다. 처음에는 한국은 1994년부터 일본의 모델에 따라서 '산업연수생' 명목하에 저임금 주변부 국가 노동력의 단기적 고도의 착취를 도모했지만, 오래가지 않아 이 모델의 단점들이 드러나 국내외에서 많은 문제들을 일으켰다. 인권 유린 사건들이 빈번히 발생 되는데다가 저임금에 실망하는 많은 '연수생'들이 이탈하여 불법 (미등록) 체류를 하는 등 2000년대 초반에는 이 제도가 더 이상 '외국인 노동자 관리'를 효율적으로 보장할 수 없다는 점이 명확해졌다.[14] 그러다가 김대중 ─ 노무현 자유주의 정권하에서는 점차 '연수제도'의 틀을 벗어나 혈통적인 코리안, 즉 역이민 동포와 '순수' 외국인들을 이원적으로 관리하는 이중적 외국인 관리시스템으로 방향을 바꾸었다. 이 이중 관리 시스템에서의 '동포 노동자' 관련 규범들은 해외 일본계일계:日系 역이민자들과 관련된 일본 관리 시스템을 참조했다면[15] '순수' 외국인에게 적용되는 고용허가제에서는 싱가포르 등지의 외국 저임금 인력 활용 제도의 영향을 확인할 수 있다.[16]

'동포'와 '순수' 외국인 노동자들은 한국에서 주된 이민 노동자들의

---

13 Bartram(2000).
14 전윤구(2014).
15 Tsuda(2003).
16 Koh(2018).

두 신분적 범주들을 이루지만, '동포'라는 범주는 내부적으로 또 다시 이원적 구조를 이룬다. '동포' 범주 안에서는, 1948년 대한민국 건국 이후에 주로 자본주의 '우방'으로 이민 간 한국계 동포, 즉 본인이나 부모, 조부모가 대한민국 여권을 보유했던 동포와, 1948년 이전에 주로 중국이나 러시아로 이민 간 사람과 그 후손인 비非 한국계 동포로 사실상 구분되는 것이다. 물론 북미의 모든 한인들이 전부 다 1948년 이후에 온 이민자와 그 후손들뿐만이 아니다. 초기 이민은 이미 1880~1890년대에 시작되고,[17] 1948년보다 더 이른 시기에 온 사람과 그 후손들도 북미 한인의 일부분을 차지하긴 한다. 그러나 대다수의 경우에는 한국 여권을 한 때 보유했던 사람들이거나 그 후손들이다. 그들이 국내로 오면 F-4라는 동포 비자를 받아 '단순 노무 행위' 이외의 주로 상대적 고수익 전문직에 비교적 자유롭게 종사할 수 있다. 그들이 비록 체류 자격을 주기적으로 연장해야 하지만, 대한민국과 '태생적 관계'를 보유해온 이상 그리고 고임금 국가 시민권자인 이상 비교적 쉽게 한국의 주류 사회에 통합된다. 현재로서 국내에서 F-4 비자를 보유하는 444,880명의, 주로 미국과 캐나다, 서구 국가 등 시민권 보유자들이 장·단기 체류하고 있다.[18] 그들의 상당수는 투자 등 금융 내지 영어 학습이나 통·번역 등과 관련된, 비교적 수익이 높은 직종에 종사한다.

　미국 시민권자들이 (조)부모 세대의 '아메리칸 드림'을 버리고 다시 한국으로 역이민하는 이유는, 크게 봐서는 두 가지다. 한편으로는 이미 세계 자본주의 체제의 준핵심부에 편입된 한국의 전문직 수입 수준은

17　방선주(2003).
18　'체류 외국인 현황'(2019).

결코 뉴욕이나 LA에 크게 뒤지지 않으며, 또 한편으로는 영어 구사력이 최고의 문화자본을 이루는 한국에서는 한국어까지 어느 정도 이해하는 한국계 영어 원어민들이 '토박이 한국인'에 비해 취직 경쟁에서 충분히 더 많은 이점을 보유할 수 있기 때문이다. 그들의 한국에서의 삶은 물론 꼭 단순치 않다. 그들의 주된 경쟁 무기인 '영어 실력'이 질시의 대상이 될 수도 있고, 또 그들에게는 인치人治 내지 (성문화된 법률이 아닌) '인간관계' 위주의 한국의 '정실' 문화는 충분히 '비합리적'이며 이질적으로 느껴질 수도 있다. 한데 그들은 일단 한국적 사회 피라미드에서는 적어도 그 '중간 수준' 이상에 속하게 된다.[19]

2) 고임금 지역 출신의 동포와 저임금 지역 출신의 동포

구미권의 한국계 동포에게는 한국으로의 역이민은 경제적으로도 상징 자본 차원에서도 '신분 상승'이나 적어도 '중산층'으로서의 신분 유지에 해당될 수 있다. 미국에서 취직난에 봉착한 이들은 한국에서는 비교적 쉽게 취직을 하며, 국내 '영어 원어민'의 특권적 대열에 합류한다. 미국에서는 '영어 원어민'이라는 것은 특권은 아니지만 한국에선 특권이다. 한데 고려인이나 조선족 등 비한국계 동포의 한국으로의 역이민은, 경제적으로 신분 상승에 해당된다 해도 사회적 측면, 즉 상징 자본의 차원에서는 보통 피被차별 신분의 고통, '자존심 포기'의 고통을 수반한다. 비한국계 동포, 즉 그 조상들이 대한민국 건국1948 이전에 중국이나 러시아 영토로 이주하여 대한민국 국적을 대대로 보유하지 못한

---

19 Park(2018).

재중, 구소련 출신 동포들은 체류 자격부터 다르다. 그들은 다수의 경우에는 방문취업H-2 비자를 받아 작물 재배업과 축산업, 연근해 어업, 양식 어업과 제조업 내지 건설업부터 가구 내 고용 활동가사도우미까지, 36가지의 단순 노무에만 종사할 수 있다.

물론 250,381명에 이르는 방문취업 비자 소지자[20]로 국내에서 저임금, 고강도 육체노동에 종사하는 고려인, 조선족 동포들이 국한되지 않는다. 결혼이민F-6이나 유학생 비자 등으로 들어와서 사실상 주로 각종 저임금, 고위험 노동에 종사하는 경우들이 허다하며, 드물긴 하지만, 어려운 절차를 뚫어 영주권이나 대한민국 국적까지 취득하는 경우들도 있다. 다양한 방식으로 역이민해서 들어온 고려인, 조선족 출신 동포들은 이미 대한민국에서 작지만 꽤나 가시적인 소수자로 그 존재감을 수시로 드러낸다. 예컨대 2018년 같은 경우에는 전체 외국인 취업자 중에서는 코리안계 중국인들의 비율은 42.7%37만8천명에 이르렀다.[21] 결혼이주자와 귀화자, 유학생, 미성년 가족 구성원 등까지 합한 국내 체류 재중 동포들의 숫자는 708,812명2018년말현재이다.[22] 전체적으로는 국내 체류의 중국 국적자들은 1,070,566명, 즉 전체 외국인의 45.2%를 차지하지만,[23] 그중에서는 재중 동포들이 7할 정도 차지하는 셈이다. 안산과 광주 등 여러 곳의 공사장이나 영세 공장에서 국내에서 약 8만 3천 명 정도 거주하는[24] 고려인 동포들의 러시아어 대화를 엿들을 수 있고, 서울

20 '체류 외국인 현황'(2019).
21 육동현(2018).
22 김천(2018).
23 '체류 외국인 현황'(2019).
24 강현숙(2019).

의 웬만한 식당에서는 '연변 아줌마'의 연변 사투리를 들어볼 수 있다. 한국 전체 인구에서 약 1.6%를 차지하는 비한국계 동포들은 비록 숫자 상으로 소수집단에 불과하지만, 한국인의 평온한 일상을 뒷받침해주는 저임금 노동의 피라미드에서 그들이 맡고 있는 역할은 결코 작지 않다.

3. 소련계 유대인의 역이민이라는 '거울'

1) '귀환자'로서의 신분과 '체류자'로서의 신분

20세기 초반부터 조상들이 대대로 살아온, 그러나 지금으로서, 국가에 의한 시장의 대체와 '내자 동원'에 근거한 개발 방식이 그 한계를 드러낸 이후에 세계 자본주의 체제에 '저임금 지대'로서 편입된 중국이나 러시아 출신의 '동포 역이민자'들은, 이미 '준핵심부'로 그 위치가 격상된, 상대적 고임금의 '동포 국가'에서는 과연 어떤 정체성의 변화를 겪고 있는가? 이들이 한국에서 겪고 있는 정체성 변모의 과정을 보다 구조적으로, 국제적인 비교론적 맥락 속에서 파악하기 위해서 먼저 예컨대 구소련에서 '동포 국가'로 역이주한 다른 종족 집단들의 경험을 상기시킬 필요가 있을 것이다. 예를 들어, 구소련에서 고려인들과 함께 '고학력 종족 집단'으로 명성을 날렸던 유대인들의 핵심부 국가라고 할 이스라엘로의 역이민의 경우를 보자. 물론 고려인의 한국으로의 역이민과 구소련 유대인들의 이스라엘 이민을 단순 비교하는 데에는 문제가 많을 것이다. 고려인이나 조선족 등이 받는 방문취업 비자는 '정주'를 전제로 하지 않는 반면, 구소련 유대인들이 '귀환법The Law of Return'에 따라 이스라엘에서 국적 취득 등을 포함한 '정주'를 할 수 있는 것이다. 고려인들의 역이민은 주로 2002년, 즉 '재외동포법'의 불평등 적용에 대한 차선책으로 중국과 구소련 지역 동포에게 단순노무 분야 취업을 허용하는 '취업관리제'가 도입되고 나서야 본격화되었지만,[25] 소련 유대인들의 이스라엘로의 역이민은 1960년대 말로 거슬러 올라간다. 법적 형태나 이민의 시기와 함께 그 규모 역시 다르다. 현재 총인구 8백70만 명 규모의 이스라엘로서는, 1989~1996년간 약 백만 명의 소련 유대인들이 역이민 와서 그 모습을 완전히 바꾸었지만,[26] 구소련 고려인이나 조선족은 한국에서 그야말로 비교적 규모가 작은 '마이너리티'에 불과하다. 하지만, 이와 같은 차이점들을 염두에 두고서 이스라엘로의 구소련으로부터의 역이민과 한국으로의 중국, 구소련으로부터의 역이민을 비교하면서 고찰해보는 것도 유의미할 것이라고 본다. 특히 법적 신분 등에서 파생되는 유대인 역이민자와 고려인, 조선족 역이민자 자의식 사이에서의 상이한 점, 그리고 이와 동시에 확인되는 동일하거나 유사한 점들을 관찰함으로서 한반도로의 역이민의 함의들을 보다 잘 파악할 수 있을 것이다.

2) 통합의 과정과 결과

만약 1989~1996년간의 소련계 유대인들의 이스라엘로의 '대이동'에만 초점을 맞추어서 고찰한다면, 유대인의 역이민을 '사회적 통합과 준*종족적 소집단 형성의 이중주'라고 규정해도 무방할 정도다. 일단

---

25 김경학(2015).
26 Maltz(2015).

세대별로 본다면 소련에서 이미 직업적 경험을 쌓은 기성세대는 이스라엘 사회에 거의 동화되지 않았다. 대부분은 러어로 일상적 대화가 가능한 소련계 유대인들의 '밀집 지역'에서 정주를 하고, 절반 정도는 사적 공간에서의 러어 지속적 상용을 고집해왔다. 상당수는 히브리어 능력 자체가 제한적이며, 또 그만큼은 많은 경우에는 본인들의 학력에 비해 더 낮은, 저임금 단순 노무에 가까운 직업을 부득불 가져야 했다.[27] 기성세대와 달리 10대 후반, 20대 후반 유대인 청년들의 경우에는, 일단 대부분은 히브리어를 비교적 빨리 습득했으며 직업 분포 등에 있어서는 비슷한 학력을 보유하는 기존의 이스라엘 주민들과는 그다지 큰 차별성을 보이지 않았다. 한데 그들은 지속적으로 '유대계 러시아 지식인'과 '이스라엘인'이라는 이중적 정체성을 지니고 있었으며 많은 경우에는 러어나 러시아 문학 등에 대한 집착을 여전히 강력하게 지닌다 Rapoport · Lomsky-Feder, 2002. '러시아 유대계 1.5세대'라는 별칭으로 알려져 있는 이 연령 집단은, 이스라엘 사회의 복합적인 차별 구조에 대해 체념에 가까운 태도를 보여 온 기성세대에 비해 사회, 정치적으로 더 강력한 활약상을 보이며, 자신들을 일종의 '준^準종족 집단'으로 스스로 인식하면서 자신들의 권익 옹호에 활발히 나선다. 주류 사회의 차별적 시선 등에 대한 '대응'의 성격이 강한 이와 같은 소집단 정체성의 구축을, 일부 전문가들은 '반응으로서의 종족적 정체성reactive ethnicity'라 부르기도 한다 Remennick · Prashizky, 2018. 하지만 이스라엘에서 태어나서 자란 러시아계 유대인들의 자녀 같은 경우에는, 보통 모어로 히브리어를 사용하며 자

---

27 Berthomière(2001).

신들을 일차적으로 '이스라엘인'으로 규정하며 별도의 소집단으로서의
정체성을 지니지 않는 등 거의 '동화'된 것으로 분석된다Konstantinov, 2015.

4. 소련계 독일인, 또 하나의 '거울'

간단히 요약하면, 100만 명 정도 되는 1989~1996 구소련 유대계 이
스라엘로의 역이민자의 경우에는, 기성세대와 '1.5세대'는 차별적 시선
속에서 소집단으로서의 '대응적' 정체성을 구축했지만, 법적으로 '국
민'으로서의 신분이 보장된 그 다음 세대는 '통합'을 넘어 거의 주류사
회에의 '동화'를 할 수 있게 된 것이다. 재미있게도 구소련으로부터의
또 하나의 대규모적인 역이민자 집단인 독일인들도, 이와 거의 같은 궤
도를 밟아왔다. 약 18만 명의 고려인들이 1937년에 강제 이주를 당한
4년 뒤인 1941년에는, 80만 명 넘는 독일계 소련 시민들도 파시스트
독일이라는 '적국'의 '동족'으로서 중앙아시아나 시베리아로 강제 추방
을 당하고 말았다.[28] 소련에서 각종의 신분상의 불이익을 받아 온데다
가 소련의 붕괴 이후에 사회-경제적 상황의 악화에 직면한 소련계 독일
인들은 1991년 이후에 독일로의 대규모의 역이민을 시작했다. 2007년
이전까지 약 1백80만 명의 소련계 독일인들이 독일로 역이민했다.[29] 독
일에서 정착 지원에다가 이스라엘과 마찬가지로 국적을 신속히 획득할
수 있었던 그들은, 비록 윗세대의 러어 상용이나 특정 밀집 지역에서의

---

28 Pohl(2016).
29 Wolff(2013).

정착에의 경향은 현저히 보였지만, 독일어권의 언론들을 찬사를 받을 정도로 사회적 통합이 비교적 빨리 이루어졌다.[30] '1.5 세대'는 이중적 '독일적인' 부분과 '러시아적인' 부분을 겸비하는 정체성을 가지고 있으며 역이민자들의 소집단에의 소속감을 보이지만,[31] 독일에 어린 나이에 왔거나 독일에서 태어나 자란 소련계 독일인들의 자녀들은 적어도 다른 이민 집단에 비해 '주류 사회'에 훨씬 더 깊이 편입된 것으로 판단된다.[32] 즉, 이스라엘에서의 소련계 유대인 역이민자들의 사회 통합의 경우나 독일에서의 소련계 독일인들의 사회 통합의 경우에는, 자본주의 세계 체제에 비교적 뒤늦게 편입된 저임금 지역으로부터 고임금 '동족 국가'로 역이민한 집단은, 국적과 지원 등이 확보되는 경우에는 비록 이중적 정체성을 보유하는 소집단을 형성하려는 경향은 초기에는 있긴 있지만, 장기적으로는 그래도 '주류 사회'에의 통합에의 경향이 더 강하게 나타난다는 점이다.

5. 한국, 명실상부한 '정주'를 전제로 하지 않는 역이민

1) 독일과 이스라엘, 그리고 한국 사이의 '접근의 차이'

구소련으로부터 독일이나 이스라엘로 역이민하는 '동족'들과 한국으로 역이민하는 조선족, 고려인들 사이의 가장 큰 차이점이라면 바로 '법'

---

30 Schmid(2010).
31 Meng · Protassova(2017).
32 Haung · Sauer(2007).

과 '주류 사회'의 역이민자 집단에 대한 '인식'이다. 특히 한국어 구사력이 매우 좋은 편에 속하는 조선족의 경우에는 한국에서의 정착에의 경향은 현저히 나타나지만,[33] 그들 대부분의 법적 신분은 어디까지나 (이스라엘에서의 소련계 유대인이나 독일에서의 소련계 독일인과 같은) '귀환 동포'가 아닌 '방문취업 동포'다. 즉, 방문취업H-2 비자를 지속적으로 갱신하여 '사실상의 정주'를 할 수 있다고 하지만[34] 이건 엄격히 이야기하면 '편법'에 더 가깝다. '사실상의 정주'를 현실적으로 할 만큼의 여지를 제공하긴 하지만, 한국의 법제는 중국 내지 구소련의 동포들을 기본적으로 '방문 취업 중의 동포', 즉 '귀환 동포'나 아닌 '동포 인력'으로 취급한다. 기본적 접근이 독일이나 이스라엘과 본질적으로 다르다는 이야기다. 영주권F-5을 획득한 조선족은 2018년에 약 8만 8천 명이 있었으며,[35] 한국에 귀화하여 국적 취득한 조선족은 8만 3천 정도2019년현재이었지만,[36] 이 두 범주를 같이 합산해도 한국 거주 조선족 사회의 소수약20%에 불과할 것이다. 다수는 법적으로 '영구적'이지 않는, '임시적 거주' 성격의 신분이다. 이유는 복합적일 것이고 중국이나 러시아 등에 대한 외교적 고려와 같은 요인들도 있었겠지만, 정책 결정권자뿐만 아니고 한국 '주류 사회'의 많은 구성원들에게도 한국과 달리 미국의 '우방'이 아닌 '북방 국가'에서 사회화되고 한국에서의 학교나 군대 복무와 같은 사회화 경험을 쌓지 않은 '동포'들을 '우리'와 같은 범주에 넣는 것은 전혀 쉽지 않다. '그들'을 '우리'와 다른 범주에 넣어 타자화시킬 뿐만 아니라 '그들'

---

33 김현선(2010).
34 김철원(2015).
35 이정은(2015).
36 함철민(2019).

에 대해서 상당히 가시적인 차별의식을 보이는 것은 특히 최근 10여 년간의 한국 사회의 특징이다. 2015년의 한 여론 조사에 의하면 특히 고려인보다 그 존재감이 더 강한 조선족에 대해 한국인 20~30대들의 59%나 부정적인 의식을 보였다.[37] '조선족'은 한국의 '주류' 일상 속에서 너무나 쉽게 '경계해야 할 가난한 사람들 / 예비 범죄자'로서의 강력한 이미지를 갖게 됐다. 즉, 법률상의 신분적 불안정성에다가 중국, 구소련으로부터의 역이민자들은 독일이나 이스라엘의 경우와 비교하기 어려운, 훨씬 더 노골적인 차별에 한국에서 직면해야 하는 것이다.

2) 차별 체험과 '우리가 떠난 조국'을 중심으로 한 집단 내부 결속

사실 여기에서는 소련계 독일인이나 유대인 역이민자 집단과 특히 조선족 역이민자 집단 사이의 하나의 커다란 차이가 있다. 세계체제 핵심부 국가로 역이민한 소련계 독일인, 유대인들과 마찬가지로 한국으로 역이민한 조선족은 분명히 세계체제 안에서의 '임금차'라는 이점을 활용하게 된다. 요즘 중국에서의 임금 상승 등으로 많이 상대적으로 완화되었지만, 2008년만 해도 한국에 입국하여 취직한 조선족 노무자들은 본국인 중국에 비해 평균적으로 약 6.2배 더 많은 월급을 받을 수 있었다.[38] 그러나 이와 같은 '상대적 고임금'을 받는 대가는 주로 단순 노무가 주종을 이루는 '고되고 힘든' 일에다가 늘 차별에 노출돼 있는 상황이다. '차별'은 저임금 지대로부터 (준)핵심부 '동족 국가'로 역이민하는 '모든' 역이민자들의 공통적인 체험이지만, 한국의 비공식적인 각

37　김난영(2015).

38　윤황·김해란(2011).

집단의 '서열'에서의 조선족의 '위치'는, 예컨대 이스라엘 사회에서의 소련계 유대인들의 상대적인 '서열'보다 더 낮아 보인다. 이스라엘에서의 소련계 유대인들은 '주류' 기성사회의 구성원주로 구미권 계열의 이스라엘주민보다는 낮아도 예컨대 중동이나 아프리카 계통의 유대인보다 더 우월한, 중간적인 위치를 애당초부터 점하게 됐는데,[39] 한국에서는 조선족들은 비록 '순수' 외국인 노동자보다 더 장기적인 체류를 할 수 있는 법적 이점을 취하고 있다지만, 차별에 노출된 차원에 있어서는 큰 차이를 보이지 않는다. 2013년에 실시한 조사에 따르면 재한 조선족의 차별유有경험의 비율36.3%은, '일반' 외국인 노동자34.5%보다 오히려 더 높았고, 특히 영주권자76%나 귀화자67%의 경우에는 매우 높은 축에 속했다.[40] 소련계 유대인이나 독일인들을 하나의 '수난의 공동체'로 만드는 공동의 체험은 일차적으로 역이민 이전에, 소련에서 당한 (주로 비공식적인) 신분적 불이익이라면, 재한 조선족의 '수난의 공동체'는 일차적으로 한국에서의 차별 피해자들의 공동체다. 특히 기성세대나 '1.5세대'에 속하는 이스라엘로의 역이민한 소련 유대인이나 독일로 역이민한 소련 독일인들도 일종의 별도의 '소집단'을 이루어 '주류'와 다른 그들만의 정체성을 공유하는 경우가 허다하지만, 재한 조선족 같은 경우에는 한국 사회에 비교적으로 무탈하게 경제적으로 편입된 20~30대 전문직 종사자라 해도, 한국에서 살면 살수록 '중국 공민'이라는 출신 국가에 얽힌 정치적 정체성을 더 확고하게 느낄 정도로 '차별하는 주체'로서의 한국과의 '거리'를 체감 한다.[41] 한국이 경제적으로 그 중요성이

---

39 Semyonov · Gorodzeisky(2012).
40 이정은(2015).

커도 정서적으로 멀어질수록 재한 조선족 소집단 통합의 주축으로 '조국으로서의 중국'이 더더욱 떠오른다. 상당수가 한국에서의 체류를 체험한 재중 조선족의 90%가 중국을 '조국'으로 인식하는데, 이는 예컨대 일본을 '조국'으로 여기는 재일 조선인들의 매우 낮은 비율17%과 대비된다.[42] 이와 같은 강력한 출신 국가에의 소속 의식은, 예컨대 보통 독일이나 이스라엘에의 소속감을 더 내세우려는 경향이 강한 소련계 독일인과 유대인 역이민자 사회와는 각각 대조를 이루는 것이다.

3) 통합의 장애, 한국적 권위주의 문화

법적 신분의 안정성, '주류 사회'로부터의 '우리'로서 인정받을 수 있는지의 여부와 차별의 농도, 그리고 역이민자 소집단 내부 결속의 논리 차원에서는 재한 조선족들은 이스라엘에서의 소련계 유대인이나 독일에서의 소련계 독일인 등과 상당한 차별성을 보인다. 재한 고려인들의 경우도 대동소이하다. 조선족의 대부분과 달리, 재한 고려인들은 대개는 한국어 구사능력이 부족한 경우가 많다. 광주 거주의 고려인 청년들을 중심으로 해서 분석한 2016년의 한 연구에 의하면 청년층마저도 한국어 소통이 어려운 쪽이 절반 정도를 점한다.[43] 광주 광산구 월곡동 거주의 고려인 아동의 경우에도 대개는 한국어로 수업을 따라가기가 어려울 정도로 현실적 삶에서 러시아어가 여전히 지배적이며,[44] 장년층 고려인 노동자들의 경우에는 고된 노동과 늦은 귀가로 한국어를 학습

---

41 이현욱(2013).
42 김보근(2012).
43 김혜진(2016).
44 김경학, Miranda De Dios Ines(2017).

할 여유라고는 거의 없을 정도다.[45] 공석에서 고려인 아동, 청소년들의 러어 대화가 주변 한국인들의 눈길을 끌어 '외모와 언어의 불일치'에서 오는 경계심 섞인 놀라움, 그리고 '어디에서 왔느냐' 류의 질문을 받게 끔 만드는데,[46] 이와 같은 상대적인 '언어적 고립'의 상황은 한국 사회에 대한 거리감과 출신 국가에 대해 보다 강한 소속감을 더더욱 공고화한다. 재한 조선족들의 '조국 중국에 대한 소속감'과 마찬가지로, 한국 사회에서의 잔업이나 직장 회식 강요, 철저한 위계 서열과 권위주의, 민주적 토론 문화의 부재 등에 대해 끝없는 소외감을 느끼게 되는 구소련의 고려인들도 예컨대 러시아 등 과거 본인이 거주했던 구소련 사회에 더 강한 애착을 보이는 경우들이 관찰된다.[47] 사회주의를 표어로 내건 과거의 '국가적 총동원' 식의 소련이나 중국에서의 개발 방식은, 밑으로부터의 혁명을 거친 사회에서, 상당수가 기층민 출신인 당-국가 관료에 의해서 추진된 만큼 일상 문화 레벨에서 상당한 수준의 민주성이나 평등 지향을 배태했다.[48]

이와 같은 역사적 경험을 내재화한 조선족이나 고려인들에게 위로부터의 권위주의적인 외자 유입, 수출 본위의 한국형 근대화가 배태한 철저한 권위주의가 낯설고 두렵고 불편하기만 하다. 그만큼 그들은 한국인과의 '차이'를 그 소속 의식의 근거로 삼는, 그들을 차별하는 한국사회와 거리를 두는 그들만의 커뮤니티를 형성한다. 피차별 경험을 공유하는 이 커뮤니티들이, 특히 한국어 구사력이 좋으며 그 숫자가 더 많은

---

45 정진아(2014).
46 김경학, Miranda De Dios Ines(2017).
47 정진아(2014).
48 Kung(1994); Ryvkina(2008).

조선족의 경우에는 한국 사회를 향한 인정 투쟁의 주체가 되기도 한다.[49] 소련계 독일인들이 독일에 역이민해서 적어도 다음 세대로 넘어가면 사회적 통합이 되고, 소련계 유대인들이 이스라엘에 가서 적어도 자녀시대에 가서 통합 넘어 거의 동화되는 점과 대조적으로, 중국계나 소련계 코리안들이 한국에 가서 '중국' 내지 '구소련 출신'이라는 '배경'을 기준으로 해서, 주류 사회의 차별과 배제에 맞서서 서로 뭉치게 되는 것이다.

6. 나가며 　조선족과 고려인의 역사적 여정旅程과 대한민국

1) 소련과 중국 개발 모델의 성쇠와 코리안 디아스포라

거시적인 역사학적 입장에서 오늘날 재한 조선족과 고려인들이 처한 상황들을 분석하면 다음과 같은 '큰 그림'이 그려진다. 20세기 준주변부나 주변부 국가들의 근대화 노정 중의 두 가지 빈번히 나타나는 모델들은, 밑으로부터의 사회 혁명을 거친 사회들의 '내자 동원' 식, 당-국가시스템에 의한 총동원형 개발[50]과 한국과 같은, 외자와 수출 위주의 위로부터의 정치 군인 등 기존 엘리트에 의한 '반동적 근대화'다.[51] 코리안들은 이산과 분단을 겸비한 과정에서 이 두 근대적 개발의 방식을 두루 다 체험했다. 남북한의 주민들은 각자 이 두 모델을 경험하게 됐으며,

---

49　이정은(2018).
50　Harrison(2012).
51　전재호(2000).

동시에 중국과 소련의 코리안들은 북한과 또 다른 모습의 당-국가 시스템 아래에서의 개발 모델에 동참하게 됐다. 당-국가 시스템에서의 개발 모델 특징 중의 하나는 바로 과학과 교육에의 집중 투자이며,[52] 특히 구소련의 고려인들은 '고학력 민족'이 돼 가면서 이 모델 아래에서 획득할 수 있는 '고학력을 통한 신분상승'의 이점을 최대화하려고 노력했다.

그러나 1970년대의 세계체제 전후 호황 시기의 하강 국면에서 '내자동원'식, 혁명을 계승한 국가적 총동원 본위 모델의 내재적 한계들이 노출되기 시작했다. 소련의 경우에는 첨단기술 분야에서의 서방으로부터의 수입에의 의존이 심화되는 가운데 1970년대의 소련은 생산기계들을 수입하면서 석유 등 자원을 수출하는 '저低발전 국가'로서의 면모를 드러냈다. 동시에 출산율이 떨어지는 상황에서 새로운 인력 투입에 의한 외생적 성장이 점차 불가능해지고 이와 동시에 중앙집권적 관료제가 다변화된 공업 경제를 더 이상 효율적으로 통합 운영하지 못해 과잉, 중복, 불요불급 투자들을 계속 단행해 왔다. 소비 억제에 의한 '내자동원'식 성장에 대한 대중들의 불만이 쌓이는 가운데, 저低성장 국면으로 전환한 소련이 더 이상 서방과 경쟁하기가 어려울 것이라는 위기감은 지도층에서도 나타났다.[53] 1970년대 중국의 경우에는, 비록 평균적 사망률의 저하와 95% 취학연령 아동들의 취학, 인구의 상대적 평등화 등 중요한 성과를 거두었다 하지만, 3분의 1에 가까운 농촌 인구가 최빈층으로 분류되고 성장률이 3.8%1972년나 7.5%1977년 정도에 불과하는 등 세계자본주의 체제에 이미 편입된 동북아의 다른 경제일본, 대만, 한국 등

---

52 Harrison(2012), p.22.
53 Ofer(1987).

에 비해 상대적 저㬀성장을 보였다.[54] 결국 상대적으로 덜 개발되고 수출 가능한 자원이 덜 풍부한 중국이 먼저 1978년부터 서둘러서 개혁, 개방으로 나아갔고, 10년 뒤에는 이미 공업화가 보다 더 진척된, 그리고 자원 수출이 비교적으로 더 많이 가능한 소련도 대외적 개방과 내부적 시장 도입으로 나아갔다. 당-국가 시스템의 관리자들은, 개혁과 개방을 통해서 자본주의 핵심부로부터 자본과 기술을 도입하여 이를 시장 메커니즘을 통해 보다 효율적으로 투자해 개발의 속도를 높이려 했다. 그 와중에 소련은 붕괴됐지만, 2000년대에 접어들어 그 후속 국가인 러시아나 우즈베키스탄, 카자흐스탄 등은 중국과 많은 면에서 유사한 점들을 보이는 국가 관료 자본주의 체제로 재편되어, 국가 통제하에 외자外資 외 외국 기술을 수입하고, 국가 관료들이 시장경제를 철저히 관리하는 방식의 개발 노선을 계속 따르게 됐다. 당-국가 시스템에 의한 '내자 동원'은 국가관료시스템 통제하에 '외자, 외국 기술 동원'으로 교체됐다.

2) 준핵심부로의 이동과 좌절을 겪는 정주

이 과정에서 구소련과 긴밀한 관계를 가지게 된 세계체제 핵심부 국가인 구소련으로부터 독일과 이스라엘로 대량의 역이민이 발생했다. 역이민자들은 핵심부로의 공간적 이동을 통한 경제적 신분 상승을 도모했고, 독일이나 이스라엘은 혈통적으로 '동족 국가'에 충성할 것으로 예상되는 구소련의 고학력 인력의 유입을 원했다. 결국 기성세대의 역

---

54   Bramall(1997).

이민자나 '1.5세대' 역이민자들은 '주류' 사회와의 상당한 차별성을 보이는, 이중적 정체성을 그 특징으로 하는 소수자 소집단을 형성했지만, 시민권이 부여되고 이스라엘이나 독일의 복지제도로 상당한 혜택을 받을 수 있었던 구소련으로부터의 역이민자들은 궁극적으로 독일 내지 이스라엘 사회에 비교적 성공적으로 통합돼 적어도 독일이나 이스라엘에서 출생한 그 자녀들은 '주류' 사회와는 그다지 거리를 유지하지 않는다. 한데 준핵심부인 한국으로의 구소련 고려인이나 중국 조선족의 역이민 경우는 이와 상당히 구별되는 모습을 보인다. 그들이 '동족'으로 분류돼 있지만 시민권 대신 (다소 불안정한) 체류 권리만 주로 부여되고, 고학력 인력보다 주로 단순 저임금 노무자로 이용당한다. 출신 국가 중국이나 구소련의 후속 국가들와의 임금차가 아직도 상당히 커서 재한 고려인과 조선족의 상당 부분은 한국에서의 지속적 체류 내지 정착을 희망하지만, 그들이 동시에 '주류' 사회로부터의 차별 속에서 '주류'와 거리를 철저히 두는 소수자 소집단들을 이루었다. 그들의 사적 공간은 많은 경우에 주로 이민자들의 네트워크로 한정된다. 한국 사회는 그들을 통합하지 못하고 있으며, 통합할 진정한 의사도 잘 보이지 않는다. 이와 같은 차원에서 한국은 분명히 독일이나 이스라엘과 매우 다른 동족 역이민자 수용 사회로 분류돼야 할 것이다.

3) 보다 나은 공존·통합 모델로의 길?

신종 코로나 바이러스 유행으로 시련을 겪는 2020년 상반기의 한국에서는 재한 조선족에 대한 혐오를 포함하는 광의의 '중국 혐오'는, 구미권 사회들에서의 이슬람 혐오와 같은 위력 내지 농도를 보인다.[55] 한국도 독일이나 이스라엘 못지않게 '혈통주의' 이데올로기의 유산을 안고 있는 사회지만, 조선족에 대한 혐오 선동이나, 조선족 내지 고려인에 대한 복지 차원의 국가 지원의 부재가 보여주듯이 독일이나 이스라엘과 달리 '동족 역이민자'들을 효율적으로 통합시킬 수 있는 사회는 전혀 아니다. 하지만 동시에 한국과 저임금 지대로부터의 동족 역이민자들은 서로를 상당히 필요로 한다. 동족 역이민자들이 한국 사회와 역사 내지 언어적으로 '연결'이 보다 쉽게 가능한, 그리고 제조업의 비중이 높은 한국의 산업 구조가 절실히 요구하는 저임금 노동자 집단인 동시에 한국과 중국 내지 구소련을 이어지는 '연결통로'이기도 한다. 이 연결을 한국의 국가나 자본이 필요로 하는 만큼, 동족 역이민자들도 입국 절차가 비교적 쉬운 한국에서의 상대적 고임금을 필요로 한다. 쌍방의 '서로에 대한 필요'가 가시적인 만큼 한국 정부와 시민사회가 특히 조선족에 대한 혐오 선동을 극복하고, 나아가서는 저임금 지대로부터의 동족 역이민자에 대한 구조적 차별을 극복할 수 있는 방안을 찾을 수 있을 것인가? 한국이 복지제도가 발전된 이민 사회로 전환돼 가는 과정에서 동족 역이민자에 대한 차별의 근절, 나아가 그들에 대한 사회적 통합의 실현 등이 중요한 국가, 사회적 과제로 부상되리라고 예측할 수 있다. 그리고 이와 같은 차별의 극복과 동포 역이민자들의 통합은, 혈통주의 이데올로기 강화 차원이 아닌, 보편적 인권과 노동권, 그리고 다多종족 이민 사회 구현의 차원에서 이루어질 수 있었으면 좋겠다. 주로 혈통주의적 이념과 각종의 인구학적인 정치적 고려에 의해서 소련으로부터

---

55   서민선·윤준호(2020).

의 동포 역이민을 받아들인 독일이나 이스라엘의 '이데올로기'까지는 이상시理想視할 필요는 당연히 없지만, 역이민자들에게의 복지혜택 부여 등 그들의 사회 통합 정책의 경험을 한국에서도 충분히 하나의 사례로서 참고할 수 있다고 생각한다.

참고문헌

강현숙, 「국내 거주 고려인 8만 3천 890명……3년 동안 215% 폭증」, 『경기일보』, 2019.7.1(http://www.kyeonggi.com/news/articleView.html?idxno=2125058(2020.2.25 접속)).

김경학, 「우즈베키스탄 고려인의 한국 이주와 가족유형의 성격 – 광주광역시 고려인 사례를 중심으로」, 『디아스포라연구』 9(2), 2015.

_____ · Miranda De Dios Ines, 「국내 고려인 아동의 국제 이주의 경험에 관한 연구」, 『전남대학교 세계한상문화연구단 국제학술회의』 11, 2017.

김난영, 「20 · 30대 청년 10명 중 6명, '조선족'에 부정적」, 『중앙일보』, 2015.11.13(https://news.joins.com/article/19065453(2020.2.26 접속)).

김보근, 「중 조선족 90% "중국이 조국"…… 일 조선인 17% "일본이 조국"」, 『한겨레신문』, 2012.7.10(http://www.hani.co.kr/arti/society/society_general/541901.html#csidxdffb0e938d53d188dc35772b547c8a8(2020.2.28 접속)).

김 천, 「올해 한국 입국한 조선족, 작년보다 308% 증가했다」, 『인사이트』, 2018.9.15(https://www.insight.co.kr/news/178748(2019.8.20 접속)).

김철원, 「국내 조선족 80만명…… 이방인 아닌 이방인」, 『한국일보』, 2015.12.19.(https://www.hankookilbo.com/News/Read/201512190423165911(2020.2.26 접속)).

김현선, 「한국 체류 조선족의 밀집 거주 지역과 정주 의식 – 서울시 구로,영등포구를 중심으로」, 『사회와 역사』 87(10), 2010.

김혜진, 「한국 거주 고려인 청년층의 민족정체성 변화」, 『슬라브학보』 31(2), 2016.

방선주, 「한인 미국이주의 시작 – 1903년 공식이민 이전의 상황진단」, 『한국사론』 39, 2003.

서민선 · 윤준호, 「"노 차이나!"……메르스 · 사스 넘은 '혐중', 왜?」, 『CBS노컷뉴스』, 2020.1.30(https://bit.ly/3lv6XfP(2020.3.3 접속)).

윤 황 · 김해란, 「한국거주 조선족 이주노동자들의 법적, 경제적 사회 지위 연구」, 『디아스포라연구』 5(1), 2011.

육동형, 「2018년 이민자 체류 실태 및 고용 조사 결과」, 『통계청 정책뉴스』, 2018.12.19(https://bit.ly/3YDsthq(2019.8.20 접속)).

이정은, 「재한 중국동포의 인정 투쟁과 차별의 재생산」, 『디아스포라연구』 12(1), 2018.

이현욱, 「20~30대 조선족의 초국가적 이주의 특성 화이트칼라를 중심으로」, 『디아스포라연구』 7(1), 2013.

전윤구, 「한국의 외국인력정책에서 일본제도의 변용과 문제점 – 산업연수생제도의 도입과 운영을 중심으로」, 『강원법학』 42, 2014.

전재호, 『반동적 근대주의자, 박정희』, 책세상, 2000.

정진아, 「국내 거주 고려인, 사할린 한인의 생활문화와 한국인과의 문화갈등」, 『통일인문학』 58, 2014.

'체류 외국인 현황-e나라지표(2019.7.26)'(https://www.index.go.kr/unity/potal/main/EachDtlPageDetail.do?idx_cd=2756(2019.8.20 접속)).

함철민, 「대한민국에 사는 '조선족+중국인' 부천시 인구보다 많다」, 『인사이트』, 2019.11.5 (https://www.insight.co.kr/news/253808(2020.2.28 접속))

Bartram, David, "Japan and Labor Migration : Theoretical and Methodological Implications of Negative Cases", *The International Migration Review* 34(1), 2000.

Berthomière, William, "Aliya from the Former Soviet Union : Demographic Landmarks Over a Decade of Immigration", *Bulletin du Centre de Recherche Français à Jérusalem* 8, 2001.

Bramall, Chris, "Living standards in pre-war Japan and Maoist China", *Cambridge Journal of Economics* 21, 1997.

Chase-Dunn, Christopher·Grimes, Peter, "World-Systems Analysis", *Annual Review of Sociology* 21, 1995.

Djankov, Simeon, "Russia's Economy under Putin : From Crony Capitalism to State Capitalism", *Peterson Institute for International Economics Policy Brief*, No. Pb15-18, 2015(https://www.piie.com/sites/default/files/publications/pb/pb15-18.pdf).

Educational attainment of Japanese population in the U.S., Pew Research Senter, Social&Demographic Trends, September 8, 2017(https://www.pewsocialtrends.org/chart/educational-attainment-of-japanese-population-in-the-u-s/).

Harrison, Mark, *Communism and Economic Modernization*, The University of Warwick Working Paper Series, Centre for Competitive Advantage in the Global Economy Department of Economic 92, 2012.

Haug, Sonja·Sauer, Lenore, "Aussiedler, SparAussiedler, Russlanddeutsche. Berufliche, sprachliche und soziale Integration", *Osteuropa* 57(11), 2007.

Kim, German, "Formation and Development of Ethnic Entrepreneurship of Koryo saram in Kazakhstan", *International Area Review* 12(1), 2009.

Koh, Geun, "Dynamics Among Domestic Institutions in the Development of Korean Foreign Worker Policies", GRI 연구논총 20(1), 2018.

Konstantinov, Viacheslav, *Patterns of Integration into Israeli Society among Immigrants from the Former Soviet Union over the Past Two Decades*, Research Report RR-674-15, Jerusalem : Myers-JDC-Brookdale Institute, 2015.

Kung, James, "Egalitarianism, subsistence provision, and work incentives in China's agricultural collectives", *World Development* 22(2), 1994.

Maltz, Judi, "One, two, three, four-we opened up the Iron Door", *Haaretz,*

February 5, 2015(https://www.haaretz.com/st/c/prod/eng/25yrs_russ_i mg/(accessed February 25, 2020)).

McCabe, Ina Baghdiantz · Harlaftis, Gelina · Minoglou, Ioanna Pepelasis, eds., *Diaspora Entrepreneurial Networks : Four Centuries of History*, Oxford · NY : Berg, 2005.

Meisner, Maurice, *The Deng Xiaoping Era: An Inquiry into the Fate of Chinese Socialism, 1978~1994*, NY : Hill and Wang, 1996.

Meng, Katharina · Protassova, Ekaterina, "Young Russian-German adults 20 years after their repatriation to Germany", Isurin, Ludmila · Riehl, Claudia Maria, eds., *Integration, identity and language maintenance in young immigrants. Russian Germans or German Russians*, Amsterdam : John Benjamins Publishing Company, 2017.

Min, Pyong Gap, "A Comparison of the Korean Minorities in China and Japan", *International Migration Review* 26(1), 1992.

Ofer, Gur, "Soviet Economic Growth : 1928~1985", *Journal of Economic Literature* 25(4), 1987.

Park, Christian, "Emergent Cultural Identities of Jaehan Miguk Hanin – From Marginalization to Global Nationalism", *Journal of Asia-Pacific Studies* 25(2), 2018.

Pohl, Otto, "The Persecution of Ethnic Germans in the USSR during World War II", *Russian Review* 75(2), 2016.

Rapoport, Tamar · Lomsky-Feder, Edna, "'Intelligentsia' as an Ethnic Habitus : The Inculcation and Restructuring of Intelligentsia among Russian Jews", *British Journal of Sociology of Education* 23(2), 2002.

Remennick L.arissa · Prashizky, Anna , "Generation 1.5 of Russian Israelis : Integra ted but Distinct", *Journal of Modern Jewish Studies* 10, 2018.

Ryvkina, Rozalina, "Egalitarianism of the Mass Consciousness of the Russian Population as an Indicator of a Conflicted Society", *Sociological Research* 47(1), 2008.

Schmid, Ulrich, "Aus den sibirischen Weiten zurück ins enge Deutschland", *Neue Zürcher Zeitung*, October 30, 2010(https://www.nzz.ch/aus_den_sibirischen _weiten_zurueck_ins_enge_deutschland-1.8193498(accessed February 26, 2020)).

Semyonov, Moshe · Gorodzeisky, Anastasia, "Israel : An Immigrant Society" Fride res, James · Biles, John, eds., *International Perspectives : Integration and Inclusio*, Montreal · Kingston : The School of Policy Studies, Queen's University at Kingston, 2012.

Terlouw, Kees, "The Semiperipheral Space in the World-System", *Review* (Fernand Braudel Center) 25(1), 2002.

Tsuda, Takeyuki, *Strangers in the Ethnic Homeland : Japanese Brazilian Return Migration in Transnational Perspective*, NY : Columbia University Press, 2003.

Wolf, Eric. *Europe and the People without History*, Berkeley · LA : University of California Press, Second edition, 2010.

Wolff, Stefan. "German and German minorities in Europe", in Mabry, Tristan James, ed., *Divided Nations and European Integration*, Philadelphia : University of Pennsylvania Press, 2013.

Ем Н., Мионг Сун Ок, Чан Бенг Сун. "Социальная мобильность как фактор сохранения этни-ческой идентичности : сравнительный анализ корейцев в Японии и странах СНГ" *Вестник КазНУ. Серия востоковедения* 2(81), 2017.

Пак А.Д. *Демографическая характеристика корейцев Казахстана. Советские корейцы Казахстана*, Алма-Ата, 1992.

우크라이나의 지정학적 갈등 상황과 소수민족 고려인의 선택*

고가영

1. 들어가며

2022년 2월 24일 대부분의 전문가들의 예상과는 달리, 러시아 군대는 우크라이나 국경을 침공했고, 키이우, 르비우, 하리코프 등 우크라이나의 대도시들에 폭격을 가함으로써 우크라이나-러시아 전쟁이 시작되었다. 러시아는 이를 전쟁이 아닌 '특별 군사작전'이라고 명명했다. 동부 돈바스 지역에서 탄압받고 있는 러시아 민족들을 돕기 위한 작전에 불과하다는 주장이었다. 단기간에 마무리 지어질 것으로 예상되었던 이 전쟁이 장기화됨에 따라 우크라이나는 인적, 물적으로 막대한 피해를 입었다. 전쟁을 피해 우크라이나 국경을 넘어간 사람들이 약 천만 명으로 집계되고 있다.

우크라이나와 러시아의 갈등이 본격화된 것은 2013년 말에서 2014년 초에 전개된 유로 마이단 사건과 2014년 3월 크림 합병, 2014년 5월 내전 발발 등의 일명 '우크라이나 사태'로 인한 것이었다. 긴장과 갈등이 증폭되던 상황에서 2019년 취임한 젤렌스키 대통령의 EU 가입 추진을

가속화하는 정책을 빌미로 러시아 군대는 우크라이나를 침공했다.[1]

우크라이나라는 단어가 슬라브어로 '변경 지역'인 것에서 알 수 있듯이 우크라이나는 여러 층위에서 접경지대에 놓여있다. 사무엘 헌팅턴도 가톨릭과 슬라브 정교의 경계 지대로서 우크라이나의 지정학적 가치를 높이 평가한 바 있다.[2]

그런데 무력 충돌도 불사할 만큼 첨예한 갈등을 겪고 있는 이 두 나라는 동슬라브족이라는 동일한 민족적 기원, 그리고 키이우를 포함한 드네프르강 동부 지역은 정교회라는 동일한 종교와 제정 러시아 시기부터 소련 해체 시기에 이르기까지 약 330여 년이 넘는 동안 같은 나라였다는 역사적 경험도 공유하고 있다. 그러나 두 나라는 선명한 정체성의 차이를 보이고 있다.

이 글은 2022년 우크라이나-러시아 전쟁 발발 이전 이처럼 특이한 형태의 민족적 갈등이 벌어지고 있는 우크라이나 내에 거주하고 있는 소수민족들이 처한 상황은 무엇이었는가를 살펴본 글이다. 구체적으로는 2018년에 우크라이나의 소수민족으로 살아가고 있던 재러한인, 즉 고려인들의 삶과 선택들을 살펴본 것이다.[3]

---

* 이 글은 필자의 「접경지대 우크라이나의 국내 · 외적인 갈등 상황이 고려인 개인들의 삶에 미친 영향」, 『역사문화연구』 71, 2019, 105~146쪽을 이 글의 취지에 맞게 수정 · 보완한 것임을 밝힌다.
1 Rafael Bernal, "Russia suggests military deployments to Cuba, Venezuela an option", The Hill, 2022.1.13.(https//thehill.com/policy/defense/58959 5-russia-suggests-military-deployments-to-cuba-venezuela-an-option).
2 Huntington(1997), pp.218~225.
3 한정숙은 어네스트 겔너의 '민족들의 욕구가 민족주의를 창출하는 것이 아니라 민족주의가 민족을 창출한다'라는 규정의 타당한 사례로 우크라이나를 들기도 한다(한정숙(2014), p.373).

그런데 2018년 당시 우크라이나에 거주하고 있는 소수민족들도 그 규모와 역사적 경험에 따라 서로 다른 상황에 놓여 있었다. 가령 예를 들어 크림반도의 선주민이라 할 수 있는 크림 타타르인들의 경우, 수적으로 고려인보다 약 4배가 많은 약 12만 명 정도가 크림에 거주하고 있었다. 이들은 스탈린의 강제 이주 정책으로 중앙아시아로 이주되었다가, 소연방 해체를 전후하여 중앙아시아에 거주하던 이들의 약 98%가 크림반도와 그 주변 지역으로 귀환했다. 우크라이나 정부와 러시아 정부는 크림반도를 둘러싼 갈등 상황 속에서 이 지역의 선주민인 크림 타타르인들을 서로 자기편으로 끌어들이기 위해 노력했으며, 크림 타타르인들 역시 자치권의 확대를 위해 이러한 갈등 상황을 활용했다.[4]

그러나 우크라이나에 거주하고 있는 고려인의 경우는 크림 타타르인들과는 상황이 다르다. 2014년 크림 사태가 발발하기 이전까지 우크라이나에는 약 3만 명의 한인 디아스포라, 즉 고려인이 거주하고 있었던

---

[4] 2014년 3월 크림반도를 병합한 러시아는 이에 대한 크림 타타르인들의 저항을 차단하기 위해 2014년 4월에 '탄압으로 고통 받은 크림 타타르와 크림 내의 다른 소수민족들의 복권(о реабилитации крымско-татарского и других народов Крыма, пострадавших от репрессий)'에 관한 법령에 푸틴 대통령은 서명을 했다. 이는 스탈린 시기 크림 타타르 민족 전체가 자신들의 역사적 근거지에서 뿌리 뽑혀 유배지나 다름 없는 중앙아시아로 강제 이주 당한 것이 부당한 일이였음을 공식적으로 인정한 것이었다. 이 법령은 2014년 4월 21일자 이타르-타스 통신에 게재되었다. "Путин подписал указ о реабилитации крымских татар", *ИТАР-ТАСС*, 21 апреля 2014(http://tass.ru/politika/1136038). 강제 이주된 민족들의 명예를 회복시킨 복권법은 1993년 옐친에 의해 공표되었다. 그러나 당시 크림반도는 우크라이나에 속해 있었으므로 크림 타타르인들은 이 법령의 대상에서 제외되어 있었다.
한편 우크라이나 정부도 크림 타타르인들을 자신의 편으로 끌어들이기 위해 2015년 11월 우크라이나 의회는 1944년 크림 타타르인의 강제이주를 제노사이드로 인정하고, 강제 이주 당한 날인 5월 18일을 크림 타타르인 제노사이드 희생자 추모의 날로 지정했다. 정영주, 「'유로비전 2016'과 우승곡 「1944」를 둘러싼 논쟁」, 『Russia-Eurasia Focus』 제373호(2016.5.23).

것으로 추산되고 있다. 고려인들은 크림 타타르인들처럼 우크라이나 사회 내에서 커다란 영향력을 갖고 있지는 못하다. 구소련 지역에는 고려인들이 극동, 시베리아, 우랄, 수도권모스크바와 페테르부르크, 중앙아시아 지역 등에 약 50만 명이 분산되어 거주하고 있으며, 각 지역마다 고려인 공동체가 형성되어 있다. 이 글에서는 전쟁 이전 2018년 당시 우크라이나를 둘러싼 국제 정치적 갈등이 소수민족인 고려인 사회의 각 개인들의 삶에 어떤 영향을 미쳤는지를 살펴본 것이다.

19세기 후반부터 연해주 지역으로 이주했던 한인들은 1937년에 스탈린의 소수민족 정책의 일환으로 민족 전체가 중앙아시아카자흐스탄과 우즈베키스탄으로 강제 이주 되어 삶의 무대가 연해주에서 중앙아시아로 전환되었다.[5] 강제 이주 이후 유형 민족으로서, 중앙아시아에서 거주 이전의 자유를 제한당하며 살던 고려인들은 스탈린 사후 1956년에 강제 이주된 민족들의 거주 제한을 철폐하는 법령이 시행됨으로써, 유형 민족에서 벗어나게 되었다. 이를 계기로 자발적인 의지에 의해 새롭게 이주를 감행함으로써 고려인들의 삶의 무대가 확대되었다. 이때 진행된 새로운 이주의 물결은 이주 대상 지역을 기준으로 세 가지 흐름을 보였다. 첫째는 소련 주류사회로의 진입을 위해 수도권의 대도시인 모스크바, 페테르부르크, 우크라이나 연방 공화국의 수도인 키이우, 우랄·시베리아 지역의 대도시인 예카테린부르크, 첼랴빈스크, 톰스크, 옴스크 등의 대학으로 진학한 것이었다. 둘째는 계절농업인 고본지[6] 대상 지역으로

---

5   고려인의 강제이주에 대해서는 1991년 소연방 해체 이후 질적으로나 양적으로나 충분한 연구 성과들이 축적되고 있다. 강제이주의 원인, 규모, 경로, 관련 법령에 관한 연구들이 되었으며, 강제이주 열차에 탑승했던 승객들의 명단, 강제이주 경험에 관한 구술 자료까지도 발표되었다.

의 이주이다. 이는 주로 오렌부르크를 비롯한 남부 러시아 지역과 우크라이나의 동남부 농업 지역인 크림, 오데사, 헤르손, 하리코프 등이었다. 셋째는 강제이주 당하기 이전의 원거주지인 극동 연해주 지역으로 귀환이주를 감행한 것이다.

1950년대 후반에 일어났던 이러한 신이주의 흐름에 이어 다시 한 번 이주의 물결이 일어나게 된 계기는 소연방 해체였다. 소연방이 해체된 이후 신생 독립국가가 된 중앙아시아에서 민족주의 정책이 강화되고, 독립 직후 혼란 속에서 경제적 어려움이 발생하자 고려인들은 재이주를 감행했다. 이는 민족주의 정책이 비교적 더 강하게 시행되었으며, 상대적으로 경제적안 어려움을 더 겪었던 우즈베키스탄에서 선명하게 나타난 현상이었다. 재이주의 대상 지역은 위에서 거론된 '신이주' 지역 세 군데대도시, 농업 지역, 연해주를 모두 포함하고, 보다 확산되어 남한, 유럽, 중국 조선족 자치주, 미국 등으로 확대되고 있다. 이 글에서는 중앙아시아 고려인들이 대학 진학 및 취업을 위해 선택한 이주 대상 지역 중 하나였던 우크라이나의 수도 키이우와 고본지 대상 지역 중 하나인 오데사를 연구 대상 지역으로 삼았다. 구소련 지역 고려인에 대한 연구가 상당히 진행되었음에도 불구하고 우크라이나 고려인에 대한 연구는 아직까지 상대적으로 미약하다.[7]

---

6 1950년대 말, 1960년대 초부터 고려인들에 의해 행해졌던 고본지(카자흐스탄 고려인들의 명칭, 우즈베키스탄 고려인들은 고본질이라고 명명한다)는 계절농업을 지칭하는 용어이다. 고본지에 대해 자세한 내용은 Герон(2000)을 참조할 것.

7 임영상, 방일권에 의해 2001년에 발간된 한국과의 네트워크 형성 방안 제공을 위한 우크라이나 고려인 사회 실태조사를 한 글을 시작으로, 2003년 번역된 소련 정부의 명령으로 북한정권의 수립과 한국전쟁에 참전한 하리코프의 고려인 명망가 신천택의 생애 이야기를 다룬 책과 2007년 김석원에 의해 하리코프 고려인 협회장 개인의 삶

그런데 우크라이나의 고려인 사회는 2014년부터 시작된 일련의 '우크라이나 사태'를 겪으며, 그 어느 때보다 격변하고 있다. 이 글에서는 이러한 고려인 사회의 변화에 초점을 맞추었다. 이를 위해 고려인 정책을 담당하는 한국 대사관의 외교관 2명과 고려인들을 상대로 활동하는 한국인 선교사 3명, 한인들을 대상으로 목회하고 있는 우크라이나 현지인 목사 1명, 그리고 키이우와 오데사에 거주하는 고려인 14명과 2018년 9월 22일~10월 4일에 구술 인터뷰를 진행하였다.[8]

구술자료는 개인의 주관적 경험을 회상을 통해 현재로 불러내는 작업이기 때문에 지극히 주관적이고 개인적이라는 한계를 갖는다. '신빙성'의 문제가 늘 대두되지만, 구술사 방법론은 개인을 통해 사회와 구조를 바라보는 연구 방식을 제공한다는 점에서 의미가 있다. "얼마나 정확하게 기억하는가?"에 초점을 맞추는 것이 아니라 "왜 그렇게 기억하고 있는가?"라는 측면에서 개인의 주관적 경험이 드러나게 함으로써, 구조적인 문제와는 어떻게 상호연관 되는가를 보고자 하는 것이다. 이는 카를로 긴즈부르그의 "의사 전달이 불가능한 광기에 빠져드는 것을 제외한다면, 사람은 자신이 살던 시대의 문화와 계급에서 벗어나지 않는다"[9]라는 견해처럼 한 개인은 자신이 속한 사회와 유리될 수 없다는

을 구술사로 재구성한 글과 2009년 발간된 하리코프 고려인의 삶을 영상 콘텐츠의 소재로 활용하는 것에 관련된 글 정도가 있다 임영상·방일권(2001); 아나톨리 마카고노브(2003); 김석원(2007); 임영상(2009).

8 한국인은 2018년 10월, 현지조사 당시 우크라이나 대사관에 재직 중이었던 이양구 대사와 신규호 영사와 인터뷰를 했으며, 키이우에서 고려인 사역을 하고 있는 임현영 선교사, 농촌 지역인 헤르손을 중심으로 고려인들을 위해 활동하고 있는 홍윤주 선교사와 오데사 지역에서 고려인 사역을 하고 있는 정한규 선교사와 인터뷰를 수행했다. 고려인은 키이우에서 10명, 오데사에서 4명, 총 14명과 인터뷰를 수행했다.

9 까를로 진즈부르그(2001), p.45.

전제하에서 구술 인터뷰를 진행했다. 이를 바탕으로 우크라이나의 국내·외적인 정치적 갈등 속에서 소수자인 고려인들의 선택들을 미시적으로 살펴보고자 한다.

2. 접경지대 우크라이나를 둘러싼 갈등 양상

2022년 우크라이나-러시아 전쟁 발발 이전의 우크라이나 정치적 상황, 즉 젤렌스키 대통령의 등장은 세계의 이목을 집중시킬만한 흥미로운 사건이었다. 정치경력이 전무한 배우 출신의 40대 초반의 젊은 젤렌스키Володимир Олександрович Зеленський[10]가 2019년 4월 21일에 있었던 결선투표에서 현직 대통령인 포로셴코Петро Олексійович Порошенко를 압도적인 표차이로 누르고 대통령으로 당선된 것이다.[11] 이로써 정치경력이 전무한 대통령, 단 1명의 의원을 보유하지 않은 집권여당인 '국민의 종Слуга народа'이 탄생했다.[12] 이러한 파격적인 선택은 기존 정치세력에

---

10   젤렌스키는 1978년 1월 25일에 우크라이나의 크리보이 로그(Кривой Рог) 시에서 출생했다(https//www.president.gov.ua/ru/president/biografiya).

11   우크라이나 대선 1차 투표에는 39명의 후보가 참가했다(후보자 등록은 44명이었음). 그중 아무도 50%의 득표율을 획득하지 못해 결선투표로 이어졌다. 1차 투표에서 젤렌스키는 30.24%, 포로셴코는 15.95%, 티모셴코는 13.4%를 획득했다. 결선투표에서 젤렌스키는 73%, 포로셴코는 24.5%의 특표율을 획득했다. 현직 대통령인 포로셴코가 승리한 곳은 재외국민 투표와 르비브뿐이었다.
"Официальные результаты выборов президента Украины 2019"(https://vibory-rf.ru/rezultaty-vyborov-prezidenta-ukrainy-2019).

12   2019년 7월 21일에 실시된 조기 총선에서 신생 여당 '국민의 종'은 43.16%의 득표율을 획득하여 전체 424개 의석 중 254명이 선출되었으며, 투표율은 49.84%였다.
"ЦИК Украины объявил окончательные результаты выборов в Раду" Интерфакс, 26 июля 2019ю(https://www.interfax.ru/world/670516); "Слуга народа" на

대한 실망과, 변화에 대한 우크라이나 국민들의 열망이 고스란히 반영된 결과라 할 수 있다.

이와 같은 놀라운 결과를 가져온 것은 1991년 소연방 해체로 인해 독립국가가 된 이후 우크라이나가 겪은 정치적 상황에서 비롯된 것이었다. 소연방 해체 이후 우크라이나는 지정학적인 중요성으로 인해 미국을 필두로 하는 서구국가들이 '민주주의의 확산'과 '시장경제체제의 도입'이라는 전략을 활용하여 영향력을 강화시키고 있는 대표적인 포스트 소비에트 공간 중 하나가 되었다.[13] 이에 맞서 러시아 역시 이 지역에서의 전통적인 영향력을 놓치고 싶어 하지 않았다. 이후 우크라이나는 서구와 러시아의 영향력 다툼의 장이 되었으며, 이러한 갈등이 극대화되어 2022년 2월 전쟁으로 이어졌다.

이는 우크라이나 국내 정치에도 반영되어 독립 이후 집권세력들은 '친 러시아적인 성향'과 '친 서방 성향'으로 분열되었다. 우크라이나의 초대 대통령인 크라프추크Леонід Макарович Кравчук는 러시아에 전적으로 예속된 상황에서 탈피하는 것을 전제로 경제적 자치방안을 선호했다. 그는 '유럽지향성'을 모색하여 '친서방정책'을 추진했다. 그 뒤를 이어 1994년과 1999년에 집권한 쿠츠마Леонід Данилович Кучма 대통령은 러시아와의 관계 개선을 위한 노력을 펼치기도 했으나 우크라이나와 러시아 사이에 흑해함대의 관할권과 크림반도 반환문제 등을 둘러싼 갈등

바이라эт 43,16% на выборах в Раду после обработки 100% протоколов" ТАСС, 26 июля 2019(https://tass.ru/mezhdunarodnaya-panorama/6704816). '국민의 종'은 젤렌스키가 주인공으로 등장했던 〈1+1〉 채널의 미니시리즈 제목으로, 2015년 11월 16일 첫 방영된 미니시리즈였다.

13   박정호(2006), 289쪽.

상황이 주기적으로 발생하기도 했다.

이후 2004년 12월 오렌지 혁명으로 집권한 유셴코Віктор Андрійович Ющенко는 '친 서방정책'을 공공연하게 천명했다. 2005년 3월 그는 스트라스부르크 유럽의회 방문을 시작으로 서유럽, 동유럽 국가들을 차례로 방문했으며, 서방세계에서 유셴코 대통령의 인기는 매우 높았다.[14] EU는 2009년 5월 구소련 6개국인 아르메니아, 아제르바이잔, 벨라루스, 조지아, 몰도바, 우크라이나와 '동방 동반자관계 프로그램EPP, Eastern Partnership Program'을 추진하며 이 국가들에 대한 영향력을 확대하기 시작하였다. 유셴코는 최소 10년 안에 우크라이나가 나토와 EU에 가입하게 될 것이라고 선언하면서, EU와 협상을 추진했다. 이러한 그의 행보는 러시아를 자극했다. 러시아는 그동안 우크라이나에 제공하던 가스 공급 특혜 가격제도를 철폐하고 시장가격원칙을 도입했으며, 이로 인해 에너지 자원 수급을 절대적으로 러시아에 의존하고 있던 우크라이나는 치명적인 타격을 입게 되었다. 이는 이후 2010년에 야누코비치Віктор Федорович Янукович가 집권할 수 있는 계기가 되기도 했다.

야누코비치는 집권 이후 친 러시아 성향의 정책들을 펼쳤다.[15] 마침내 2013년 11월 야누코비치 대통령이 유럽연합협정에 서명하는 것을 보류했다. 야누코비치 대통령은 EU의 경제 협력 제안을 거부하고, 150억 달러 규모의 러시아의 협력 제안을 수용했다.[16] 이에 불만을 품은 시

---

14 허승철(2011), 321쪽.
15 2012년 야누코비치 대통령은 최소한 주민의 10% 이상이 사용하는 언어는 해당 지역의 공식어로 인정하는 언어법을 공포하였고, 27개 중 13개 지역에서 러시아어가 공식 인정되었다. 정영주(2014).
16 김성철(2018), 302쪽.

민들은 2013년 11월 21일 오렌지 혁명 기념일에 우크라이나의 EU 협력 협정 체결 중단에 대해 항의하는 시위를 벌였다. 이 시위는 100일간 지속되었다. 초기에는 평화로운 학생 시위로 시작되었으나, 정부의 강경진압으로 인해 2014년 1월 28일 5명이 사망하였다. 2월 18일에는 시위대에 대한 저격으로 인해 75명이 사망하고 1,100명이 부상을 입는 대규모 인명살상 사건이 일어났다. 이에 대한 저항 시위는 걷잡을 수 없게 되어 마침내 야누코비치 정권은 붕괴하게 되었다. 이 사건은 '유로마이단'[17] 사태, 혹은 '마이단 혁명'으로 명명되었다.

혁명의 결과로 친 러시아 성향의 야누코비치 대통령이 러시아로 피신하고, 친서방 성향의 임시정부가 들어섰다. 우크라이나 내에서 민족주의 목소리가 높아지자 러시아인들이 다수 거주하고 있던 크림 지역으로 러시아는 자국민 보호의 이유를 들어 군을 파견하며 무력충돌이 시작되었다. 2014년 3월에 러시아는 표면적으로는 합법적인 국민투표의 형식을 갖추어 크림반도를 병합했다. 러시아 군의 진출 하에 크림 의회에 의해 분리 독립 의사를 묻는 국민투표가 실시되었는데, 이 선거에 주민의 83%가 참여하여 96.7%의 찬성으로 크림반도는 러시아연방 공화국으로 편입되었다.[18] 러시아는 크림반도가 200년 동안 러시아 영토였던 반면에 우크라이나 영토였던 시기는 불과 50년[19]에 지나지 않는 다는 점을

---

17 유로마이단(Евромайдан)은 광장이라는 의미의 '마이단(Майдан)'과 '유럽(Европа)'이라는 단어가 결합한 신조어로서, 사전적인 의미는 '유럽 광장' 정도로 이해되지만, '우크라이나의 유럽통합을 향한 범국민운동'으로 정치적 행위를 표명하는 새로운 의미로 굳어졌다. 김상현(2016), 68~69쪽.

18 강봉구(2014), 156~167쪽.

19 1954년 페레야슬라브 협정 300주년을 기념하여 흐루쇼프 당시 서기장이 크림반도를 우크라이나 연방공화국에 양도했다. 당시 흐루쇼프로서는 우크라이나가 독립할

강조했다. 오랫동안 러시아 영토였던 크림반도에서 인권침해를 받고 있는 러시아 주민들을 위해서 합병이 바람직하다는 프랑스 경제학자 아탈리의 인터뷰를 언론을 통해 보도하며 크림 합병의 정당성을 주장했다.[20]

2014년 5월에는 포로셴코 대통령이 집권했는데, 마이단 혁명의 구호 중 하나가 과두재벌의 척결이었으나, 혁명의 결과 대규모 제과업체를 소유하고 있어서 초콜렛 왕으로 불린 포로셴코가 집권하게 되었다.[21] 러시아의 크림반도 병합으로 인해 미국을 선두로 한 서구국가들의 제재가 러시아에 가해졌다. 2008년부터 시작된 EU와 러시아 간의 경제협력 대화가 중단되었고, 소치에서 개최하기로 예정되어 있었던 G8 회담이 취소되었다. 러시아 주요 인사의 해외자산 동결과 입국금지 조치가 내려졌다. 러시아의 에너지 기업과 은행들이 제재의 주요목표가 되었다.[22] 오바마 대통령은 육사연설에서 미국이 국제사회의 지지를 얻어 러시아를 고립시켰다고 말할 정도로 경제 봉쇄를 단행했다.[23] 그런데 러시아에 대한 경제 제재는 우크라이나 경제에도 악영향을 미쳤다. 2014년을 기준으로 2018년에 러시아의 루블화는 2배가 가치 절하되고 우크라이나의 흐리브나는 3배가 가치 절하 되었다.

러시아의 크림반도 병합의 영향을 받아 우크라이나의 동부 지역 도

것이라는 것을 염두에 두지 않았다.

20 고상두(2015), 21쪽.
21 야누코비치 대통령은 과두재벌이 아니었으나, 권력획득 이후 과두재벌이 되었으며, 오렌지 혁명 당시 영웅이 되었던 티모셴코는 러시아 가스 중개업을 독점하여 가스공주라고 불린다. 이처럼 우크라이나는 과두재벌이 지배하는 체제라 할 수 있다. 약 100명의 과두재벌이 국부의 80~85%를 소유하고 정치에 영향력을 행사하는 금권정치가 펼쳐졌다. 고상두(2015), 10쪽.
22 조영관(2020), 262~266쪽.
23 고상두, 「러시아의 우크라이나 사태개입요인에 관한 내용분석」, 15쪽.

네츠크와 루간스크 지역도 2014년 4월 7일에 분리 독립을 요구했으며, 5월 11일에 도네츠크와 루간스크는 '인민공화국'을 선언했다.[24] 이 지역 내의 650만 주민에게 독립의사를 묻는 주민투표를 2014년 5월 11일에 실시하여 주민의 75%가 참여하였으며, 96%가 찬성했다고 발표했다.[25] 이를 용납하지 못한 우크라이나 정부군과 분리 독립을 추구하는 반군들 사이에 무력투쟁이 2022년 현재까지 지속되고 있다.[26] 우크라이나 정부는 이 전쟁을 테러와의 전쟁, 분리주의와의 전쟁으로 명명하고 있다. 도네츠크 인민공화국 정권은 우크라이나의 중앙정부를 '범죄적인 정권'이라고 설정하고 자신들의 투쟁을 시민적 권리를 위한 투쟁이라고 정당화시키고 있다. 그런데 이 전쟁은 국내 분쟁의 범주를 벗어나고 있다. 우크라이나 대선 결선 투표가 있던 날인 2019년 4월 21일에 푸틴 정부는 도네츠크와 루간스크 시민들 중 원하는 사람들에게

---

24 우크라이나의 인구 구성은 소비에트 시기인 1989년 우크라이나인 72.7%, 러시아인 22.1%였으며, 2001년에는 우크라이나인 67.5%, 러시아인 29.6%, 기타 민족 약 2.9%였다. 이러한 인구 구성은 지역별로 큰 차이가 있다. 러시아인의 비율은 서부 지역의 경우 지역인구 대비 3.1%, 동부 지역 중 루간스크 68.8%, 그리고 도네츠크 74.9% 등으로 매우 높게 나타나고 있다. 이러한 인구 구성과 역사적 경험의 차이로 인해 서부 지역과 동부 지역의 정치적 성향도 차이를 보이고 있다. 민주적 이니셔티브 재단과 라줌코프 사회학 센터(Razumkov Sociological Centre)의 여론조사에 따르면 2010년 6월 우크라이나 내에서 NATO 가입을 지지한 응답자는 25%였으나, 2015년 8월에는 63.9%로 증가했다. EU 가입에 대해 서부 83%, 중부 58%, 남부 45%, 동부 26%가 찬성했으며, 러시아가 중심이 된 유라시아경제연합 가입에 대해서는 서부 4%, 중부 8%, 남부 18%, 동부 28% 찬성으로 나타나고 있다. 김성진, 「러시아의 우크라이나 정책과 유라시아주의」, 『중소연구』 제39권 4호(2016), 259~276쪽.
25 고상두, 「러시아의 우크라이나 사태개입요인에 관한 내용분석」, 7쪽.
26 UN의 조사 자료에 의하면, 2014년 4월 우크라이나 동부에서 '분쟁'이 촉발된 이후 2015년 12월 초까지 최소한 9천 명 이상의 사망자, 2만 명 이상의 부상자, 그리고 120만여 명의 난민이 발생한 것으로 집계되고 있다. 김성진, 「러시아의 우크라이나 정책과 유라시아주의」, 246쪽.

러시아 시민권을 부여하겠다고 공표하기도 했다.

러시아와 우크라이나의 갈등이 지속되어 2018년 11월 25일에는 케르치에서 무력 충돌이 발생하기도 했다. 케르치 해협에서 러시아 해안수비대가 흑해 오데사 항에서 아조프해 마리우폴로 가던 우크라이나함정 2척과 예인선 1선을 나포하여 24명의 수병을 수감한 것이다. 이에 대한 대응으로 우크라이나는 11월 26일 2시부터 10개 지역에 1개월간 계엄령을 선포하고 군사훈련을 시행하였다. 푸틴은 이 충돌의 원인을 대선을 앞둔 우크라이나에 돌렸다.[27] 이후 이러한 갈등이 증폭되어 결국 2022년 우크라이나-러시아 전쟁으로 귀결되었다.

이처럼 2014년에 발생한 유로마이단 사건 이후 우크라이나를 둘러싸고 국내외적으로 복잡한 갈등 상황들이 펼쳐졌으며, 이는 소수민족인 고려인들의 삶에 직접적으로, 혹은 간접적으로 영향을 미쳤다. 다음 장에서는 우크라이나-러시아 전쟁 직전인 2018년 가을에 이러한 국제정치적 갈등 상황이 고려인들의 삶에 미친 영향은 무엇이었으며, 그 영향은 구체적으로 어떤 양상을 띠고 있었는지를 구술 인터뷰를 통해 살펴보고자 한다.

---

27 "Путин назвал Керченский конфликт провокацией Порошенко накануне выборов", *Интерфакс*, 28 ноября 2018(https://news.ykt.ru/mobile/article/80437).

3. 소수민족 고려인들에게 미친 영향

우크라이나의 정치적 혼란, 그로 인한 경제적 어려움은 우크라이나 국민들 개개인의 삶에 영향을 미쳤으며, 이주민인 고려인들의 삶에도 고스란히 영향을 미쳤다. 그런데 이러한 영향은 지역별, 계층별로 차이를 보이고 있다.

1) 주류 사회로 진입한 유학 이주자들의 선택

유학 이주를 감행했던 이들은 주로 키이우에 거주하는 원로 고려인들이 대부분이다. 이들은 1956년에 거주이전의 자유를 제한한 법이 철폐된 이후, 소련의 대도시 중 하나였던 키이우를 선택하여 유학이주를 감행한 이들이다. 이들 중 다수는 우크라이나 주류사회로의 진입에 성공했다. 그중 대표적인 인물로는 전우크라이나 고려인 협회 초대회장을 역임한 겐나지 니콜라예비치 윤еннадий Николаевич Юн과 현재 한인 목사의 통역으로 일하고 있는 콘스탄틴 바리소비치 텐Константин Борисович Тен과 2018년 현재 전고려인 협회 회장이자 키이우사범대학 한국어과 학과장으로 재직 중인 강정식Кан Ден Сік이 있다.

(1) 중앙아시아 출신 이주자들

겐나지 윤은 우크라이나에서 가장 성공한 고려인 중 대표적인 인물이라 할 수 있다. 그는 2018년 10월에 키이우민간항공기술대학교 항공운송학과의 학과장으로 재직 중이었다. 교육열이 매우 높았던 부모님의 영향으로[28] 겐나지 윤은 1956년에 타슈켄트에서 슈콜라를 졸업하고 하리

코프 항공대학교에 입학하여 1982년 박사학위를 취득했다. 그는 1987
년부터 키이우민간항공기술대학에서 학과장으로 근무하기 시작했다.
1988년 1월 5일에는 항공운송학과를 창설했다. 그는 키이우민간항공기
술대학 내에 이 학과를 포함하여 총 5개의 학과와 2개의 학부를 설립했
다. 이러한 공로를 인정받아 쿠츠마 대통령에게 훈장을 받기도 했다.[29]

하리코프 항공대학에서 수학할 때 그는 학내에서 유일한 고려인이었
으며, 이후 교수로 근무하게 된 키이우항공대학에서도 유일한 고려인
인 그는 유학 이주자의 대표적인 인물이다. 겐나지 윤 교수는 성공한 고
려인으로서의 책임감으로 인해 소연방 해체 직후 결성된 전우크라이나
고려인 협회 초대 회장이 되었다고 자신의 심경을 밝히고 있다. 그는 초
대 고려인 협회장의 자리를 둘러싸고 하리코프 고려인 협회 사람들과
경쟁과 갈등 상황이 있었음을 언급했다. 겐나지 윤은 1987년에는 북한
에, 1993년에는 남한을 방문할 기회를 갖게 되었다. 양쪽을 방문한 이
후 우크라이나 고려인 협회가 남한과 더 밀접한 관련을 맺어야 한다고
판단하게 되었다.

---

28 1938년 카자흐스탄 북부 자토볼스크에서 출생한 그는 1940년부터 우즈베키스탄에
서 거주했으며, 타슈켄트에서 멀지 않은 살다트스코예에서 중등학교(슈콜라 школа)
를 1956년에 졸업했다. 슈콜라 재학 중 아버지는 공부하지 않으면, 들에서 농사지어
야 한다고 공부하라고 강조하셨고, 2학년으로 진학했을 때 그의 학업 성취도에 불만
을 가지신 아버지 손에 이끌리어 그는 1학년을 다시 다녀야 했다. 그의 아버지는 이처
럼 자녀의 학업에 깊은 열정을 갖고 있었다. 겐나지 니콜라예비치 윤(Геннадий Нико
лаевич Юн) 인터뷰, 2018.10.3(키이우).
이는 대부분의 고려인들의 삶과 다르지 않다. 이주 1세대들은 자신들은 집단 농장의
들판에서 농사를 지었으나, 자신들의 자손들은 학업을 통해 이러한 삶에서 벗어나기
를 원했다. 극동에서 중앙아시아로 강제이주된 쓰라린 경험을 가진 부모 세대가 고통
스러운 소수민족의 삶을 벗어나는 길로 학업 성취를 선택한 공통적인 경향을 그의
아버지를 통해서도 볼 수 있다고 할 수 있다.
29 겐나지 니콜라예비치 윤((Геннадий Николаевич Юн) 인터뷰, 2018.10.3(키이우).

초대 회장인 그는 키이우에 한국 대사관이 세워질 때, 사무실 계약에 서부터, 비서와 운전기사 채용 등 제반 준비사항들에 적극적인 도움을 주었다. 그가 한국인을 처음 대면한 것은 아직 소연방이 해체되기 이전 키이우에서 한국 상품 전시회가 있었고, 여기에 참석한 이들을 집으로 초대하였는데, 한국인들은 러시아어를 하지 못했고, 자신은 한국어를 할 수 없어서 영어로 소통했다고 한다.

그가 협회장으로서 한 일들 중 기억에 남는 것은 체르노빌 출신 아이들 40명을 한국으로 데려가 1개월 동안 머물며 한국 문화를 체험하게 한 것이다. 이 때 고려인 아이들만 모두 한국으로 데려가는 것은 우크라 이나 정부와의 관계를 고려할 때 바람직하지 않을 것이라고 판단한 그는 전체 40명의 아이들 중 25%는 우크라이나 아이들을 포함시켰다. 체르노빌 사건의 피해를 입은 이들 중 고려인들도 있다는 것을 인터뷰를 통해 알게 되었다. 이에 대해 키이우에 위치한 한인 교회인 '키이우 연합교회'에서 부목사로 재직하고 있는 고려인인 뱌체슬라브 에두아르도 비치 쉐가이(Вячеслав Эдуардович Шегай) 목사도 어린 시절 체르노빌 사건이 터지자 부모님이 자신을 중앙아시아 친척 집으로 보냈다고 회고하고 있다.[30] 이를 통해 체르노빌의 비극적인 사건들이 고려인들의 삶에도 영향을 미쳤음을 알 수 있었다.

그런데 우크라이나에서 가장 성공한 고려인 중 한 사람이라고 할 수 있는 겐나지 윤 교수의 삶 역시 2018년 가을에 새로운 전환점을 맞이 했다. 그가 현재 아내인 크리스티나를 처음 만난 것은 그가 학장으로 재

---

30 뱌체슬라프 에두아르도비치 쉐가이(Вячеслав Эдуардович Шегай) 인터뷰, 2018. 10.3(키이우).

직하고 있었던 때였다. 당시 그의 아내는 17세의 대학 신입생이었다. 매우 총명한 학생이었던 크리스티나는 2018년 10월 그와 같은 대학에 학장으로 재직하게 되었다. 2018년에 39세인 그의 아내와 22년째 결혼 생활을 하고 있으며, 이들 사이에는 13세 된 아들 티무르가 있었다. 그런데 이들 부부는 우크라이나의 암울한 정치적 현실로 인해, 아들 티무르에게 우크라이나에서는 미래가 없다고 판단했다. "우크라이나도 시간이 지나면 상황이 좋아지지 않을까요?"라는 필자의 물음에 그는 "언제, 백 년 뒤에?"라고 반문하며 매우 회의적인 태도를 보였다.[31]

아들 티무르의 미래를 위해 이들 부부는 영국으로 이주할 것을 결정했다. 1990년대 초반 한국의 삼성항공으로부터 집, 차, 월급 등 매우 좋은 조건으로 스카우트 제의를 받은 적 있으나, 그는 자신이 외모로는 한인이지만, 내면은 이미 한국 사람이 아니라는 생각으로 거절했다고 회고했다. 거리에서 들리는 한국어를 어느 정도는 알아들을 수 있었지만, 어느 날 사무실 안에서 한국 사람들이 농담을 하며 함께 웃을 때 자신은 전혀 웃을 수 없었다고 한다. 그는 이것이 단지 언어의 문제라면 단기간에 언어를 습득하면 되지만, 오랜 문화와 정서적인 문제이기에 삼성의 스카우트 제의를 거절했다고 밝히고 있다.

그런데 이러한 상황이 자신이 아닌 아들의 미래와 연결되자, 그는 전혀 다른 결론을 내리게 되었다. 그의 가족은 62년 동안의 키이우 생활을 접고 영국으로 떠나기로 결정한 것이다. 부모로부터 커다란 재능을 물려받아서 매우 총명한 아들 티무르에게 우크라이나는 그 재능을 발

---

31 겐나지 니콜라예비치 윤(Геннадий Николаевич Юн) 인터뷰, 2018.10.3(키이우).

휘할 기회를 더 이상 제공할 수 없다고 판단한 그는 서구로의 이주를 계획하고 있었다. 2018년 당시 이미 그의 아내인 크리스티나가 영국 대학으로부터 초청장을 받은 상태였다. 그는 아내와 아들을 먼저 영국으로 보내고 키이우에 있는 아파트와 다차 등을 파는 것을 포함하여 주변을 정리한 후 따라가기로 결정했다.[32] 러시아인인 첫 아내와의 사이에서 태어난 두 딸은 모두 우크라이나 남자와 결혼했으며, 그중 1976년생인 작은 딸은 가족 모두가 오스트리아로 이주해 거주하고 있었다.

이처럼 주류 사회로의 진입에 성공한 고려인들의 경우에도, 우크라이나의 국내·외적인 갈등 상황으로 인해 새로운 이주의 길로 나서고 있음을 알 수 있었다. 또한 비록 자신은 연로한 나이로 인해 떠나지 못하지만, 자녀들이 다시 한 번 떠나는 선택을 한 사례를 콘스탄틴 바리소비치 텐Константин Борисович Тен의 경우를 통해 알 수 있었다.

콘스탄틴 텐의 가족은 1937년에 극동에서 카자흐스탄으로 강제이주되었다. 그런데 강제이주는 한 차례로 끝난 것이 아니라 카자흐스탄 내부에서 2차 대전 시기와 전쟁 직후 몇 차례 더 지속되었다. 1942년생인 콘스탄틴 텐의 가족은 1947년 그의 나이 5세 때 우슈토베에서 침켄트로 보내졌다. 이주 명령서가 발급되었고, 어디로 가는지도 모르고 화물 기차에 며칠 동안이나 태워져서 이주를 당했다고 회고하고 있다. 열차 칸 한 칸에 두 가정이 타고 왔다고 그는 기억한다. 강제 이주 전에 준비를 하라고 해서 콜호즈 내에 있는 빵 굽는 가마에서 기차에서 먹을 빵들을 준비했으며, 도착한 곳은 카자흐스탄 남부 골로드느이 스텝 지역의 빈 들판이었다.

---

32 크림의 얄타에도 아파트가 한 채 있으나, 당장 소유권을 주장하기는 어려운 상황인 듯하다.

그곳에서 땅 굴을 파고 풀로 덮고 지내다가, 이후 집을 지을 재료들을 정부에서 갖다 주었기 때문에 집을 지을 수 있었다고 기억하고 있다.[33]

카자흐스탄 정부의 주장에 의하면, 1930년대 초반부터 농업집단화 과정에서 극심한 기아와 부농 숙청 등으로 카자흐스탄은 600만 명의 인구에서 약 300만 명만이 남았다. 이러한 이유로 새로 유입된 고려인들을 넓은 지역들로 분산시켜 국토를 개발하는데 유용한 노동력으로 활용한 것으로 보인다.[34]

카자흐스탄 남부 지역의 콜호즈에서 그는 학창생활을 했으며, 학급의 90%는 고려인이었고, 나머지는 두 명의 카자흐인, 독일인도 있었다. 1956년에는 고려인들도 통행증을 받을 수 있었고 어디로든 원하는 장소로 대학진학을 할 수 있었다. 이때 카자흐스탄의 고려인들은 모스크바나 노보시비르스크로도 많이 갔다고 그는 회고하고 있다. 콘스탄틴 텐은 1960년에 슈콜라를 졸업하고 1년 반 동안 트럭 정비공장에서 일하다가 1962년 키이우의 종합기술대학에 입학하여 전기를 전공했다. 당시 키이우에는 고려인들이 거의 없었기 때문에 자신이 우크라이나인들에게 매우

---

33 콘스탄틴 바리소비치 텐(Константин Борисович Тен) 인터뷰, 2018.9.30(키이우).
34 콘스탄틴 바리소비치 텐의 아버지는 1930년대에 강원도 양양에 아내와 세 아이를 남겨둔 채 극동으로 돈을 벌기 위해 왔다. 다시 돌아가려고 했을 때에는 국경이 견고하게 닫혀 있어 돌아갈 수 없었으며, 단신으로 한반도에서 극동으로 와서 친척집에 얹혀 있던 20세 연하인 어머니와 결혼했다. 그의 아버지는 1967년 돌아가실 때까지 러시아어를 몰랐으며, 한국어만 사용하셨다. 어머니도 마찬가지로 한국어만 사용하셨다. 이러한 가정환경이 토대가 되어 그는 현재 한국인 선교사의 통역으로 일하고 있다.
    2006년 처음 한국에 갔을 때, 정선 전가의 족보를 찾아서 읽었다. 2011년 한국을 방문했을 때에는 아버지의 흔적을 찾기 위해 아버지의 고향인 강원도 양양군청을 찾아가 정선 전가들이 살고 있는 집을 소개 받아 찾아가기도 했지만, 워낙 정보가 적어 실패했다. 콘스탄틴 바리소비치 텐(Константин Барисович Тен) 인터뷰, 2018.9.30(키이우).

생소한 존재였다고 기억하고 있었다. 키이우로 떠나오기 직전에 당시 8학년이었던 아내를 만나 서신왕래를 통해 만남을 이어갔으며, 슈콜라를 졸업한 아내가 키이우로 와서 키이우사범대학 수학과에 입학했다. 그가 대학을 졸업한 후인 1966년에 두 사람은 결혼했으며, 1967년에 큰 딸 스베타가 태어났다. 1973년에는 둘째 딸, 1974년에는 아들이 태어났다.

그런데 그의 큰 딸은 우크라이나인과 결혼하여 현재 독일에 거주하고 있다. 두 명의 손자들은 독일에서 아메리칸 스쿨에 다니고 있다. 그들은 처음에는 프라하로 이주했다가, 다시 독일로 이주했다. 그의 둘째 딸은 고려인 남편과 이혼한 후 우크라이나인과 재혼하여 프라하에서 뷰티 살롱을 운영하며 거주하고 있다. 둘째 딸의 쌍둥이 딸 지혜와 지은의 약혼자는 체코 사람과 슬로바키아 사람이다. 우크라이나 여성과 결혼한 아들은 키이우에서 거주하고 있으나, 그의 세 딸 중 첫째라자는 독일에서 미대를 다니고 있고, 셋째 딸아나스타시야는 프라하에서 영화학교를 다니고 있다. 둘째 딸인 안나만 키이우에서 건축학을 공부하고 있다.

이처럼 1950년대 중반 이후 유학이주를 감행하여 주류사회로 편입에 성공했던 중앙아시아 출신의 고려인들이 영국, 체코, 독일, 폴란드 등지로 자신들의 거주 지역을 확산시키고 있음을 알 수 있다. 이는 우크라이나인들의 이주의 물결과 분리되지 않는 것으로 보인다.[35] 콘스탄틴

---

35 우크라이나인들의 유출 인구 규모를 정확하게 파악하기는 쉽지 않다. 택시 기사를 포함한 우크라이나인들은 대략 600만 명이 2014년 이후 유럽으로 이주했다고 이야기하고 있다. 이는 전쟁 발발 3일 전인 2022년 2월 21일에 발표한 푸틴의 연설문 내용과도 일치하는 숫자이다. 푸틴 대통령은 이 연설문에서 여러 국제기구에 따르면 우크라이나 인구의 15%에 달하는 약 6백만 명의 우크라이나인들이 일자리를 찾아 해외로 떠났다고 거론하였다. 이주 대상 지역은 주로 폴란드, 체코, 독일 등이다. 그런데 폴란드의 경우 2017년 외국인 노동자의 취업 허가 건수가 235,600건 이상임

텐 역시 많은 우크라이나인들 특히 IT 전문가들, 의사들과 같은 전문직종의 사람들이 폴란드로 떠나가고 있다고 이야기 한다. 그 이유는 우크라이나에서 희망이 없기 때문이라고 그는 분석한다.[36]

콘스탄틴 텐은 자신의 동년배들이 중앙아시아에서 농민으로 살고 있었는데, 자신은 그들과는 다른 삶을 꿈꾸었던 것이 키이우로 오게 된 동인이 되었다고 이야기했다. 콜호즈에서의 부모님의 삶, 고본질을 하는 친구들의 삶에서 벗어나고 싶어서, 100루블을 지불하고 키이우로 오는 항공권을 구매했다고 강조했다. 대학 졸업 이후 공장에서 컴퓨터 프로그래머로 일하면서, 새로운 기술을 가진 새로운 분야의 전문가로서 삶에서 자부심을 가질 수 있었다. 그는 사람은 미래에 대한 전망이 있어야 살아갈 수 있는데, 현재 우크라이나 사회에는 희망이 없다며 무척 안타까워했다.[37]

콘스탄틴 텐은 2014년 크림 사태가 고려인 사회에도 막대한 영향을 미쳤다고 여기고 있다. 자신의 부를 놓치고 싶어 하지 않는, 뇌물을 받는 우크라이나의 도둑들, 마치 정치적 제5원소와 같은 존재들에 의해

을 밝히고 있다. 폴란드 국립은행의 조사에 따르면, 2010~2014년까지의 새로운 외국인 노동자들의 등록은 약 4만 건이었으며, 이중 우크라이나인의 비율은 50%정도였다. 이는 소연방 해체이후 대체로 일관된 점유율이었다. 그런데 2014년에서 2017년 사이 이 수치는 급격히 증가했으며, 우크라이나인이 차지하는 비율 역시 약 80%에 이르게 되었다. 2018년에도 폴란드에서 노동비자를 받은 사람의 81.7%가 우크라이나인이다. Frey Lindsay, "Ukrainian Immigrants Give The Polish Government An Out On Refugees," *Forbes*, 2018.9.19(https://www.forbes.com/sites/freylindsay/2018/09/19/ukrainian-immigrants-give-the-polish-government-an-out-on-refugees/#51a717bf4bb1).

36 콘스탄틴 바리소비치 텐(Константин Борисович Тен) 인터뷰, 2018.9.30(키이우).
37 그는 중앙아시아에서 만났던 고려인 아내와 사별한 이후 8년 동안 독거하다가, 3년 전 보일러 공으로 일하고 있는 16세 연하인 지금의 우크라이나인 아내 나탈리아(59세)를 만나 재혼했다.

우크라이나를 장악하기를 원하는 러시아의 의도가 쉽게 관철되고 있다고 분석하고 있다.

그런데 그의 형과 아우는 러시아의 사라토프에 거주하고 있다. 러시아와 우크라이나의 갈등 상황 속에서 소수민족인 고려인들은 각각 자신들이 속한 사회의 주류 담론을 내면화시키는 경향이 우세했다. 그의 형은 우크라이나 사람들을 파시스트 민족주의자라고 비난했고, 콘스탄틴텐은 볼셰비키 혁명 직후 펼쳐졌던 은세기[38]를 지난 이후 러시아인들은 깊이 있는 사고를 하지 않기 때문에 세뇌 당하기 쉬운 것이라고 판단했다. 아울러 러시아에는 검열이 있어 푸틴에 대해 부정적으로 이야기하면 불이익을 당하기 때문이라고 여기고 있었다. 이러한 의식을 형성하는데 텔레비전의 영향도 크다고 그는 판단했다. 우크라이나에 거주하고 있는 고려인 지인 중 러시아인 아내와 살면서 매일 러시아 텔레비전 뉴스만 보는 사람이 있는데, 그는 우크라이나가 잘못하고 있다고 생각한다고, 사례를 소개하기도 했다.

이러한 양국 간의 갈등으로 인해 그의 형과 그의 관계는 매우 악화되었다. 그는 러시아 엘리트들은 모두 세뇌되었으며, 러시아 고려인들은 러시아인들과 동일한 사고를 하고 있고, 우크라이나 고려인들은 대부분이 우크라이나를 지지하고 있다고 평가한다. 우크라이나는 나토에 가입하고 친 서방 정책을 지속해야 한다고 그는 주장했다. 서구도 분명히 나쁜 점이 있지만, 그것은 싸워 나갈 수 있는 영역이지만, 러시아의

---

38 은세기(серебряный период)는 19세기 말과 20세기 초 러시아에서 대규모 문예부흥이 일어난 시기를 지칭하는 것으로서, 상징주의, 미래주의, 아방가르드 경향을 보인 것을 특징으로 하며, 19세기 푸쉬킨과 레르몬토프의 시대를 황금시대라고 명명한 것과 대비되는 용어이다.

영향력 아래 들어간다면 우크라이나인들이 가장 소중하게 여기고 있는 '자유'를 상실할 것이며, 종교의 자유도 주어지지 않을 것이라고 생각하고 있었다.

또한 크림사태에 대해서는, 원래 크림은 타타르인들의 것인데 우크라이나인들이 크림 타타르인들이 중앙아시아에서 귀환했을 때, 그들에게 정착할 땅도 주지 않은 것이 잘못이라고 평가했다. 만약 크림 타타르인들이 크림을 장악하고 있었다면, 러시아인들이 크림을 이렇게 쉽게 빼앗아 갈 수 없었을 것이라는 의견을 피력하기도 했다.[39] 그러면서 그는 자신은 고려인이지만 우크라이나 국민이라는 점을 강조했다.

한편 우크라이나 고려인만의 특성에 대해서는 자신들보다 더 문화적으로 뛰어난 사람들과 살아가기 때문에 조심스러울 수밖에 없다고 분석했다. 중앙아시아에서는 고려인들이 문화적으로 자신들이 더 뛰어나다고 생각하지만, 우크라이나인들은 고려인들을 야쿠트나 부랴트, 축치, 투바인들과 같은 시베리아의 교육받지 못하고, 소련 이후에나 문맹에서 벗어나게 된 소수민족으로 여기는 것에 대해 젊을 때에는 모욕감을 느꼈다고 평가하고 있다.[40]

---

39 크림반도는 크림 타타르인들이 거주하던 땅이었으나, 예카테리나 2세에 의해 정복된 이후 러시아화 정책으로 인해 수많은 크림 타타르인들이 떠나가고, 2차 대전 시기인 1944년 스탈린의 강제이주 정책으로 크림에는 단 한 명의 크림 타타르인이 남지 않게 되었다. 크림 타타르인들의 강제이주에 대해서는 고가영, 「국내 난민(internal displaced persons)으로서 크림 타타르인 – 나치의 크림반도 점령과 중앙아시아로의 강제이주」, 『독일연구』 31호(2016)을 참조할 것. 이후 중앙아시아에 거주하던 크림 타타르인들은 귀환운동을 펼쳤으나, 탄압을 받았으며, 이들의 대규모 귀환은 페레스트로이카 시기에나 가능했다. 이들의 귀환이주를 위한 투쟁에 대해서는 고가영, 「중앙아시아 크림 타타르인의 귀환운동 – 민족운동의 특수성에서 인권운동의 보편성으로」, 『서양사론』 130호(2016)을 참조할 것.
40 콘스탄틴 바리소비치 텐(Константин Борисович Тен) 인터뷰, 2018.9.30(키이우).

(2) 사할린 한인

이러한 중앙아시아 이주자들과 다른 경향을 보이는 이들은 사할린 출신의 한인들이다. 사할린 한인의 대표적인 인물은 2018년 당시 전우크라이나 고려인 협회장으로 일하고 있는 강정식 교수이다. 강정식은 2018년 10월에 키이우외국어대학 한국어과 학과장으로 재직 중이었다.

강정식은 1948년에 사할린에서 태어나서 사할린에 있는 8년제 조선 중등학교를 졸업한 후 러시아 학교에서 3년(9, 10, 11학년)을 공부했다. 8년제 조선 중등학교의 교과는 한국어로 구성되었고, 외국어로 러시아어와 영어를 배웠다. 중앙아시아 고려인들이, 심지어 통역으로 일하는 콘스탄틴 텐조차도 러시아어가 모국어인 것과는 달리 사할린 출신인 그는 이러한 이유로 한국어가 모국어였다. 그는 슈콜라를 졸업한 후, 키이우 공대에 입학하기 위해 사할린을 떠날 수 있었다. 그가 졸업하던 해에 그의 학교에서 대학 진학을 허가 받은 사람은 자신뿐이었다고 강조했다. 1965년에 그는 8 : 1의 경쟁률을 뚫고 키이우공대에 입학했다. 그의 전공은 도자기를 만드는 것이었다. 그는 대학을 다니는 동안 키이우에 거주하고 있는 다른 고려인들의 존재조차 몰랐다고 한다.[41] 이는 그가 사할린 출신이었던 것이 영향을 미친 것으로 보인다. 중앙아시아 출신 고려인들은 대학을 다니는 동안 고려인들만의 회합을 빈번하게 가졌다.

강정식의 아버지는 1942년 한국에서 사할린으로 강제징용을 당했다. 그의 아버지는 고향인 충청도로 돌아갈 것이라며, 국적 취득을 하지 않고 평생을 무국적자로 살다가 돌아가셨다. 반면 그의 외삼촌은 소련

41　강정식 인터뷰, 2018.9.25(키이우).

국적을 취득하여 편하게 생활했다. 어머니의 고향은 경상남도 거창이었다.[42] 1960년대 사할린 한인들 중 약 20%는 북한 영사관에서 책을 나눠주고, 영화도 보여주는 등 선전을 많이 하여 북한으로 갔다. 그리고 30~40%는 소련 국적을 취득했으며, 나머지 30~40%는 고향인 남한으로 돌아가겠다고 무국적자로 살았다.[43] 무국적자로 살아가는 삶은 고단했다. 다른 도시에 갈 때에는 벌금을 물어야 했고, 때로는 감옥에 갇히기도 했다. 그의 경우에도 다른 도시로 공부하러 가기 위해서는 교장선생님이 청원서를 제출해 주어야 했다. 그는 대학을 졸업하고 1년 후 소련 국적을 취득했다.[44]

졸업 후 그는 도자기 관련 연구소에서 3년 동안 일하고, 그 후부터는 1,200명이 근무하는 대형 도자기 생산 공장에서 처음 10년 동안은 일반 엔지니어로, 나머지 10년은 부사장으로 재직했다. 소련 시기 우크라이나에는 대규모 도자기 공장이 14개가 있었다고 한다. 제정 러시아시기부터 우크라이나는 도자기 생산으로 유명했다. 그런데 사할린 한인들이 '큰 땅배기'라고 부르는 중앙아시아 출신의 고려인들은 강정식 교수와 같은 사할린 출신들은 러시아어를 잘 못해서 제대로 된 엔지니어

---

42 아버지는 진주 강가이고, 어머니는 김해 김가였다.

43 1938~1945년 사이 사할린으로 이주된 한인 규모에 대해서는 다양한 견해들이 있다. 한국의 역사학자 이병주 교수는 20,000여 명으로 평가하고 있으며, 일본인 학자들은 60,000여 명, 소비에트 정권은 30,000여 명, 미국 역사학자 스테판은 50,000여 명일 것이라고 추정하고 있으며, 김 게르만은 50,000여 명으로 보는 것이 타당할 것이라고 판단하고 있다. Ли Бен Дю. Южный Сахалин и Курильские остров в годы японского господства(1905~1945). М., 1976. с.21-22; Бок Зи Коу. Сахалинские корейцы проблемы и перспективы. Южно-Сахалинск, 1989, с.20-21; J. Stephan, Sakhalin, Oxford, 1971. p.186(김 게르만, 『한인 이주의 역사』, 박영사, 2005, 189~193쪽에서 재인용).

44 강정식 인터뷰, 2018.9.25(키이우).

가 되기는 어려웠고, 도자기나 만들었다고 폄하하기도 한다.[45]

소련 시기 사할린 이외 지역의 고려인들은 사할린 한인들을 무시하는 경향이 강했다. 제2차 세계대전 이후 소련 정부는 새롭게 취득된 사할린 땅에 거주하는, 사회주의와 러시아어도 모르는 한인들을 계몽시키기 위해 중앙아시아 고려인 공산당원들을 사할린으로 파견했다. 이때부터 중앙아시아 고려인들은 사할린 한인들을 '화태치'라 부르며 업신여기는 경향이 있었다. 또한 사할린을 제외한 구소련 지역 고려인들을 하나의 정체성으로 묶어주는 중요한 사건은 1937년에 극동에서 중앙아시아로 강제이주를 당한 것이었다. 그런데 고려인들은 사할린 한인들과는 이러한 역사적 트라우마를 공유하지 못함으로써 더욱 이질감을 느끼게 되었다.

그러나 소연방이 해체된 이후 이러한 관계는 역전되기 시작했다. 한국 대사관과 한국 기업들이 진출하게 되면서, 각 지역마다 형성된 고려인 협회들은 한국과의 관계가 매우 중요해졌다. 또한 각 지역에 확산된 한국 음악K-pop, 한국 드라마, 한국 상품들로 한국 문화에 대한 관심이 고조되었다. 이로써 언어와 문화를 보존하고 있었던 사할린 한인들의 위상이 점차 높아지기 시작했다. CIS 각 지역들에서 사할린 한인들이 협회장을 맡는 곳이 늘어나고 있으며, 모스크바에는 별도로 사할린 한인 협회가 결성되기도 했다. 이러한 새로운 흐름에서 우크라이나도 예외는 아니다. 전 우크라이나 고려인 협회의 회장은 다음과 같다.

---

45 여기서 도자기는 예술품이 아닌, 일상생활에서 주로 사용되는 사기 그릇 등을 지칭하는 것이다.

<표 1> 우크라이나 고려인 협회장[46]

	이름	재임기간	거주지	출신 지역
1대	윤 겐나지 니콜라예비치	1992~1996	키이우	우즈베키스탄
2대	신 빅토르 체르타코비치(청탁)	1996~2000	하리코프	우즈베키스탄
3대	이스베틀라나 덴하코브나(정학)	2000~2009	키이우	우즈베키스탄
4대	강정식	2009~	키이우	사할린

고려인 협회의 중요한 행사는 1년에 1번 행해지는 고려인 문화행사인 코레야다 행사로서, 춤, 노래 경연과 콘서트 등으로 구성되며, 참가자는 약 100여 명이다. 이외에도 각 도시들에서 개최되는 소수민족 축제에 참석하는 것을 고려인 협회가 주관하고 있다. 고려인 협회에서는 한국 춤과 노래, 한국어를 가르친다. 한글학교는 해마다 초급반 2반과 중급반 1반으로 구성되어 있는데, 수강생은 약 50~60명이다.

그런데 우크라이나 고려인 협회의 중요한 업무 중 하나는 무국적자들의 '합법화'를 추진하는 것이다. 강정식 협회장은 1950년대 중반이후 유학이주를 온 올드 커머old comer들과 달리, 1990년대 이후 농사를 지으러 온 뉴커머new comer들에 대해 부정적인 인식을 가지고 있었다. 이들은 돈을 떼어먹는 사람들도 있고, 기껏 힘들게 농사지어 겨울에 노름으로 다 날려버린다며 안타까워했다. 이들과 협회 활동은 같이 하지만 어려움을 겪을 때가 많다고 토로했다. 강정식 회장은 무엇보다 이들 뉴커머들 중, 국적도 없고 아무런 신분증도 없는 사람들의 문제가 심각했다고 알려주었다. 그는 "우즈베키스탄에서 우크라이나로 도착한 이후 신고를 해야하는데 몇 년 그냥 지나고, 우즈베키스탄 국적도 상실되고, 우크라이나

---

46 강정식 인터뷰, 2018.9.25(키이우).

국적도 없는 것은 커다란 문제"라며, 고려인 협회가 우크라이나 한국대
사관과 우즈베키스탄 한국 대사관과 협조하여 이 문제를 해결해왔다고
강조했다. 무국적자로서의 삶은 아감벤의 '호모 사케르'라는 표현처럼
법적 보호 밖에서 고통을 받는 것을 의미했다.[47] 그동안 이들이 법적 지
위를 가질 수 있도록 '합법화'하는 업무가 고려인 협회의 큰 사업이었다.
10여 년 전부터 운영된 '합법화' 특별 프로그램을 통해 무국적자 문제를
90% 가깝게 해결했다고 그는 밝히고 있다.[48] 무국적자들이 문제가 되는
것은 우크라이나 고려인 사회의 독특한 특성이라고 할 수 있다.

이외에도 키이우국립언어대학 한국어과 학과장으로 재직하고 있는
강정식 교수를 통해 키이우의 한류에 대해 알 수 있었다. 키이우국립언
어대학에 한국어과가 개설된 것은 2017년이었다. 그 이전에는 동양어
과에서 한국어, 중국어, 일본어를 가르쳤다. 중국어과가 먼저 개설되었
고, 2017년부터 한국어과와 일본어과가 분리되었다. 현재 중국어과에
이어 한국어과 인기가 높은 편이다. 과거에는 일본어 전공이 더 인기 있
었으나, 지금은 한국어가 더 인기 있다. 2018년 당시 한국어과에는
300명의 학생이 재학 중이었으며, 2018년에만 학부 81명, 석사 14명
총 95명의 신입생이 입학했다.[49] 그러나 많은 한국기업들이 2014년 이
후 철수하여 졸업생들의 취업에 문제가 생기고 있다며 학과장인 강정
식 교수는 염려했다.

---

47 아감벤(2008).
48 우크라이나에 거주하는 무국적자에 대한 한국 정부의 관심은 2006년 1월 4일 KBS
2TV의 추적 60분 프로그램 〈우크라이나 실태보고 국적 없는 고려인〉이 방영된 이후
촉발되었다. 무국적자 문제가 지금은 90%정도 해결되었다는 것은 당시 고려인 담당
업무를 수행했던 신규호 영사도 밝힌 바 있다. 신규호 인터뷰, 2018.9.24(키이우).
49 중국어과는 140명의 신입생을 선발했으며, 일본어과는 40명을 선발했다.

강정식 교수는 현재 우크라이나와 러시아의 갈등 상황에 대해서는 우크라이나가 고려인들을 잘 받아주었기 때문에 우크라이나를 지지할 수밖에 없지만, 나중에 어떻게 될지 모르니 고려인들은 중립을 지켜야 한다고 강조했다. 고려인들은 중립을 지키고 있지만, 경제적인 어려움으로 우크라이나를 떠나는 사람들이 있는데, 이에 대한 해결책을 찾기는 어렵다고 그는 판단한다. 러시아에 거주하고 있는 친척들과의 불화에 대해서 그는 비단 고려인들만의 문제가 아니라 우크라이나인들도 일반적으로 겪고 있는 문제라고 보았다. 강정식 회장의 지인인 우크라이나인의 누나가 모스크바에 거주하고 있는데, 이 문제로 싸워서 그 친구와 누나는 전화조차 하지 않는 등 관계가 완전히 단절되었다고 한다.

키이우에서 20년 동안 경찰로 근무하다가 2000년에 퇴직한 고려인 협회 부회장인 나탈리야 나우모브나 안Наталия Наумовна Ан 또한 러시아에 거주하고 있는 오빠들은 러시아 편이며, 자신은 우크라이나 편이지만, 이러한 상황은 누군가가 필요에 의해 만들어낸 상황이며, 우크라이나 민중들은 아무런 문제도 없었던 것이라고 강조하고 있다.[50]

이러한 구술 인터뷰를 통해 이미 주류 사회로 진입한 고려인들의 개인적인 삶에도 국제정치적 갈등 상황이 막대한 영향을 미치고 있음을 알 수 있었다. 또한 사할린 한인들은 한국어가 모국어이고 러시아어가 서툰 언어적 특징이 구소련 시기에는 약점으로 작용했지만, 한국과의 왕래가 빈번해지면서 한국어에 능통한 것이 기회의 확대라는 장점으로 작동하고 있다는 것을 키이우에서도 확인할 수 있었다.

---

50 나탈리야 나우모브나 안(Наталия Наумовна Ан) 인터뷰, 2018.9.15(키이우).

2) 농경이주자들 무국적자의 삶

수도인 키이우와 달리 근거리에 농촌이 위치하고 있는 우크라이나의 남부 도시 오데사에서 만난 고려인들의 대부분은 뉴커머들이다. 이들은 특히 국적 취득의 어려움을 겪고 있는 경우가 많았다. 이러한 어려움을 선명하게 보여주는 사례가 알릭 아르투로비치 김Алик Артурович Ким과 마리나 미하일로브나 신Марина Михайловна Шин이다.

알릭 아르투로비치 김은 1995년에 우즈베키스탄에서 태어나 세 살 때 오데사 근교로 이주했다. 그의 부모님은 농사를 짓고 있다. 누나는 러시아인과 결혼했는데, 매형도 농부이다. 그는 슈콜라를 졸업한 이후 대학 입학을 하지 못했는데, 그 이유가 무국적자미등록 외국인이기 때문이다. 미등록 외국인의 경우도 슈콜라는 다닐 수 있었다. 그러나 등록증이 없는 경우 대학으로 진학도, 취업도 할 수 없었다. 그렇지만 이제 그의 어머니가 얼마 전에 영주권을 취득했기 때문에 수 년 내에 그의 국적 문제도 해결될 수 있는 희망을 갖게 되었다. 그는 우즈베키스탄에 계신 할머니를 20년 동안 만나지 못해서 보고 싶지만, 무국적자인 자신은 우즈베키스탄으로 갈 수가 없다고 아쉬워했다.[51]

알릭에 의하면, 예전에는 위장 결혼으로 국적을 취득하는 것이 쉬웠지만, 지금은 매우 까다로워졌다. 결혼등록소의 도장만으로는 국적취득이 불가하다. 이에 대한 조사가 매우 엄격해졌다. 병원에서 거짓으로 임신 증명서를 발급해 주지만, 경비가 많이 든다고 한다. 그의 어머니는 고려인인데 우크라이나 국적이 있는 사람과 위장으로 결혼하고 이혼했

---

51 알릭 아르투로비치 김(Алик Артурович Ким) 인터뷰, 2018.9.27(오데사).

다. 2017년에 어머니는 이러한 과정을 거쳐 영주권을 취득했다. 어머니가 영주권을 취득했기 때문에 그 역시 향후 3~4년 이후에는 국적 취득이 가능해졌다. 어머니가 국적을 취득하고, 1~2년이 지나면 자녀들이 영주권을 취득할 수 있으며, 국적 취득은 그 후 몇 년이 더 걸린다. 그는 2018년 10월 당시 신분을 확증할 수 없어 취업도 불가능했다. 그의 아버지도 무국적자이다. 누나는 남편을 통해 국적을 취득했다.[52]

알릭은 주변의 농사짓던 사람들의 80%가 한국으로 갔는데 한국으로 나가는 서류를 작성하기 위해서는 많은 경비가 들고, 자신은 우크라이나 영주권이 없어서 20년 동안 아무 곳도 나가지 못했으며 한국도 갈 수 없다는 안타까운 사실을 덤덤하게 이야기했다. 그는 지금 오데사에 있는 '할렐루야' 교회에서 교회 수리를 하면서 돈을 벌고 있다. 오데사 '할렐루야' 교회는 문 닫은 클럽을 구매하여 수년에 걸쳐 교회로 수리하고 있는데, 교회 수리에 필요한 노동력으로 주로 무국적 고려인들을 채용하여, 그들에게 일자리를 제공하고 있다.[53] '할렐루야' 교회를 담임하고 있는 정한규 선교사에 의하면, 오데사 도심에서 40킬로 떨어진 오비지요프라는 농촌 마을에 50가정의 고려인들이 농사를 짓고 있었는데, 2014년 크림 사태 이래로 이들 중 40가정은 한국으로 떠났고, 남아 있는 10가정도 젊은이들은 모두 한국으로 떠나고, 노인들만 남아 있다고 한다.[54]

이 마을의 사례를 통해 우크라이나의 정치적인 상황들이 농업에 종사하던 고려인들에게 직접적인 타격을 입힌 것을 알 수 있다. 우즈베키

---

52 알릭 아르투로비치 김(Алик Артурович Ким) 인터뷰, 2018.9.27(오데사).
53 오데사에 한국인 선교사는 5가정이 있는데 고려인 사역을 하는 교회는 할렐루야 교회가 유일하다. 정한규 인터뷰, 2018.9.27(오데사).
54 정한규 인터뷰, 2018.9.27(오데사).

스탄에서 우크라이나로 환금작물을 재배하기 위해 이주해 온 고려인들은 농산물을 러시아로 많이 판매했으나, 이제 판로가 막혀 농업 또한 크게 타격을 받게 되었다.[55] 이로 인해 농사를 짓는 고려인들이 다시 우크라이나를 떠나 한국행을 선택하고 있다.

알릭은 현재 정치적 상황에 대해 "우크라이나 텔레비전에서는 러시아 잘못이라고 하고, 러시아 텔레비전에서는 우크라이나 잘못이라고 하는데, 러시아와 우크라이나의 갈등이 누구에게 잘못이 있는지는 자세히 모르겠지만, 야누코비치의 잘못이라고 생각한다"고 자신의 의견을 표명했다. 모든 것은 유로마이단 사건으로부터 시작된 일이라고 여기고 있었다.

무국적자라는 신분으로 인한 어려움은 마리나 미하일로브나 신의 경우에서도 확인할 수 있다. 1966년 우즈베키스탄 타슈켄트 주의 노바야 쥐즈니Новая жизнь 새생명 콜호즈에서 태어난 그녀는 1995년 우크라이나로 이주했다. 처음에는 남부 농경지대인 헤르손으로 이주했고, 1998년 오데사로 이주했다.

마리나는 우즈베키스탄 여권을 가지고 있었으나, 남편은 소련 시기 발급된 여권을 갖고 있었다. 1997년까지는 소련 시기 발급된 여권으로 우즈베키스탄에 다녀오는 데 아무런 문제가 되지 않았으며, 우크라이나에서 거주하는 데에도 별다른 어려움이 없었다. 그런데 1998년부터 소련 여권이 인정되지 않았다.[56] 그 때부터 그녀의 남편은 거리에도 마음 편히 나갈 수 없게 되었다.

---

55 콘스탄틴 바리소비치 텐(Константин Борисович Тен) 인터뷰, 2018.9.30(키이우).
56 1998년 러시아-우크라이나-우즈베키스탄을 둘러싼 정치적인 변혁보다는 1998년 러시아의 모라토리엄 선언으로 인한 구소련 지역 전반에 걸친 경제위기와 이로인한 노동력의 급격한 이동의 흐름이라는 경제적 요인의 영향을 받은 것으로 보인다.

우크라이나에 도착한 초기에는 양배추 농사를 지었으나 판매 가격이 터무니없이 저렴해서 방 값도 제대로 지불할 수 없었다. 밖으로 다닐 수 없었던 남편은 집에서 샐러드를 만들었고, 마리나는 이를 시장에 내다 팔았다. 그녀는 2008년까지 시장 보는 일조차도 혼자서 다 해야 하는 어려움을 겪었다. 그의 남편은 먼저 국적을 취득한 형을 통해 2008년에 국적을 취득하게 되었다. 그 과정은 먼저 우즈베키스탄 국적을 회복하고, 이후 우크라이나 영주권을 취득한 다음, 우크라이나 국적을 취득하는 것이었다. 이제 아들도 영주권을 취득하게 되었다.[57]

남편이 무국적자로 아무 일도 할 수 없을 때, 교회의 차량을 수리하는 일부터 시작하여 교회 수리하는 일을 총괄하는 일을 할 수 있었다. 그녀는 현재 내전이 진행되고 있는 동부의 도네츠크와 루간스크에 사는 사람들을 위해 매일 '누군가의 아버지이고 누군가의 아들인 이들 모두가 매일 집으로 돌아올 수 있게, 집에서 따스하고 고요하게 살고, 그리고 편안하게 잠들 수 있도록' 기도한다고 했다. 그녀가 매일 매일 기도한다는 이 기도문의 내용을 들으며, 새삼 우크라이나가 내전 중이고 평범해 보이는 보통 사람들의 일상 속에도 두려움이 스며들어 있다는 것을 짐작할 수 있었다.

마리나의 큰 언니는 2018년 현재 러시아의 우수리스크에 거주하고 있으며, 둘째언니는 고향인 우즈베키스탄에, 그리고 남동생 한 명은 모스크바에, 다른 남동생은 우크라이나에 거주하다가 2년 전 가족들을 다 데리고 한국으로 갔다. 한국에 거주하는 남동생 부부는 공장에서 일하

---

57   마리나 미하일로브나 신(Марина Михайловна Шин) 인터뷰, 2018.9.27(오데사).

고, 손녀는 유치원에 다니고 있다. 이처럼 마리나의 형제들 역시 우즈베키스탄을 출발하여 러시아 수도와 극동, 한국 등지로 다시 분산되어 거주하고 있다.

국적 취득을 둘러싼 어려움은 우크라이나 현지 오순절 교회에서 목사로 재직 중인 로만 필립포비치 간Роман Пилиппович Кан에게서도 확인할 수 있었다. 1976년 우즈베키스탄 시르다리야에서 출생한 그의 가족 모두부모, 누나는 1995년에 우크라이나로 이주했다. 그의 가족은 우크라이나의 크리보이 로그에서 농사일을 시작했지만, 첫 해 수확이 좋지 않았다. 그래서 오데사로 이주하여 시장에서 샐러드를 만들어 팔았다. 부모님은 우즈베키스탄에 집을 팔러 갔지만, 집값이 너무 싸서 팔수가 없어서 그냥 체류하시다가 아버지는 2000년에 우즈베키스탄에서 돌아가시고 어머니는 우즈베키스탄에서 살기로 결정했다.[58]

그는 소련 여권만 가지고 있어서 무국적자가 되었고, 이로 인해 매우 힘겨운 생활을 했다. 아는 사람의 자동차 색칠을 해주며 살았다. 2003년에 크리보이 로그에 거주하는 친척을 통해 누나가 국적을 취득할 수 있게 되었다. 누나가 돈을 많이 들여서 그에게 국적을 선물했다. 이후 신학교를 입학하고 오순절 계열 교단의 목사가 되었다. 1974년생인 그의 누나는 2014년에 한국의 인천으로 일하러 갔다.

오데사에 거주하고 있는 발례리 그리고리예비치 림Валерий Григорьевич Лим도 우크라이나에서 한국 세라짐 대리점을 하고 있었는데, 크림 사태이후 경제위기로 인해 환율이 6그리브나에서 24그리브나로 4배나

---

58 로만 필리포비치 간(Роман Пилиппович Кан) 인터뷰, 2018.9.28(오데사).

가치하락하게 되어 물건을 받아올 수 없게 되어 문을 닫았다. 그의 아들은 몰도바로 가서 세라짐 대리점을 하고 있다. 이처럼 농사를 짓는 고려인들만이 아니라 수입물건을 취급하던 고려인 소상인들도 경제위기의 직격탄을 맞았음을 알 수 있다.[59]

3) 위기를 기회로 삼는 고려인 기업가들

이처럼 다수의 고려인 인텔리겐차들과 농사를 짓는 사람들 그리고 소상인들이 국제정치적 갈등에 의해 어려움을 겪고 있는 반면, 이러한 위기 상황에서도 자신들의 입지를 확대해 가는 고려인 기업가들도 있다. 위에서 언급한 사할린 출신의 전 우크라이나 협회장인 강정식 역시 이러한 위기 상황 속에서도 한국 대사관과의 긴밀한 관계를 통해 한국학과를 개설하는 등 새로운 입지를 마련하기도 했다. 이 외에도 이러한 위기상황 속에서 고려인 청년 기업가 협회를 설립하여 네트워크를 확대함으로써, 자신의 입지를 확대해 가는 인물들도 있다. 그 대표적인 사람이 이고르 빌겔모비치 김 Игорь Вильгельмович Ким[60]이다.

이고르 김은 1974년 타슈켄트에서 태어났다. 그의 어머니는 우즈베키스탄의 요리 전문대학에서 교수로 재직 중인데, 1983년에 간장 생산 기술에 관한 논문을 학부 졸업논문으로 제출했다. 그는 현재 생수 회사

---

59 발레리 림의 가족사는 매우 흥미롭다. 1944년생인 그는 1960년에 천리마운동 당시 북한의 프로파간다에 매료된 아버지에 의해 북한에서 5년을 중고등학교를 다녔다. 부모님은 함경북도 길주군 탑양리 집단농장에서 일했다. 그러나 북한 국적을 취득하지 않아 대학입학이 거부되어 1965년에 우즈베키스탄으로 귀환했다. 발례리 그리고리예비치 림(Валерий Григорьевич Лим) 인터뷰, 2018.9.27(오데사).
60 그의 아버지의 이름은 독일식 이름인 빌겔름이다. 할아버지는 고려인들은 성이 다 같으니, 이름이라도 특색이 있어야 한다고 생각했다.

인 웅진 코웨이의 부품을 우크라이나와 상해에서 판매하고 있다. 1995년에 타슈켄트에 있는 한국 호텔 코리아나에서 근무하고 있을 때, 웅진 코웨이 부품 판매를 하는 한국의 유단수 사장을 만나 20년 동안 함께 일하며 경영 시스템을 비롯한 사업에 관한 감각을 배웠다.[61] 2013년에 우크라이나 지점을 맡았다가 2016년부터 독자적인 회사를 설립했다. 그는 2018년 현재 고려인 청년 기업가 협회OKBK 우크라이나 협회장을 맡고 있다. 이 협회는 2013년에 설립되었다. 고려인 청년 기업가 협회는 2018년 10월에 러시아에 3개페테르부르크 '김치' 클럽, 모스크바 '선봉', 우스리스크 '원동', 카자흐스탄에 1개카자흐스탄 비즈니스 클럽, 우즈베키스탄에 1개 '고려인', 키르기즈에 1개 '프로그래스'와 '비쉬케크 포럼'가 있으며, 서울과 중국에도 있다. 이 고려인 청년 기업가 협회는 연 1회 전체 회의를 개최하는데, 2018년에는 10월 18~20일에 타슈켄트에서 개최되었으며, 이 회의에 참석한 인원은 300명이었다. 회원은 27~45세의 러시아어를 모국어로 하는 한인들로 구성되어 있다.

우크라이나 고려인만의 특성이 무엇이냐는 필자의 질문에 그는 우크라이나인과 러시아인은 정신세계가 완전히 다르다고 답했다. "우크라이나인들은 러시아인들과 달리 '자유'를 매우 중시한다. 우크라이나는 지리적으로 유럽과 가깝기 때문에 그 영향을 매우 많이 받는다"고 평가하고 있다. 그는 우즈베키스탄과 비교할 때, 교육 수준을 비롯한 많은

---

61 그의 가족은 1995년에 이모의 사돈이 사할린 출신이어서 쉽게 한국에 다니고 있어서 우즈베키스탄에서는 거의 처음으로 한국으로 일하러 갔다고 한다. 부모님과 셋이서 한국에 일하러 갔는데, 자신은 대학 입학을 위해 4개월 만에 돌아왔고, 부모님은 7년을 일하셨다. 그는 우즈베키스탄사범대학 한국어과를 졸업했다. 이고르 빌겔모비치 김(Игорь Вильгельмович Ким) 인터뷰, 2018.10.2(키이우).

분야에서 수준 차이가 크게 난다고 여기고 있다. 다른 지역에서는 고려인들이 주변의 다른 민족들보다 수준이 높기 때문에 고려인끼리 결혼하지만, 우크라이나인들은 고려인들보다 문화적 수준이 더 높기 때문에 고려인들이 우크라이나인들과 결혼하는 경우가 많다고 그는 생각하고 있었다. 대다수가 고려인들이 수적으로 적기 때문에 우크라이나인들과 결혼한다고 생각하고 있지만, 그는 단호하게 그 이유가 아니라 우크라이나인들이 문화적 수준이 뛰어나기 때문이라고 단언했다. 러시아 사람들은 아시아인들을 싫어하지만, 우크라이나인들은 러시아인들과 다르다고 주장했다.[62]

현재의 우크라이나와 러시아의 갈등은 통치자들이 고의로 서로서로 미워하게 만드는 것이라고 판단하고 있다. 우리는 고려인이니 자기들끼리 싸우더라도 아무 편도 들지 말아야 한다고 말했다. 그의 이러한 견해는 2013년에 우크라이나에 진출했고, 대학 동기인 고려인 아내[63]와 아이들은 모스크바에 거주하고 있는 이방인의 시선이기에 우크라이나에 오랜 기간 거주한 다른 고려인들과는 시각의 차이를 드러낸다고 볼수 있다.

이처럼 우크라이나의 당면한 정치적 위기를 여러 지역의 고려인 네트워크를 강화함으로써 극복하려는 시도를 하고 있는 고려인들도 있었다. 일국적인 위기를 고려인 네트워크의 강화를 통해 극복하려는 시도가 매우 인상적이었다.

또한 1965년생으로서 우즈베키스탄에서 우크라이나의 크리보이 로

---

62 이고르 빌겔모비치 김(Игорь Вильгельмович Ким) 인터뷰, 2018.10.2(키이우).
63 현재 한국인 통관 배송회사에서 일하고 있다.

그로 농사지으러 왔던 로만 모이세예비치 탄Роман Моисеевич Тян의 경우 1980년부터 가게와 회사의 식당들에 농산물을 판매하여 종자돈을 마련한 후 체제이행과 독립 과정에서 사업을 크게 확장하여 2018년 당시에는 건설&무역회사 '파레스FARES'를 운영하고 있었는데, 우크라이나를 둘러싸고 벌어지는 국제정치적 갈등에 영향을 받을 정도로 자신의 회사의 규모가 작지 않다고 자신감을 피력했다.[64] 이처럼 혼란의 시기에도 오히려 역량을 발휘하여 자신의 입지를 확대해 가는 고려인들도 있었다. 그러나 이들의 경우 우크라이나-러시아 전쟁의 영향 하에 어떤 변화를 겪게 되었는지에 대해서는 전쟁이 끝난 이후 다시 확인해 볼 필요가 있다.

3. 나가며

이상에서 살펴본 바와 같이 유로마이단 사건, 러시아의 크림반도 병합, 동부 내전 이래 접경지대 우크라이나의 정치적 혼란, 그로 인한 경제적 어려움은 우크라이나 국민들 개개인의 삶에 영향을 미쳤으며, 이주민인 고려인들의 삶에도 고스란히 영향을 미쳤다. 그런데 이러한 영향은 지역별, 계층별로 차이를 보이고 있다. 우크라이나의 고려인은 두 부류로 구분할 수 있다. 1956년 거주제한 철폐 이후 유학이주를 온 엘리트들로 구성된 올드커머들과 고본지 대상 지역이었던 우크라이나로

---

64 로만 모세예비치 탄(Роман Моисеевич Тян) 인터뷰, 2018.10.1(키이우).

농경이주를 감행한 뉴커머들이다. 더 나은 미래를 위해 우크라이나로 이주해 왔던 고려인들은 미래의 전망을 상실해 가는 우크라이나에서 또 다시 이주를 감행하고 있다.

그런데 주류 사회로의 진입에 성공한 올드커머들이 선택한 이주지는 폴란드, 체코, 독일 등 서구 국가들이다. 우크라이나인들 역시 이 지역들로 대규모 이주하고 있다. 고려인들이 직면하고 있는 어려움이 우크라이나인들 대다수가 직면하고 있는 어려움과 크게 다르지 않은 것으로 보인다. 이런 점에서는 고려인들을 통해 우크라이나 사회를 보다 심층적으로 이해할 수 있었다.

한편 농경이주를 감행했던 뉴커머들의 대부분은 무국적자라는 신분상의 어려움을 겪었다. 한국정부와 고려인 협회의 도움으로 무국적자라는 신분상의 문제가 점차 해결되었지만, 크림 사태이후 새롭게 당면한 경제적 어려움으로 인해 이들 역시 재이주를 감행해야 했다. 이들은 새로운 이주 대상 지역으로 대다수의 경우 한국을 선택했다. 이는 우크라이나인들과 차이점을 드러내는 것이라 할 수 있다. 고려인들에게는 하나의 선택지가 더 주어져 있는 것이라 할 수 있다. 그러나 이러한 위기의 순간을 기회로 삼아 오히려 고려인 디아스포라들의 네트워크를 더욱 강화시켜 위기를 타개해 가는 젊은 기업가들도 있으며, 한국과의 교류를 기회로 삼아 자신들의 입지를 새롭게 구축해 가는 사할린 한인들도 있다.

그럼에도 불구하고 전반적으로 우크라이나 고려인 사회는 우크라이나인들과의 높은 혼인 비율과 타국으로의 이주의 증가, 그리고 과거 우크라이나 고려인 사회로 지속적으로 영입되던 우즈베키스탄 고려인들이 우크라이나가 아니라 바로 한국으로 이주함으로써 새로운 이주민이 영입되지 않는 것, 그리고 크림 지역의 3,000~4,000명의 고려인들이 분리된 것 등의 원인들로 인해, 고려인의 수는 감소되고, 고려인 공동체는 점차 약화되고 있다고 평가할 수 있다.

그런데 다른 한편으로는 우크라이나의 이와 같은 밀어내는 요인으로 인해 고려인들의 삶의 무대가 구소련 지역을 벗어나 폴란드, 체코, 독일 등의 유럽으로 진출함으로써, 더 넓은 지역으로 확장되는 계기가 된 것이라고도 볼 수 있다. 향후 고려인 공동체 연구는 구소련 지역만이 아니라, 한국 국내와 유럽, 미주 지역으로 확대되어야 한다.

그러나 이러한 긍정적인 측면만을 거론하기에는 2022년 우크라이나-러시아 전쟁 발발로 인해 우크라이나 고려인 공동체가 겪고 있는 상황 너무 비극적이다. 러시아군으로 차출된 고려인 병사들과 우크라이나군으로 참전한 고려인들이 전선에서 서로의 적이 되어 전사하고 있다. 아울러 우크라이나에 거주하던 고려인들의 대다수가 전쟁 난민이 되어 우크라이나에서 내몰리고 있으며, 그들 중 일부는 한국으로 들어오고 있다. 2023년 봄 현재 약 1,500여 명의 우크라이나 고려인 난민들이 한국으로 유입된 것으로 추정되고 있다. 향후 이들에 대한 연구도 진행되어야 할 것이다.

참고문헌

1. 1차자료

간 로만 필리포비치(Ган Роман Пилиппович) 인터뷰, 2018.9.28(오데사).
강정식 인터뷰, 2018.9.25(키이우).
김 알릭 아루두로비치(Ким Алик Артурович) 인터뷰, 2018.9.27(오데사).
김 이고르 빌겔모비치(Ким Игорь Вильгельмович) 인터뷰, 2018.10.2(키이우).
드라기니치 드미트리 바실례비치(Драгинич Дмитрий Васильевич) 인터뷰, 2018.10.3(키이우).
림 발레리 그리고리예비치(Лим Валерий Григорьевич) 인터뷰, 2018.9.27(오데사).
쉐가이 뱌체슬라프 에두아르도비치(Шегай Вячеслав Эдуардович) 인터뷰, 2018.10.3(키이우).
신규호 인터뷰, 2018.9.24(키이우).
신 마리나 미하일로브나(Шин Марина Михайловна) 인터뷰, 2018.9.27(오데사).
안 나탈리야 나우모브나(Ан Наталия Наумовна) 인터뷰, 2018.9.15(키이우).
윤 겐나지 니콜라예비치(Юн Геннадий Николаевич) 인터뷰, 2018.10.3(키이우).
정한규 인터뷰, 2018.9.27(오데사).
탼 로만 모이세예비치(Тян Роман Моисеевич) 인터뷰, 2018.10.1(키이우).
텐 콘스탄틴 바리소비치(Тен Константин Борисович) 인터뷰, 2018.9.30(키이우).

2. 단행본

까를로 진즈부르그, 김정하 · 유제분 역, 『치즈와 구더기』 문학과 지성사, 2001.
김 게르만, 『한인 이주의 역사』, 박영사, 2005.
_____, 황영삼 역, 『해외한인사 1945~2000』, 한국학술정보, 2010.
새뮤얼 헌팅턴 · 이희재 역, 『문명의 충돌』 김영사, 1997.
심헌용, 한 발레리, 『중앙아시아의 코리안 에트노스 – 어제와 오늘』 이매진, 2013.
조르조 아감벤, 박진우 역, 『호모 사케르』, 새물결, 2008.
허승철, 『우크라이나 현대사 1914~2010』, 고려대 출판부, 2011.

Иванов И.С. Украйнский кризис через призму международных отношений (Москва, 2015).
Ли, Герон Н. Гобонди(고본지) Записки наблюдателя о любви корейцев к земле (Бишкек, 2000).
Семененко, В.И., Радченко Л.А., История Украины с древнейших времен до наших дней (Москва, 2002).
Стариков Н., Беляев Д., Россия, Крым, Итория (СПб.: Питер, 2018).

3. 논문

고가영, 「국내 난민(internal displaced persons)으로서 크림 타타르인 – 나치의 크림반도 점령과 중앙아시아로의 강제이주」, 『독일연구』 31호, 2016.

_____, 「중앙아시아 크림 타타르인의 귀환운동 – 민족운동의 특수성에서 인권운동의 보편성으로」, 『서양사론』 130호, 2016.

강봉구, 「러시아의 크림 병합 – 신냉전인가 포스트소비에트 시기의 종언인가?」, 『동유럽발칸연구』 38(2), 2014.

고상두, 「러시아의 우크라이나 사태개입요인에 관한 내용분석」, 『국방연구』 58(4), 2015.

구자정, 「악마와의 계약? 우크라이나 파시즘 운동, 1929~1945」, 『슬라브연구』 31(4), 2015.

김상현, 「유로마이단 이후 러시아에 등장한 우크라이나 관련 신조어 연구 – 정치적 신조어 및 속어를 중심으로」, 『슬라브학보』 31(4), 2016.

김석원, 「우크라이나 고려인협회의 산 역사, 심 콘스탄친」, 『역사문화연구』 제26권, 2007.

김성진, 「러시아의 우크라이나 정책과 유라시아주의」, 『중소연구』 39(4), 2016.

박정호, 「우크라이나 민족 정체성과 국가발전전략」, 『동유럽발칸학』 8(2), 2006.

우준모, 「크리미아 갈등의 해결과정과 러시아·우크라이나 관계연구」, 『세계지역연구논총』 제22집 1호, 2004.

임영상, 「우크라이나 고려인과 한. 우크라이나 문화산업」, 『역사문화연구』 32, 2009.

_____·방일권, 「남부 우크라이나 고려인 사회의 네트워크 형성 방안」, 『역사문화연구』 15, 2001.

_____, 「우크라이나 고려인협회의 산 역사, 심 콘스탄친」, 『역사문화연구』 26, 2007.

정영주, 「'유로비전 2016'과 우승곡 「1944」를 둘러싼 논쟁」, 『Russia - Eurasia Focus』 제 373호, 2016.5.23.

조영관, 「미국의 대러 제재가 러시아 경제에 미친 영향」, 『슬라브학보』 35(3), 2020.

한정숙, 「역사서술로 우크라이나 민족을 만들어내다 – 흐루셰프스키의 『우크라이나의 역사』와 우크라이나 정체성」, 『러시아연구』 24(2), 2014.

Frey Lindsay, "Ukrainian Immigrants Give The Polish Government An Out On Refugees," *Forbes*, 2018.9.19(https://www.forbes.com/sites/freylindsay/2018/09/19/ukrainian-immigrants-give-the-polish-government-an-out-on-refugees/#51a717b f4bb1).

"Официальные результаты выборов президента Украины 2019"(https://vibory-rf.ru/rezultaty-vyborov-prezidenta-ukrainy-2019).

Путин назвал Керченский конфликт провокацией Порошенко накануне выборов", *Интерфакс*, 28 ноября 2018(https://news.ykt.ru/mobile/article/80437).

"Путин подписал указ о реабилитации крымских татар", *ИТАР-ТАСС*, 21 апреля 2014(http://tass.ru/politika/1136038).

"Слуга народа" набирает 43,16% на выборах в Раду после обработки 100% протоколов", *ТАСС*, 26 июлю 2019(https://tass.ru/mezhdunarodnaya-panorama/6704816).

"ЦИК Украины объявил окончательные результаты выборов в Раду", *Интерфакс*, 26 июля 2019(https://www.interfax.ru/world/670516;).

필자 소개

고가영 高嘉英, Ko Ka-young
서울대학교 아시아연구소 HK연구교수. 이화여대 사학과에서 학사, 한국외국어대학교에서 석사, 모스크바국립대학교에서 역사학으로 석사, 박사학위를 받았다. 한국외국어대학교 역사문화연구소, 이화여대 평화학연구소, 이화여대 지구사연구소에서 전임연구원 및 연구교수로 재직하며, 연구를 진행했다. 현재 한국외국어대학교에서 서양사 관련 과목을 가르치고 있다. 주요 논저로는 「1968 '프라하의 봄'과 소련의 저항운동」, 「소련 유대인 엑소더스―이주 자유를 위한 투쟁」, 「중앙아시아 크림 타타르인의 귀환운동―민족운동의 특수성에서 인권운동의 보편성으로」, 「주류문화와의 조우로 인한 중앙아시아 고려인의 장례문화 변화 양상―전통의 고수와 동화 사이의 혼종성」, 「우크라이나 전쟁 난민 유입과 '광주 고려인마을' 공동체의 확장」 등이 있으며, 저서로는 『헬싱키 프로세스와 동북아 안보협력』(공저), 『중앙아시아 고려인 전통생활문화―카자흐스탄』(공저), 『북중러 접경지대를 둘러싼 소지역주의 전략과 초국경 이동』(공저) 등이 있다.

박노자 朴露子, 블라디미르 티호노프(Vladimir Tikhonov)
구소련의 레닌그라드(상트 페테르부르크)에서 1973년에 태어났으며, 레닌그라드 국립대학에서 학사와 석사, 모스크바 국립대학에서 박사 학위를 받았다. 학위 논문은 가야사에 대해서 썼으며 그 뒤에는 한국 고대사, 한국 불교사, 그리고 한국 근대사 등으로 그 관심 분야를 옮겨 왔다. 현재로서 한국 근대사 분야에서 주로 사상사와 운동사, 특별히 사회주의 사상사를 중점으로 해서 연구, 저술 활동을 하고 있으며, 동시에는 한국 사회에서의 디아스포라, 소수자 문제에 대한 글도 쓴다. 근간 저서로 *The Red Decades : Communism as Movement and Culture in Korea, 1919~1945*(하와이대학 출판부, 2023년 10월 출간 예정)가 있으며, 그 전의 영문 학술서로는 *Modern Korea and Its Others : Perceptions of the Neighbouring Countries and Korean Modernity*(London : Routledge, 2015)와 *Social Darwinism and Nationalism in Korea : the Beginnings(1880s~1910s). 'Survival' as an Ideology of Korean Modernity*(Leiden : Brill, 2010) 등이 있다. 국내 학술 저서로서는 『우승열패의 신화. 사회진화론과 한국 민족주의 담론의 역사』(한겨레신문사, 2005) 등이 있다.

박지배 朴志培, Park Ji-bae
한국외국어대학교를 졸업하고, 러시아 페테르부르크로 유학하여 러시아 사회·경제사 분야에서 석사와 박사학위를 받았다. 일본 교토 산업대학 초청을 받아 초빙교수(visiting fellow) 자격으로 일본 간사이 지방의 경제사 연구자들에게 발트 무역에 관해 특강을 한 바 있으며, 현재 한국외국어대학교 역사문화연구소 교수로 학생들에게 서양사, 동유럽사, 역사와 신화 등을 강의하고 있다. 주요 연구 분야는 러시아 경제사에 관한 것이지만, 점차 러시아 사회사와 문화사 방면으로 연구 영역을 넓혀가고 있다.

박지훈 朴志薰, Park Ji-hoon

중앙대학교 중앙사학연구소 연구교수. 영국 랑카스터대학교에서 밥 제숍과 나일링 섬의 지도로 사회학 박사학위를 받았다. 세부전공은 사회과학철학, 사회이론, 정치경제학, 담론 / 기호분석이다. 상대적으로 안정적인 자본축적의 시기와 경제위기, 그리고 위기관리 외에도 정치경제와 관련된 여러 사안에 관심을 가지고 있다. 「얼룩덜룩한 자본주의에 대한 문화정치경제학―밥 제숍과 나일링 섬의 초학과적 이론 기획」, 「가치에 대한 노동이론인가 노동에 대한 가치이론인가―마르크스의 가치론에 대한 페미니스트 경제학자 다이앤엘슨의 해석과 그 영향들」, 「매리 루이스 프랫과 접경 혹은 접촉지대 연구―비판적 평가와 대안적 전망」 등의 논문을 썼다. parkism@gmail.com

반기현 潘錡鉉, Ban Kee-hyun

육군사관학교 군사사학과 교수. 영국 King's College London에서 로마제국의 군대와 군사전략에 관한 연구로 서양고전학 박사학위를 받았다. 현재 한국서양고대역사문화학회 총무이사로 활동 중이며, 로마제국이 브리타니아에서 벌인 군사작전과 하드리아누스 성벽에 대한 연구를 진행하고 있다. 주요 논저로 "Aurelian's Military Reforms and the Power Dynamics of the Near East"(서양고대사연구, 2017), 「서기 3~4세기 로마와 페르시아 접경의 아르메니아 왕국―지정학적 관점에서 본 아르메니아 왕국의 그리스도교화」(서양고대사연구, 2019), 「군사전략으로 본 원수정기 로마의 반(反) 파르티아 프로파간다」(역사학보, 2021), 저서로는 『전쟁의 역사―동서양 고대 세계의 전쟁부터 미래 전쟁까지』(공저, 사회평론아카데미, 2023) 등이 있다. peterbeneng@gmail.com

손준식 孫準植, Son Jun-sik

타이완 국립정치대학에서 박사학위를 받고 현재 중앙대학교 역사학과 교수로 재직 중이다. 주요 저·역서로는 『대만을 보는 눈』, 『한중관계의 역사화 현실』, 『중서교통사』 등이 있고 타이완 역사에 관한 다수의 논문이 있다.

이근명 李瑾明, Lee Geun-myung

한국외국어대학교 사학과 교수. 서울대학교 동양사학과를 졸업하고 같은 대학에서 박사 학위를 취득하였다. 주로 중국 중세사(송대사)를 연구하고 있으며, 역사학회 회장, 송원사학회 회장 등을 역임하였다. 주된 저작으로 『남송시대 복건 사회의 변화와 식량 수급』(신서원, 2013), 『왕안석 자료 역주』(한국외대 지식출판원, 2017), 『왕안석 평전』(신서원, 2021), 『송명신언행록』(편역, 전4권, 소명출판, 2019), 『아틀라스 중국사』(공저, 사계절, 2007) 등이 있다. naryspa@hanmail.net

임경화 林慶花, Lim Kyoung-hwa

중앙대.한국외대 HK+접경인문학연구단 HK교수. 도쿄대학 대학원 인문사회계연구과를 졸업했다(문학박사). 전공은 한일비교문학, 일본 마이너리티 연구, 코리안 디아스포라 비교 연구다. 현재 오키나와, 쓰시마, 사할린 등 동아시아 접경지대의 근현대사에 주목하여 접경연구를 진행하고 있다. 지은 책으로 『냉전 아시아와 오키나와라는 물음』(공저, 2022), 『두 번째 전후―1960~1970년대 아시아와 마주친 일본』(공저, 2017), 『1905년 러시아혁명과 동아시아 3국의 반응』(공저, 2017) 등이 있고, 옮긴
책으로『오키나와 반환과 동아시아 냉전체제』(2022), 『해방 공간의 재일조선인사』(2019), 『나의
1960년대-도쿄대 전공투 운동의 나날과 근대 일본 과학기술사의 민낯』(2017), 『나는 사회주의자다
-동 아시아 사회주의의 기원, 고토쿠 슈스이 선집』(2011) 등이 있다.

전우형 全祐亨, Chon Woo-hyung
중앙대학교 접경인문학연구단 HK교수. 1974년생으로서 서울대학교 국어국문학과에서 영화소설과
문화와 박사학위를 받았다. 지금은 중앙대학교 접경인문학에서 접촉지대(Contact Zones)로서 접경
과 경계 등을 연구하고 있다. 주변 또는 아래로부터 비롯되는 문화운동을 아카이빙하면서 중심과
주변, 위와 아래 등을 구분짓는 경계의 소실을 기대하고 있다. 존재하는 모든 것들의 공존을 꿈꾸며.
최근 논문으로는 2022년 A&HCI인 QUAESTIO ROSSICA의 "International Film Festivals as a
Field for Agonistics and Resonance : Contact Zones with Russian/Soviet Films"(2022.11)과
2021년『사이間SAI』에 「"평양 로케이션", 평양에서 영화를 배우는 사람들」(2021.11) 등이 있다.

차용구 車龍九, Cha Yong-ku
중앙대 역사학과 교수. 독일 파사우 대학교에서 박사학위를 받았다. 서양사 전공자로 대학에서 서양
중세사를 가르치고 있다. 지은 책은『로마 제국 사라지고 마르탱 게르 귀향하다-영화로 읽는 서양
중세 이야기』(푸른역사, 2003), 『유럽 여성의 발견-이브의 딸 성녀가 되다』(한길사, 2011), 『남자의
품격-중세의 기사는 어떻게 남자로 만들어졌는가』(책세상, 2015), 『국경의 역사. 국경 경관론적
접근』(소명출판, 2022), 『중세 접경을 걷다. 경계를 넘나든 중세 사람들 이야기』(산처럼, 2022)
등이 있고, 번역서는『교황의 역사-베드로부터 베네딕토 16세까지』(길, 2013), 『중세, 천년의 빛과
그림자-근대 유럽을 만든 중세의 모든 순간들』(현실문화, 2013) 등이 있다. ygcha@cau.ac.kr

현명호 玄明昊, Hyun Myung-ho
연세대학교 근대한국학연구소 연구교수. 한국근현대사 전공. 2020년 미국 뉴욕대학교 동아시아학과
에서 박사학위를 받았다. 발표논문으로 「원산 총파업의 공간적 전개」(『한국독립운동연구』 2021),
"Making of a North Korean Borderland : Northern Gangwon, 1945~1950"(Korea Journal,
2023) 등이 있다. 현재 'A Global Border City : Wonsan, 1880~1930'(가칭)이라는 제목으로 근대
세계 자본주의의 주변부 도시인 원산에서 전개된 사회경제적, 공간적, 역사적 변화를 규명하기 위한
연구를 계속하고 있다. mh2601@yonsei.ac.kr